Original illisible
NF Z 43-120-10

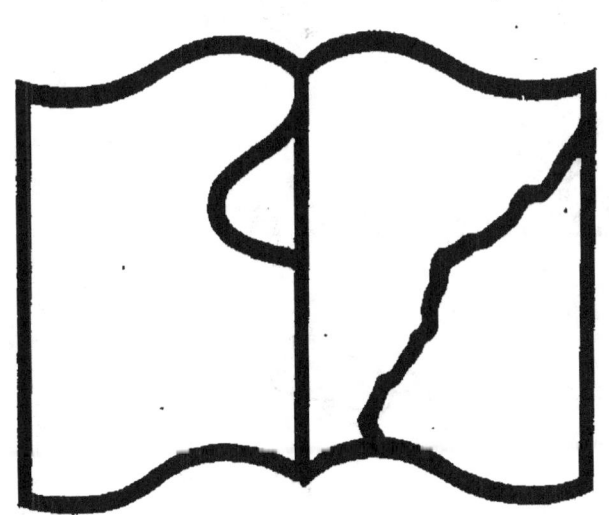

Texte détérioré — reliure défectueuse
NF Z 43-120-11

"VALABLE POUR TOUT OU PARTIE
DU DOCUMENT REPRODUIT".

VOYAGE
AUTOUR
DE PRIVAS

PAR

Le Docteur FRANCUS

PRIVAS
IMPRIMERIE TYPOGRAPHIQUE ROUX

VOYAGE AUTOUR DE PRIVAS

VOYAGE
AUTOUR DE PRIVAS

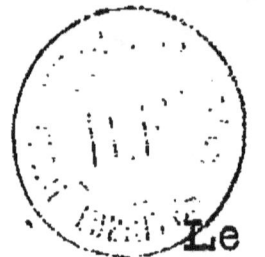

PAR

Le Docteur FRANCUS

(Mazon)

PRIVAS
IMPRIMERIE TYPOGRAPHIQUE DE ROURE
—
1882

VOYAGE AUTOUR DE PRIVAS

1.

MON AMI BARBE.

Mon ami Barbe. — Charalon et Ternis. — Le dîner d'une chèvre. — La piscine de Cornevis. — Le carnaval à Privas et en Perse. — Le président Delichére. — Le Petit-Tournon en 1427. — Testament de Jean Gourgas. — La géologie des environs de Privas. — Le viaduc de Charalon.

Je vous avoue, me dit mon ami Barbe, que j'ai lu avec un certain plaisir le *Voyage aux pays volcaniques du Vivarais* et le *Voyage autour de Valgorge*, bien que l'un soit trop géologique, et l'autre trop en dehors des régions connues de notre pays ; bien que tous deux, il faut bien le dire, soient trop pleins d'allusions politiques d'une nuance anti-républicaine......

— Je proteste !

— Oh ! je sais bien ce que vous allez dire. J'ai lu

vos raisons dans la préface du *Voyage autour de Valgorge*......

— Et elles ne vous ont pas convaincu ?

— Non.

— Cela prouve, ami Barbe, que vous avez besoin de les relire, et je vous y engage.

— Je le ferai. En attendant, laissez-moi finir ma phrase. Je dis donc que j'ai lu avec plaisir vos deux volumes de voyage, et qu'il me semble que votre prochain volume devrait être consacré à Privas et à ses environs.

— J'y pensais ; voulez-vous m'accompagner dans ces nouvelles excursions ?

— Oui, mais à la condition que vous vous abstiendrez de toute allusion politique dans vos notes de voyage.

— Entendu ! pourvu que je n'y sois pas provoqué, pourvu que vous ne commenciez pas vous-même.

— Soyez tranquille.

*
* *

Mon ami Barbe est le plus honnête homme du monde — un vieux républicain assez démodé, mais qui jouit de la considération générale, ce qui vaut encore mieux que de jouir des faveurs passagères du suffrage universel. — Mon ami Barbe est démocrate, mais dans le bon sens du mot : simple, travailleur, rangé, conciliant, digne avec ses supérieurs, affable et cordial avec ses inférieurs, n'aimant pas les fainéants et les ivrognes, mais toujours prêt à venir en aide aux infortunes imméritées. Il serait parfait s'il n'était pas si bon enfant, si crédule, — risquons le mot — si naïf. Il voit trop le monde à son image, et n'en connaît pas encore toutes les faiblesses, toutes les rouenes, toutes les perfidies ! Ce n'est pas pour me moquer de lui que je dis tout cela ; il n'est pas de jour, au contraire, où je n'envie son heureuse ignorance.

Mon ami Barbe a aussi un grand défaut. Il est anticlérical en diable. Il croit de bonne foi que la religion est une invention des prêtres et que le clergé est l'ennemi de tout progrès. Il ne s'aperçoit pas que sa montre est en retard d'un siècle et que ce qui avait un sens du temps de Voltaire et de Rousseau, n'en a plus aujourd'hui que l'Eglise dépourvue de l'appui du bras séculier, ayant même contre elle la plupart des gouvernements et ne régnant que par la force intrinsèque de ses principes, de son enseignement et de ses exemples, a droit aux sympathies des personnes réfléchies et ne mérite plus les dénigrements et les ressentiments d'une autre époque.

Je me souviens d'une époque bien éloignée où Barbe et moi fîmes un grand voyage dans un pays de montagnes — un voyage qui dura bien..... trois jours. — Nous y passâmes en revue toutes les plantes de la création, tous les insectes de l'univers, et nous

nous livrâmes à tous les songes creux qui peuvent hanter de jeunes cervelles de vingt ans. Que de folies on débite alors, mais la bonne foi, le désintéressement sauvent tout. On se croit nécessaire à la régénération politique et sociale du pays. On trouve tout facile. On ne s'étonne que d'une chose, c'est que personne n'ait encore trouvé le moyen de faire revenir l'âge d'or — l'âge où personne n'est méchant, personne faux, personne égoïste. Le temps et l'expérience corrigent naturellement ce travers doré. Mais il y a une grâce d'Etat pour les bonnes natures : elles gardent leurs illusions plus longtemps.

Voilà pourquoi — je l'avoue franchement — mon ami Barbe a conservé plus d'illusions que moi. Du reste, grâce à la cordialité de nos rapports, nous pouvons — chose rare aujourd'hui — causer politique sans nous disputer. Nous ne voulons, ni l'un ni l'autre, être autre chose dans la République que de simples et modestes citoyens. Le titre même de conseiller municipal ne nous tenterait pas. Un jour le village de mon ami Barbe voulut le nommer maire, mais il refusa noblement...... et ne s'en porte que mieux.

Nous nous entendons fort bien dans nos divergences. Si la dernière Assemblée nationale, qui a mis un an à faire une Constitution, avait voulu nous confier ce soin, à moi et à mon ami Barbe, je crois que la chose se fût faite bien mieux, bien plus vite et sans tant de tiraillements ; car, trêve de modestie, nous avons tous deux le sangfroid et l'indépendance d'opinion que n'ont pas ou qu'ont si rarement les gens qui veulent jouer un rôle politique et qui ont à compter avec des électeurs. La tolérance des opinions — cette chose disparue de nos jours, surtout dans nos petites villes — est entière entre mon ami Barbe et moi. Je m'explique ses illusions et il comprend mes doutes. Nous respectons mutuellement nos idées, et, tandis que parfois je me demande s'il n'a pas raison contre moi, je crois deviner qu'en secret il trouve aussi que je n'ai pas toujours tort. Si, d'ailleurs, nous sommes séparés sur certaines questions de forme et de théorie, nous nous trouvons presque toujours d'accord sur les points essentiels, c'est-à-dire ceux qui tiennent à la pratique de la vie et projettent sur la politique courante des lueurs qui.....

Mon ami Barbe était survenu pendant que j'écrivais ces notes sur mon carnet de voyage. Il remuait la tête et regardait d'un air indécis, en se demandant s'il ne devait pas déjà protester.

Tout cela finit par un éclat de rire et nous partîmes pour notre première promenade dans la direction de Ternis.

*
* *

La journée avait été très chaude, mais le soleil commençait à tomber. Nous prîmes le petit chemin qui part de l'Abattoir en côtoyant le ruisseau de

Charalon et ses vertes profondeurs. Là s'étalent des séries de petits jardins potagers qui font le bonheur du bourgeois ou du boutiquier que le sort a confinés dans la ville. S'échapper le soir, à la fraîcheur, et courir arroser ses pois ou ses salades avec l'eau de Charalon : ce n'est peut-être pas le bonheur, mais pour bien des gens, c'est encore ce qui y ressemble le plus, à la condition bien entendu qu'avec cela on se porte bien, qu'on ait un ménage calme, des enfants bien élevés, et surtout qu'on n'ait pas été mordu par la tarentule de l'ambition politique, car il vaut toujours mieux avoir à arroser des radis qu'avoir à désaltérer des électeurs. Décidément, si j'habitais Privas, je voudrais avoir, moi aussi, mon petit jardin à Charalon.

La route est inégale. On monte et on descend. Les cigales chantent aux arbres et les lavandières jacassent dans le ruisseau. Les éclats de rire alternent avec les coups de battoir. Dieu a donné une compensation aux pauvres gens : il n'y a qu'eux pour savoir rire, quand ils ne sont pas occupés à pleurer.

Nous nous arrêtons un instant au bord du chemin sous un poirier qui se dodeline sur un affreux précipice. — Un pauvre homme cherche à atteindre les poires. C'est risquer sa vie pour bien peu de chose. Le propriétaire agirait sagement en faisant abattre ce dangereux tentateur, à moins qu'il ne veuille le conserver comme un piége pour les voleurs de poires. Ah ! si le pommier du paradis terrestre avait eu l'esprit de se percher ainsi sur Charalon, le serpent aurait certainement perdu sa peine, et nous aurions évité bien des désagréments !

Le sentier se bifurque. Celui de gauche va à la Barèze, — celui de droite monte à Ternis et de là revient sur le Petit-Tournon, par la rive gauche de Charalon. Les échamps sont couverts de belles vignes. — Est-ce que le phylloxera aurait oublié ce charmant petit endroit ? Hélas ! nous ne tardons pas à nous convaincre du contraire. — Un peu plus loin, nous reconnaissons des ceps américains à leur aspect brun et dru. Sur nos têtes le bois Laville semble se jouer avec les rayons du soleil couchant. Le sentier est égayé par des fleurs sauvages qu'une chèvre broute à grand train.

— Menou ! dit mon ami Barbe à la chèvre en la caressant sous le menton.

La chèvre fait un de ces petits sauts gracieux dans leur brusquerie que tout le monde connaît et semble dire : Laissez-moi donc achever mon dîner !

— Oh ! la gourmande, dit mon ami Barbe. Voyez comme elle vous expédie rondement dans son rude estomac toutes ces fleurs, on pourrait dire ces gamines de grand chemin, qui bordent nos chemins vivarois.

C'est un vrai dîner de roi ou de président qu'elle s'octroie. Oyez plutôt :

1re entrée : La marjolaine, avec ses agglomérations de labiées blanches sur calices violets ;

2e service : L'achillée, avec son corymbe blanc, et ses longues feuilles dentelées qui lui ont valu le nom de mille-feuilles ;

Rôti : La menthe aux fleurs blanches en épis.

La mâtine dédaigne, non sans raison peut-être, la carotte sauvage malgré ses belles ombelles blanches et le bouillon blanc, dont la fleur guérit les rhumes mais dont la tige pilée dans l'eau fait mourir les poissons.

— A propos de chèvre, ami Barbe, vous savez sans doute que la liberté de pâture, telle qu'on la pratique beaucoup trop de nos jours, a les plus graves conséquences, car, en empêchant le reboisement des montagnes, ces malheureuses bêtes ont leur part de responsabilité dans l'appauvrissement du pays, les inondations, la mobilité plus grande qu'autrefois des variations atmosphériques et les dommages qui en résultent pour la santé publique. — Mais ce que vous ne savez peut-être pas, c'est que nos anciennes municipalités, celles d'avant la Révolution, qu'on aime tant à qualifier d'ignorantes (comme si nous avions inventé le progrès tout d'une pièce), prenaient souvent des mesures fort intelligentes que feraient bien d'imiter nos édiles modernes. Je lisais, l'autre jour, dans les registres de la municipalité de Gravières, un règlement détaillé concernant les chèvres. Tous ceux qui en avaient devaient les déclarer; ils étaient tenus de les conduire en laisse, et toute chèvre trouvée en liberté pouvait être tuée.

— Pauvre Menou ! dit mon ami Barbe, en se rapprochant instinctivement de la chèvre, qui continuait imperturbablement son dîner de plantes aromatiques. Après tout, ajouta-t-il gravement, il est certain qu'aucun homme de bon sens ne saurait blâmer la municipalité de Gravières.

*
* *

Nous continuons notre route. Les fleurs disparaissent. Le sentier devient pierreux et chemine entre deux murs comme un condamné entre deux gendarmes. Il faut se hausser sur les pieds pour voir Privas qui rit là-bas, dans ses maisons blanches, des touristes engagés là-haut dans les voies raboteuses. Ah ! Privas, tu as tort, car ces touristes t'apporteront un bon conseil : Quelle charmante promenade on pourrait faire en établissant une allée plane et ombragée de l'Abattoir à Ternis et de Ternis au Petit-Tournon !
— Que de jolies bastides on pourrait y construire et comme la valeur des propriétés de ce quartier s'accroîtrait en même temps que l'agrément d'une ville qui n'a encore aucune promenade vraiment digne de ce nom ! »

Nous étions au-dessus de Cornevis. Je rappelai à mon compagnon ce qu'en dit un ancien président de

Privas, M. Delichères, dans le curieux article sur le culte de Mithra que contient l'Annuaire de l'an XI.

M. Delichères, après avoir développé longuement le caractère profond et élevé du culte de Mithra et le sens des figures allégoriques du bas-relief du Bourg-St-Andéol, s'attache à démontrer que la plupart de nos vieux usages de carnaval ne sont que la reproduction des fêtes expiatoires que célébraient les Perses à la fin de leur année. Les Perses promenaient comme nous le bœuf gras, orné de rubans, qui était ensuite immolé. A Ispahan comme à Privas, des hommes masqués, affublés de figures d'animaux, parcouraient les rues, portant un mannequin, le *teuoni* (qui signifie en langue gauloise *spectre de bœuf*) que l'on brûlait et que l'on noyait ensuite. Le savant président ajoute : « On appelait chez les Gaulois *Cornovi* ou *Carnevi* l'endroit d'une rivière où l'on prenait les bains. On donne encore ce nom à un petit gouffre d'eau particulier de la rivière de Charalon, dans le territoire de Privas, destiné à cet usage. De là, on a désigné par *Cornoval* l'action de se purifier par l'eau et ensuite toute purification..., »

Et plus loin : « On ne peut douter que le *Cornevit* de Charalon n'ait été une de ces anciennes piscines religieuses, que le christianisme fut réduit à interdire parce qu'elle se liait aux institutions du paganisme et les retraçait peut-être. Elle offre au bas du rocher sur lequel coulent les eaux un large siége de pierre, sur laquelle les malades assis pouvaient commodément recevoir sur la tête l'immersion des eaux supérieures. »

Les traces de cette piscine sont-elles encore visibles ? C'est bien douteux avec les érosions séculaires de l'eau. Il est bon de noter à ce propos que le pays étant autrefois beaucoup plus boisé, le débit de toutes nos rivières était plus considérable qu'il ne l'est aujourd'hui.

*
* *

A propos de M. Delichères, qu'on me permette d'ouvrir ici une parenthèse.

M. Delichères, né à Aubenas, le 17 mars 1752, est mort président du tribunal de Privas le 30 novembre 1820. C'était un homme d'une grande érudition, comme on peut le voir dans les deux opuscules qu'il a laissés : l'un est celui que je viens de citer, et l'autre est la *Dissertation sur l'Hercule gaulois* imprimée à Privas en 1802. L'auteur croit que le monument de Désaignes était dédié à l'Hercule gaulois.

M. Delichères s'était occupé principalement de linguistique. Il professait l'idée, si bien développée depuis par M. Granier de Cassagnac père, que nos patois sont l'ancienne langue celtique elle-même plus ou moins altérée par le temps et les invasions étrangères, et il travaillait à un dictionnaire de notre idiome local.

M. Ovide de Valgorge dit aussi que M. Delichères, a laissé des manuscrits concernant l'histoire du Vivarais. Que sont devenus les manuscrits et la bibliothèque de M. Delichères ? Voilà ce qu'il serait intéressant de savoir. Personne n'a su nous donner à cet égard un renseignement positif.

**

Le sentier franchit la crête du contrefort montagneux qui s'abaisse vers le Petit-Tournon et nous nous trouvons sur le versant de Mézayon, en face de la montagne de Pranles que gravit si laborieusement la route des Ollières. La vue du château de Liviers qui se dresse là-haut vers le nord nous rappelle l'époque où toutes les hauteurs étaient garnies de demeures seigneuriales.

Les seigneurs de Liviers, du reste, ne paraissent pas avoir fait grand bruit. Je ne trouve sur eux qu'une mention assez bourgeoise dans le registre du notaire Antoine Brion, Privas 1427-28. Le seigneur de Liviers était alors Jean Rostaing, fils d'Antoine Rostaing. Sa sœur Agnès avait été mariée en 1419 à noble Pons Guillaume, avec une dot de cinquante florins et ses vêtements de noce, c'est-à-dire son trousseau. Le florin valant quinze sols tournois, et la livre vingt sols tournois, la dot de Mlle de Liviers équivalait donc à trente-sept livres et demie. Mais l'argent avait alors une valeur incomparablement plus grande qu'aujourd'hui. Ainsi, nous trouvons dans le même registre qu'un porc coûtait une livre tournois. Sur cette base, on peut évaluer à 7,500 fr. environ la valeur de la dot de Mlle de Liviers.

On a supposé, non sans raison peut-être, que les Rostaing, de Liviers (comme les Rostaing, de Champferrier, en Dauphiné) descendaient des Rostaing ou Arostagni, seigneurs de Rue et du Bourg-Argental, au xie siècle, dont la succession échut au xiie siècle, à la célèbre maison de Pagan. Le fait est que leurs armoiries étaient les mêmes : *de gueules au lion d'or* (1).

***

Le Petit-Tournon, que les vieux papiers appellent *Turno prope Privacium*, est plus ancien que Privas. Au xve siècle, il était le siège d'un mandement dont la paroisse de Pranles faisait partie. Les moines de Charay y avaient une maison. En 1427, le capitaine du Petit-Tournon, c'est-à-dire le représentant de l'autorité seigneuriale, était noble Lancelot de Mars, et il avait pour lieutenant Guillaume Mourier, gardien du sel à Privas. La principale place publique du Petit-Tournon était la place de l'Olive. Le four public s'y trouvait. Parmi les notables de l'endroit à cette époque, je relève les noms d'Etienne Desales ou Salis et de Jean Gourgas. Le testament de ce dernier, en date du 23 décembre 1427, fait revivre le Petit-Tournon de cette époque.

(1) *Cartulaire du prieuré de St-Sauveur-en-Rue*, publié en 1881 par M. le comte de Charpin Feugerolle et M. Guigne, p. 1er.

Gourgas veut être enterré dans le cimetière de Ste-Marie, à Tournon. Il convie à ses funérailles vingt prêtres, à chacun desquels on donnera quinze deniers tournois, et aux clercs ce qui est d'usage. Il lègue à vingt-un pauvres deux setiers de seigle en pain cuit. Il veut que vingt prêtres soient encore convoqués pour son anniversaire du bout du mois et qu'on leur donne à chacun quinze deniers après les avoir fait dîner convenablement. Ce jour-là, on donnera aussi à vingt-un pauvres quatre setiers de seigle en pain cuit. Il recommande à son héritier de faire son offrande dans l'église de Ste-Marie de Tournon pendant un an et un jour, à raison de deux deniers tournois par jour en pain, une pinte de vin pur et un cierge de cire. Il veut qu'à perpétuité, chaque année, le jour de la fête de Ste-Catherine, on convoque dans ladite église et ledit cimetière deux prêtres qui diront la messe ; on leur donnera à dîner, et on leur remettra un gros. Il lègue au curé six gros ; au luminaire de Ste-Marie, un carteron de noix ; à la Quête des âmes du Purgatoire et à la Rote de cire (1) de Ste-Marie de Tournon, six deniers chacune avec obole ; à l'hôpital de la Recluse et à la Maladrerie de Privas, six deniers chacun avec obole. (Suivent les legs particuliers.)

L'acte fut dressé à Tournon dans la maison du tes-

(1) Lustre en forme de roue.

tateur. Les témoins étaient messire Raynaud Gordon, vicaire de Lias et Tournon ; noble Lancelot de Mars, Philippe Petit, Antoine Arnaud, Etienne Ducros dit Mast, Pierre Fabre dit de Craus, Vincent Verdier, Clerc et Mondon Rive, de la paroisse de Saint-Sauveur.

Le registre d'Antoine Brion ne contient pas d'autre fait relatif au Petit-Tournon, si ce n'est une obligation de seize moutons d'or souscrite par Guillaume Duprat, de Pranles, à noble Lancelot de Mars pour prêt légal.

C'est au Petit-Tournon que les troupes royales, aidées par les débris de la population de Privas, capturèrent en 1632 le vicomte de Lestrange qui avait pris part à la révolte de Gaston d'Orléans et du duc de Montmorency. Le Petit-Tournon fut brûlé au moins partiellement dans le combat, et le vicomte de Lestrange fut conduit prisonnier à Privas, à la grande joie de ses vassaux qui le détestaient. De Privas, on le transporta au Pont-St-Esprit où il fut exécuté, sans autre forme de jugement, par les ordres de l'Intendant Machault.

**

La rencontre de notre savant géologue, le regretté M. Dalmas, nous fait revenir des souvenirs lointains du moyen-âge aux recherches de la science moderne.

Nous descendons avec lui au fond du Mézayon où

il nous montre les granits porphyroïdes à la plus haute passerelle de MM. Fourniol.

La première couche que déposèrent les eaux bouillantes, celle des micaschistes, est visible sur une distance de cent mètres environ, entre cette passerelle et la fabrique Fourniol.

Puis vient le grès ou trias qui va jusqu'au pont de Bourdely sur l'ancienne route. Ce pont est un précieux repère pour les géologues. En effet, tandis que ses piles portent sur le grès, son sommet touche l'assise inférieure du lias que caractérise la présence de minces couches de pur calcaire, bleu foncé, contenant le *pecten lugdunensis*. Cette assise n'a qu'une épaisseur d'environ soixante mètres. Elle est recouverte par le lias moyen qui est gréseux avec des cristallisations de carbonate de chaux dans les fentes. On retrouve ce lias moyen au dernier détour de la route avant d'arriver au pont de Bourdely. Il est caractérisé par la *gryphea cymbium*.

Le Petit-Tournon est bâti sur le lias moyen — mais les dernières maisons sont adossées à un conglomérat ferrugineux qui correspond à la couche de fer exploitée au Riou-Petit (St-Priest) et où abonde l'*ammonite bifrons*.

Dans ce conglomérat et dans le lias supérieur il y a beaucoup d'encrines. L'entroque se trouve dans certaines couches du lias supérieur. Le lias supérieur ressemble au grès comme le lias moyen, moins le ciment calcaire. Il contient des fossiles.

Dans une carrière à l'est du Petit-Tournon, on peut examiner à l'aise le lias supérieur dans ses ressemblances avec le grès. Seulement on y trouve, ce qui n'est pas dans le grès, des bélemnites et des encrines. Le calcaire de chaux suinte dans les fentes du lias. On sait que l'encrine est caractéristique du lias supérieur et la bélemnite du lias moyen ; celle-ci est plus rare dans le lias supérieur.

M. Dalmas, pour compléter cette intéressante revue, voudrait nous faire monter à l'abattoir où l'on trouve les marnes fucoïdes (terrain bajocien), mais cet examen est renvoyé à un autre jour.

Il nous fait observer que toutes les couches des environs de Privas sont inclinées sous l'influence des soulèvements venant des volcans situés au nord et à l'ouest. L'inclinaison est donc du nord au midi et de l'ouest à l'est.

A ceux que la théorie des soulèvements toute seule ne satisferait pas, nous rappellerons à ce propos, que la surface de notre pauvre globe a été remuée de toutes façons par les influences intérieures et extérieures. Les volcans, en créant des vides à l'intérieur du sol, ont dû avoir souvent pour conséquence, des affaissements qui, dans une région travaillée comme la nôtre par les feux souterrains, ont dû être considérables.

Un géologue dauphinois, M. Huguenin (1), qui paraît s'être occupé surtout de ce point de vue de la question, pense qu'un grand plateau s'étendait autrefois du Coiron à Crussol et au Chaffal (Drôme), possédant tous les étages géologiques qui se trouvent au Coiron. Un affaissement, que l'auteur rapporte à l'époque subapennine, forma la vallée de Valence, tandis qu'un affaissement de l'époque quaternaire, alors que nos volcans étaient encore en activité, aurait formé la vallée de Privas. L'œuvre des affaissements aurait été continuée par de grands courants, provenant de la fonte des glaces, auxquels ont succédé nos modestes rivières et le Rhône.

***

Il était six heures du soir quand nous revînmes par le viaduc de Charalon. Le ruisseau semble humilié de ce prodigieux travail. Il s'enfuit là-bas tout effaré, murmurant, au moins quand il a plu, et comme honteux qu'on puisse de si haut cracher sur ses jardins, ses mûriers et ses fabriques. Celles-ci ont pu être orgueilleuses autrefois de leurs dimensions, mais aujourd'hui en se considérant elles-mêmes, dans la personne de leurs propriétaires, du haut du viaduc, elles doivent se trouver bien petites.

Les vieilles maisons du Petit-Tournon, vues du viaduc, présentent un aspect très pittoresque. Nos pères

(1) *Bulletin de la Société d'archéologie de la Drôme*, t. IV, p. 404.

étaient de moins brillants architectes que nous, mais leur bâtisse ne manquait pas de solidité, car voilà, perchés sur la roche, des murs qui, bien que datant de quatre ou cinq siècles, tiennent joliment le point. J'ajoute que, si les vieilles demeures bourgeoises ont résisté au temps et aux révolutions, on n'en saurait dire autant des ouvrages de guerre. Que reste-t-il du fort St-André qui se dressait, à quelques pas d'ici, sur le promontoire escarpé qui forme le confluent de Charalon et de Mézayon ? Que reste-t-il du fort qui surmontait le dike volcanique du Mont-Toulon ?

Notre attention est attirée par le magnifique tableau que forme au loin la montagne de Charay éclairée par le soleil couchant. On dirait un immense médaillon avec un grand saint dont les traits s'effacent dans une buée lumineuse. Mon Dieu ! le soleil va vite. Là-haut, c'est le jour ; ici, c'est l'ombre, et là-bas, sous nos pieds, les fabriques de Charalon sont déjà dans le crépuscule. C'est comme pour la vie humaine : on naît, on se chamaille, on meurt.

— Trêve de poésie, dit mon ami Barbe. C'est l'heure de dîner !

II.

LA MONTAGNE D'ANDANCE.

La percée d'Alissas. — La montagne d'Andance. — Chomérac vu de haut. — Le grand chêne. — L'orage du 21 juillet 1880. — La vallée de Barrès. — La famille de Barrès du Mollard. — Le grand-père d'Henri Rochefort né au Bijou. — St-Vincent-de-Barrès. — L'histoire de Montélimar, du baron de Coston. — Le bois de la Treille. — St-Bauzile. — La différence entre le loup et l'homme. — Le château du Bois. — La famille de Bénéfice.

Nul n'est prophète dans son pays, pas même les montagnes — ce qui doit consoler un peu les hommes qui, à tort ou à raison, trouvent qu'ils ne sont pas convenablement appréciés par leurs concitoyens. Quoi de plus beau — excepté pour ceux qui le voient tous les jours — que le spectacle, vu de Privas, de l'imposante masse du Coiron détachant dans le ciel bleu son crâne chauve au-dessous duquel, comme une barbe coupée court, s'étalent les bois taillis, et où les fontaines se manifestent même de loin par des traînées d'éclatante verdure.

La chaîne du Coiron et celle des Boutières se donnent la main à l'Escrinet pour former un vaste cirque que les courants diluviens ont éventré à Alissas et aux Fonts-du-Pouzin. Du sommet de Charay, qui formait une île enflammée au milieu du lac privadois, la vieille nature cévenole ressuscite en quelque sorte aux yeux du touriste géologue, et pas n'est besoin de beaucoup d'imagination en voyant ses vivants débris, pour évoquer les révolutions terrestres d'autrefois. Si, de plus, on est monté à Charay de grand matin, on peut assister à cette éternelle et toujours étonnante merveille du lever du soleil qui devrait suffire à ouvrir l'esprit des uns et à clore la bouche des autres. Je ne sais quel poète a dit :

> Quand on fut toujours vertueux,
> On aime à voir lever l'aurore.

C'est devenu trivial, mais c'est vrai. Les braves gens se lèvent généralement de grand matin. C'est le moment le plus favorable au travail, parce que c'est celui où la pensée, rafraîchie par le sommeil, va le plus droit son chemin. Tout le monde n'est pas en état de décrire le lever du soleil, dans un langage splendide comme Jean-Jacques Rousseau, mais je suppose que les athées les plus encroûtés ne sont pas sans éprouver quelque confusion et quelque embarras, quand ils se trouvent seuls, avec les chétives lueurs de leur petit cerveau, devant le magnifique incendie que Dieu allume chaque matin à l'Orient et qui fait tous les jours en vingt-quatre heures son tour du monde.

La percée d'Alissas est une des parties les plus intéressantes que présente de Privas le spectacle de la chaîne du Coiron. C'est un autre tableau, sur un second plan, que bleuit et vaporise l'éloignement, et par où les imaginations, qui se trouvent trop à l'étroit dans le bassin de Privas, peuvent s'envoler vers le Rhône et les contrées inconnues. Dans ce tableau apparaît le côté basaltique si pittoresque du Coiron, que l'action des éléments et le travail humain ont plus ou moins effacé sur le versant qui fait face à Privas. On aperçoit là-bas des pics couronnés de basaltes, rois pétrifiés, qui ont l'avantage, sur leurs confrères de la race d'Adam, de n'avoir affaire qu'aux révolutions atmosphériques beaucoup moins destructives que nos révolutions politiques.

Un de ces pics volcaniques surplombe la vallée de St-Bauzile. Un autre lui fait face sur la montagne d'Andance, et le voyageur qui passe de ce côté, par la route de la Treille, qui relie Chomérac à Meysse, peut apercevoir plus loin vers le sud trois autres noirs géants de pierres dont l'un a donné son nom au village de St-Pierre-la-Roche ; les deux autres sont le pic de Pampelonne et le Chenavari.

La montagne d'Andance est un massif détaché du Coiron, que limitent les trois vallées de Chomérac, de St-Bauzile et de Barrès. Elle est entièrement volcanique.

Ici, ni grès ni calcaire, mais seulement du basalte et des cendres dont les influences atmosphériques et l'action du temps et des eaux ont fait une terre féconde. Aussi dit-on généralement dans le pays que le blé d'Andance l'emporte sur tous les autres et qu'il pèse trois kilos de plus par sac.

Voulant voir de près la montagne d'Andance, mon ami Barbe et moi, nous entreprîmes, un beau matin, en compagnie d'autres personnes, d'en gravir la pente rapide. Nous passâmes par la jolie chesnaye qui domine le château du Bois. La chaleur était très-forte et l'herbe on ne peut plus glissante. Si les parquets des villes sont perfides pour le campagnard qui s'y aventure, il faut avouer que le gazon des montagnes abruptes ne l'est guère moins pour le citadin qui s'y risque sans chaussures dûment clouées. Je ne me rappelle qu'une ascension plus fatigante, c'est celle, que j'avais faite, l'année précédente, de la montagne de Seray, au-dessus de Satillieu. Ici comme à Seray, il fallait s'accrocher aux genêts et aux arbres pour se maintenir en équilibre. Ici, comme à Seray, nous finîmes aussi par comprendre que le chemin le plus court n'est pas toujours la ligne droite et qu'en tournant la montagne nous arriverions probablement plus vite au sommet. Un sentier, une *draye*, tombant sous nos yeux, nous fit mettre aussitôt cette idée à exécution. Nous la suivîmes et elle nous conduisit doucement, gentiment, entre les herbes et les taillis, avec accompagnement d'oiseaux et de bruissements d'insectes, vers le but que nous visions tout-à-l'heure brutalement comme une citadelle à emporter de vive force. Et comme j'étais resté seul en arrière, un peu pour mieux lorgner au loin les montagnes et les vallées, un peu pour causer avec moi-même, il me semblà que la *draye* prenant un corps, cheminait avec moi et m'adressait un petit speech.

— Avoue, disait-elle, que tu as été passablement présomptueux. Ton assaut malheureux sur l'herbe glissante, c'est l'esprit novateur à l'excès, c'est le progrès inconsidéré. Moi, je suis la tradition, l'expérience, et c'est par moi que montent les pâtres et les chasseurs, tandis que les touristes inexpérimentés prennent seuls l'autre voie — et s'y cassent le nez !

C'est en effet ce qui avait failli arriver à mon ami Barbe, au moment même où il criait à une de nos compagnes de voyage : Attendez, je vais vous donner la main !

On m'appelait. La draye reprit sa forme naturelle. Je vis que j'avais fait un rêve éveillé — n'est-ce pas le cas de bien des gens qui ne s'en doutent guère ?

— Qu'avez-vous donc, docteur ? me dit-on.

— Rien.

— Je parie que vous rêviez ! répliqua une petite voix.

— Peut-être, mais un rêve et rien, c'est la même chose.

— Oh ! que non. Contez-nous votre rêve.

Je répétai ce que m'avait dit la draye. Tout le monde se mit à rire.

— Encore une de vos malices, docteur, dit mon ami Barbe. Gardez-vous au moins de la noter sur votre carnet de voyage.

— Car, par le temps qui court, ajouta gaîment un autre, on ne peut guère montrer son nez à la porte de son village, sans être accusé de faire de la polémique électorale.

**

Nous étions arrivés au sommet, ou plutôt à la dépression qui sépare les deux plateaux de la montagne d'Andance.

Nous nous avançons au nord sur le sommet qui domine Chomérac. Nous remarquons une foule de genêts tués par le froid excessif de l'hiver précédent. La chaleur du soleil est tempérée par un vent frais et vif. De ce point, la vue est magnifique. On a la vallée de Chomérac à ses pieds et l'on embrasse d'un coup d'œil ses usines, ses châteaux et ses belles propriétés, comme un paysage qu'on tiendrait dans la main. On sent la vie au nombre et à l'importance des habitations, mais la distance, en éteignant le bruit et en ne laissant aux hommes que des tailles de fourmis, donne au tableau un cachet calme et reposé. Et dire pourtant qu'on votait ce jour-là à Chomérac ! Voilà ce que c'est que de voir les choses de haut et de loin ! La vallée de Chomérac gagne, du reste, de toutes les façons à être vue des hauteurs d'Andance. Sur le passage du chemin de fer, on dirait un pays aride et pierreux, tandis que de là haut on assiste à une véritable fête de la nature verdoyante.

En face de nous se dresse le Gras, ce fragment isolé du cercle montagneux qui retenait autrefois les eaux du lac ou plutôt de la chaudière que faisait bouillir la flamme sous-marine du mont Toulon et du mont Rome. Le Gras produisait, il n'y a pas encore bien longtemps, un vin délicieux. Le phylloxera n'a laissé à ses intrépides cultivateurs que les yeux pour pleurer.

Au delà du Gras, on aperçoit la montagne de Gruas ou de St-Quentin qui se dresse entre l'Ouvèze et l'Erieux. Cette montagne est le grand récipient des eaux du ciel qui alimentent les fontaines de quatre communes : St-Cierge-la-Serre, Flaviac, St-Julien et St-Vincent-de-Durfort. Beaucoup de protestants dans cette partie des Boutières.

Le Gras nous cache Privas, mais nous apercevons le Ruissol — et, au-delà, la montagne de Charay semblable à une immense mitre d'évêque plantée au beau milieu de la vallée ; — au delà enfin la ligne bleue des Boutières qui court de Gruas à Mézilhac en passant par le col de la Fayolle.

A l'est, le Rhône coupe de sa ligne de vif-argent la verdure de la plaine de Valence. Le chemin de fer file droit et noir à côté, tandis que les Alpes dauphinoises semblent se recueillir au loin dans une gaze bleue que fait miroiter le soleil.

Un paysan nous aperçoit.

— Vous venez sans doute, nous dit-il, pour voir le beau *roure*.

— Sans doute.

— Eh bien ! le voilà, là bas, derrière la ferme.

Ce chêne vaut à lui seul l'ascension d'Andance. Il mesure à sa base environ cinq mètres de circonférence et est élevé en proportion. Malheureusement, une de ses grosses branches a été brisée par la foudre. Je n'ai vu qu'un plus beau chêne dans notre région : c'est celui du château de Salettes (Drôme), propriété de M. Aimé Champin, le grand importateur de vignes américaines. Ce dernier mesure à sa base sept mètres de circonférence. Des actes, qui remontent à 400 ans, le qualifient déjà de *vieux chêne*. On évalue son âge à douze ou quinze siècles. Celui d'Andance doit en avoir huit ou dix.

Il y a de belles cultures sur le plateau d'Andance, mais la récolte avait été totalement détruite cette année par l'orage et la grêle du 24 juillet 1880. Plusieurs des grêlons avaient la grosseur d'un œuf ; nous vîmes au château du Bois, des arbres à fruits dont les branches étaient lacérées comme si on avait tiré à balles, et le métal des gouttières bosselé comme si les enfants les avaient prises à coups de pierres.

Vous figurez-vous, lecteurs, le désespoir du pauvre cultivateur assistant impuissant à cette lapidation du champ qu'il a fécondé de ses sueurs et se disant : Comment nourrirai-je mes enfants cet hiver ? Il me semble qu'une politique qui songerait un peu plus aux cultivateurs dans la détresse, et un peu moins à taquiner les prêtres, serait raisonnable et humaine et obtiendrait l'approbation unanime de tous les partis.

Comme pour chasser ces tristes pensées, des œillets, des mauves et même des chardons nous souriaient de leurs fleurs rouges parmi les herbes du sentier. La nuance de ces fleurs est infiniment plus vive sur les hauteurs que dans les vallées. Il y a entre le rouge des œillets d'Andance et celui des œillets de Chomérac la différence de la fleur du grenadier à la rose.

L'achillée, qui, dit-on, servait à Achille à panser ses blessures, semble bien pâle ici près de ses rivales rouges. Malgré la différence des couleurs, les pauvrettes vivent en paix. Oncques on n'ouït dire que l'œillet ait refusé de vivre sur la même motte que la marguerite ni que le bouillon blanc ait juré la mort d'un chardon écarlate voisin. Je ne sais pas si les plantes comprennent qu'elles jouent chacune un rôle dans le plan de la création ; dans tous les cas, elles remplissent leur destinée simplement et dignement, tandis que les rouges et les blancs, parmi les hommes, sans compter les bleus, les verts et compagnie, semblent n'avoir reçu la raison que pour montrer qu'ils en sont indignes. La plupart s'imaginent jouer un rôle choisi par eux-mêmes, tandis qu'ils ne sont, dans une certaine limite, que les instruments d'une œuvre que leurs sens comme leur raison sont impuissants à comprendre. Je me figure parfois l'ensemble des opinions morales, politiques et religieuses comme un grand pré où chaque être humain étale pompeusement la couleur que la nature et les circonstances lui ont donnée, en s'en attribuant le mérite. Prenez vos lunettes, bonnes gens, et regardez bien au fond de vos consciences. Vous y verrez que vous êtes rouges ou blancs, parce que la main divine a semé la terre humaine d'œillets et de marguerites. Vos congénères fleurs ont sur vous l'avantage du silence et de la modestie.

— Tout cela est peut-être vrai, dit mon ami Barbe, mais toutes les vérités ne sont pas bonnes à dire.

— Bah! à 546 mètres au-dessus du niveau de la mer! Autant en emporte le vent!

Nous voici sur le rebord oriental qui domine la vallée de Barrès. Celle-ci court vers le sud parallèlement au Rhône, dont elle est séparée par un contrefort du Coiron, sur lequel M. du Solier a reconnu les traces d'un campement romain. De nouveaux pics basaltiques se dressent à l'horizon. Le Chenavari surgit au loin dans l'échancrure de la montagne, et, de ce côté, le pic de St-Pierre-la-Roche semble se pencher pour échanger un regard avec lui. La vallée de Barrès, la plus belle du Coiron, par sa largeur, par ses pittoresques perspectives et par sa fertilité, s'étend à nos pieds. Le village de St-Vincent se détache, du milieu des prés et des cultures, avec ses maisons blanches et grises. Nous apercevons avec notre lunette une vieille tour. A côté est un château délabré où néanmoins, nous dit-on, la mairie est installée.

La vallée de Barrès *(Barresium)* a été désignée autrefois sous le nom de Corcon, Gorgon ou Gorgonay. Vers 1213, elle fut l'objet d'une contestation entre Aymard de Poitiers, comte de Valentinois, et l'évêque de Viviers. Aymard voulait être seul maître de Barrès et de Rochessauve dont il ne possédait que la cinquième partie. Il avait construit le château de Chomérac, malgré l'évêque Nicolas qu'il haïssait mortellement. Le roi d'Aragon et le prince d'Orange se trouvant à Viviers, apaisèrent cette querelle en se prononçant, d'ailleurs, en faveur de l'évêque. (1)

En ce temps-là, la partie du Vivarais, du Bourg à Cruas, était sous la mouvance des évêques de Viviers, tandis que la partie de Cruas à Tournon relevait des évêques de Valence. La vallée de Barrès était sur la limite. De là, des contestations aggravées par les relations intimes qui existaient entre le comte de Valentinois et le comte de Toulouse, lequel, on le sait, était dans les plus mauvais termes avec

(1) Columbi. — *De rebus gestis episcoporum vivariensium,* p. 124.

l'évêque de Viviers par suite de la protection qu'il accordait aux Albigeois.

Le château de Barre se trouve parmi les nombreux châteaux du Vivarais dont Aymar II fit hommage en 1239 au comte de Toulouse.

Ce château figure aussi dans le nombre de ceux que le roi de France fit saisir en 1390 sur la comtesse de Valentinois, mais qu'il lui rendit deux ans après.

Au XVᵉ siècle, le Barrès formait un mandement spécial qui comprenait plusieurs paroisses.

Ce pays fut le théâtre, en octobre 1621, d'une série d'escarmouches fort vives entre l'armée catholique du duc de Ventadour, qui avait retiré de Chomérac deux pièces de canon pour les conduire au siège de Montauban, et M. de Blacons qui commandait, à St-Vincent, un corps de douze ou quinze cents protestants. La marche des catholiques fut très laborieuse. Les deux canons s'avançaient au centre, tandis que quatre régiments les protégeaient en avant et en arrière, à droite et à gauche. L'ennemi était de tous les côtés. Il fallut tirer sur lui deux volées de canon pour le tenir à distance respectueuse. Les catholiques passèrent mais ne purent gagner Rochemaure à cause de la nuit et durent camper dans la montagne. Ce fut, dit le chroniqueur, une des plus grandes escopetteries qu'il y eût en Languedoc, sans que la perte se soit trouvée de plus de cent hommes morts ou blessés des deux côtés.

*
* *

Barrès est une ancienne baronnie — et la famille noble de Barrès une des plus anciennes du pays. Un Genton de Barrès prit part à la première croisade avec d'autres seigneurs du voisinage. Pithon-Curt, l'historien de la noblesse du Comtat Venaissin, cite d'autres membres de cette famille au XII® et au XIII® siècle. Vers 1380, l'héritière de la baronnie, appelée Blonde de Barrès, se maria à Bertrand de Taulignan. — Les seigneurs de Taulignan ont toujours porté, depuis cette époque, le titre de barons de Barrès. Les Barrès du Molard sont une branche cadette qui alla s'établir au Pouzin, vers la fin du XV® siècle et y a possédé jusqu'à la Révolution le fief du Molard. La généalogie de cette branche est parfaitement établie depuis le milieu du XIV® siècle.

En 1427, noble Hélis de Barrès, veuve de Vital de Floyrac, et tutrice de sa fille Marguerite, vend à Périnet Lambert de Privas, une vigne au prix de huit moutons d'or. Parmi les témoins figure noble Guillaume Flocart, châtelain de Privas, pour la maison de Poitiers. L'auberge de la *Fleur de Lys* à Privas, appartenait à Vital de Floyrac.

Guillaume de Barrès, dit le capitaine Barrès, était en 1591 *capitaine*, c'est-à-dire gouverneur du Pouzin ; son fils Elie de Barrès, fit les campagnes de 1637 et 1639 contre les Espagnols.

Alexandre de Barrès était aux sièges de Mortare et d'Alexandrie en Piémont ; il abjura le protestantisme entre les mains de Daniel Cosnac, évêque de Valence, le 16 août 1683.

Nous trouvons dans de vieux actes, que noble Charles Elie de Barrès s'installa en 1698 au lieu de Limouze, paroisse de St-Julien-en-St-Alban et que le 9 juin 1727, il se démit des biens qu'il tenait de Jacques Perrier, en faveur de sa fille Angèle de Barrès, laquelle épousa, le même jour, noble Louis Aimé de Guion de Gyes de Pampelonne sieur de Larzalier, habitant en son domaine de Gourdes, paroisse de St-Julien.

Scipion Laurent de Barrès, qui émigra en 1792, avait été lieutenant-colonel d'artillerie et s'était distingué par son zèle pour la cause royale au commencement de la Révolution. Il prit part à la descente de Quiberon, rentra en France en 1804 et mourut à Chomérac en 1809.

Son fils, Fleury de Barrès, avait épousé en 1800 Jacqueline-Rosalie de Rochefort, fille du baron de Rochefort, ancien capitaine d'infanterie, et de Louise Moreton de Chabrillan. Il en eut neuf enfants. Cette vieille famille était encore représentée l'année dernière à Chomérac par le vicomte Amédée de Barrès, mort depuis.

Jacqueline de Rochefort était la sœur cadette de Paul de Rochefort, né au Bijou, le 24 janvier 1771, lequel épousa M¹¹ᵉ de Fontenay, fille de l'ambassadeur de France auprès des cours du Nord. De ce mariage naquit Arthur de Rochefort, mort il n'y a pas longtemps colonel de cuirassiers, et père d'Henri Rochefort.

Paul de Rochefort fut baptisé le 24 janvier 1771, dans la chapelle de Mont-Bijoux, par Loine, vicaire de Chomérac. Le parrain fut messire Charles de Moreton de Chabrillan, son oncle, et la marraine Magdeleine de Chabrillan, sa tante, mais tous deux étaient absents, et ils furent représentés par messire Paul-Jean Malet, écuyer, avocat, capitaine, châtelain de la tour de Chomérac, Rochemaure et mandement de St-Alban, habitant de Chomérac, et haute et puissante dame Marianne Bouvé, baronne de Rochefort, habitant audit château de Mont-Bijoux. Les témoins furent le baron de Rochefort, père du baptisé, et sieur Jean Buffet, inspecteur des manufactures de la province de Languedoc, habitant au mas de Trouillet (aujourd'hui propriété Gamon).

Les Barrès sont donc les cousins du célèbre pamphlétaire, directeur de l'*Intransigeant*.

Le vicomte Barrès du Molard, probablement le fils aîné de Jean Scipion Fleury, car une décision royale de 1814 avait conféré à ce dernier le titre de *vicomte héréditaire*, a publié à Lyon en 1842 des

Mémoires sur la guerre de la Navarre et des provinces basques, de 1833 à 1839.

* *

St-Pierre-la-Roche s'appelait autrefois St-Pierre-de-Barry. Au milieu du siècle dernier, il y avait quarante feux, et à St-Vincent-de-Barrès cent vingt.

St-Vincent était entièrement clos de murs. La collation de la cure appartenait à un Bénédictin résidant à Paris. Ce village était habité par trois familles nobles : du Solier, Pichon et d'Alayson. La lettre du curé à dom Vaissette, à laquelle nous empruntons ces détails, ajoute : Il y a deux conseils élus par la communauté, qui conservent leurs fonctions « jusqu'à ce qu'on veuille les changer. »

Il paraît que cela se passait ainsi autrefois. — Les conseils renouvelables en droit, ne l'étaient guère en fait et, comme les révolutions étaient plus rares qu'aujourd'hui, les fonctions de maire s'éternisaient souvent dans les mêmes mains. — Au reste, ces fonctions étaient moins courues qu'on ne pourrait le croire, puisque dans beaucoup d'endroits, il avait fallu rendre passibles d'une amende tous ceux qui n'accepteraient pas les charges municipales. — Nous trouvons dans l'*Histoire de Montélimar*, du baron de Coston (un livre intéressant et curieux s'il en fût, au point de vue des mœurs et des coutumes de notre région), qu'à Montélimar, une amende de 50 marcs d'argent (représentant environ 7,500 fr. de notre monnaie) était infligée à ceux qui n'acceptaient pas les fonctions de consuls et de conseillers.

St-Vincent relevait de la justice seigneuriale de l'évêque de Viviers, et St-Martin-l'Inférieur de celle du marquis de Pampelonne.

* *

Nous descendons par le bois de chênes de la Treille, un des jolis bois de la contrée. Nous aurions bien voulu aller voir à Champautier (*Campus altus*) le camp romain dont parle M. du Solier, mais il était tard. Et puis on est si bien sur les vertes pelouses du bois de la Treille ! L'herbe y verdoie, mais sans excès d'humidité, comme il convient à un sol drainé naturellement par la pierraille volcanique qu'il recouvre. Çà et là des rochers blancs ou noirs percent le gazon comme pour donner de la diversité au paysage. Une chèvre était montée sur un de ces piédestaux, et là, s'étant accroupie, nous regardait d'un air d'indéfinissable curiosité.

— Ah ! si j'étais peintre ! dit mon ami Barbe. J'ai remarqué, ajouta-t-il, que les chèvres, comme les chats, grimpent toujours aux points les plus élevés, surtout pour dormir.

— Il me semble, objecta un de nos compagnons, que les hommes qui s'efforcent de grimper haut, comme les chèvres et les chats, ou sont bien imprévoyants, ou ne tiennent pas à dormir, car, dans notre état politique et social, on dort d'autant moins qu'on est plus élevé.

La grand'route de Meysse à Chomérac que nous rejoignîmes bientôt passe à St-Bauzile.

Le chef-lieu de la commune se compose uniquement de l'église, de la mairie et d'une auberge : le cœur, la tête et le ventre. Les membres sont disséminés au loin comme s'il s'agissait d'un mille-pieds, dans les arbres et les rochers. Je ne sais rien de St-Bauzile. Et vous ? Heureux les villages qui n'ont pas d'histoire, d'histoire politique au moins. Souhaitons-leur de ne jamais en avoir ! Chomérac, que nous apercevons là-bas, en a une histoire politique des plus intéressantes, car elle a été prise et reprise aussi souvent qu'Annonay pendant les guerres religieuses. Je suppose que les pauvres gens qui se sont mutuellement torturés, assassinés, brûlés, pendus et volés, — la plupart certainement sans bien savoir ce qu'ils faisaient, d'un côté comme de l'autre, — auraient bien voulu qu'on les laissât tranquilles comme les campagnards de St-Bauzile. — On fait de singulières réflexions sur la destinée humaine, toutes les fois qu'on pense à cette habitude, en quelque sorte invincible chez les hommes, de se chercher querelle et de se déchirer sous les prétextes les plus insensés. *Homo, homini lupus.*

— Vous parlez du loup, dit mon ami Barbe, qui s'était emparé de ma lunette. Ou je me trompe fort, ou en voilà un qui file là-haut entre les chèvres et le mur basaltique. C'est bien cela ! Entendez-vous les cris des bergers et les aboiements des chiens ?

— On a bien tort, dis-je, de hurler ainsi après cette pauvre bête. Il ne mange que des moutons et respecte ceux de son espèce. Voilà la plus notable différence qui existe entre lui et nous !

— Vous avez peut-être raison, dit mon ami Barbe, mais je doute que ce raisonnement fût suffisant auprès des pâtres et des paysans.

**

L'auteur des commentaires du *Soldat du Vivarais* nous apprend qu'après la prise de Chomérac en 1628, les châteaux de Cheylus, de Vaneille et de Mauras furent détruits par ordre du vainqueur, et que le château du Bois fut épargné parce que son propriétaire était allié de M. de Montréal, le chef catholique le plus important du Vivarais.

Le château du Bois appartenait de temps immémorial à la famille de Bénéfice *(de Beneficio)*, une des plus anciennes de la contrée. Nous ignorons si sa généalogie se trouve dans quelque recueil nobiliaire, et nous en sommes réduits, pour le moment, aux quelques mentions que nous avons glanées çà et là dans de vieux registres de notaires.

Le 8 novembre 1403, Pierre de Bénéfice assistait au mariage d'Antoine de Moreton, premier seigneur de Chabrillan, avec Bonne de Maillan, fille de Pons de Maillan et de Guigonette de Bénéfice, alors remariée à Durand de la Champ *(de Calma.)*

Ce même Pierre de Bénéfice figure dans plusieurs actes du *Manuale Notarum* d'Antoine Brion, notaire à Privas en 1427-28. A cette époque, il était en procès devant le Parlement de Toulouse, siégeant alors à Béziers, avec noble Flandine *de Trabe*, mère du seigneur de Ville près d'Aubenas. Celle-ci étant morte en 1429, son fils, Jean de Trabe, continua le procès, dont nous ignorons, d'ailleurs, et l'objet et l'issue.

Antonia, une des filles de Pierre, était mariée à noble Guillaume de Poensac. En 1428, deux Privadois, Pierre Chauland, et Pierre Lasselve, barbier, reconnaissent tenir d'elle en emphythéose perpétuelle leur maison et leur jardin à Privas.

Une Elise de Bénéfice épousa le 25 juin 1450 noble Telmon Darbon, de Montélimar, dont elle eut Marguerite, mariée à Antoine de Marsanne. Il paraît que les mauvaises langues ne manquaient pas plus alors qu'aujourd'hui, car nous trouvons mentionné dans l'*Histoire de Montélimar*, du baron de Coston, le bruit qu'Antoine aurait gagné un procès, grâce à l'intérêt tout particulier que sa femme aurait inspiré au Dauphin (Louis XI). La famille Telmon Darbon existait encore à Montélimar et à Rochemaure au XVIe siècle.

Un Claude de Bénéfice, de Privas, avait, en 1477, des terres à Rochemaure, et possédait même une partie du port d'Ancone qu'il affermait pour la somme annuelle de sept-vingt livres.

Il y avait aussi des Bénéfice à Boulogne. Le 6 octobre 1509, nous voyons noble Hébrard du Cheylard, seigneur de la Champ, qui habitait Vesseaux, donner sa procuration à Louis de Bénéfice, de Boulogne, pour un hommage à prêter au seigneur de Lestrange.

Un arrêt rendu le 5 février 1667 par la cour des Grands Jours de Languedoc « condamne Louis du Bénéfice de Montargues, juge de Privas, à servir le Roy dans ses gallères pendant dix ans, et Jean Crespin, notaire, au bannissement pour cinq ans de la sénéchaussée de Nismes, et chacun à six mille livres d'amende. » *Le Journal de Baudoin*, publié par Paul Leblanc (Paris, Dumoulin 1869) qui rapporte cette condamnation, n'en indique pas les motifs.

Au siècle dernier, le château du Bois était le séjour de M. de Chambaud qui partageait avec M. de Bénéfice de Cheylus, l'autorité judiciaire à Baïx et St-Lager-Bressac.

Au commencement de ce siècle, il était habité par des Bénéfice. Nous avons sous les yeux le mémoire publié par l'un d'eux, M. Henri-Frédéric de Bénéfice, en 1819, contre sa cousine, Camille de Cheylus, qui, profitant de blancs-seings obtenus par un abus de confiance, avait fabriqué un acte de donation et une lettre missive à l'appui, en vue de s'emparer de son héritage. Le mémoire est très-violent contre la demoiselle de Cheylus dont il fait un triste portrait. M. de Bénéfice perdit son procès à Privas où le président du tribunal était M. Gaillard, beau-frère de la demoiselle de Cheylus, et il semble aussi l'avoir perdu à Nîmes. Le mémoire insinue que la demoiselle de Cheylus a cherché à s'emparer de sa personne et une phrase fait même supposer qu'il l'accuse d'un précédent attentat dirigé contre lui. (Les chauffeurs envahirent un jour le château du Bois et lui brûlèrent les pieds pour lui faire déclarer ses trésors.)

Ce dernier rejeton des Bénéfice se maria à l'âge de quatre-vingts ans avec Mlle Avond. Il en eut une fille mariée d'abord à M. Grel, et ensuite (ce premier mariage ayant été déclaré nul) à M. de Vercors. Elle eut un enfant tué dans ses bras par la foudre. Le château du Bois fut acheté par M. de Saint-Romain qui le revendit plus tard à M. Marfoure. M. Roure en est devenu propriétaire il y a quelques années, et en a fait une charmante habitation.

III.

LA POLITIQUE ET LES AFFAIRES.

Une famille de travailleurs. — L'opinion d'un Américain sur les *politicians*. — La politique et le *bar*. — A la santé des ivrognes ! — Opinion de M. de Bismark sur la bière. — L'avenir des eaux minérales. — Les pauvres gens. — Le remouleur.

Nous passons devant une modeste maison de cultivateurs dont nous voyons les habitants fièvreusement occupés au travail de leur terre ou à la rentrée de leur récolte. Mon ami Barbe les connaissait et les estimait particulièrement. Il échangea avec eux, en passant, une cordiale poignée de main.

— Voilà, me dit mon ami Barbe, une maison modèle. Le mari et les fils à la terre, la femme et les filles à la maison ou au marché : ces gens-là ne perdent pas une heure. Le travail, l'ordre et l'économie président ici à tout. Aussi l'aisance, l'union et le contentement règnent-ils dans la maison.

— Quelle est leur opinion politique ? lui dis-je.

Il me regarda avec étonnement.

— Voyons, répondez, cela doit se savoir dans le pays.

— Mais non, on n'a jamais parlé d'eux à ce point de vue.

— J'en étais sûr, lui répondis-je. On ne peut pas tout faire à la fois. Il est bien rare qu'un paysan ou un ouvrier, connu par l'ardeur d'une opinion politique quelconque, le soit également par toutes les qualités que vous venez de reconnaître à ces braves gens.

— Est-ce que vous voulez empêcher les paysans et les ouvriers de faire de la politique ?

— Pas le moins du monde ; je prétends simplement exprimer une vérité de sens commun en disant que les plus avisés dans toutes les classes de la société sont ceux qui, au lieu de se consacrer à la réforme de l'Etat — chose qui nécessite des études et des loisirs qu'ont si peu de personnes — cherchent avant tout à se procurer par leur travail et leur bonne conduite, l'indépendance et la capacité qui manquent ordinairement à l'homme pauvre. Ce qui revient à dire que la première politique, la meilleure de toutes, consiste à devenir libre soi-même par l'aisance sinon par la fortune. Lamartine demandait dans un vers admirable de vérité et de concision

Un peu d'or pour payer beaucoup de liberté.

Il n'y a pas, en effet, de véritable liberté pour le pauvre, et la loi sur ce point ne peut rien, car c'est le résultat de la force des choses.

La république de 1848 a bien pu improviser le suffrage universel, mais elle ne pouvait pas opérer une régénération subite des cœurs et des esprits ; il en suffit pas d'un simple décret pour dissiper l'ignorance, les préjugés et les passions qui rendront peut-être encore longtemps cette base gouvernementale si mobile et si dangereuse.

— Est-ce que vous voudriez le supprimer ?

— Je vous répondrai comme au palais : la cause n'est pas suffisamment entendue. Sans doute, je trouve l'instrument défectueux, mais je ne sais trop ce qu'on pourrait mettre à la place et c'est pour cela que je désire même son succès. Je me contente, en attendant, de suivre ses évolutions avec attention et intérêt, en lui laissant à lui-même le soin de démontrer définitivement ce qu'il vaut. Mais là n'est pas la question. J'ai voulu simplement constater un fait dont tous les partis sans exception peuvent faire leur profit et qui peut se résumer ainsi :

Le premier devoir du citoyen véritablement digne de ce nom est de travailler, parce que les fruits du travail donnent seuls l'indépendance privée, la lucidité du jugement, l'impartialité et les loisirs nécessaires pour s'occuper convenablement des affaires publiques.

Mon ami Barbe reconnut la vérité du principe, tout en maintenant que rien n'empêchait le plus souvent d'être à la fois un bon travailleur et un bon électeur politique.

— Ainsi soit-il ! ami Barbe.

A ce moment, je me rappelai une lettre que j'avais récemment reçue de M. Daniel Johnson, l'auteur américain du curieux ouvrage : *The political Comedy of Europe*, que M. de Bismark a cru devoir interdire en Allemagne.

Cette lettre qui expose d'une façon remarquable les vices de la politique européenne, contient un passage qui se rattache directement à la question que nous venions d'effleurer avec mon ami Barbe. Je la tirai de ma poche et lui en traduisis un extrait.

Les Européens, écrit M. Johnson, nous traitent d'enfants ; nous pourrions les qualifier de vieillards ; l'un ne serait peut-être pas plus juste que l'autre. La vérité est que chacun est enfant ou vieillard à son heure. Nous nous divisons en partis qui sont mûs trop souvent par des vues mesquines ou par des intérêts misérables. Et cependant il est aussi naturel à l'homme de se diviser en partis qu'aux bufles de former des bandes dans les pampas. Je crois que les partis, malgré leurs griefs réciproques, justes et injustes, sont, en somme, des instruments inconscients de progrès.

Nos républicains et nos démocrates (1) ne sont pas plus raisonnables que vos conservateurs et radicaux d'Europe...

(1) Ces appellations ne correspondent nullement à ce qu'on entend par là en Europe. Les républicains, partisans d'un pouvoir central fortement constitué, sont plutôt des *centralistes* ; les démocrates, partisans des droits des Etats, pourraient être appelés *fédéralistes*.

Savez-vous en quoi le peuple américain l'emporte, à mon avis, sur le peuple européen ? C'est que, par dessus toutes les divisions politiques, le peuple américain en établit une autre bien autrement importante : celle des hommes *de verbo* et des hommes *de facto*, autrement dit des *politicians* et des travailleurs.

Les uns parlent et les autres agissent.

Les uns sèment des mots, et les autres récoltent des dollars.

Les uns veulent gouverner l'Etat, les autres bornent leur ambition à nourrir et bien élever leur famille.

Les uns parlent de liberté et les autres l'ont.

Les uns passent leur vie à escalader le pouvoir et à en dégringoler, tandis que les autres jugent plus sage, plus digne et plus patriotique de prêcher par l'exemple les vertus civiques.

Les plus raisonnables parmi nous, car tout homme, en Amérique comme en Europe, a son moment d'absence — se mêlent quelquefois aux politiciens, font chorus pour Garfield ou Hancock, mais au fond il n'y a rien de plus universellement méprisé que le politicien. Dans le Colorado, et dans presque tous les Etats du Far-West, le mot de *politician* est une injure. Nos vaillants défricheurs ne comprennent pas qu'on puisse rechercher une fonction publique quelconque, carrière toujours précaire et peu lucrative, devant les riches perspectives que l'agriculture, l'industrie ou la navigation présentent aux hommes vaillants et actifs. Un politicien, pour nous, est un Américain de faux aloi. Un commerçant ou un fermier qui a fait fortune, honnêtement bien entendu, sera toujours plus considéré en Amérique qu'un haut fonctionnaire, que le président même de l'Union.

Vous allez me dire peut-être qu'on peut mener tout de front, c'est-à-dire être à la fois un homme *de verbo* et *de facto*. Je crois que chez vous comme ici c'est l'exception. Généralement les bavards n'agissent guère, et réciproquement. L'ex-président Grant en est la preuve. Le moins loquace de vos orateurs d'Europe a débité plus de discours que le pacificateur de l'Union n'a prononcé de mots. On ne peut être à la fois au *bar* (café ou cabaret) et au champ. Il est difficile de s'occuper sérieusement des affaires de l'Etat et de ses propres affaires.

En cherchant bien, *dear sir*, nous arriverions à trouver que les hommes les plus utiles à leur pays, ceux qui réellement l'honorent, l'enrichissent et le fortifient, sont ceux qui augmentent leur fortune par le travail et l'économie, car c'est par l'accroissement des fortunes particulières que s'accroît la richesse générale du pays. Ma conviction bien arrêtée est qu'en Europe comme aux Etats-Unis, les politiciens ne font que décourager et quelquefois annihiler l'œuvre féconde de ceux qui ne s'occupent pas du tout de politique.

*
* *

— Il est raide, votre Américain, interrompit mon ami Barbe. Il veut donc que personne ne puisse s'occuper de politique !

— Attendez ! Voici sa conclusion :

« La politique, *dear sir*, est comme le *bar*. Tout le monde a le droit d'y entrer, mais les plus sages sont ceux qui n'y mettent jamais le pied. »

— Mais enfin, répliqua mon ami Barbe, il faut bien qu'il y ait des gens qui soient fonctionnaires, députés, ministres. Avec le système de votre Américain, on n'en trouverait plus.

— Rassurez-vous, on en trouvera toujours ; seulement...

Voici ce que je trouve encore dans la lettre :

Autrefois, chez les Indiens Apalaches, nos plus proches voisins, l'usage était que la jeune Indienne en quête d'un mari, fît les avances et courût après celui qu'elle avait choisi. Nos pasteurs ont changé cet usage immoral et ont appris la pudeur à ces sauvages.

Je voudrais qu'il en fût de même en matière électorale et que les candidats, au lieu de s'offrir, apprissent à attendre qu'on vînt les chercher. La convention républicaine de Chicago et la convention démocratique de Cincinnati viennent de donner à cet égard un bon exemple, car les candidats présidentiels des deux partis, Garfield et Hancock, n'ont été choisis qu'à leur corps défendant.

Je remis la lettre dans ma poche et j'ajoutai :

Quel mal trouveriez-vous, ami Barbe, à ce que nos comités électoraux, suivant cet exemple américain, prissent pour règle invariable de repousser tous les candidats qui intriguent et de ne choisir leurs élus que parmi ceux qui se tiennent modestement à l'écart ?

— Cela vaudrait mieux sans doute, et je le désirerais comme vous, mais je ne l'espère pas.

— J'avoue que je ne m'attends pas plus que vous à voir, au moins de longtemps, les comités électoraux marcher dans cette voie. Tant pis pour eux et tant pis pour nous ! Je n'en crois pas moins utile de leur souffler ce bon conseil. La pudeur électorale est peut-être moins naturelle et plus difficile à apprendre que l'autre, mais — avec le temps — qui sait ?

**
* **

Nous arrivâmes à Chomérac vers le soir, après une course de cinq heures. Je vous laisse à penser si nous avions soif. Nous entrâmes dans un café, au risque d'encourir le blâme de M. Daniel Johnson, et demandâmes de l'eau minérale fraîche.

— Tiens ! dit mon ami Barbe, votre nom sur l'étiquette !

Je pris la bouteille et ne fus pas médiocrement

surpris de lire la phrase suivante de votre humble serviteur :

« L'eau du Vernet est un vrai champagne et, pour « ma part, je la préfère à tous les Cliquot du mon-« de. »

— A votre santé, ami Barbe. La manière dont vous dégustez cette eau pétillante, suffirait seule à prouver que j'ai dit la vérité.

— Avouez, docteur, que votre vanité — puisqu'il est convenu que nous en avons tous — est agréablement chatouillée.

— Je n'en disconviens pas. Vous rappelez-vous les propos de table du chancelier Bismarck ? Un de ses convives exprimait la crainte que la bière manquât pendant la guerre. Il n'y a pas de mal, répondit le chancelier ; le développement qu'a pris la bière est fâcheux. Elle rend bête, paresseux et impuissant. C'est elle qui donne naissance aux bavardages politiques des tables de brasseries. Une bonne eau-de-vie de grain est bien préférable.

— Etes-vous de son avis ?

— Sur la bière, un peu. C'est cependant une boisson saine et agréable en été, quand on n'en abuse pas. Quant à l'eau-de-vie de grain, je comprends qu'elle soit prônée par l'homme de la politique du feu, du fer et du sang — sa politique et son eau-de-vie se valent ; mais e vous avoue que je ne voudrais pas pour un boulet de canon, me voir imprimé sur une bouteille d'eau-de-vie de grain, absinthe ou liqueur quelconque, tandis que je me trouve très flatté d'avoir été choisi pour patron — si patronage il y a — de la boisson salutaire par excellence de nos montagnes de l'Ardèche.

— A votre santé, cher docteur !

— Buvons plutôt, ami Barbe, à la santé des ivrognes qui en ont plus besoin que nous !

— Aux ivrognes donc ! allait dire mon ami Barbe, mais il ne le dit pas, craignant que, par le temps électoral qui court, ces mots ne fussent mal interprétés.

Nous bûmes tacitement à la santé des ivrognes — de tous les ivrognes du monde, de l'Ardèche et d'ailleurs — passés, présents et futurs ! Quelle procession, bon Dieu !

— Ne sentez-vous pas, ami Barbe, que cette eau, après avoir pétillé dans notre verre, pétille maintenant dans notre cerveau ? Voulez-vous que je vous dise toute ma pensée sur les eaux minérales ? Eh bien ! je crois que, malgré une foule de réclames souvent ineptes, on n'a pas encore dit des eaux minérales tout le bien qu'elles méritent. On a certainement exagéré les vertus médicales d'un grand nombre, mais on n'a pas dit, et personne même ne semble encore avoir bien compris tout le parti qu'on peut tirer des eaux de table pour l'alimentation usuelle. Le mot si profondément vrai des paysans du Pestrin : *Oco voou pas lou vi, mais voou maï qué lo trempo !* devrait ouvrir les yeux de ceux qui ont à cœur le vrai progrès, c'est-à-dire une amélioration réelle du sort du plus grand nombre. Pour moi, je le dis avec une profonde conviction, un doigt de bon vin et trois doigts d'eau minérale font une boisson qui, pour la reconstitution des forces du travailleur, vaut mieux que quatre doigts de vin pur. Nous avons donc un moyen tout naturel et bon marché de combler aux trois quarts le vide que le phylloxéra a fait dans notre consommation de vin. Je n'ai pas besoin d'ajouter que, pour l'usage quotidien, il serait dangereux, sauf avis du médecin, de prendre d'autres eaux que les eaux de table, comme le Vernet et les autres eaux faibles du Pestrin, Vals, Maléon, la Boucharade, etc., etc.

Creusez cette idée, ami Barbe, et vous verrez combien son application peut être utile. Les sources minérales, non exploitées dans l'Ardèche, sont beaucoup plus nombreuses que les sources exploitées. Jusqu'ici nos paysans leur ont assez naturellement préféré le vin, mais aujourd'hui, bon gré mal gré, ils seront amenés à profiter d'un trésor dont la nature a été si libérale à leur égard. Il y aura toujours des eaux médicinales qui pourront s'exporter au loin et se vendre cher, mais je suis convaincu qu'avant peu d'années, l'eau minérale de table aura pris une grande extension ; elle sera vendue partout et à bon marché, et entrera, comme une sorte de piquette, dans l'alimentation journalière de la masse de la population.

*
* *

Mon ami Barbe m'avait quitté pour faire une visite dans le bourg. J'en profitai pour faire le tour de Chomérac.

J'avisai dans un carrefour un *amoulaïre* : vous connaissez ces braves remouleurs qui parcourent les villages et les hameaux pour aiguiser les ciseaux, les couteaux et autres instruments tranchants.

Je l'avoue, au risque de me faire du tort auprès de quelques personnes, j'ai un faible pour les pauvres diables. J'aime à causer avec eux ; je m'enquiers de leur condition ; j'écoute avec intérêt leurs doléances ; j'y compatis et, quand je ne peux pas leur prêter un secours effectif, je tâche d'apaiser au moins leur chagrin par de bonnes paroles. En dehors même de cet instinct de pitié humaine, il me semble que l'esprit et le cœur ne peuvent que gagner à ce commerce avec les misérables. L'un et l'autre se retrempent dans cette contemplation de nos misères. Le premier y trouve les vraies questions à résoudre et le second les émotions saines et vivifiantes. Les hommes politiques en apprendraient beaucoup plus, à mon avis, en conversant avec les plus humbles travailleurs, les journaliers et les mendiants, qu'avec les avocats et les culotteurs de pipes.

Je m'étais arrêté à considérer mon remouleur qui, de son pied gauche, faisait mouvoir rondement sa petite meule sur laquelle semblait voler, au milieu d'un nuage de vapeur et d'étincelles, le tranchant du couteau qu'il repassait en ce moment.

— Voilà, dis-je, un métier utile !

— Utile et peu lucratif ! répondit-il sèchement.

— Ah ! mon brave, le pays est pauvre. Vous avez l'air d'être comme lui. Raison de plus pour ne pas s'en vouloir l'un à l'autre.

Cette boutade le dérida. Il me raconta qu'il avait longtemps travaillé dans le Dauphiné, mais que ce pays étant ruiné, il était venu en Vivarais.

Qui diable aurait pu s'imaginer qu'il y eût un pays en France plus éprouvé que ne l'est actuellement le Vivarais ? Je le fis observer au remouleur qui maintint son appréciation.

Mon remouleur pouvait avoir cinquante ans, mais il avait une barbe grise comme à soixante. Son chapeau de feutre paraissait aussi vieux que lui. Une blouse rapiécée recouvrait d'autres vêtements qui, à en juger par le bas des pantalons, devaient être aussi singulièrement rapiécés. Les pauvres gens connaissent encore mieux que les cuisinières l'art d'utiliser les restes, et l'on sait qu'ils n'y mettent pas d'amour-propre.

Je lui demandai ses prix. C'était deux sols pour une paire de ciseaux, un sol par couteau. Malheureusement, il y a bien des ménagères et des aubergistes qui marchandent, en sorte qu'il était souvent obligé de faire des concessions. Et puis le travail était fort dur, car ce n'est qu'à la dernière extrémité que Dauphinois et Vivarois font repasser couteaux et ciseaux. En somme, il lui fallait gagner trois francs par jour au moins pour nouer les deux bouts. Et il ne les gagnait pas toujours !

— Comment faites-vous alors ?

— Je me serre le ventre, ou bien, au lieu de coucher à l'auberge, je vais dormir sous le hangar de quelque ferme. Heureusement je suis garçon, et un homme seul se tire toujours d'affaire.

— Comment, lui dis-je, avez-vous pu venir jusqu'à cet âge sans prendre femme ?

— Plût à Dieu que je n'en eusse jamais pris ! répondit-il non sans un certain embarras. Je suis... comme veuf.

Le pauvre homme était ému et je me hâtai d'abandonner ce terrain délicat. Il avait un air honnête et résigné, et l'on pouvait parfois apercevoir au fond de ses yeux gris, un de ces éclairs d'intelligence ou de volonté qui indiquent quelqu'un qui n'est pas comme tout le monde. J'avais aperçu un livre dans son sac. Les remouleurs n'en ont guère.

Je tirai de ma poche un couteau de voyage et je le priai de le repasser, afin d'avoir l'occasion de lui donner une petite pièce de monnaie.

Il me raconta qu'il était savoyard.

— Je connais la Savoie, lui dis-je. Il y a du bon vin, et on y boit peut-être un peu trop — comme jadis en Vivarais — mais je n'y ai connu que de braves gens.

Cela acheva de me gagner sa confiance, et, comme il vit que je l'écoutais avec intérêt, il m'entama l'histoire de sa vie. Il avait été établi dans une ville du Dauphiné ; il n'avait pas été heureux dans ses affaires — et pas davantage dans son ménage. Tout n'était pas intéressant dans son récit. J'y relevai qu'il avait joué un rôle politique en 1848.

— Et maintenant ?

— Oh ! maintenant, je me borne à écouter et regarder, sachant par expérience que, s'il y a des changements en haut, il n'y en a pas en bas, si ce n'est en pire. Les rois changent, mais le prix de l'aiguisage ne varie pas, et les nuits à la belle étoile avec l'estomac vide sont aussi fréquentes aujourd'hui que devant. Ce n'est pas encore la république des remouleurs !

Une grosse femme vint lui réclamer la douzaine de couteaux qu'il était occupé à aiguiser. Le réglement de compte ne se fit pas sans débats. Le femme prétexta que l'aiguisage laissait à désirer et ne voulut lui donner que dix sols de la douzaine. Il me regarda en souriant philosophiquement. Puis il ramassa ses outils et plia son petit bagage pour continuer sa tournée. Il pouvait dire comme Bias : *Omnia mecum porto*.

— Adieu, mon brave, bonne chance !
— A revoir, monsieur, et merci ! mais voyez-vous, il n'y a pas de bonne chance pour les remouleurs. Ça doit tenir au métier. L'aiguisage coupe l'amitié partout, avec les hommes comme avec les femmes !

Et il s'en alla en criant :

Ciseaux et couteaux !

IV.

CHOMÉRAC.

Chomérac avant l'histoire. — Occupation romaine. — Voies romaines. — Le cercueil de plomb trouvé au *Chalen de Mars*. — Le château. — Prises et reprises de Chomérac pendant les guerres religieuses. — La première fabrique de soie établie en Vivarais. — Jean Deydier et Pierre Benay. — Les imitateurs de Deydier. — Les usines de Champ-la-Lioure. — Comment d'ouvrier on devient patron. — L'église de Chomérac. — Le couvent des Carmes. — La chapelle St-Sornin. — Le premier essai de ponts suspendus en France. — Les marbres de Chomérac. — Le noyer.

Chomérac est un des lieux les plus anciennement habités de la contrée, ce qui s'explique aisément par sa position géographique. L'échancrure par où la route et le chemin de fer filent du bassin de Chomérac dans la plaine du Lac, s'appelait autrefois *Porte du Vivarais*.

C'est, en effet, la plus large porte des Cévennes ouverte sur la vallée du Rhône, et c'est par là naturellement que dut passer l'homme primitif, si, comme on l'admet généralement, celui-ci venu d'Asie, en suivant les côtes de la mer, pénétra ultérieurement dans l'intérieur des terres en remontant les cours d'eau.

Les bêtes avaient, d'ailleurs, précédé l'homme dans la conquête des forêts helviennes. Les grottes et les fissures de rochers près des carrières de Chomérac contiennent de nombreux ossements fossiles : ours des cavernes, grand cerf, etc. Deux beaux spécimens sont déposés au musée Malbos, à Privas.

Il est probable qu'une exploration attentive de ces grottes y démontrerait aussi l'existence d'ossements humains et de débris du travail de l'homme primitif. Nous ignorons si cette étude a été faite.

Des murs de pierres sèches, sur certains points des montagnes environnantes, indiquent la période celtique, trop souvent confondue avec la période romaine, ce qui s'explique, du reste, par le fait que les Romains ont occupé postérieurement presque toutes les stations celtiques.

Il est probable aussi que les Romains, en établissant les voies qui, de Baïx et de Meysse (par le

Barrès) venaient se joindre à Chomérac et se continuaient vers Privas et les Boutières, ne firent qu'améliorer ou développer les anciennes voies celtiques qui avaient pour objet de mettre en communication les hautes Cévennes et le plateau auvergnat avec la vallée du Rhône.

Le parcours de cette voie est indiqué par les noms de diverses localités qui ne sont qu'une altération des mots latins *via lata* ou *strata*, lesquels servaient à désigner les routes militaires des Romains. Entre Pranles et St-Vincent-de-Durfort est le col de la *Vialète* ou *Vialat*; un peu plus loin, près du château de Bavas est le quartier du *Vialat*; un antique hameau non loin de là porte le nom de *Lestrait*, qui, comme ceux de L'Estré, Lestra ou Lestrade, signale ordinairement le passage d'une voie romaine (1). Enfin, près de Chomérac est le petit hameau de Vialatte, où l'on découvrit, il y a quelques années, une statue de Mercure en argent avec quelques monnaies romaines et autres objets antiques. M. Bouvier, conseiller à la cour de Montpellier, sur la propriété duquel ces objets furent trouvés, doit les avoir encore en sa possession.

M. du Solier a signalé les traces au Petit-Barry et à Bergwise, d'une station militaire située sur la voie directe de Meysse à Chomérac.

L'existence de la voie de Chomérac à Alissas et

(1) Voir Rouchier, *Hist. du Vivarais*, t. 1, p. 110 et 116.

Privas est constatée par une ancienne charte, que cite M. l'abbé Rouchier : *A strata antiqua de Alissacio usque ad pontem de Mezayone qui est ultra castrum de Turnone...*

M. Delichères, dans l'Annuaire de l'an X (1802) raconte ainsi la découverte de quelques antiquités à Chomérac :

« Il y a quinze à dix-huit ans, on découvrit à Chomérac un tombeau d'une grandeur remarquable : il était couvert d'une double voûte en briques de l'espèce appelée Sarrasine. Le cercueil était de plomb, contenant la place de deux corps séparés par une cloison. Il était couvert de sculptures. Le particulier qui le découvrit se hâta de le mettre en pièces ; il n'en reste plus que la mémoire et une description insérée dans la *Gazette d'Avignon*. Le plomb pesait quatorze quintaux. On trouva, dans le même endroit, beaucoup de médailles, entres autres un Gordien, un Antonin. Dans le même lieu, on trouva en l'an VIII, au milieu d'un champ, une grande conduite d'eau en maçonnerie, au milieu de laquelle était un tuyau de plomb sur lequel était une inscription. Ce ne fut qu'après que le tout eut été entièrement détruit que le Préfet en eut connaissance, et tout ce qu'il put découvrir fut que, sur un des morceaux de la conduite de plomb, était écrit le mot *Mercator*. Quelques fouilles faites dans les environs n'ont rien produit. »

Ce cercueil fut trouvé, croyons-nous, au *Chalen de Mars*, dans la commune d'Alissas, presque sur la limite de Chomérac. D'après la tradition, il y aurait eu en cet endroit un temple, mais il n'en reste aucun vestige.

M. de Plagniol possède une médaille de Trajan trouvée au quartier du Bijou.

Des urnes funéraires et d'autres objets antiques ont été découverts sur divers points de la contrée, notamment sur l'emplacement du nouveau cimetière d'Alissas. Beaucoup de poteries romaines aussi près de la chapelle de Saint-Clair, aujourd'hui détruite, qui existait dans la plaine du Lac.

Autre découverte d'un genre et d'une époque tout différents :

Au siècle dernier, on trouva à Chomérac une pièce d'argent de la valeur de vingt sols battue sous la Ligue, avec l'empreinte de Charles X plus connu sous le nom du vieux cardinal de Bourbon.

Le nom de Chomérac semble indiquer une origine romaine :

Calmeracum — *Chalmeyracum* — *Chalmerac* — *Chamerac* — et enfin *Chomérac*.

Nous avons déjà dit qu'Adhémar de Poitiers fit bâtir le château de Chomérac malgré l'évêque de Viviers.

Cet édifice, autour duquel se groupèrent toutes les habitations de l'ancien bourg, fut considérablement agrandi plus tard par les Lévis-Ventadour, barons de la Voulte.

Chomérac était un lieu si favorable « pour incommoder ses adversaires, » que les catholiques et les protestants s'acharnèrent successivement à en avoir la possession.

Chomérac fut pris une première fois en octobre 1621, après que le duc de Ventadour en eut retiré ses deux canons pour les conduire au siège de Montauban.

La paix de Montpellier le rendit aux catholiques qui le perdirent le 1er janvier 1626. Le commandant, M. de Rochemure, fut surpris et tué par les protestants, et son frère ne se sauva qu'en passant par un trou des remparts où l'on ne comprit pas qu'un homme pût passer, et qui garda le nom de *trou de Rochemure*.

La paix le laissa entre les mains des catholiques auxquels le duc de Rohan l'enleva le 10 avril 1628.

Le duc de Montmorency vint l'assiéger dès le mois suivant.

Les *Commentaires du Soldat du Vivarais* nous ont conservé la description de Chomérac à cette époque.

Ce bourg comprenait alors « cent cinquante maisons, clos de grandes et bonnes murailles et un bon château avec de fortes tours, appartenant, comme les sujets, à M. de Ventadour. A cent pas de la porte, un faubourg de plus de cent maisons. A la main gauche, passe une petite rivière qui baigne le pied d'un précipice au-dessous duquel sont les murailles de ce côté...; à l'autre bord de la rivière ce ne sont que montagnes, vallons, cavernes et rochers jusques à Privas. »

La lutte fut très vive. Des deux côtés, on se battit avec une extrême bravoure. Montmorency faillit être fait prisonnier. Finalement, les protestants furent obligés de capituler sans conditions et une centaine d'entre eux, parmi lesquels les frères Badel, qui commandaient la place, furent pendus. Les assiégés, avant de se rendre, avaient mis le feu au château du duc de Ventadour qui fut entièrement détruit, ce qui ne contribua pas médiocrement aux mesures de sévérité excessive auxquelles eut recours le duc de Montmorency.

Une grande partie du bourg de Chomérac fut alors brûlée avec le château. Les restes des anciennes fortifications qui s'étagent à l'ouest, sur les bords du ruisseau de Véronne, sont d'un aspect très pittoresque. Les lierres s'enchevêtrent aux ruines et quelques débris de tourelles révèlent de ce côté l'ancienne importance stratégique de Chomérac.

Une de ces tourelles, sur les bords de Véronne, servait aux assiégés à aller puiser de l'eau dans la rivière en restant à l'abri du feu des assiégeants; les escaliers par lesquels on descendait sont en partie comblés. Elle était reliée aux murs d'enceinte par un fossé également comblé.

Les vieilles maisons de l'ancien Chomérac sont encore habitées, mais le village débordant l'enceinte du XVIe siècle, s'est considérablement étendu vers le sud.

Le temps a presque entièrement détruit les anciennes fortifications qui existaient au levant. Toutes les tours de ce côté ont disparu.

Il ne reste de l'ancien donjon démantelé en 1628, qu'une montée avec ses vieilles pierres. Le château a été rebâti depuis. Il est habité par M. de Plagniol. Une ancienne chapelle, de style roman, à l'extrémité nord du château, en est le seul vestige digne d'être signalé. Elle sert actuellement de remise à un entrepreneur.

Derrière la chapelle est un puits creusé dans le rocher à une profondeur considérable. Il est aujourd'hui en partie comblé. Cette chapelle est située vers la porte d'Aurouze.

Une autre porte donnait accès au château, à l'ouest, vers la fontaine. Elle était flanquée d'une forte tour carrée, encore en bon état, et servant d'habitation.

C'est par là que le sire d'Andigné parvint à s'emparer du château, défendu alors par le baron de Pampelonne. Celui-ci en sortit avec les honneurs de la guerre, avec armes et bagages, et *balle en bouche*, dit l'acte de reddition.

Le château relevait autrefois des Lévis-Ventadour, puis du prince de Soubise. Il passa par achat en 1780, au comte de Balazuc-Montréal (branche cadette). Le comte de Balazuc mourut au Pont Saint-Esprit en 1792. Sa veuve, qui était une demoiselle de Piolenc, en fit donation à sa parente, Mme de Plagniol.

Le marquis de Jovyac écrivait à Dom Bourotte en 1760, à la suite d'une petite excursion à Chomérac :

« Ce canton de Chomérac est charmant par quantité de petits châteaux ou maisons de campagne et de fort bons gentilhommes : M. de Montréal, M. le baron Cheilus à la tête, M. de Granous, de Vaneille, d'Entrevaux, et M. le marquis de Gerlande pour sa maison de campagne. Tous ces petits châteaux ou maisons sont à un quart de lieue les uns des autres, excepté M. de Granous qui est un peu plus éloigné. — Il y a aussi M. Roux, marchand de soie, qui a deux frères à Lyon négociants, qui a acheté le château et le clocher de Saint-Vincent. Je dis le château et le clocher parce que cette terre ayant été vendue, il y a peu de temps, a été démembrée en plusieurs : à lui, à M. des Fogères, à M. d'Aleirac, et M. le baron de Cheilus a acheté la paroisse de Saint-Bazile où le château de Saint-Christol, qui lui appartient, a été bâti. Ces deux châteaux étaient à Mᵐᵉ de Marquet qui avait épousé un gentilhomme à Valence, où elle réside. Elle était sœur à M. de Vocance qui reste à Latour (près de Saint-Pierreville). Ce M. de Vocance les avait achetés de M. de Saint-Vincent qui restait à Villeneuve-de-Berg, dont la famille est tombée en quenouille. Il ne l'avait acheté, je crois, que 38,000 francs, mais Mme de Marquet, en le démembrant, en a eu plus de 70,000 francs. MM. d'Aleyrac et de Fogères sont dans la terre et paroisse de Saint-Vincent et ils ont acheté la justice des terrains où ils sont. Il y a aussi dans cette paroisse un de mes neveux à la mode de Bretagne, appelé M. du Solier. Sa maison ou petit château où il reste s'appelle le Chevalier. Le château de Pampelonne est tout près de lui, environ demi-lieue. Pour revenir à M. Roux, il reste à Chomérac dans une jolie maison qu'il a fait bâtir, où il a dans une maison à portée de fusil plusieurs moulins à soie que l'eau fait tourner. Il y a une pièce où il y a des moulins à soie comme ceux de M. Deydier d'Aubenas. Vous avez aussi dans ce canton de Chomérac M. Delpuech de Chamonte, avocat. — M. de Montréal dans la maison où il loge à Chomérac, a été obligé, pour pouvoir y entrer plus commodément, de demander la permission de remuer de gros quartiers de murs du château qu'on a, je crois, fait sauter. Cela du moins paraît ainsi, car M. de Montréal ne sut pas me le dire. C'est ce même château où M. de

Pampelonne capitula et qui est presque tout renversé.... » (1)

Toutes les anciennes familles nobles de Chomérac, Montréal-Balazuc, Lamure, Rochemure, Badel, Rochefort, Vaneille, Cheylus, Bénéfice, Pioleno, Moline, de Gerlande, se sont éteintes ou ont quitté le pays.

*
* *

Chomérac figure au premier rang dans l'histoire de l'industrie de la soie, car c'est à Chomérac que fut établie, au XVIIe siècle, la première fabrique de soie du Vivarais.

Cette fabrique qui existe encore (fabrique Terrasse), n'était, en 1600, qu'un simple moulin à foulon, appartenant à Pierre Laurenson. En 1603, le duc de Ventadour accensa, c'est-à-dire accorda, par un bail à cens, à Laurenson l'usage des eaux de la fontaine de Chomérac, pour mouvoir son moulin, moyennant la cense d'une poule et d'un sol d'argent, payable chaque année à la Noël.

Le moulin fut vendu en 1641 à Anne Méalarès, qui le revendit sept ans après, à Jean Deydier, ancien notaire, et lieutenant du juge, à Chomérac. Celui-ci acheta, la même année (1648), divers terrains à côté du moulin en vue des eaux à y conduire, et commença peu après la construction de la fabrique de soie, qui ne paraît pas avoir été terminée avant

(1) *Collect. du Lang.*, t. 189, fol. 16.

1670, car c'est de cette année qu'est datée l'autorisation donnée à Jean Deydier.

Une ordonnance royale du 30 septembre 1670, contresignée par Colbert, exempte les ouvriers français et étrangers de toute taille, à la condition de travailler aux usines à soie des environs de Lyon et autres lieux, naturalise les étrangers au bout de six ans de travail dans ces ateliers, les exempte de l'impôt du logement des gens de guerre, accorde aux mouliniers le droit de prendre l'eau des rivières, sous réserve des droits acquis, etc.

L'industrie du moulinage de la soie avait été introduite en France par un habitant de Bologne, nommé Pierre Benay, attiré chez nous par Colbert. Benay fonda ses premiers établissements près de Condrieux en Dauphiné, et à Fons, près d'Aubenas. Jacques Deydier, fils de Jean, fut un de ses élèves, et ne tarda pas à établir à Chomérac une petite filature à côté de la fabrique de soie créée par son père. En 1675, il alla en fonder une plus considérable au Pont-d'Aubenas. Benay vint l'aider de ses conseils et de son expérience. La filature du Pont-d'Aubenas fonctionna dès 1676, et fut remplacée au siècle suivant par des établissements plus importants.

Les personnes curieuses de suivre le développement progressif de l'industrie du moulinage et de la filature de la soie dans l'Ardèche, peuvent consulter l'opuscule de M. Henri Vaschalde : *Un mot sur l'industrie des soies*, Privas 1876, où ils trouveront, d'après un registre de François Malmazet, de Vals, la date de la fondation des principales fabriques de soie du Bas-Vivarais pendant le XVIIIe siècle.

Revenons à Chomérac.

En 1689, une requête de Jean Deydier adressée à M. de Bâville, intendant du Languedoc, demande divers privilèges pour ses ouvriers et sa fabrique, et notamment le droit de prendre l'eau de certaines sources environnantes. Ces demandes furent accordées. Deydier demandait aussi pour lui et ses ouvriers le droit de porter les armes, ce qui s'explique par le mouvement protestant de Gabriel Astier qui venait d'avoir lieu et qui avait pris naissance dans la vallée de Barrès.

Cette même année, le 3 avril, le bail à cens de 1603 fut renouvelé par le duc de Ventadour, en faveur de Deydier.

L'initiative de Deydier trouva de nombreux imitateurs au siècle suivant.

Le 13 janvier 1741, le prince de Rohan-Soubise, seigneur de Chomérac, *accense* les eaux de la Véronne à Pierre Moyrenc pour une fabrique de soie.

Le moulin du seigneur, sis au quartier du Pont, près du couvent des Carmes, fut *albergé*, le 28 août 1744, au sieur Benoit, qui plus tard le transforma en fabrique, laquelle est revenue ensuite à son ancien état de moulin.

En 1748, la fabrique Deydier passa aux Grel. Elle est actuellement à M. Terrasse, qui a construit une deuxième usine au-dessus de la première. Une fabrique de tissage y a été installée et il y a déjà une vingtaine de métiers battants.

En 1750, deux fabriques, qui prirent le nom de la Royale, furent accensées à MM. Bouvié et Grel.

Aujourd'hui, le nombre des fabriques de soie à Chomérac est de quatorze ou quinze, qui occupent chacune une moyenne de quarante personnes, sans compter trois filatures en activité, où il y a aussi un personnel considérable. L'activité imprimée à cette industrie et l'augmentation des salaires ont été pour les ouvriers une précieuse compensation aux désastres des magnaneries et aux pertes plus récentes résultant du phylloxera.

Le plus bel établissement de la contrée, et peut-être du département tout entier, est celui de Champ-la-Lioure (champ de la Loutre), acquis par M. Chabert lors de la liquidation Guérin. Il y a là trois fabriques et une importante filature. Au reste, la maison Chabert fait mouvoir presque toutes les fabriques de Chomérac et des environs, et nous n'apprendrons rien à personne en disant que ses soies sont parmi les mieux cotées à Lyon.

M. Chabert a commencé par être simple ouvrier,

puis contre-maître, puis, s'élevant toujours par son intelligence, son activité, son économie, il a eu, à son tour des fabriques, des filatures ; il a travaillé pour son compte, et, secondé par des enfants intelligents et travailleurs comme lui, il est devenu le plus grand industriel de la contrée. Les deux dernières grandes expositions universelles, celle de Philadelphie et celle de Paris 1878, lui ont valu des médailles d'or et le ruban de la Légion d'honneur. Mais quelque chose de plus glorieux pour lui que tous les rubans, c'est ce fait d'être monté tout seul, par son travail, du rang d'ouvrier à celui de riche patron. Voilà de la démocratie *de facto*, ou je ne m'y connais pas. J'ajouterai que c'est la vraie. Travailleurs, on vous trompe quand on vous dit qu'un changement d'étiquette gouvernementale, certaines lois ou certains décrets, l'élection d'un tel ou un changement de préfet, feront tomber les alouettes rôties. Tout cela, c'est ce que Proudhon, qui s'y connaissait, appelait de la *blague*. Une amélioration réelle de votre sort dépend fort heureusement de vous-mêmes, et non pas des avocats ou des journalistes qui se moquent ordinairement de vous. Avec du travail, de la conduite et de la patience, vous êtes sûrs de monter un ou plusieurs degrés de l'échelle sociale — n'importe le régime, n'importe le député et le préfet ; — de même que, sans travail, sans conduite et sans patience, vous êtes non moins sûrs de rouler jusqu'au bas de l'échelle, — n'importe toujours le régime, le député ou le préfet. Comment se fait-il que tant de gens n'aient pas l'air de se douter d'une vérité qui est cependant aussi claire que la lumière du jour ?

Les messieurs Chabert se préoccupent — chose trop rare chez les industriels — de la moralité de leur nombreux personnel. Ils pensent, avec raison, qu'une grande responsabilité leur incomberait si, par leur négligence, ces pauvres filles que le besoin de gagner de l'argent oblige à se séparer de leurs familles, venaient à se perdre. Il les ont donc mises sous la surveillance de sœurs qui les entretiennent dans les bons sentiments, les accompagnent et leur font l'école. Il me semble que voilà des actes beaucoup plus démocratiques — si la démocratie a pour but d'aider les pauvres gens — que toutes les professions de foi publiées depuis dix ans. Si tel n'est pas l'avis de certains discoureurs de cafés, je suis bien sûr au moins que c'est celui des pères de famille qui ont des filles dans les fabriques.

L'église de Chomérac date de 1830. Elle est à plein-cintre. De chaque côté de la nef sont trois arceaux formant chapelle, soutenus chacun par deux colonnettes. La tribune fait tout le tour de l'église. Il n'y a pas de cachet architectural bien prononcé, mais l'ensemble est harmonieux. L'ancienne église qu'elle a remplacée avait été construite sur un emplacement relevant de l'abbaye de Cruas. Elle était dédiée à Saint-Eustache. Détruite une première fois par les Huguenots, elle avait été relevée au XVIIe siècle avec les libéralités de Louis XIV.

Il y a une vingtaine d'années, en faisant déblayer le terrain au sud de l'église, où existait un très ancien cimetière, on trouva, avec les ossements, une grande quantité de vases à une anse en terre grise, très frustes et épais. On suppose qu'ils avaient contenu de l'eau bénite et avaient été placés à côté des cadavres. Dans le terrain, au nord de l'église, qui avait été aussi un cimetière, mais moins ancien que l'autre, on ne trouva que des ossements.

Il existait au quartier du Pont un couvent de Carmes qui fut brûlé par les Huguenots pendant les guerres de religion, en même temps que l'ancienne église. Ce couvent avait été fondé par Louis d'Anduze, seigneur de la Voulte, sur les ruines d'un monastère de Bénédictines que ses ancêtres avaient érigé au même endroit. On a exhumé de ce côté quelques pierres tombales sans intérêt. On peut encore reconnaître les murs de la chapelle du couvent enclavés dans une maison particulière construite sur ses ruines.

La chapelle de Saint-Sernin se trouvait au sud de Chomérac, au lieu qui porte encore le nom de Saint-

Sernin. Le cimetière protestant était en face. Un acte du *Manuale Notarum* de Brion, nous montre, à la date du 3 avril 1427, Pierre Granier, marchand de Privas, donnant à messire Jean Colons, dit Ardon, prêtre de Privas, l'investiture de la chapelle dite des Vignes, à l'église Saint-Sernin, de Chomérac.

**

La vallée de Chomérac est coupée du sud-ouest au nord-est par la rivière de Payre qui devient parfois un torrent impétueux roulant d'énormes blocs basaltiques lorsque les orages déversent leurs eaux sur les pentes du Coiron. C'est sur cette rivière, à l'intersection de la route de Chomérac au Pouzin, qu'eut lieu, en 1824 ou 1825, le premier essai de pont suspendu en fil de fer qui ait été fait en France. On voit encore les vestiges d'une des culées qui supportaient cette passerelle, germe de tant d'œuvres grandioses. Son faible poids ne lui permit pas de résister à un vent violent qui la souleva, en brisa les câbles et l'emporta.

L'auteur de cet essai, M. de Plagniol, ingénieur des ponts et chaussées (père de notre honorable collègue de la Société d'agriculture de l'Ardèche), paraît avoir eu le premier l'idée des ponts suspendus. Deux ans après, il construisit le pont de Tournon, avec MM. Seguin comme commanditaires et associés. Il résulte de la convention passée à cette occasion entre les intéressés, que la découverte appartient bien à M. de Plagniol, et non pas aux MM. Seguin, comme on le croit généralement. Ceux-ci sont assez riches en découvertes, pour que leur gloire ne soit pas amoindrie par cette petite rectification.

**

Tout le monde connaît dans l'Ardèche et dans les départements environnants, le *marbre de Chomérac*.

Les carrières sont près de cette ville, dans le terrain jurassique. C'est une pierre calcaire, d'un grain compacte, grisâtre, injecté d'ammonites et de bélemnites plus foncées, et susceptible de recevoir un beau poli. Des scieries débitent ce marbre en bandes minces qui servent à faire des dessus de table et de cheminées. On peut en extraire des colonnes de cinq à six mètres de longueur. On en exporte de beaux blocs à Lyon et dans tout le Midi.

**

La mairie de Chomérac est, comme la plupart des mairies de l'Ardèche, fort pauvre en vieux documents. Là où le fanatisme religieux a passé, le touriste et l'historien ne trouvent, en guise de chartes, que des ruines. On ne nous a guère signalé à Chomérac que l'existence d'un vieux compois de 1580 ; mais, selon l'usage du temps, les biens non taillables n'y sont pas portés, ce qui, avec l'absence d'un plan, rend sur ce sujet toute étude assez difficile, même pour les personnes qui connaissent le mieux le pays.

** *

Les petits chemins qui sillonnent la plaine de Chomérac sont généralement ombragés de beaux noyers. Les habitants de la contrée font preuve de raison et de goût en cultivant cet arbre excellent et magnifique qu'on sacrifie trop, dans beaucoup d'autres communes, à des cultures qui ne valent pas la sienne.

Les anciens, qui appelaient le noyer *juglans* (noix de Jupiter), montraient ainsi l'estime qu'ils avaient pour ses fruits et son bois. Sur ce dernier point, nos ébénistes ne sont pas restés en arrière de leurs prédécesseurs d'Athènes et de Rome.

Il paraît que Charlemagne adorait les noix. Si cela suffisait pour faire un grand empereur, tous nos petits Vivarois y auraient des titres.

Un méchant poète latin a commis le dystique suivant :

Nux, asinus, mulier simili sunt lege ligata.
Hæc tria nil fructus faciunt si verbera cessant.

« La noix, l'âne, la femme subissent la même loi. Ces trois espèces ne produisent de fruits qu'autant qu'elles sont battues. »

On bat encore les noyers pour faire tomber les

noix, on bat aussi les ânes, mais les maris et les poëtes sont plus galants qu'autrefois pour les femmes.

L'huile de noix a une saveur que n'a pas l'huile d'olive. Malheureusement, elle rancit vite, surtout dans nos pays où on ne la tient pas avec les soins voulus, et où les bonnes caves font généralement défaut.

On dit que le jeu de noix était fort en vogue chez les jeunes Romains. Sous ce rapport, nos enfants sont singulièrement romains. Je ne sache pas seulement qu'on ait conservé dans nos campagnes l'usage romain de jeter des noix au peuple lors des mariages, ce qui voulait dire : La vie sérieuse a commencé pour les époux, adieu les jeux de l'enfance !

Les propriétaires qui ont du vin à vendre se garderaient bien de servir à leurs clients autre chose que des noix et du fromage ; car ce sont les objets qui font trouver le vin meilleur. Les figues, au contraire, le font trouver mauvais... on en sert avec le vin du voisin.

Les noix fraîches sont bonnes à manger ; vieilles, elles sont indigestes. D'où l'adage de Salerne : *Unica nux prodest, altera nocet.* Les souris qui ne savent pas lire les croquent en toute saison.

La décoction de feuilles de noyer est excellente comme détersif pour le lavage des plaies.

L'ombre du noyer passe pour être malfaisante. Je

crois qu'à cet égard il faut s'entendre. Il est bien vrai que le noyer exhale une odeur forte et pénétrante qui peut impressionner certaines personnes nerveuses, mais qui est salutaire pour d'autres. Sa mauvaise réputation lui vient surtout de l'imprudence des personnes qui s'étant endormies à son ombre, en ont été malades, mais cela n'a rien d'étonnant, car le noyer croît ordinairement dans des terrains plus ou moins humides, et les mêmes personnes auraient été tout aussi malades si elles avaient dormi à l'ombre de saules ou de peupliers.

Je n'ai jamais entendu dire que personne ait été malade pour s'être promené à l'ombre des noyers ou pour y être même resté assis longtemps.

Si jamais je deviens propriétaire, je veux que la plus belle allée de ma terre soit une allée de noyers.

LE REMOULEUR.

V

Voyage nocturne. — Chansons de conscrits. — Notes d'un voyageur égaré. — Chanson huguenote. — La philosophie du remouleur. — Un ménage tolérant. — Une éducation singulière. — Le roi des pauvres. — Les vicissitudes d'un pauvre homme. — Les trois systèmes pour être heureux. — Coucher à la belle étoile. — Les riches et les pauvres. — Le réveil.

Nous devions aller coucher à St-Lager-Bressac avec mon ami Barbe, mais celui-ci reçut, au moment même où nous allions quitter Chomérac, une lettre de sa femme qui lui apprenait l'indisposition subite d'un de ses enfants. Il repartit aussitôt pour Privas.

La soirée était si belle et il faisait un si joli clair de lune, que je résolus de continuer seul et à pied mon voyage. J'ai un faible pour les promenades de nuit. On y voit moins bien le paysage, mais, quand on a l'habitude de penser, on y voit mieux au dedans de soi-même et on y concentre mieux ses souvenirs. D'ailleurs, la nature extérieure prend la nuit des aspects tout autres que le jour, au gré de la folle qui, du crâne humain, a fait son logis.

Mon imagination à moi, aime beaucoup à faire parler les arbres et pérorer les montagnes, sans détriment du reste. Je sais bien qu'au fond c'est une petite comédie dont personne n'est dupe. Un jour à Guignol, j'entendais un petit bonhomme dire à l'autre : Pourquoi ris-tu ? — tu sais bien que c'est l'homme de dessous qui parle et non pas Polichinelle ? — Qu'est-ce que ça fait, répondit l'autre, si ça fait rire ?

Les montagnes s'étaient donc mises à jacasser et elles se racontaient tout ce qu'elles avaient vu depuis des siècles, y compris ce qu'elles voyaient maintenant. Il y a des comparaisons, rendues inévitables par le sujet, et qui ne sont pas toutes à l'honneur du temps présent. L'une raconta les guerres religieuses d'autrefois, les folies et les cruautés des deux partis. L'autre soutint qu'en tenant compte de l'adoucissement des mœurs, œuvre du temps, les folies, l'intolérance des partis et même l'arbitraire des gouvernements, n'étaient pas moindres aujourd'hui qu'autrefois. J'imposai silence à ces bavardes et les priai de chercher des sujets moins compromettants.

En me réveillant, je m'aperçus que les bruits de tout genre qui s'élevaient de la plaine, ou descendaient des montagnes, se fondaient dans un ensemble harmonique et parlant. Les sifflements des reptiles et le cricri des insectes formaient avec le coassement des grenouilles et le funèbre ululement du hibou, comme un premier concert qui avait pour accompagnement le bruit ou plutôt le murmure des feuilles agitées par le vent. Mais, quand la voix de l'homme ou des animaux domestiques se mettait de la partie, le concert changeait subitement de caractère : tous les bruits de la nature passaient alors au second rang, et c'est l'homme ou ses serviteurs poilus qui prenaient le rôle de ténors. Un chien de grange jappait avec fureur. Les chiens ne jappent pas seulement contre les voleurs ou les loups. Leur instinct les pousse aussi à donner leur note dans le grand orchestre dont le chef invisible leur a assigné le rôle de jappeurs. Au loin, sur un sentier voisin, un ivrogne attardé — un conscrit sans doute — chantait, je ne sais quelle chanson rustique, dont je saisis le couplet suivant :

> Je ne crains pas ni Dieu ni diable
> Ni la bombe ni le canon ;
> Je m'en iray fumer ma pipe
> A la tête du bataillon-on-on,
> A la tête du bataillon.

Le chanteur, à en juger par les allures du chant, devait être ce qu'en style local on appelle légèrement pompette, et il est probable que ses jambes ne titubaient pas moins que sa voix. Eh bien ! malgré cela, ce solo humain faisait effet dans le grand accompagnement nocturne. Un musicien aurait cherché à en noter la mélodie qui eût été sans doute toute différente de celle qu'exprimait l'ivrogne. L'imagination, qui transforme tout, est singulièrement féconde la nuit et il me semble qu'une belle soirée avec un clair de lune dont le feuillage clair des noyers tamise les rayons bleus sur la tête du touriste, sont pour celui-ci une circonstance singulièrement atténuante.

La voix de l'ivrogne qui s'éloignait, m'envoya encore le couplet suivant :

> Quand tu seras sur les montagnes,
> Sur les montagnes du Piémont,
> Tu trouveras des Piémontaises,
> Tu oublieras ta Louison — on — on !
> Tu oublieras ta Louison.

*
* *

Tout en rêvant, je m'aperçus que je ne savais plus où j'allais. Les jolis sentiers ombragés qui sillonnent la plaine de Chomérac sont un vrai labyrinthe pour le voyageur imprudent qui les affronte de nuit. Je m'assis sur la muraille du chemin, en attendant le passage d'un voyageur moins ignorant que moi de la topographie locale.

Je sortis mon carnet de poche et j'écrivis, au clair de la lune, cet axiôme :

« Il est toujours imprudent de s'engager de nuit dans les chemins que l'on ne connaît pas bien. »

Vous souriez, lecteurs, et vous dites : Feu M. de la Palisse aurait pu signer cela ! C'est vrai, mais la vie humaine, la vie politique comme la vie sociale, est semée de mésaventures qui n'ont pas d'autre cause que l'oubli de quelque vérité de M. de la Palisse, et c'est pourquoi j'écrivis encore sur mon carnet l'axiôme suivant que je dédie aux fortes têtes politiques de notre temps :

« Les choses qu'on voit le mieux sont trop souvent celles qu'on regarde le moins.

« Les vérités les plus claires sont celles qu'on néglige le plus. »

**

Dieu soit loué ! J'entends une voix humaine dans le lointain, du côté par où j'étais venu. Mais quelle différence avec la voix avinée de tout-à-l'heure ! Le chanteur, qui ne craignait ni Dieu ni diable, était évidemment un échappé du cabaret. L'autre semblait sortir d'une église. Il chantait ou plutôt psalmodiait d'une voix lente, grave et un peu fêlée, des paroles encore impossibles à saisir. Quand il fut plus près, j'entendis ceci :

> Aujourd'hui, on parle de paix,
> O la bonne nouvelle !
> Le bon Dieu veuille qu'il soit vray
> Qu'elle soit bannie à jamais
> Cette guerre cruelle !
> Dès aujourd'hui qu'il soit permis
> Liberté aux fidèles !

On voit que la soirée n'était pas aux rimes riches et à la poésie cornélienne, je reconnus une vieille chanson des huguenots des Cévennes que j'avais entendu citer plus d'une fois par le pasteur de mon village.

L'homme s'approchant, continuait sa psalmodie :

> Faut oublier le temps passé
> Et vivre comme frères.
> Nous voyons le ciel irrité
> Par les orages qu'il a faits
> Et tremblements de terre...

J'avais réuni mes souvenirs et c'est moi qui, lorsque l'homme fut à ma portée, terminai ainsi le couplet :

> Faut s'assembler tous de bon cœur
> Et dire nos prières !

Le chanteur fit un mouvement de surprise bien naturelle. Il s'arrêta et dit :

— Holà ! camarade de la chanson, qui êtes-vous ?

Il me sembla avoir déjà entendu cette voix. Je répondis :

— Un voyageur égaré qui attend d'être remis en bon chemin.

L'homme s'approcha et un gros rayon de lune, traversant le feuillage des grands noyers, me fit reconnaître le remouleur.

— Ah ! mon brave, lui criai-je, vous ne vous attendiez pas à rencontrer en ce lieu et à cette heure une vieille connaissance !

— Certainement, répondit-il, cependant la Bible dit que le sage pèche soixante-dix-sept fois par jour. Il n'est donc pas étonnant qu'un étranger au pays, partant le soir, ait pris la route de St-Lager en croyant aller à Privas.

— Mais c'est à St-Lager, et non à Privas que je vais.

— Eh bien ! Monsieur, vous ne vous êtes pas égaré ; je serai heureux, du reste, de vous accompagner, puisque vous ne paraissez pas bien sûr de votre chemin.

— Volontiers, mon ami, si cela ne vous détourne pas vous-même. Est-ce que vous allez, vous aussi, à St-Lager ?

— J'y vais et je n'y vais pas.

— Comment cela ?

— Vous savez déjà un peu mon histoire, monsieur. Eh bien ! ce qui en résulte de plus clair, c'est que toutes les fois que j'ai fait quelque chose *de ma propre volonté*, — par exemple quand je suis venu m'établir à Grenoble et quand je me suis marié, — il m'est arrivé malheur. Les trois quarts du temps, l'homme qui poursuit un but, est comme le voleur qui dérobe les bâtons du voisin — bâtons avec lesquels on le battra plus tard. Cherchez à guérir un animal malade; il y a dix à parier contre un que vous l'empoisonnerez, tandis qu'en le laissant à lui-même, il se guérira fort bien tout seul. J'ajoute qu'à mon avis, il en est de même pour les hommes et que les meilleurs médecins sont simplement ceux qui passent la main à la nature, se bornant à en faciliter très prudemment l'action, au lieu de lui substituer leurs potions et leurs drogues.

— Bravo ! ne pus-je m'empêcher de dire.

— On voit que vous n'êtes pas médecin !

— Au contraire. — Seulement, je suis un médecin philosophe. — Mais laissons ce chapitre. — Continuez.

— Ma conclusion est celle-ci : Voyant que je me gouvernais mal, j'ai laissé, non pas au hasard, qui n'est qu'un mot, mais à Dieu, à la Providence ou à la nature — vous pouvez choisir, c'est toujours la même chose sous d'autres noms — le soin de me gouverner. — Je vais à droite ou à gauche, suivant ma fantaisie ou les circonstances, et je ne me suis jamais aperçu que, de cette façon, j'aie trouvé moins de travail et plus de mécomptes qu'en me traçant un itinéraire et un plan d'avance.

— Votre système, mon ami, me paraît d'autant plus sage, malgré bien des apparences contraires, que c'est à celui-là que nous voyons, en somme, tous les gouvernements de l'Europe revenus. — Autrefois, pour les hommes politiques, il y avait une ligne de conduite et des traditions auxquelles on se conformait autant que possible. — Cela exigeait certaines aptitudes et une certaine discipline, choses fort gênantes à ce qu'il paraît, car on y a renoncé. — Tout se fait donc aujourd'hui beaucoup plus simplement. Les pays comme les individus, vont au jour le jour, en avant ou en arrière, à droite ou à gauche, selon le vent et les hommes.

— Vous faites de l'ironie, monsieur, vous avez tort ; je ne dis pas que mon système soit bon pour tout le monde, mais je le crois bon au moins pour ceux qui n'ont pas la prétention de conduire les autres, pour ceux qui n'ont pas d'autre responsabilité que celle de leur propre personne ; il est bon, il est excellent pour un pauvre remouleur nomade.

— Bien, mon brave. Je retire mon ironie qui, d'ailleurs, ne vous visait pas, et je trouve que vous avez un langage et des idées singulièrement au-dessus de votre état. Quel est ce livre qui fait saillie dans votre sac ?

— C'est la Bible.

— Vous êtes protestant ?

— Je le suis et ne le suis pas.

— Comment cela ?

— Je prie Dieu à l'église aussi bien qu'au temple. J'aime mieux un bon protestant qu'un mauvais catholique, et réciproquement. L'étiquette religieuse est comme l'enseigne des auberges : ce n'est pas aux plus belles enseignes qu'on est le mieux traité.

— Qui donc vous a inspiré une si large tolérance ?

— Mon père était catholique, et ma mère vaudoise. En m'inculquant leurs croyances communes, chacun d'eux, en vertu d'un accord tacite, et grâce à leur désir réciproque de s'entendre, s'abstenait d'aborder les points où leurs idées étaient divergentes. C'est ainsi que je me suis trouvé à la fois catholique et protestant sans m'en apercevoir ; j'ai fait naturellement et sans effort, abstraction de tout ce qui divise les catholiques et les protestants, et il ne m'en est pas moins resté une religion fort complète, avec laquelle les consciences les plus timorées peuvent vivre en paix. Si tout le monde faisait comme moi, croyez-vous que les choses n'en vaudraient pas mieux ?

— Vous êtes bien naïf, mon brave, répondis-je au remouleur. Je me demande seulement comment un homme, qui a de si hautes pensées, a pu se résigner à l'état misérable où je vous vois ? Etes-vous bien réellement un remouleur ?

— Tout ce qu'il y a de plus remouleur. Du reste, vous m'avez vu à l'œuvre.

— Je viens de me convaincre aussi de votre intelligence. Vous pouviez être mieux qu'un ouvrier nomade. Pourquoi vous êtes-vous résigné à cet état misérable ?

— Etes-vous sûr, Monsieur, qu'il suffise de n'être pas remouleur pour être heureux ? J'en sais beaucoup qui n'aiguisent ni ciseaux ni couteaux et dont je ne changerais pas le sort pour le mien — par exemple, les préfets, les députés, les ministres, le président de la république lui-même.

— Je n'en doute pas. Mais vous ne me ferez pas croire que vous soyez resté remouleur par amour du métier. Il y a quelque chose là-dessous.

— En effet. Eh bien ! écoutez quelques-unes de mes raisons. Mon père était remouleur comme moi. Me voyant plus intelligent que beaucoup d'autres enfants, il eut d'abord quelque ambition pour moi. Il me confia à un maître d'école qui m'apprit à lire dans Platon. Ce pauvre homme est mort fou. Je reçus pendant deux ans la plus étrange éducation qui se puisse imaginer. J'ai été nourri de lectures tout-à-fait au-dessus de mon âge et de ma situation, qui m'ont laissé une imagination entourée de rêves continuels, tandis qu'on me laissait ignorer les notions les plus élémentaires et les choses les plus nécessaires à la pratique de la vie. Mon esprit avait puisé dans ce commerce avec les vieux philosophes, une sorte de passion d'indépendance qui me fit désirer avec une force invincible, — devinez-quoi ? — d'être remouleur comme mon père, afin de parcourir la terre comme lui, sans autre sujétion que celle de mon travail, libre et indépendant. Mon père me reprit avec une satisfaction visible.

J'ai parcouru, avec lui, le Piémont, la Suisse et le Tyrol. Dans une petite ville de ce pays, nous fûmes un jour les témoins d'une singulière cérémonie : on couronnait le roi des pauvres. C'est un homme qui travaille toujours sans pouvoir rien économiser, mais aussi sans contracter de dettes et dont la réputation d'honnêteté n'a jamais souffert d'atteinte. Le précédent roi des pauvres étant mort, on venait d'élire son successeur et sa proclamation donnait lieu à une bruyante fête populaire. On conduisit ce monarque d'un nouveau genre sur une plate-forme supportant une table et une chaise vermoulues ; on lui servit un maigre repas arrosé d'eau-de-vie ; on lui donna lecture du testament de son prédécesseur, rédigé en termes comiques ; puis on le mena, suivi d'un cortège de gens en haillons, dans tous les cabarets dont les propriétaires lui donnèrent à boire gratis. Ce spectacle qui se grava profondément dans mon esprit, ne fit que me confirmer dans mes projets de vie nomade et indépendante. J'admirai et j'enviai ce roi des pauvres, en me promettant de l'imiter.

— Tout cela est très-joli comme souvenirs et rêves de jeunesse, mais ce n'est pas une explication suffisante ; car je suppose bien que ces belles résolutions s'effacèrent plus ou moins de votre mémoire et n'ont pas été le mobile unique de votre vie ultérieure.

— C'est vrai. Quand je vins en Dauphiné, où je pris une boutique et une femme, je travaillai de mon mieux pour cesser d'être pauvre et pour me faire une situation stable. Je ne réussis pas. Peut-être y eut-il de ma faute, car je mêlai fortement à cette époque la politique et le remoulage. J'ai été maire, Monsieur, d'un chef-lieu de canton ; il est vrai que je n'y restai pas longtemps. C'est le seul endroit de France où je n'oserais pas reparaître, uniquement parce que j'y ai été doublement ridicule. La principale cause de ma ruine a été...

— Je vois bien, dis-je en voyant son hésitation, que c'est encore le cas de dire : *Cherchez la femme !*

— Je vous engagerais fort, répondit le remouleur avec un rire forcé, si vous trouviez la mienne, à la laisser de côté, car c'est le diable en personne. La malheureuse m'a torturé de toutes les façons. J'ignore ce qu'elle est devenue et ne veux pas le savoir. Ce malheur a contribué peut-être plus que toute autre chose à me rendre sage... si c'est être sage que de savoir se contenter de peu, sans se plaindre trop haut et sans en vouloir à personne. Mes mésaventures m'avaient mûri comme une pomme verte mise au four. Je laissai ma femme avec sa méchanceté et son infamie. Je me retirai du monde, meurtri, mais avec la joie sauvage de l'esclave qui brise ses chaînes et je demandai au remoulage nomade, non la fortune, mais la paix et l'indépendance que ma boutique et ma femme m'avaient ravies. Mon métier est comme une fenêtre d'où je vois passer le monde sans m'y mêler. J'en rirais si j'étais méchant. J'en pleurerais, si j'avais moins souffert moi-même. Je me contente de l'observer avec la satisfaction amère de pouvoir souvent me dire : en voilà encore un plus bête que moi. Les sublimes préceptes du livre où j'ai appris à lire me reviennent souvent à l'esprit. Je me souviens de cette caverne du monde où Platon nous montre les hommes enchaînés par leurs passions ou leurs préjugés, n'apercevant que les reflets de la lumière qui est derrière leur tête, ne voyant que les ombres des êtres réels. Je cherche à briser mes chaînes. Cela va vous paraître drôle, mais personne peut-être n'a philosophé sur le bonheur autant que moi en tournant ma meule. J'ai résumé dans ma tête tous les systèmes en trois formules. Epicure a dit : *Amuse-toi!* Platon a dit : *Connais-toi!* Le Christ, qui est le dieu commun des catholiques et des protestants, des riches et des pauvres, des hommes d'esprit et des imbéciles et même de ceux qui flottent entre toutes ces catégories, a dit : *Résigne-toi!* car c'est à cela que revient le précepte : *Ora et labora!* J'ai expérimenté les trois formules. J'ai bien vite reconnu le vide de la première ; j'ai approfondi de mon mieux la seconde. Enfin, j'ai trouvé dans la troisième le secret de la destinée humaine, et je m'y tiens, en plaignant sincèrement les ouvriers mes confrères qui cherchent dans des utopies dangereuses une amélioration de leur sort qu'il leur serait si facile de trouver dans l'application des conseils évangéliques. Je vis sobrement, je couche dans les étables et sous les hangars plus souvent que dans les chambres d'auberge ; mais j'ai toujours avec moi ma bible, mes pensées et ma meule. Quand la tristesse m'envahit — cela arrive quelquefois — je me redresse en pensant qu'avec ma meule, mes dix doigts, et quelques gouttes d'eau, je puis toujours gagner le strict nécessaire sans faire de courbette à personne, sans compromission avec ma conscience. Combien de gens ne peuvent pas en dire autant !

Je regardai cet homme avec admiration et lui serrai cordialement la main. Nous étions arrivés devant une auberge. Nous y entrâmes pour dîner et passer la nuit. Une chose alors me frappa. Le remouleur, en entrant dans l'auberge, me parut changer de physionomie. La face intelligente, presque inspirée, qui m'accompagnait sur la route, s'était retirée, ne laissant que celle d'un ouvrier fatigué. Le ton et le langage avaient également baissé.

On nous servit un dîner fort modeste ; il n'y en a pas d'autres dans les auberges des hameaux de l'Ardèche. Mon compagnon mangea et but modérément. Il affecta d'éviter tous les sujets de conversation au-dessus de son état. Il m'apprit que les pauvres remouleurs *nomades* étaient de plus en plus refoulés dans les campagnes, et jusque dans les hameaux les plus reculés, par la concurrence des remouleurs établis qui, d'Avignon ou d'Orange, arrivaient avec des voitures et des appareils perfectionnés et accaparaient tout le travail des gros bourgs le long du Rhône et sur les grandes voies de communication. Nous sommes, dit-il, comme les vieilles diligences que le chemin de fer pourchasse et qui ne trouveront bientôt plus à s'employer nulle part. Heureusement, s'il y a peu d'argent dans les fermes, on n'y refuse jamais la soupe et un abri aux pauvres gens!

En fait de chambre à coucher, il n'y avait dans cette auberge qu'une chambre commune où deux ou trois individus étaient déjà couchés. Le remouleur qui vit ma répugnance à user de ce dortoir, me dit:

— Vous m'avez offert le dîner, il est bien juste que je vous offre le coucher. Je sais une chambre bien plus belle et plus commode que celle-ci. Suivez-moi.

Nous sortîmes de l'auberge. A quelque distance, nous quittâmes la grand'route et pénétrâmes dans un champ où deux beaux gerbiers attestaient le travail des moissonneurs. Entre les deux se trouvait un amas de paille, débris d'un troisième gerbier.

Mon remouleur disposa en un tour de main quelques bottes de paille en forme de lit.

— Ne vous ai-je pas dit que je savais une chambre plus belle que celle de l'auberge ? Grâce à la douceur de la nuit, elle est habitable même pour un citadin, et vous dormirez mieux que sous un toit.

Mon compagnon avait repris sa physionomie de tout-à-l'heure. Son visage et son esprit étaient comme ces tableaux qui ne doivent être vus que dans les pénombres. Je lui en fis l'observation, et il m'avoua que sa *philosophie* n'allait bien que la nuit et qu'elle s'évanouissait au jour et même à la simple clarté des quinquets d'auberge, mais surtout au contact de tout public.

La nuit était splendide, et vraiment on ne pouvait trouver une meilleure occasion de passer la nuit à la belle étoile.

Nous causâmes assez longtemps sur notre lit de paille.

— Pourquoi, lui dis-je, y a-t-il si peu d'ouvriers raisonnables ?

— Je n'en sais rien, ou plutôt je vois à cela tant de causes que je ne saurais les énumérer sans quelque confusion, c'est-à-dire sans altérer l'ordre de leur importance. Peut-être en vous exposant quelques faits de ma propre expérience, verrez-vous un peu plus clair dans cette difficile question. Il me semble que, si je vaux un peu mieux que beaucoup d'autres, cela tient avant tout aux sentiments religieux que mes parents m'ont inculqués. Je vous avoue franchement que je ne comprends pas l'enfer, mais ceux qui le démolissent devraient bien renforcer les gendarmes. Du moins, je crois en Dieu : sans cela, peut-être serais-je un piètre sujet. Je ne parle pas de mon éducation anormale chez le maître d'école : elle a développé chez moi certaines exaltations qui pourraient être dangereuses, et qui l'ont été à un moment de ma vie : celui où j'ai joué un rôle politique. Mes rapports avec les ouvriers de tout genre sont assez restreints à cause de la différence des vues et des habitudes. Tout en les voyant à une certaine distance, je crois cependant les mieux connaître que ceux qui vivent plus intimement avec eux. Les ouvriers sont comme les fruits : plus ils sont entassés, plus ils se gâtent. La plupart, qui sont de tristes sujets, auraient voulu ne pas l'être, et beaucoup ne l'auraient pas été si les classes riches ou aisées n'avaient pas trop souvent le tort de s'isoler et de se désintéresser du sort des classes inférieures. Tandis que des hommes graves et à lunettes cherchent la solution de la question sociale, je puis vous assurer que je l'ai trouvée en bien des endroits toute résolue par l'initiative bienfaisante de tel seigneur ou notable de village en France et en Savoie. Supposez ces initiatives généralisées ; supposez qu'il y ait dans tous les villages ou dans tous les quartiers des villes un ou plusieurs hommes riches et généreux autant que patients et intelligents, et il n'y a plus de question sociale. Le riche fait son devoir en aidant et éclairant, et le pauvre en travaillant et économisant. Le pauvre devient alors à son tour instruit et aisé. Mais c'est trop simple pour qu'on y pense et je crains bien qu'on ne cherche encore longtemps midi à quatorze heures. Si ma voix avait accès auprès des classes riches, je leur dirais : Prenez-y garde, tout le tort n'est pas de l'autre côté. Vous ne sauriez croire combien les pauvres sont sensibles à l'absence de morgue et à la véritable affabilité. Tenez, Monsieur, la bonne grâce que vous avez mise à causer avec moi, m'avait profondément touché dès notre première rencontre. Les rancunes et les haines injustes que j'entends manifester contre les *riches* ont pour principal mobile les froissements d'orgueil et les blessures faites au sentiment d'égalité. Les *pauvres* — au moins en grand nombre — sentent qu'ils le sont par leur faute ou par la faute de leurs parents, ils savent d'instinct qu'il y a une grande loi de justice dans d'apparentes injustices, mais ce qu'ils ne peuvent pardonner, c'est la supériorité qui ne sait pas s'humaniser ou même s'humilier un peu.

— D'où il résulte que les pauvres sont au fond aussi orgueilleux que les riches.

— C'est parfaitement vrai ; seulement, vu la différence des positions, cet orgueil ne sera jamais qu'une *juste fierté* chez les pauvres diables, tandis qu'elle sera qualifiée de *sotte vanité* chez les autres.

— O vanité humaine ! répondis-je à mon interlocuteur. Voilà bien, en effet, ce qui divise le plus les hommes. En haut comme en bas, c'est le sentiment le plus vivace, le plus délicat, le plus intraitable. Légèreté, disait Schakespeare, c'est le nom de la femme. On pourrait dire plus justement : Vanité, c'est le nom de l'homme !

— C'est peut-être pour cela, ajouta judicieusement le remouleur, qu'on a grandement tort dans votre pays d'attaquer la religion, car je ne vois rien, en somme, de plus capable qu'elle de diminuer le sot orgueil qui germe naturellement dans les hautes classes en même temps qu'elle amortit les ressentiments inévitables qu'en ressentent les basses classes. Bien des gens me traiteraient de radoteur, mais les plus radoteurs ne sont pas ceux qu'on pense. Bonsoir, Monsieur !

— Bonsoir, mon maître !

Je dormis peu. Je m'assoupis parfois, mais j'étais bientôt réveillé par un incident quelconque : tantôt des cris partant du village, et tantôt des aboiements de chiens venant de quelque grange. A chacun de ces réveils, je trouvais que la poésie de la situation n'en compensait pas les inconvénients.

Le lit n'était pas de roses, et l'air fraîchissait sensiblement à mesure que l'aube approchait. Un animal vint nous flairer. Etait-ce un chien ? Etait-ce un loup ? J'allais réveiller le remouleur quand je reconnus un compagnon de St-Antoine. Le remouleur ronflait en cadence. On voyait qu'il avait l'habitude de ne pas dormir dans un lit. Une fois, il parla en rêvant : *Ciseaux ! Couteaux ! Coquine !* Toute son histoire en trois mots. Mais ce ne fut qu'un éclair dans le calme de la nuit.

Vers le matin, épuisé de fatigue, je m'endormis à mon tour. Quand je me réveillai, le soleil dorait les hauteurs du Coiron. Des ouvriers m'entouraient et se préparaient au battage du grain.

— Votre compagnon est parti, me dit l'un d'eux. Il nous a priés de ne pas vous réveiller ; mais, comme il était pressé d'arriver à Baïx, il nous a chargés de vous faire ses adieux.

Je me relevai moulu et légèrement courbaturé. Les nuits à la belle étoile à côté d'un remouleur philosophe ont certainement leur charme, mais, même au plus beau de l'été, il faut en avoir l'habitude. . et un manteau est de rigueur !

VI.

FOLIES ANCIENNES ET FOLIES MODERNES.

St-Lager Bressac. — Gabriel Astier et les petits prophètes. — Causes génératrices du mouvement. — Le St-Esprit à St-Vincent-de-Barrès. — Les assemblées de fanatiques dans les Boutières. — Un prophète malgré lui. — L'incrédule Laulagner. — Le premier conflit. — Folleville demande des renforts. — Mgr de Chambonnas. — Le combat du Cheylaret. — Tartara ! Tartara ! — Le prophète St-Paul à Pourchères. — Gabriel Astier roué vif à Baix. — La politique de bon sens et la politique de *Tartara*. — Louis XIV et ses imitateurs. — Discussion avec mon ami Barbe. — Plus ça change, plus c'est la même chose.

St-Lager figure dans les anciens actes sous le nom de *Leodegarius*. Les deux églises de St-Lager et de St-Lager Bressac furent détruites par les huguenots. Celle de St-Lager fut rétablie à la révocation de l'édit de Nantes.

On trouva en 1730, dans les ruines de l'église de Bressac, un plein pot de médailles de cuivre grosses comme un écu de six livres représentant le maréchal de Cossé-Brissac.

Vers le milieu du siècle dernier, la paroisse de St-Lager-Bressac dépendait de l'archiprêtré de Privas, et comptait cinquante-et-un feux.

La justice se partageait entre les seigneurs suivants :

M. de la Pimpie, du château de Granoux, en avait la moitié ; M. de Chambaud, du château du Bois, en avait le quart et M. de Bénéfice, de Cheylus, qui possédait à St-Lager une maison et des rentes, avait l'autre quart.

Gabriel Astier, le chef des fanatiques de 1689, avait commencé par être berger à St-Lager.

L'histoire de Gabriel Astier et des petits prophètes et prophétesses de son temps, est une des plus curieuses qui se puisse imaginer.

Si Loudun est célèbre par ses possédés, St-Lager, St-Vincent-de-Barrès et les Boutières, ne méritent pas une moindre célébrité par leurs fanatiques. Il n'y a pas de roman comparable à cette histoire trop authentique mais, pour la bien comprendre, il faut se reporter à l'époque et aux circonstances.

On sait la dure oppression que Louis XIV fit peser sur les protestants pendant son règne ; on sait aussi qu'il couronna en 1685 la série de ses cruelles inepties par la révocation de l'édit de Nantes, cette œuvre si politique, si humaine et si sensée d'Henri IV.

La révocation de l'édit de Nantes tourna contre Louis XIV les puissances protestantes, anciennes et fidèles amies de la France. C'est aux réfugiés surtout que Guillaume d'Orange dut le trône d'Angleterre, en 1688. Sur 28,000 hommes formant l'expédition, il y avait 5,000 Français sous les ordres d'Henri de Ruvigny. Le lieutenant de Guillaume était un autre réfugié français, le maréchal de Schomberg.

L'année qui suivit la révocation, c'est-à-dire en 1686, le ministre protestant Jurieu publia en Hollande : *L'accomplissement des prophéties ou la délivrance prochaine de l'Eglise*. Il y prouvait par le chapitre XI de l'Apocalypse, que l'Eglise devait être délivrée de son tyran en 1689.

Cette œuvre produisit une immense sensation qui s'accrut encore après le succès de Guillaume d'Orange.

Qu'on ajoute à cela l'exaltation naturelle résultant de la persécution et de la lecture habituelle de la Bible dans les réunions secrètes, et l'on aura un aperçu des principales causes qui avaient allumé des espérances chimériques et dérangé en quelque sorte l'équilibre intellectuel de nos malheureux compatriotes protestants ; et l'on comprendra aussi la folie complète dont la plupart furent frappés en 1689.

Le Dauphiné leur avait donné l'exemple. Un vieux gentilhomme verrier de Dieulefit, appelé de Serre, qui avait rapporté de Genève le livre de Jurieu, fut le fondateur de l'école des petits prophètes de la région du Rhône.

Sa plus brillante élève fut une bergère de Crest, la *belle Isabeau*, qui commença la série des jeunes hallucinés tombant en extase et prophétisant dans leur sommeil. Il y eut beaucoup de crédules, entre autres une madame de Baïx, qui se mit à prophétiser elle-même, en sorte que Bouchu, l'intendant du Dauphiné, se crut obligé de lui imposer une retraite forcée entre les murs de la prison de Tournon. On arrêta aussi la belle Isabeau, mais on se contenta de l'enfermer dans l'hôpital de Grenoble, d'où elle sortit parfaitement guérie de ses hallucinations. On la maria plus tard. Ainsi finit sa carrière prophétique.

En Vivarais, le rôle d'Isabeau fut tenu par un paysan de Clion, âgé de vingt-cinq ans, qui avait été berger à Bressac, où il avait même laissé une fiancée, disent les uns, une fille de mauvaises mœurs, disent les autres. Elle s'appelait Marie, et lui portait le nom de Gabriel Astier.

Astier, jugeant sans doute le terrain plus favorable en Vivarais qu'en Dauphiné, vint prophétiser à Bressac vers le 15 janvier 1689.

« Il ouvrit incontinent la scène, dit Fléchier, par des assemblées nocturnes qu'il convoqua. Tout le voisinage accourut pour ouïr cet homme qu'on disait envoyé du Saint-Esprit... Quand l'auditoire fut formé, Astier se leva pour parler et tomba tout d'un coup comme évanoui. Les assistants le prirent avec respect et le portèrent sur un lit où, étant étendu, il s'agitait de temps en temps, comme s'il eût souffert des douleurs et des convulsions ; ensuite il demeurait sans mouvement. Après quoi il parlait, et toute l'assemblée à genoux vénérait sa personne et recueillait avidement ses oracles. Sa harangue était toujours la même en substance. *Mes Frères, approchez-vous de moi, amendez-vous, faites pénitence. Si vous ne vous repentez, vous serez tous perdus. Criez à Dieu miséricorde. Le jugement de Dieu viendra dans trois mois. Les méchants brûleront comme des loups. Ils crieront à Dieu : Faites-nous miséricorde ; mais il ne les entendra pas, et il leur dira : Allez, maudits, servir votre maître !* D'autres fois, il s'écriait : *Gardez-vous d'aller à la messe, car elle est abominable devant Dieu !* Quand la cérémonie était finie : *Eveillez-moi,* leur disait-il ; et priant le plus fidèle de la compagnie de le relever doucement, il faisait chanter quelques psaumes et congédiait tous les assistants, après les avoir embrassés et baisés à la bouche, l'un après l'autre, en leur disant dévotement : *Allez, mon frère ; allez, ma sœur ; je vous donne le Saint-Esprit* (1). »

Astier forma, entr'autres prophètes ou prophétesses, Antoine et Isabeau Benoît, frère et sœur, Lucrèce Rostan et Jean Crémière. Il en forma tant et si bien que l'autorité fut mise en éveil. Fléchier raconte une de ces scènes dont le curé et le seigneur de St-Lager furent témoins. Il s'agissait d'une prophétesse qui, après avoir tempêté contre la messe et les papistes, après avoir dit qu'elle avait reçu le Saint-Esprit gros comme un grain de froment, finit

(1) Lettres de Fléchier, évêque de Nîmes, p. 555.

par s'apaiser, se leva, prit sa quenouille et commença à filer auprès du feu.

L'épidémie atteignit St-Vincent-de-Barrès. La fermière du château s'érigea tout à coup en prophétesse. On accourut de tous côtés pour jouir de ce spectacle, mais le mari, soit qu'il craignît un détachement de dragons qui battait alors la campagne, soit qu'il connût l'humeur et la folie de sa femme, ferma la porte à la multitude et fit donner avis au châtelain de ce qui se passait. Celui-ci arriva, fut témoin des folies de la pauvre femme, et l'ayant fait soigner, parvint à la guérir.

Fléchier et Brueys citent beaucoup d'autres cas. L'autorité intervint alors et fit arrêter quelques fanatiques qui furent conduits les uns au château de la Voulte, et les autres aux prisons de Privas. Astier, jugeant le terrain dangereux, alla faire des prophètes dans les Boutières, et, pour commencer, à St-Cierge-la-Serre.

Les folies des malheureux protestants, fanatisés par Gabriel Astier, dépassent l'imagination. Astier avait persuadé à ces pauvres gens que le Saint-Esprit les rendait invulnérables, que les armes tomberaient des mains des soldats. Il leur annonçait comme imminents la délivrance de l'Église réformée, l'avènement du roi calviniste, la destruction des églises et la restauration des temples s'opérant toutes seules, etc. On chantait des psaumes, puis l'assemblée entière, sur l'ordre des prophètes, tombait à la renverse. Une grande assemblée fut tenue à St-Cierge-la-Serre. Elle fut suivie d'autres à Pranles, Tauzuc, St-Sauveur, St-Michel, Gluiras et St-Genieis. Brueys dit que les moindres étaient de quatre ou cinq cents et qu'il y en eut de trois ou quatre mille personnes.

Il y a dans les lettres de Fléchier des détails sur ces assemblées qui sont du plus haut comique. Le récit de la mission du sieur de Combles, du Pouzin, envoyé pour engager les fanatiques à se retirer, est de ce nombre. Le pauvre homme, en qui l'on crut voir un nouvel adhérent, fut entouré par les prophètes et prophétesses qui l'assurèrent qu'il était destiné de Dieu pour être un des principaux instruments de sa gloire et qui, sans lui donner le temps de parler, promirent de lui souffler le Saint-Esprit s'il était véritablement fidèle. « On le conduisit au milieu du peuple, on lui ôta son chapeau, et on l'obligea de lever les yeux et la tête au ciel. Les prophètes et une troupe des principaux se rangèrent autour de lui, l'exhortaient, l'embrassaient successivement et le baisaient, en lui soufflant dans la bouche le Saint-Esprit avec le don de prophétie. Cette cérémonie lui parut fade et ennuyeuse, et souvent il ouvrait la bouche pour s'acquitter de sa mission, mais on ne cessait de crier miséricorde, et il fallait essuyer, après tant de caresses, cette fatigue jusqu'au bout... » (1)

Bref, le sieur de Combles dut tomber à la renverse comme les autres au commandement, et fut fait prophète malgré lui.

Une autre curieuse histoire est celle de l'incrédule Laulagner qui traita Astier d'imposteur et, dans une assemblée, persista à se tenir debout, tandis que tous les autres, au commandement d'Astier, tombaient à la renverse. On faillit lui faire un mauvais parti, mais, comme c'était un paysan robuste et courageux, on le laissa tranquille.

Un incident mit le feu aux poudres.

Le 15 février, un capitaine du régiment des Flandres, appelé Tirbon, ayant donné inconsidérément avec dix hommes de sa compagnie, sur une de ces assemblées à St-Sauveur-de-Montagut, lui enjoignit de se disperser et, sur le refus des fanatiques, fit tirer sur eux par ses soldats. Il fut assommé à coups de pierre avec tous ses hommes.

Les assemblées publiques avaient commencé dans les Boutières le 26 janvier, et dès le 12 février toute la région était remplie de fanatiques ou de gens qui couraient après eux.

M. de Folleville, colonel du régiment des Flandres, qui était dans le pays avec quatre compagnies seulement, jugea alors nécessaire de demander des ren-

(1) Fléchier, p. 568.

forts, et envoya un exprès à l'intendant Bâville et au comte de Broglie. Ceux-ci, prévenus le 16 à Montpellier, partirent dès le lendemain « après avoir mandé à M. de Viviers, pour lors évêque de Lodève, de les venir joindre dans leur route, parce que leur dessein était d'employer plutôt les voies de la douceur que celles de la force, et ils savaient que ce prélat, avant ces désordres, avait travaillé efficacement pour la religion dans ce pays, en la place du vieux évêque, son oncle, qui, à cause de son grand âge, était incapable d'agir (1). »

Il s'agit ici d'Antoine de la Garde de Chambonnas qui ne monta sur le siège épiscopal de Viviers qu'en 1694, à la mort de Louis de Suze, mais qui en était depuis longtemps le coadjuteur. Louis de Suze est resté évêque de Viviers de 1621 à 1691.

Ordre fut donné aux communautés du Vivarais de lever le plus promptement possible des milices composées d'anciens catholiques. Ces mesures prises, M. de Folleville se mit à la recherche des assemblées, avec quatre compagnies d'infanterie, quatre de dragons et environ trois cents hommes des milices de Privas, Boulogne, Aubenas, Rochemaure, Antraigues et St-Laurent. A peine entré en campagne, il apprit que le pays était rempli d'assemblées : dans la seule paroisse de Gluiras, il y en avait cinq ; à

(1) Bruéys. Histoire des fanatiques, t. 1, p. 171.

Gruas une fort grosse ; une autre sur le coteau de la Fare dans la paroisse de Pranles ; une de plus de deux mille personnes à St-Cierge ; de même à St-Michel, à St-Maurice, à St-Genieis-la-Champ et généralement sur toutes les montagnes des Boutières.

M. de Folleville fut attiré vers la montagne de Cheilaret (entre Gluiras et St-Genieis) par les cris effroyables qu'il entendit de ce côté.

Nous laissons ici la parole à Brueys. (1)

« Les fanatiques virent venir les troupes d'assez loin ; il ne tint qu'à eux de s'enfuir ; mais ils ne branlèrent point, et quand on fut assez près pour observer leur contenance, on vit que les uns se couchaient par terre et se soufflaient dans la bouche les uns des autres, afin de s'animer par une nouvelle communication de leur esprit prophétique ; les autres se saisissaient de leurs armes ; ceux qui n'en avaient point prenaient des pierres et montaient sur la pointe des rochers ou se cachaient derrière des arbres. M. de Folleville, après avoir posté sa milice dans les défilés de la montagne pour les investir, les fit charger brusquement de tous côtés. Alors on vit commencer le plus extraordinaire et le plus ridicule combat qu'on ait peut-être jamais vu. Tandis que les rebelles, qui étaient parmi les enthousiastes, faisaient pleuvoir d'en haut une grêle de pierres, entremêlées de coups de fusil sur les dragons et sur

---

(1) Brueys, Histoire des fanatiques, t. 1 p. 180.

l'infanterie, les prophètes et les prophétesses s'avançaient au devant des troupes avec un air furieux, en soufflant sur elles de toute leur force, en criant à haute voix : *Tartara, Tartara!* Ces fols croyaient fermement qu'il ne leur en fallait pas davantage pour mettre en fuite les gens de guerre ; mais, voyant qu'ils avançaient toujours et que les plus inspirés tombaient par terre comme les autres, ils prirent la fuite eux-mêmes... Il y en eut environ trois cents de tués sur la place, une cinquantaine de pris, et le reste se dispersa dans les forêts et dans les montagnes voisines. »

Il fallut encore employer la force pour dissiper une autre assemblée sur le coteau de Besset près de St-Genieis. On avait prié vainement les fanatiques de se disperser ; deux personnes, le notaire Raz, de la Voulte, et le prévôt Raymond, avaient été envoyés *ad hoc* auprès d'eux.

Le comte de Broglie et l'intendant Bâville furent les témoins oculaires de ces exécutions. Un pauvre paysan de Pourchères, appelé Paul Béraud, qui se croyait l'apôtre saint Paul, avait convoqué chez lui une assemblée de cinquante personnes. « Il sortit comme un possédé à la tête de ses gens et chargea à coups de pierres tous ceux qui s'approchèrent. Sa fille, nommée Sara, qui était aussi une insigne prophétesse, quoiqu'elle n'eût que dix-huit ans, soufflait comme une furie et criait : *Tartara*, de toute sa force. Il y eut un de ces mutins qui tira un coup de pistolet à bout portant sur M. Heyraud, commissaire des troupes, dont heureusement il ne fut point blessé. Les autres se défendirent quelque temps comme des enragés, mais enfin la troupe folle ayant été vigoureusement attaquée, fut mise en fuite. Ce ridicule saint Paul, écumant de rage, fut tué avec dix ou douze de ses disciples. La prophétesse fut blessée, prise et conduite à Privas, où elle soutint pendant trois jours qu'elle avait vu le Saint-Esprit. Son âge, son sexe et son imbécillité firent qu'on eut pitié d'elle ; on la fit traiter, et, après qu'elle eut mangé et dormi suffisamment, elle reconnut son illusion, avoua que son père lui avait tourné l'esprit et fut guérie de sa blessure et de sa folie (1). »

Ce fut le dernier épisode de ce carnaval sanglant. Les malheureux fanatiques, voyant trop que le prophète Astier les avait trompés en leur promettant de les rendre invulnérables, rentrèrent dans leurs cabanes et n'en sortirent plus, même quand la révolte des Camisards, qui éclata douze ans après dans le Gard et la Lozère, les mit en butte à de nouvelles excitations. Brueys signale le zèle et la charité déployés dans cette circonstance par Mgr de Chambonnas, qui ne cessa d'aller de paroisse en paroisse, consolant les uns, secourant les autres, arrêtant les fureurs des

---

(1) Brueys, t. 1, p. 190.

soldats et obtenant de l'intendant Bâville la grâce de nombreux coupables.

Ce même prélat était déjà intervenu en faveur des habitants de Privas, pour présenter au gouvernement un mémoire dont le texte, retrouvé aux archives de Privas, a été publié pour la première fois dans l'*Annuaire de 1854*.

L'auteur de cette révolte insensée s'était échappé. Pour éviter le châtiment, il s'était enrôlé dans les troupes royales, mais il fut reconnu, arrêté et conduit à Nimes, où on lui fit son procès. Il fut condamné au supplice de la roue, et son exécution eut lieu à Baïx, le 2 avril 1790. Fléchier dit qu'il donna, à ses derniers moments, des marques de repentir et d'une conversion sincère à la religion catholique.

Ajoutons comme épilogue, que le pasteur Jurieu s'était fait, dans ses écrits, le patron et l'apologiste des petits prophètes du Dauphiné et du Vivarais, mais qu'à Genève trois de ces pauvres imbéciles qui s'y étaient réfugiés, eurent beaucoup moins de succès. Le conseil de Genève, les fit examiner par M. Léger, pasteur et professeur de philosophie ; il paraît que l'examen ne tourna pas en leur faveur, car on les conduisit hors la ville avec défense expresse d'y rentrer.

..

J'étais de retour, le lendemain, à Privas, où je trouvai mon ami Barbe tout à fait rassuré sur l'état de son enfant. La mère s'était alarmée à tort, et l'indisposition ne présentait heureusement aucune gravité.

Je lui racontai ma rencontre avec le remouleur et, au portrait que j'en fis, il se rappela avoir remarqué plusieurs fois ce brave homme dans les villages des environs de Privas.

Je lui lus mes notes sur le mouvement de Gabriel Astier. Il me reprocha de n'avoir puisé qu'à des sources catholiques, comme Brueys et Fléchier. Je lui répondis que ces deux écrivains étaient ceux qui m'avaient paru les mieux informés des évènements. Je lui fis observer que je n'avais, d'ailleurs, fait usage de leurs récits qu'avec impartialité et réserve ; la preuve, c'est que j'ai à peine fait allusion aux antécédents et aux mœurs détestables que ces auteurs attribuent formellement aux petits prophètes et prophétesses. La passion aveuglait alors tout le monde, et je me défie autant des exagérations protestantes qui voient dans Astier et ses compagnons des saints et des héros, que de l'injustice des écrivains catholiques qui en font des fous vulgaires ou d'affreux débauchés.

Il est bien certain qu'Astier et ses collègues en prophétie avaient l'esprit détraqué, et je crois en avoir exposé impartialement les causes.

Aux arquebusades, ils répondaient par le mot :

Tartara ! croyant naïvement que cela suffisait pour vaincre.

J'aime les mots qui ont un sens, comme j'aime les têtes où il y a une cervelle. Tartara, sans un bon Tartare dedans, c'est-à-dire sans vertu effective, était bête ! Mais, doucement ! Avant de crier trop fort contre ces pauvres diables, cherchons bien si nous ne sommes pas parfois aussi insensés qu'eux, et si nous n'avons pas aussi de ces mots panacées, de ces verbes à tout faire, qui valent ce Tartara-là. Etes-vous bien certain, ami Barbe, que beaucoup de nos compatriotes, qui ont sans cesse le mot de *République* à la bouche, le comprennent mieux que les compagnons de Gabriel Astier comprenaient celui de Tartara ?

Toutes les fois que je tombe sur un fou, cela me met en garde contre moi-même et mes collègues en prétendu bon sens, encore plus que contre le fou lui-même. Je me demande si le fou n'est pas une sorte de miroir que la Providence nous envoie pour nous faire rentrer en nous-mêmes, et si, malgré nos prétentions, nous ne sommes pas aussi fous que lui. Je me pèse, je me retourne — et les autres avec moi — et il me semble que nous sommes tous fous par quelque bout. Et le soupçon se change en certitude en voyant que ce sont précisément les esprits les plus étroits qui se croient le plus sûrs de leur raison.

Erasme fait dire à la folie que, bien que dépourvu

de temples, son culte est le plus universel de tous et que là où il n'y a point de Folie, c'est qu'il n'y a point d'homme.

L'épigramme tombe, parbleu, aussi juste aujourd'hui qu'au XVI⁰ siècle, et je crains bien que dans mille ans d'ici on ne puisse en dire encore autant. Serait-il, d'ailleurs, par trop paradoxal de soutenir que, sans un grain de folie, la vie serait une sauce bien fade à accommoder le poisson humain ? Supposons toute folie disparue : il n'y a plus de sagesse ; de même qu'il serait impossible de distinguer le jour de la nuit, si l'un ou l'autre cessait d'exister.

Les petits prophètes de St-Lager Bressac se montaient la tête par le jeûne et par une énorme concentration intellectuelle sur un objet unique.

A part le jeûne, n'est-ce pas ce que nous voyons encore aujourd'hui chez un tas de pauvres diables pour qui certains journaux et certains orateurs populaires ont remplacé le Pape et l'Evangile ?

Leur langage est si rempli de *Tartaras* de tout genre, qu'il est impossible même à ceux de leurs coreligionnaires politiques qui ne sont pas candidats ou qui ont gardé quelque souci de leur dignité, de raisonner avec eux.

On ne leur souffle pas dans la bouche comme aux inspirés des Boutières ; c'est par les yeux et les oreilles que pénètrent, à grands flots, dans leur crâne troublé, les absurdités courantes.

La folie d'Astier et de ses prophètes avait au moins des circonstances atténuantes. Il n'y a pas une cervelle, tant bien équilibrée fût-elle, qui ne pût sombrer au milieu des tempêtes épouvantables que subit le croyant calviniste au XVIIe siècle. Aussi, tout en trouvant Astier et ses compagnons aussi fous que possible, ne puis-je me défendre pour tous ces malheureux d'une pitié profonde et n'ai-je jamais cessé de considérer l'aveugle monarque qui leur appliquait ses *décrets* et les *lois existantes*, comme ayant la plus grosse part de responsabilité dans leur folie et dans les malheurs qu'elle engendra.

Ici mon ami Barbe protesta vivement.

— Comment pouvez-vous vous permettre une comparaison semblable ? Est-il juste, je vous le demande, de comparer les dragonnades de Louis XIV aux mesures anodines prises contre quelques moines ?

— Il y a, en effet, répondis-je, une grande différence dans les faits eux-mêmes, et je conviens volontiers que nos hommes d'État n'ont envoyé personne au supplice, et qu'aucun d'eux n'est capable de le faire. Je veux même admettre que leur guerre aux congrégations religieuses procède uniquement de la crainte de voir se reconstituer et se développer comme autrefois, la propriété de mainmorte, et non point d'une hostilité véritable contre la religion. Mais il n'en est pas moins vrai qu'ils tombent dans une erreur des plus graves en invoquant, pour arriver à leur but, précisément le principe auquel nous devons les anciennes persécutions religieuses. Ce principe, c'est la toute-puissance de l'Etat. C'est au nom de ce principe que les empereurs romains livraient aux bêtes féroces les premiers chrétiens, et que Louis XIV pourchassait et faisait rouer ses sujets calvinistes. Nos hommes d'Etat n'osent pas revendiquer un droit absolu sur la conscience des citoyens, mais ils se croient le droit de la morigéner, de la taquiner, sous prétexte d'égalité devant la loi. Ils prétendent nous imposer un enseignement à leur guise et nous tracer la limite précise qui sépare la religion de la superstition, sans s'apercevoir qu'ils retombent ainsi dans les erreurs qu'ils ont si justement flétries eux-mêmes dans l'histoire. Le bon sens, comme la conscience, repoussent les prétentions de l'Etat en ce qui touche la conscience individuelle ; l'un et l'autre lui refusent le droit de s'ingérer dans la vie intime des associations religieuses, tant que celles-ci ne transgressent pas les lois faites pour tout le monde. Permettez-moi, ami Barbe, de retourner contre vous le principe que je vous ai entendu cent fois invoquer contre les régimes précédents : *Il n'y a point de droit contre le droit*. Une assemblée n'a, pas plus qu'un despote, le droit de blesser la conscience individuelle. En vertu de quel principe blâmerez-vous le capucin qui refuse à l'Etat l'entrée de son for intérieur, lorsque vous louez le protestant d'avoir fait la même chose contre Louis XIV ?

— Ce qu'on demande aux congrégations, dit mon ami Barbe, c'est simplement de se soumettre à la loi qui est égale pour tous.

— Je vous ai déjà répondu sur ce point, et, du reste, les protestants du xviie et du xviiie siècle l'avaient fait avant moi, en récusant la compétence de la loi sur le point en litige entre eux et le Grand Roi. Si la question est discutable pour des avocats dont la profession est de discuter éternellement, elle ne l'est pas pour des gens sans parti pris et qui jugent la situation avec les lumières de la pure équité et du gros bon sens. Comment s'empêcher cependant de faire de tristes réflexions sur l'inconséquence humaine en voyant que nos compatriotes d'aujourd'hui, dont les aïeux ont été les victimes d'une politique exécrable, viennent en quelque sorte justifier après coup les anciennes iniquités de Louis XIV, en réservant leur plus chaleureuse approbation précisément pour ce qui n'en est qu'une déplorable contrefaçon ?

La conclusion de tout ceci, ami Barbe, c'est qu'on ne saurait être trop tolérant, surtout en matière religieuse. Je ne mets pas en doute les bonnes intentions de nos gouvernants, mais je crois qu'ils se trompent grossièrement cette fois, et que leur erreur peut avoir de graves conséquences pour le régime républicain lui-même. Autant j'estime une République largement et hautement libérale comme celle des Etats-Unis, qui ne s'inquiète pas plus des capucins que des francs-maçons, autant j'ai peu de confiance dans un régime dont le premier mobile semble être une revanche de l'ancienne minorité contre l'ancienne majorité, et où il n'y a pas plus de vraie liberté que de Tartare dans le *Tartara*. Dites-le leur à l'oreille, ami Barbe, il est urgent de changer de voie s'ils veulent acquérir les sympathies et l'estime de cette immense majorité des indifférents du jour toujours prêts à devenir les ennemis du lendemain. Je sais bien qu'en vous disant cela, je n'aurai probablement pas plus de succès que n'en aurait eu, au XVIIe siècle, l'homme assez hardi pour dire à Louis XIV qu'il était un grand fou et un grand coupable. Encore une ressemblance de plus entre les deux époques. En vérité, les philosophes qui croient au progrès ne sont guère moins naïfs que le paysan qui s'était assis au bord de la rivière en attendant, pour passer, qu'elle eût fini de couler. Le fleuve de la bêtise humaine est-il donc destiné à couler éternellement? Pour le moment, chaque étape nouvelle nous permet de vérifier le mot profond de l'humouriste :

Plus ça change, plus c'est la même chose !

VII

CYPRIEN COMBIER.

Les récits de voyages. — L'émigration. — Un grand défaut de notre caractère national — Cyprien Combier, d'Alissas. — Les aventures d'un négociant vivarois dans l'Océan Pacifique. — Les grands phénomènes marins. — Terre et ciel. — Ce qui fait la beauté du style. — Chacun est l'artisan de sa propre fortune. — Deux vérités qu'on oublie trop dans l'Ardèche. — Préjugés et fausse éducation. — Le nouveau Pérou. — Ceux qui feraient bien d'y aller. — Alissas.

J'ai un faible pour les récits des voyageurs. L'histoire générale des voyages a été un des livres de prédilection de ma jeunesse. Je me vois encore disparaissant à tous les yeux, à douze ans, avec un volume sous le bras pour aller savourer à l'aise, sous un arbre ou dans un coin de la maison, les aventures du capitaine Cook. L'amour des voyages, quand on est jeune, n'est qu'une forme de l'amour des nouveautés.

Plus tard, la lecture des récits de voyage est une affaire de raison autant qu'une affaire de goût. Les ouvrages de ce genre tendent, en effet, à guérir, autant qu'un livre peut le faire, l'un des plus grands défauts de notre caractère national, je veux parler de ce manque d'initiative et d'esprit d'entreprise qui nous met dans un état d'infériorité flagrante vis-à-vis des peuples de race anglo-saxonne.

La race humaine n'est pas faite pour cultiver tel

ou tel coin de terre, mais pour se répandre sur la surface entière du globe et y disséminer uniformément les progrès accomplis dans les parties privilégiées. L'émigration perpétuelle ou temporaire, est généralement un bienfait pour la patrie natale comme pour le pays d'adoption. Un écrivain distingué l'a justement comparée à « l'éclaircie que fait le jardi-
« nier d'un plan dru : les pieds qu'il dégage, ceux
« qu'il repique en terre profitent également, parce
« qu'ils trouvent avec plus d'espace libre autour
« d'eux, plus d'air, de lumière, de fluides de toutes
« sortes, plus d'éléments liquides ou solides à s'assi-
« miler. Dans toute communauté d'êtres vivants,
« l'espace est une condition de vitalité puissante, et
« l'émigration seule peut le donner aux enfants
« des vieilles sociétés que les siècles ont entassés sur
« le sol (1). »

L'exemple d'une grande nation voisine devrait suffire à nous montrer les bienfaits tout au moins de l'émigration temporaire, de celle qui, sans entraîner aucune abdication de nationalité, n'est pour l'activité individuelle que le choix d'un théâtre plus vaste et plus fécond. Au point de vue des affaires, l'Anglais considère le monde entier comme une seconde patrie, sans cesser pour cela d'être anglais. Le Français, au contraire, ne voit guère au-delà de sa frontière, et il n'y a pas bien longtemps qu'il commence à

(1) Histoire de l'émigration, par Jules Duval.

comprendre qu'on puisse visiter les pays étrangers autrement qu'en conquérant et en dévastateur. Des habitudes invétérées, de sots préjugés, et enfin une fausse éducation, le clouent au sol natal.

Il y a longtemps que les hommes réfléchis ont reconnu les inconvénients de ce défaut d'expansion. La navigation, le commerce extérieur, la richesse publique auraient reçu une toute autre impulsion avec d'autres habitudes nationales. La tranquillité intérieure y aurait certainement gagné à son tour. Les révolutions trouvent toujours et partout leurs adhérents les plus actifs dans la catégorie des gens déclassés, qui est plus grande en France que partout ailleurs, justement à cause du défaut en question.

J'ai entendu soutenir — et cette thèse m'a paru fort sensée, — que si la forme républicaine se maintient aux Etats-Unis d'Amérique, elle le doit surtout aux immenses espaces de terrains dont la nation dispose et qui offrent bien mieux que la politique, un champ fécond aux activités individuelles.

En France, ces activités trop concentrées se retournent contre l'état politique ou social lui-même, et, au lieu d'être une force, deviennent un danger et une cause permanente de désordre et d'inquiétude.

Ouvrons-leur les soupapes de l'esprit d'entreprise, de l'émigration, du commerce avec les pays lointains; ne nous lassons pas de leur montrer les innombrables éléments de succès que ces pays offrent à une énergie et à une activité dirigée avec intelligence ; nous contribuerons ainsi aux progrès maritimes et commerciaux qui doivent nous dédommager des résultats d'une fatale guerre.

J'ajouterai, à l'adresse des républicains, que cela ne peut que profiter à leur forme gouvernementale préférée, car celle-ci aura d'autant plus de chances de se maintenir, que la partie ardente de la population trouvera plus facilement, comme en Amérique, un emploi fructueux de ses facultés sans être obligée à ce dangereux pis-aller qu'on appelle la politique.

C'est pour cela que le public intelligent a justement applaudi aux réformes qui, depuis M. Duruy jusqu'à M. Jules Simon, se sont produites dans l'instruction publique en France, réformes tendant à donner à l'enseignement en général un caractère plus pratique, à faire peut-être quelques bacheliers de moins, mais des citoyens utiles de plus.

Toutes ces idées me revenaient à l'esprit à la vue du village d'Alissas. Tiens, me direz-vous, quel rapport y a-t-il entre Alissas et le goût des voyages lointains ?

La chose est bien simple. Je ne connais qu'une relation de voyage, sérieuse et intéressante, publiée par un Ardéchois, et ce voyageur est d'Alissas.

Le *Voyage au golfe de Californie* (1), de Cyprien Combier (le plus jeune frère de l'ex-conseiller général) parut en 1864. Je l'ai relu dans ces derniers temps et il m'a attaché encore plus qu'à la première lecture.

Le *Voyage au Golfe de Californie* n'est cependant que le compte-rendu d'une expédition commerciale, mais ce compte-rendu est écrit — chose fort rare de nos jours — avec naturel et sincérité, sans pose, sans apparat, et il est enrichi d'observations et de faits qui en font un des livres les plus précieux qui soient sortis des tablettes d'un voyageur.

En 1828, l'auteur à peine âgé de vingt-trois ans, achetait de concert avec deux associés, un navire, la *Félicie*, qu'il chargeait de marchandises et sur lequel il s'embarquait, le 31 décembre de la même année, pour tenter la traversée du cap Horn et aller écouler ses marchandises dans les parages californiens alors presque ignorés. La *Félicie* est le deuxième navire de commerce qui ait montré le pavillon français dans cette partie du Pacifique. M. Combier raconte avec simplicité ses aventures, en initiant son public à tous les détails de la vie du négociant et du marin. Peut-être pêche-t-il par la minutie des détails, mais cette minutie elle-même a son charme, et peut être, dans tous les cas, fort utile aux jeunes gens qui se destinent au commerce maritime.

(1) Arthur Bertrand, éditeur, rue Hautefeuille, 21.

Mais l'auteur n'a pas seulement l'esprit entreprenant du haut négoce ; il unit à cette qualité pratique d'autres qualités qui s'y trouvent rarement unies, et il ne faut pas lire beaucoup de pages de son livre pour reconnaître en lui le génie observateur du naturaliste avec l'esprit méditatif du philosophe et même avec les émotions et l'enthousiasme du poète.

Quant aux observations de phénomènes naturels, le livre en fourmille, et je le signale aux naturalistes comme une riche matière à butin. Le voyageur aperçoit tout et raisonne tout avec une maturité de jugement qui révèle l'homme fait dans le jeune négociant de vingt-trois ans. Il essuie dans la traversée du cap Hatteras un orage marqué par un effroyable développement d'électricité ; cet orage excite en lui plus d'admiration et de curiosité que de crainte, et nous le voyons, au milieu des bouleversements de l'Océan, chercher une explication du phénomène. Plus loin, il est frappé de l'instinct merveilleux des petits poissons cachés sous les herbes flottantes dites *raisins des Tropiques* qui, à peine éclos, ont le bon esprit de s'élancer hors de l'eau pour retomber sur la partie supérieure de la plante qui surnage, afin de se soustraire à la dent des poissons voraces qui suivent les navires.

L'auteur nous fait ensuite la peinture curieuse de la cour du requin, qui a pour pilote un goujon et pour médecin un poisson suceur qui s'attache à lui et fait l'office de ventouse. Je n'en finirais pas si je voulais seulement indiquer tous les faits intéressants et nouveaux qui m'ont frappé dans ce livre. Si Michelet a lu avant sa mort, le *Voyage au Golfe de Californie*, je suis certain qu'il aura regretté d'avoir publié quelques années trop tôt, ses admirables études de l'*Insecte*, de l'*Oiseau* et de la *Mer*, car il aurait trouvé de précieuses données à utiliser dans l'ouvrage de notre compatriote.

M. Combier est familier avec les secrets de la mer, vulgarisés par les beaux travaux de Maury, par les écrits de Babinet et de La Landelle. Moins que tout autre il voit dans la mer une flaque d'eau dormante et immobile. Il sait qu'il n'y a rien de si vivant et de si peuplé. Il voit dans les grands courants généraux qui vont au pôle et qui en reviennent « la garantie de la pureté des eaux de la mer et la cause du maintien sur tout le globe d'une moyenne de température nécessaire aussi aux espèces diverses dont il est peuplé. »

Bientôt ce spectacle des grands phénomènes de la nature ouvre à l'esprit du voyageur des perspectives nouvelles. En découvrant à tout une raison d'être, en apercevant partout une puissance et une intelligence infinies, son esprit se lance dans les plus hautes régions de la métaphysique. De l'étude prolongée de ces phénomènes naît en lui « une admiration
« passionnée pour les œuvres de Dieu, et l'inébran-

« lable conviction que dans l'univers il ne se pro-
« duit pas un seul fait accidentel, pas un seul phé-
« nomène isolé ; que tous les phénomènes s'enchaî-
« nent et sont à la fois et tour à tour, cause et effet,
« effet et cause ; que l'univers est soumis à des lois
« dont la profonde sagesse est inflexible ; que rien
« ne peut se produire que conformément à ces lois. »

Je ne suivrai pas l'auteur dans les régions élevées où, de méditation en méditation, il s'élève, et où parfois les rigueurs de son esprit pratique ne l'empêchent pas de se perdre, ce qui est, d'ailleurs, le sort commun de tous ceux qui cherchent à dépasser certaines barrières que le progrès des lumières ne fait que très lentement reculer. Cette partie de l'ouvrage, qu'on a sagement fait de reporter à la fin, pour ne pas interrompre le récit, mais qu'il eût encore mieux valu éliminer complètement, montre chez M. Combier un absolutisme de raison, s'il est permis de m'exprimer ainsi, que l'expérience et une connaissance plus approfondie de la nature humaine tempèrent ordinairement, avec l'âge, chez ceux que leur tempérament ou leur éducation y disposaient au début. L'homme est à la fois esprit et sentiment ; le raisonnement lui est aussi nécessaire que la croyance ; il faut que son esprit soit libre, mais libre sous certaines conditions — *sub lege libertas:* — et toute philosophie, comme toute politique, qui ne repose pas sur cette double base, est nécessairement incomplète et fautive.

Deux choses font la beauté du style, dit Condillac ; la netteté et le caractère. Je pensais à ce mot si vrai, en cherchant à analyser le plaisir que m'avait procuré la lecture du livre de Cyprien Combier, au moins dans toute la partie narrative. Le style en plaît d'autant plus qu'il n'est pas celui de tout le monde, qu'il est plus éloigné de toute affectation et de toute recherche et qu'il rappelle moins l'écrivain de profession. On y sent la simplicité et la décision de l'homme pratique. Combier était mieux qu'un écrivain, c'était un homme d'action.

Cyprien Combier a publié quelques articles, principalement sur l'Amérique, dans l'*Economiste français*. Il est à regretter qu'il n'ait pas, comme il en avait l'intention, donné une suite à son *Voyage au Golfe de Californie*. Cet ouvrage, en effet, n'est que le récit d'un seul épisode de ses nombreux voyages et de sa vie aventureuse. Il lui restait à nous faire connaître la partie la plus intéressante, et peut-être la plus instructive pour ses jeunes compatriotes ; à nous apprendre comment, parti de son village, sans protecteur, sans direction certaine, sans avenir assuré, presque sans argent, il parvint en six années à se créer les moyens d'aborder et de mener à bonne fin la grande entreprise dont nous savons les péripéties. C'est dans le récit des difficultés qu'il rencontra sur son chemin ; dans l'exposé du développement graduel de son expérience et de son initiation aux affaires, que les jeunes gens de l'Ardèche auraient puisé surtout le désir et le courage de l'imiter.

La mort a empêché Cyprien Combier de remplir cette tâche. Notre compatriote est décédé à Paris, le 22 juillet 1874, à l'âge de soixante-dix ans. Sa femme, une digne et sainte personne, l'avait précédé d'un mois dans la tombe.

Cyprien Combier avait voulu revoir avant de mourir, le pays natal qu'il avait quitté depuis l'enfance. Il était venu dans l'Ardèche, vers 1867, passer une quinzaine de jours, et nous eûmes à cette occasion, le plaisir de lui serrer la main à Privas. Malgré son âge, il était plein de verdeur et d'activité, et parlait encore de faire un voyage au Mexique, comme nous parlons ici d'aller à Lyon ou à Valence. Il avait alors ses enfants disséminés, comme il disait, aux quatre coins du monde. Son fils aîné était à Costa-Ricca; une de ses filles, mariée à un officier supérieur, était avec son mari au fort Napoléon, en plein désert de Sahara; une autre était établie à Mexico, et c'est dans son salon que notre regretté compatriote, le colonel Scipion Tourre, avait passé la soirée, quand, rentrant chez lui, il fut informé de l'incendie où il périt si malheureusement en voulant rester le dernier au poste du danger, après avoir fait partir ses zouaves. Cyprien Combier n'avait alors auprès de lui que son plus jeune fils, mais il espérait bien, disait-il, qu'il saurait parcourir le monde comme son père et être l'artisan de sa propre fortune.

Suæ quisque fortunæ faber.

**

Ceci me conduit à tirer la moralité du *Voyage au Golfe de Californie*, ou plutôt, car j'ai tiré cette moralité en commençant, à mettre en relief, principalement en vue des populations de l'Ardèche, la leçon qui ressort pour elles de l'exemple d'un compatriote.

Cyprien Combier s'est trouvé, comme bon nombre de jeunes gens de la classe moyenne, obligé, à peine adolescent, de se frayer une voie par son intelligence et par son travail et de conquérir lui-même l'aisance dont il n'avait pas hérité en naissant.

Que fit-il ? Ceux qui liront son livre auront sous les yeux une partie de son histoire, et ils pourront aisément deviner le reste.

L'exemple de notre compatriote prouve une fois de plus que l'activité, la constance, l'économie, le sentiment de la force que donne une volonté énergique, mènent toujours à la considération, à la fortune, et, ce qui est encore plus précieux, à la satisfaction intérieure qui est la conséquence du devoir rempli et d'une carrière honorablement parcourue.

A mon avis, il est deux grandes vérités qu'on oublie trop dans nos montagnes de l'Ardèche.

La première, c'est que l'homme fait lui-même bien plus qu'il ne subit sa destinée et que les *influences* extérieures très multiples et assez mal définies, qu'on nomme le hasard, n'ont qu'une minime influence sur lui. Tout homme intelligent qui regarde bien au fond de ce qu'on appelle le hasard, s'aperçoit vite que ce mot est vide de sens et qu'il n'y a là qu'une sotte excuse de la part de ceux qui, oubliant la première loi écrite à la fois dans la raison humaine et dans la Bible, croient que les biens de ce monde doivent être le lot du vice et de la paresse.

La seconde, c'est que l'homme n'est pas fait pour mourir au même endroit qu'il est né, comme les champignons. S'il en était autrement, Dieu l'aurait attaché à la terre par des racines comme il y a attaché nos mûriers et nos châtaigniers. La faculté de locomotion qui lui a été donnée et l'intelligence supérieure dont il a été doué, indiquent assez que le globe entier est son domaine et que ses goûts et ses intérêts sont seuls autorisés (bien entendu quand la voix du devoir n'y est pas opposée) à déterminer la place où il doit conquérir par son labeur le droit à l'existence, à l'estime de ses semblables et au suffrage de sa propre conscience.

Personne ne rend justice plus que moi à l'activité infatigable de nos paysans. L'aspect de notre sol cultivé jusque dans les recoins les plus retirés, témoigne assez de leur courage et de leur patience. Je n'ai donc que des éloges à adresser à nos braves travailleurs de terre et je désire ardemment le prompt achèvement de nos voies ferrées qui seul peut les dédommager des longs et cruels mécomptes de la gattine et du phylloxera en facilitant la circulation de leurs produits et en donnant à l'industrie minière et métallurgique dans nos contrées, tout le développement auquel elle est évidemment appelée.

En attendant, je me garderai bien de blâmer cependant ceux de nos cultivateurs qui, ne possédant qu'un lopin de terre insuffisant pour leur activité et pour les besoins de leur famille, aimeraient mieux aller chercher au-delà des limites du département ou même hors de France, des moyens plus efficaces et plus rapides d'améliorer leur situation et celle de leur famille. L'ambition du bien-être, de la fortune, surtout quand elle a en vue le bien de ses proches, est très-légitime et très-louable ; on peut même dire qu'elle ne diffère pas notablement du devoir lui-même. La fortune, fille du travail, est sainte. On se moralise soi-même en l'acquérant. Au point de vue général, l'émigration faite dans ces conditions a des avantages économiques incontestables. La diminution du nombre des travailleurs de terre dans un pays fait hausser le salaire des autres. En ce qui concerne spécialement notre pays, le départ de ces travailleurs qui sont pour la plupart petits propriétaires, remédierait aux inconvénients de l'émiettement des propriétés que d'éminents orateurs ont si souvent fait ressortir dans nos assemblées représentatives.

Je prévois les objections qu'on pourrait m'adresser en se fondant sur les conditions exceptionnellement fâcheuses de la propriété foncière dans nos pays, conditions qui n'ont pas besoin d'être aggravées par une hausse des salaires, laquelle serait la conséquence de l'émigration d'une partie des travailleurs de terre. A cela on peut simplement répondre qu'il n'y a pas de loi divine ou humaine qui subordonne l'intérêt des travailleurs à celui des propriétaires, et que c'est le cas ou jamais d'appliquer le dicton : Charité bien ordonnée commence par soi-même.

Relativement à la classe moyenne dans nos pays, la question est moins délicate et semble d'une solution plus facile. Cette classe — on le lui a souvent reproché avec raison — s'égare pour l'ordinaire dans de fausses voies en ce qui concerne l'éducation des enfants et le choix d'une carrière. Tout père de famille aisé veut faire de son fils un avocat, un médecin ou un fonctionnaire quelconque. Des préjugés ou une tendresse mal éclairée lui font ainsi choisir les carrières les plus encombrées et celles où la perspective est le plus bornée. Je ne parle pas de ceux qui, parce qu'ils doivent laisser de la fortune à leurs enfants, croient pouvoir se dispenser de leur donner un état, d'ouvrir une voie à leur activité ; ceux-là, fussent-ils dix fois millionnaires, font preuve d'une inintelligence qui n'a pas besoin de démonstration et dont ils sont presque toujours cruellement punis, car ce sont leurs enfants eux-mêmes qui se chargent de leur faire toucher du doigt les beaux fruits de ce beau système.

Quant aux autres, je me bornerai à leur rappeler que la France est grande, le monde encore plus grand, que le commerce et l'industrie sont plus lucratifs et ne sont pas moins honorables que les professions dites libérales, et enfin que de nouveaux et immenses débouchés ont été ouverts dans ces dernières années à l'activité des hommes intelligents.

Pour qui suit le mouvement commercial dans les pays lointains, il est évident que jamais, ni lors de la découverte de l'Amérique, ni au début de l'exploitation des mines de Californie et d'Australie, les occasions de faire fortune ne furent si belles et aussi nombreuses qu'aujourd'hui. La Chine, la Cochinchine, le Japon, sans parler de l'immense continent africain, sont bien autre chose que le Pérou de François Pizarre et le Mexique de Fernand Cortez. La preuve en est dans les fortunes prodigieuses qu'y font les Anglais, tandis que nous n'avons pas même l'air de soupçonner l'existence de ces sources de bénéfices qui nous sont ouvertes cependant aussi bien qu'à eux. Shang-Haï, où la colonie européenne date à peine de quarante ans, compte des maisons anglaises qui peuvent rivaliser avec les plus importantes de

Marseille, du Hâvre ou de Liverpool. Tous les Français, malheureusement en petit nombre, qui sont allés s'établir dans ces contrées, y ont prospéré pour peu qu'il aient mis d'ordre et d'habileté dans leurs affaires. Nous en avons des exemples même parmi nous. Je ne veux pas, sans doute, engager tous nos compatriotes de l'Ardèche à aller tenter la fortune dans ces parages éloignés, mais je ne m'attirerais pas de bien grands reproches probablement, si mes conseils pouvaient en donner l'idée à ceux d'entre eux qui végètent dans l'oisiveté, à charge à leurs familles et à eux-mêmes.

* * *

Géologiquement, les communes de Chomérac et d'Alissas sont divisées en deux parties : l'une volcanique, à l'ouest, formée par les montagnes d'Andance, de Chantaduc et du Ranc-Rouge, ainsi nommé parce qu'on dirait un incendie chaque matin au soleil levant; l'autre calcaire, à l'est, formée par le Gras.

Sur le Gras, à défaut des vignes emportées par le phylloxera, on trouve encore des truffes aussi parfumées que celles de la Gorce.

Nous remarquions un jour un chercheur de truffes. Il était précédé d'un porc bien dressé. Celui-ci furetait en grognant, guidé par son odorat, et de temps à autre, ayant flairé le précieux tubercule, se mettait à creuser la terre. — Toc! un coup de bâton sur le nez le faisait reculer et l'homme mettait la truffe dans son sac.

Sic vos non nobis...

Si le porc pouvait se rendre compte de ce qui se passe parmi les hommes, il se consolerait de sa mésaventure, car, en somme, son cas est tout simplement celui d'une infinité de bipèdes humains lesquels, après avoir fait naïvement le succès des habiles, reçoivent aussi le toc! sur le nez ou ailleurs, et voient un autre manger la truffe à leur barbe.

Au pied des basaltes du Ranc-Rouge passe le *chemin du seigneur*, que le châtelain de Rochessauve avait fait construire pour se rendre à Privas, chemin bien conservé et qui est encore une jolie promenade.

La vallée d'Alissas fut le théâtre d'un combat assez vif entre les catholiques et les protestants à la fin de l'hiver de 1621. Le *brave Brison*, à la tête des protestants de Privas, attaqua le régiment de M. Ducros des Bains qui était cantonné à Lemps. M. Ducros le repoussa sur Alissas où était le gros des forces sorties de Privas, et là soutint le combat de façon à permettre aux régiments de Montréal, de Lestrange et d'Aps d'arriver de Chomérac à son secours. Le *brave Montréal*, qui était à la tête des catholiques, avait pris ses mesures pour couper à Brison la retraite sur Privas, mais, dit le chroniqueur, « Brison eut aussi bon nez que chien couchant de France et pourvut à sa retraite dans Privas, laissant dix ou douze soldats à discrétion, force blessés, et le village en proie aux catholiques, qui fut entièrement brûlé, sans autres pertes des nôtres que sept à huit morts ou blessés. »

L'église d'Alissas ne date que d'une dizaine d'années. L'ancienne qui menaçait ruine, a été transformée en fontaine et lavoir public.

Un curé d'Alissas écrivait, dans le siècle dernier, aux auteurs de l'*Histoire du Languedoc* : « La tradition a conservé le souvenir des femmes d'Alissas qui, lors des guerres religieuses, vinrent attaquer leur prieur avec des sacs de cendres pour lui en jeter dans les yeux.

« Ce qu'il y a de plus remarquable à Alissas, est-il dit dans la même lettre, c'est le nombre des puits qu'on y a creusés et qu'on y creuse encore, en sorte qu'il n'y a presque point de maison ni jardin qui n'ait son puits. »

Au XVII° siècle, Alissas contenait de nombreuses tanneries.

Privas fabriquait des bas.

Le Coiron était très pauvre. Les pommes de terre n'y sont arrivées que vers 1780, et on regardait alors cette plante comme un végétal plus curieux qu'utile Les habitants vivaient surtout de prunes sèches qu'on recueillait en quantité énorme. Il y en a fort peu aujourd'hui.

Dans la plaine du Lac, sur la route d'Alissas à Privas, se trouve la *maison* dite *du Seigneur*, qui appartient à M. Guérin. Au xv° siècle, c'était un moulin à deux roues, relevant de la *directe* de noble Pons de Baïx, autrefois de Sampzon, lequel le donna en nouvel *acapt* (bail à cens), le 7 janvier 1431, à Pierre Clair et à sa femme Alasie, de Privas, moyennant une redevance annuelle de quatre setiers de froment, sept sols et demi tournois et deux chapons.

VIII.

CHARAY.

Le monastère de Charay. — La montagne de Charay. — L'ancien bois de châtaigniers des Basiliens. — La constitution géologique de Charay. — Les ruines du monastère. — Les Bartavelles du Vivarais. — Les quatre grandes catégories d'ordres religieux au moyen âge. — Fondation du prieuré de Charay en l'an 1000. — Son histoire jusqu'en 1427. — Son personnel à cette époque. — Affermage des biens du prieuré. — Occupation et défense de Charay par noble Guillaume de Greys, de Chalancon. — L'abbé de la Tourette. — Vente des biens de Charay en 1791. — L'âge héroïque et la décadence. — La destruction de Charay et le supplice des moines. — Les démentis donnés par les faits aux optimistes. — L'opinion de M. Guizot sur les moines. — Bienfaits du clergé et des ordres religieux au moyen âge. — L'opinion du Père Enfantin et de M. Ernest Renan. — L'église et le village. — Les cérémonies du culte. — Le retour au clocher natal.

Quand on entre dans l'Ardèche par la vallée de Chomérac, on est frappé de l'aspect sauvage et majestueux d'une montagne que l'on aperçoit au loin, à travers la percée d'Alissas, se dressant, comme un gigantesque trophée diluvien, au milieu du cirque où trône la ville de Privas. Cette montagne, avec ses pentes abruptes et ses contours nettement circonscrits, présente l'aspect d'une mitre d'évêque. Elle attire forcément l'attention, soit que les buées du matin l'enveloppent d'une sorte de gaze mystérieuse, et beaucoup naturellement demandent son nom.

A cette question, le géologue répond : C'est un débri montagneux dont une charpente basaltique soutient les ruines.

Le chasseur dit : C'est là qu'on trouve ces bonnes perdrix rouges connues sous le nom de *bartavelles* du Vivarais et qui ont toujours figuré sur la table des rois de France depuis que Louis XIII en eut goûté lors du siège de Privas.

Les gens du pays répondent : C'est Charay. Et quelques-uns ajoutent qu'il y avait autrefois un monastère au sommet, et que les huguenots, en ayant saisi les moines, les enfermèrent dans des tonneaux et les précipitèrent dans l'abîme.

Mais, en dehors de cette tradition, sur laquelle nous reviendrons, personne ne sait rien de Charay et de ses moines, et bien des personnes doutent même qu'il ait jamais existé un monastère sur ce point escarpé.

Et d'abord d'où vient ce nom de Charay, en latin *Charasius* ? Nous pensons qu'il vient au moins en partie du mot *Ay*, eau, fontaine, qui est resté au village où se trouve aujourd'hui l'église paroissiale de Pourchères, et c'est pour cela que nous avons adopté l'orthographe *Charay* au lieu de *Charaïx*.

Nous désirions depuis longtemps voir de près ce sommet de Charay que nous avions tant de fois salué de loin et nous fûmes heureux, un jour, de pouvoir enfin, en compagnie de notre ami Barbe, réaliser ce désir. Nous prîmes, de grand matin, la diligence pour Aubenas.

Le temps était magnifique, et les chevaux, aiguillonnés, d'ailleurs, par le fouet du postillon, brûlaient la route, comme s'ils sentaient qu'il y avait intérêt pour eux à arriver vite afin d'éviter la grosse chaleur de la journée.

Jusqu'au pied de Charay, la route court entre les châtaigniers. Le paysage est vert et gai comme un écolier en vacances ; nous reconnûmes, en passant, non sans un battement de cœur, le bois de châtaigniers, ancienne propriété des Pères Basiliens, où, collégiens, nous avions si souvent joué au jeu de barres. Ah ! temps heureux de la jeunesse, pourquoi ne sait-on l'apprécier que lorsqu'il n'est plus temps ! Des petits camarades d'alors, combien, après des carrières diverses, dorment déjà sous terre ! Et parmi ceux que la mort n'a pas encore fauchés, combien ont oublié et le bois de châtaigniers et les joies de l'étude et ces excellents Basiliens qu'on peut bien dénigrer, même quand on leur doit tout, mais dont on aura bien de la peine à égaler la bonté et le dévouement.

Autrefois, la route de Privas à l'Escrinet passait par le versant nord de Charay. Depuis une quarantaine d'années, elle suit le côté sud, ce qui lui vaut d'abord une pente plus douce et ensuite une meilleure exposition en hiver.

La nouvelle route arrivée au pied de Charay — à l'endroit où la montagne se dresse perpendiculaire — est obligée de tourner brusquement à gauche. Il m'a toujours semblé qu'à la vue de ce long tournant, les voyageurs les plus flegmatiques ne pouvaient s'empêcher de soupirer et que les chevaux eux-mêmes prenaient un air mélancolique. A partir de cet endroit, la végétation s'arrête ou peu s'en faut. On n'aperçoit plus que quelques arbres dans les flancs ravinés de Charay, et l'herbe, surtout à cette époque de l'année (au mois d'août), ne s'y présente plus que par de rares touffes desséchées. En revanche, les sujets d'observations géologiques abondent, et il n'y a qu'à ouvrir les yeux sur tout le côté droit de la montée pour se faire une idée des effroyables cataclysmes par lesquels cette partie du sol vivarois a passé avant de subir le joug des ponts-et-chaussées.

A chaque pas, le voyageur peut voir, mis à découvert par les tranchées de la route, les dikes basaltiques, vrais serpents de feu, qui ont autrefois animé et bouleversé la montagne de Charay. Ces dikes se relient au cône volcanique que l'on aperçoit au-dessous de l'auberge dans la vallée de l'Ouvèze, et au dike central du Coiron, épais de plus de vingt mètres, que la route coupe au col de l'Escrinet. Le voyageur peut aussi apercevoir, le long de la route, des traces d'anciennes éruptions boueuses.

La montagne de Charay renferme un dépôt siliceux qui est pour le naturaliste une mine curieuse d'observations, puisqu'on y trouve les empreintes des espèces végétales et animales de la contrée à l'époque pliocène. Ce dépôt se développe régulièrement au-dessus de la fontaine de l'auberge. Un dépôt de même nature au Bartras, commune de Pourchères, a été exploité en 1842 par des Anglais qui le vendaient sous le nom de tripoléenne (1).

*
* *

Nous quittons la voiture au col du Travers, où l'on est toujours sûr de rencontrer de bonnes bouffées de vent. De là part un sentier qui conduit au sommet de Charay. C'est l'ancien chemin des moines, effacé en bien des endroits, mais dont on retrouve cependant la trace jusqu'à la crête.

Cette crête, fort étroite, est divisée en trois parties à peu près égales par trois pointes rocheuses. Fort heureusement, elle est recouverte d'un gazon serré

---

(1) Voir, sur la constitution géologique du mont Charay, l'*Itinéraire du géologue*, par Dalmas, p. 152 à 156.

qui, s'il est venu tout seul, comme il est probable, prouve que Dieu tient à préserver longtemps Charay des effets désastreux des eaux. Le gazon était enlevé sur plusieurs points par petites plaques rectangulaires. Nous eûmes d'abord la naïveté de penser qu'on avait fait ces trous pour retenir et absorber les eaux de pluie, mais il fallut bientôt reconnaître qu'il s'agissait d'un vulgaire escobuage. Ici comme sur les hauts plateaux vivarois, quand le bois manque, on brûle les mottes de terre.

Du sommet de Charay, la vue est magnifique. On domine une partie du Coiron et l'on peut examiner dans tous leurs détails les deux vallées de l'Ouvèze et de Mézayon qui, depuis des siècles, font défiler autour du crâne pelé de Charay, leurs renaissantes processions de verdure.

On aperçoit là-bas, au sud, le Rhône par la percée d'Alissas, et à l'ouest on a aussi le col de l'Escrinet comme une fenêtre ouverte sur le bassin du Tanargue. Ou je me trompe fort, ou les anciens moines de Charay correspondaient par des signaux avec d'autres points situés vers le Rhône et au-delà de l'Escrinet.

Le monastère était situé au plus haut sommet de la montagne, sur la pointe la plus rapprochée de Privas. A l'est et au nord, il était à moitié enseveli dans le sol, ou plutôt les moines, dans un but de défense contre le vent et le froid, avaient laissé subsister comme un rempart naturel une partie du mamelon auquel ils avaient adossé le monastère.

Celui-ci était de dimension restreinte, bon tout au plus pour une quinzaine de religieux. Il occupait un carré d'environ cinquante mètres de côté. L'église dont la porte regardait l'occident, en formait la pointe orientale. Le principal corps de bâtiment était assis sur le versant qui domine St-Priest, par conséquent exposé au sud. L'entrée principale à l'ouest, le seul côté accessible, devait être pourvue d'un certain appareil défensif.

Une lettre du curé de St-Priest, au milieu du siècle dernier, dit, en parlant de Charay : *une vieille masure*. Il y a quelques années, on y voyait encore deux ou trois portes ogivales très étroites ornées de cannelures bien conservées. Quelques pans de murs étaient aussi debout. Mais un paysan, à qui l'on avait persuadé que ces ruines renfermaient un trésor, vint y pratiquer des fouilles qui eurent pour effet d'avancer d'un siècle ou deux l'œuvre du temps.

Aujourd'hui, il n'y a plus à la place de l'ancien monastère, qu'un amas de décombres entre lesquels croissent l'églantier, l'ormeau-nain, le buis, le framboisier, l'ortie et autres plantes sauvages, et où, sauf l'église dont la place est indiquée par la fenêtre ogivale du chœur et par quelques restants de voûtes, il est presque impossible de reconnaître les autres parties de l'édifice. Avant un siècle ces ruines auront complètement disparu.

Deux perdreaux s'envolent subitement devant nous. Mon ami Barbe fit un mouvement instinctif comme pour chercher son fusil absent, tandis que je suivais de l'œil les deux oiseaux qui allèrent s'abattre beaucoup plus loin sur le flanc boisé du nord. O néant des choses humaines ! Si le nom de Charay est connu en dehors de l'arrondissement de Privas, c'est aux *bartavelles du Vivarais* ou *de Charay*, c'est-à-dire aux perdreaux, qu'il le doit. Voilà certainement ce que n'auraient pas soupçonné les vaillants religieux qui, en prenant possession de la montagne au nom du Christ, avaient conquis à la religion et à la civilisation cette cîme déserte et désolée.

Les ordres religieux peuvent se distinguer en quatre grandes catégories :

1° Les *Moines* proprement dits, qui comprennent les ordres de St-Basile et celui de St-Benoît, avec toutes ses branches : Cluny, les Camaldules, les Chartreux, les Cisterciens, les Célestins, Fontevrault, Grandmont, tous antérieurs au xiii° siècle ;

2° Les *Chanoines réguliers*, qui suivaient la règle de St-Augustin, et auxquels se rattachèrent deux ordres illustres, celui de Prémontré et celui des Trinitaires ou de la Merci, pour la rédemption des captifs ;

3° Les *Frères* ou religieux mendiants *(Frati)* qui comprennent les Dominicains, les Franciscains (avec toutes leurs subdivisions en Conventuels, Observantins, Récollets, Capucins), les Carmes, les Augustins, les Servites, les Minimes, et en général tous les ordres créés du xiii° au xiv° siècle ;

4° Enfin les *Clercs réguliers*, forme affectée exclusivement aux ordres créés au xvi° siècle et depuis, tels que les Jésuites, les Théatins, les Barnabites, etc. Les Oratoriens, les Lazaristes, les Eudistes, les Rédemptoristes, les Passionistes ne sont, comme les Sulpiciens, que des prêtres séculiers réunis en congrégation (1).

Les moines de Charay étaient des chanoines réguliers de St-Augustin. Leur prieuré fut fondé en l'an 1000 (2).

Il existe aux archives départementales, à Privas, un *Inventaire des titres du prieuré de Charay et de ses dépendances.* C'est un manuscrit de vingt-neuf feuillets, dont un à moitié déchiré, écriture du xviii° siècle, marqué série H. n° 87. Nous y avons trouvé d'assez nombreuses indications qui, jointes à celles que nous avons puisées à d'autres sources, nous permettent de donner à nos lecteurs un aperçu de l'histoire du prieuré de Charay. L'ordre chronologique que nous avons adopté, nous paraît le plus clair et, d'ailleurs, celui qui convient le mieux, vu les lacunes assez nombreuses que présentera nécessairement cet aperçu.

(1) Montalembert, *Hist. des Moines d'Occident.*
(2) Histoire de Notre-Dame du Puy, p. 105.

1000. Fondation du prieuré de Charay.

1179. Nicolas, évêque de Viviers, donne l'église de Fabras au prieur de Charay (1).

1258. Bulle du pape Alexandre VI confirmant les privilèges et bénéfices de Charay.

1316. Transaction entre le prieur de Charay et les seigneurs de Poitiers. (Voir plus loin à l'année 1421.)

1327. Accord entre le prieur de Charay, Gauthier de Colons, et noble Hugues d'Ucel, seigneur de Craux, au sujet de leurs difficultés relatives au Mas de la Motte.

1336. Jean Chassagnes fait don à Pons Celarier, chanoine de Charay, de tous les biens qu'il possède à Privas.

1346. Pons Valeton, d'Aubenas, fait don de tous ses biens au prieur de Charay.

1358. Guillaume de Barcelhonne, prieur de Charay, préside un chapitre général de ses religieux où il est décidé que les revenus du prieuré de Tournon-lès-Privas seront unis à la manse du prieuré pour l'*entretenement* des religieux.

1361. Messire Jean du Cheylard est élu prieur de Charay.

1362. Une sauvegarde est donnée à l'abbaye de Charay le 17 mars 1362 (2). L'exécution en est con-

(1) Columbi, p. 110.
(2) Mémoire du marquis de la Tourrette.

fiée au juge de Villeneuve-de-Berg ou à son lieutenant. Une mesure analogue est prise au mois de mai pour les Chartreux de Bonnefoy. Il s'agissait, sans doute, de préserver ces établissements des entreprises des routiers et des Bourguignons. *L'Histoire du Languedoc* nous apprend que le seigneur de Chalancon et quelques autres seigneurs vivarois allèrent, cette même année, en Gévaudan servir sous les ordres du maréchal d'Audencham au siège de Salgues, dont une compagnie de routiers, sous les ordres d'un nommé Pacimboure, s'était rendu maître.

1412. Le prieur de Charay, Jean Delubac, passe un *accensement* à Gourdon.

Un *accapitum* (du latin *ad captare*) ou *accensamentum*, dont on fit en vieux français *acapt* et *accensement*, était le droit de prise de possession exigé pour le changement de propriétaire d'une terre, par celui de qui elle relevait. Celui-ci donnait la terre en nouvel acapt, accensement ou emphythéose perpétuelle, moyennant un cens annuel, ordinairement fort modique, mais il y avait un droit d'entrée quelquefois assez élevé. Ainsi, nous trouvons, en 1427, une terre à Rochemaure *accensée* ou donnée à nouvel acapt, moyennant un cens annuel d'un denier tournois, mais avec investiture ou droit d'entrée (*intrada*) de deux livres tournois.

1413. Les hommes taillables du mandement de Charay rendent hommage au prieur, François Colons.

Il paraît que des difficultés s'étaient élevées entre les religieux de Charay et ce prieur, car, parmi les pièces de l'*Inventaire*, figure, sous la date de cette même année 1413, un « Règlement sur les plaintes des religieux de Charay contre le prieur François Colons, fait par devant l'official de Viviers, commissaire à ce député, contenant le nombre des chanoines, l'ordre qu'ils doivent observer et ce qui doit leur être fourni pour leur subsistance. »

1414 (?). Un autre article, où la date de l'année et le nom du prieur sont déchirés, nous apprend que en l'an... (évidemment de 1413 à 1418) le prieur... (sans doute François Colons) à cause de sa vieillesse, cède le gouvernement à Jean de Prelles (*de Prœllis*), prieur de St-Marsal, pour trois ans, se retenant les revenus de son prieuré de Prades et Fabras.

Les Prelles ou Preilles, seigneurs de Vausseche (près de Vernoux) sont une vieille famille dont la filiation suivie remonte à Pierre de Preilles qui vivait en 1254. On connaît un de ses arrière petits-fils nommé Roger, qui vivait en 1323. Ce Roger était en ligne directe le septième aïeul de Louis de Preilles qui commandait en Vivarais pour le roi en l'absence des ducs de Montmorency et du seigneur de Joyeuse. Ce Louis de Preilles devint baron de la Tourrette par son mariage avec Guillemette de Chambaud, héritière de cette maison. Il fut tué en 1577.

1418. Cette année et les années suivantes, des reconnaissances furent passées par les emphithéôtes et justiciables du mandement de Charay à messire Jean de Prelles. Le terrier, contenant ces reconnaissances, commençait par celle de Duron Gleizal et finissait par celle d'Alasie Gleizal. Il y avait, à cette époque, des familles de ce nom à St-Priest, Aubenas, Genestelle, etc.

1424. Transaction entre le prieur de Charay et le seigneur comte de Poitiers. Cette pièce, que nous ne connaissons malheureusement que par la mention faite dans l'*Inventaire*, reproduit « la transaction de 1346 et du samedi avant la fête de St-Luc passée entre puissant homme, Aymard de Poitiers, comte de Valentinois, et messire Gautier, prieur de Charay, ainsi que la sentence arbitrale pour les limites et franchises de Charay et échanges de rentes, faites par lesdits seigneur de Poitiers et prieur de Charay. » Les actes furent passés par Me Vital Robert, notaire d'Aubenas, et pourraient être retrouvés dans les registres de ce notaire, dont plusieurs existent encore aux archives départementales.

1426. Bernard Chabanis cède sa maison de Chabanis au prieur Jean de Prelles.

Nous suspendons ici cet aperçu chronologique pour entrer dans quelques détails sur le prieuré de Charay, son personnel et ses ressources, que nous trouvons dans le *Manuale notarum* d'Antoine Brion, notaire à Privas, pour l'année 1427-28.

*
* *

Le personnel du monastère de Charay en 1427 était ainsi composé :

Le prieur : Noble Jean de Prelles.

Frères : Pierre Lacoste, sacristain ;
Etienne Astruc, pitancier.

Révérends : Gordon Bayle ;
Vital Avit ;
Jean Therond ;
Guillaume Contrisson ;
Pierre Cosse ;
Barthélemy Soleilhac ;

Tous chanoines cloîtrés et conventuels, auxquels il faut joindre, puisque nous les voyons délibérer ensemble dans le chapitre, les chanoines non cloîtrés : Durand Jusson, prieur de Pourchères ; Pons Duplan, prieur de St-Priest, et Jacques Chastanier, prieur de Lias.

*
* *

Le 26 mai 1427, « révérend Père en Christ, messire Jean de Prelles, humble prieur du prieuré conventuel ou monastère de Charay, de l'ordre de St-Augustin, ne dépendant d'aucun autre monastère régulier, » — nous retrouvons cette formule dans tous les actes qui concernent Charay — afferme à Jean Chastanier, chanoine et prieur de Lias, son prieuré avec tous les cens, revenus, dîmes et autres émoluments, que le prieur de Charay perçoit et a l'habitude de percevoir « comme prieur, de ce côté-ci du Rhône, c'est-à-dire dans le royaume de France » — avec les entrées, sorties, honneurs, charges ordinaires et extraordinaires. L'affermage est passé pour une durée de quatre années et quatre récoltes, commençant à la prochaine fête de St-Jean-Baptiste, au prix de cent vingt moutons d'or par an, payables, savoir : quarante moutons d'or à la Noël, quarante à l'Annonciation et les quarante derniers à la St-Jean-Baptiste (1).

Le prieur de Charay se réserve le droit de conférer l'investiture à tous les acquéreurs de biens relevant de Charay et celui de faire des chanoines *cum emolumentis et dispoliis quibuscumque.*

Il est interdit au prieur-fermier de vendre ou d'aliéner les poutres existant dans les bois du prieuré (*aliquas fustas nemorum*).

Le prieur de Charay pourra pendant ces quatre ans, faire sa résidence au prieuré de Charay, avec deux chevaux, aux frais du fermier.

Il aura le quart de la juridiction dudit prieuré.

Il se réserve, de plus, deux quintaux de fromage payables dans le cours des quatre années.

Le prieur fermier s'engage à faire réparer le toit

---

(1) Le mouton d'or ou denier d'or à l'aignel, valait alors, d'après les tables de M. de Wailly, 15 sols, correspondant, comme poids d'argent, à 6 fr. 95, mais représentait une valeur sept à huit fois supérieure.

de la maison du prieuré de Charay à Tournon-les-Privas, laquelle a appartenu à Aygline Terras, ainsi que la grange et le moulin de Charay.

Il s'engage aussi à faire un parquet dans la chambre du prieur située dans ledit monastère près de la *pinservaria* ou la boutique, mais le prieur est tenu de fournir les bois et les clous nécessaires pour ce travail.

Le fermier s'engage à faire couvrir la grange de Fabras, mais le prieur fournira la paille nécessaire.

Le fermier devra tenir en bon état les toits des maisons de Charay, de Fabras et de Prades, de façon qu'elles soient à l'abri de la pluie.

Le prieur est tenu de fournir au fermier le drap pour les chanoines et autres objets nécessaires au service du prieuré, objets dont il sera fait un inventaire et qui seront restitués à la fin du bail.

Messire Chastanier se réserve la faculté de prendre un associé ayant les mêmes droits que lui dans l'affaire. Cet associé qui apparaît immédiatement, est Gonet Alard, drapier, un des gros marchands de Privas, lequel se constitue caution de Chastanier vis-à-vis du prieur de Charay.

Le 10 juin 1427, le prieur Jean de Prelles donne en nouvel acapt à Jean Felgos et Pierre Doux, du Mas de Peyros à Genestelle, tous les biens (à l'exception d'un pré) qui ont appartenu à Durand Gourdon et Bertrand Pradal, biens situés à Gourdon et qui sont venus en la possession dudit prieur. Celui-ci leur donne de plus, à titre de métayers, une terre située au champ des Charbonniers, pour l'avoir et la tenir, exception faite cependant pour les religieux, les clercs et les soldats, sous la cense annuelle de trois setiers (1) de seigle, deux sous tournois, deux chapons et la moitié d'une poule. Felgos et Doux promettent pour ces terres de faire hommage-lige et de se déclarer taillables envers le prieur, comme sont tenus de le faire les autres hommes dudit prieuré, de façon cependant à ne pas être obligés de donner au prieuré, en fait de prestations, plus de deux journées par an.

Le même jour (10 juin), le prieur Jean de Prelles donne en nouvel acapt à Jean Delorme, de Boulogne, tous les biens de Gamet Delorme son père, situés à Gourdon et venus en la possession du prieur, ainsi que la *métoirie* d'une terre située au champ des Charbonniers, sous la cense annuelle et emphythéotique de trois quartes et un civier de froment, deux quartes de seigle, deux d'avoine, huit sous tournois et deux chapons. Delorme promet, comme les précédents, l'hommage-lige, et se déclare taillable, mais avec la réserve de ne pas faire plus de six journées par an.

Le 11 juin 1427, Jean de Prelles, voulant recon-

(1) Le setier contenait quatre *quartes* ou seize *civiers*. La valeur de ces mesures variait beaucoup, suivant les localités.

naître les témoignages d'affection et de déférence qu'il a reçus de noble Guillaume de Greys, son neveu, avec le consentement des religieux de Charay réunis au son de la cloche et tenant chapitre, lui cède tous ses droits sur ses biens paternels et maternels, moyennant une pension viagère de huit florins par an (1).

Par un autre acte portant la même date, le prieur et les chanoines de Charay voulant reconnaître les témoignages d'affection et de déférence qu'ils ont reçus de noble Guillaume de Prelles (le notaire écrit tantôt Greys et tantôt Prelles) du mandement de Chalancon, parce que ledit noble occupa et défendit le monastère de Charay avec des gens d'armes — lui donnent quittance et lui remettent tous les droits qu'ils peuvent avoir, du chef de feu noble et religieux homme Hugon de Colons, chanoine de Charay, dans les mandements de Brion, du Cheylard et la paroisse d'Acons (sans doute Arcons).

Le 23 juillet 1427, noble et religieux homme, frère Jean de Colons, chanoine de Charay, âgé de plus de dix-huit ans et de moins de vingt-cinq, reconnaissant que son frère, Armand de Colons, a fait de grandes dépenses pour le faire entrer dans la religion de Charay en payant son lit et autres objets nécessaires à cette entrée, voulant reconnaître aussi les

(1) Le florin d'or valait 15 sols et avait le poids de notre pièce de 10 fr.

témoignages d'affection qu'il a reçus de son frère, lui donne quittance de tous ses droits sur les biens paternels et maternels, sauf certaines réserves. Armand s'engage à faire instruire à ses frais, son frère Jean, dans les écoles, pendant trois ans, et, de plus, à lui fournir le vêtement et la chaussure, jusqu'à ce qu'il ait un bénéfice.

Le 28 juillet 1427, Jean de Prelles donne en nouvel acapt à Pierre Fargier, de Saulas (paroisse de Vesseaux) les biens dits des Pradens, venus en la possession du prieuré, biens situés dans le mandement de Corbières et la juridiction de Charay, sous la cense annuelle et emphythéotique de quatre quartes et demie de seigle, une quarte et demie de froment, cinq quartes d'avoine, deux chapons, une poule, quatre sous tournois. L'acte est ratifié par les chanoines de Charay.

Le 13 novembre 1427, Jean de Prelles donne en nouvel acapt à Julien Delais, une terre située à Tournon-les-Privas, au territoire de Calabre, sous la cense annuelle et emphythéotique d'un denier tournois.

Le 23 mars 1428, Michel de la Garde, du mas de la Garde, paroisse de St-Priest, reconnaît devoir à messire Etienne Astruc, comme pitancier de Charay, selon l'usage suivi par ses prédécesseurs, trois quartes de froment, payables chaque année et à perpétuité.

Le même jour, le prieur Jean de Prelles et les chanoines de Charay approuvent un compromis passé entre le pitancier Etienne Astruc d'une part, et Armand Seret et Duron Audran, de Pranles, d'autre part, au sujet d'une pension annuelle de quatre brocs (*brochate*) de vin, d'une quarte comble (1) de froment, d'une quarte comble d'avoine et de quatre sous tournois. — Les arbitres, pour ce compromis, avaient été noble Guillaume de Rocles, bachelier dans l'un et l'autre droit, et noble Guillaume Flocart, châtelain de Privas.

*
* *

Reprenons notre aperçu chronologique :

1429. Collation du prieuré de Creysseilles par le prieur de Charay.

1430. Le 22 mai, messire Jacques-Jacques, chanoine de Charay et prieur de Colombier, déclare devant le notaire Pierre Rochette, d'Aubenas, qu'il a été attiré à Burzet par Jean Chirouze, prêtre, et que là on l'a amené à donner sa procuration en curie romaine à l'effet de résigner son bénéfice de Colombier et d'en investir Jean Chirouze. Or, Jacques-Jacques craint d'avoir été trompé, parce que l'heure était avancée, que les témoins lui étaient inconnus, et aussi par d'autres raisons. Il proteste donc et déclare nul tout ce qui pourrait avoir été fait à son propre préjudice.

(1) La quarte comble (*cumula*) : autant que la mesure pouvait en contenir par opposition à la *quarta rasa*.

Le prieur de Charay, Jean de Prelles, transige avec noble Pierre Laurent du Puy au sujet d'une terre contestée à Montpezat. L'acte est passé à Aubenas, à l'auberge du Lion.

1444. L'*Inventaire* mentionne à cette date un extrait d'une commission du pape Eugène pour la conservation des biens et droits du chapitre de Notre-Dame du Puy, Charay et autres.

1448. Le prieur de Charay, Etienne de Montespedon, achète une vigne au Cros de Verdamule dans le mandement de Tournon-lès-Privas.

1464. Les moulins de Gleizal à St-Priest sont accensés par le prieur Jean de la Navette à Pons et Jacques Gleizal.

1470. L'élection de Guillaume de la Navette comme prieur de Charay, est confirmée malgré l'opposition de Jean Meffroy, chanoine de St-Donat.

1471. Arrêt en parchemin pour Guillaume de la Navette contre Jean Meffroy en maintenue du prieuré de Charay.

1492. Bulle du pape Clément III confirmant les privilèges et bénéfices de Charay.

1501. Cédule appellatoire du seigneur prieur de Charay contre le seigneur évêque de Viviers qui voulait faire la visite au couvent de Charay.

1524. Chapitre général pour l'élection d'un prieur.

1525. Sentence arbitrale et transaction passée entre Gautier de Colons, prieur de Charay, et noble Hugon d'Ucel, seigneur de Craux, touchant les domaines de Pratbéton et Grinchamps.

1528. Terrier de reconnaissances passées par les hommes du mandement de Charay à messire François de Levy, évêque de Tulle et prieur de Charay.

1532. Articles et chef de monitoire pour noble Guigon de Borne, prieur de Charay.

1533. Donation de noble Antoine Monteil et de Jean Mallet, religieux de Charay.

1534. Lettres patentes du Roy qui défendent aux religieux de Charay de recevoir d'autre prieur que celui qui sera pourvu par le pape sur la nomination.

1535. Lettres patentes du Roy et procédure faite après la mort d'Antoine de Levy qui conserve noble Guigon de Borne dans la possession du prieuré de Charay. Cette pièce contenait le dénombrement des biens de Charay fait aux commissaires du roi.

1538. Lettres de monitoire contre les détempteurs des biens et papiers de Charay.

1539. Acte de saisie du temporel de Charay à défaut de payer fait au Roy sur ledit bénéfice.

1541. Les prieurs de Soyans (diocèse de Die) et de Charay produisent leurs pièces contre les habitants de Soyans à raison des dîmes dues par eux.

1543. Bulle et provision du prieuré de Charay en faveur de François de Borne.

1551. Hommages et dénombrement rendus par les

prieurs de Charay aux seigneur et dame de Poitiers et Valentinois, baron de Privas.

1554. Informations faites à l'instance des chanoines de Charay par les officiers d'Ajou contre les blasphémateurs du nom de Dieu.

1555. Information contre un religieux de Charay.

1561. Louis de Piune, prieur, accense la grange de Chabanis et les terres de Prades et Fabras.

1577. Profession d'un religieux de Charay.

1582. Transaction entre Raymond Guigon, prieur de Charay, et Jacques Prinbon, prieur de St-Etienne-du-Serre, établissant une pension de vingt setiers de seigle en faveur de Charay.

1583. Reconnaissances (figurant dans le terrier de Charay) passées à messire Anné de Borne, seigneur de Leugiéres (Logères) se disant avoir droit du sieur prieur.

1603. Le prieur de Charay, François de Charbonnel, donne sa procuration à Pierre Combe pour affermer la pension de vingt setiers de seigle, de St-Etienne-du-Serre, et autres pensions semblables de Gluiras.

1618. Transaction concernant la pension que le prieur de Gluiras doit à Charay.

1644. *Forma dignum* du prieuré de Charay en faveur de M. l'abbé de la Tourrette.

1650. D'Aguesseau parle ainsi de Charay vers cette époque :

« Il y a un prieuré, chef de congrégation, nommé Charay proche Privas, de l'ordre de St-Augustin. Il a des chanoines réguliers rétablis depuis peu par M. le prieur, qui est M. de la Tourrette. Ils vivaient autrefois ensemble, mais les bâtiments dudit Charay, monastère, église, ayant esté ruinés entièrement dans les guerres, les religieux sont espars. Le revenu est d'environ deux mil livres en tout. Le seigneur prieur a plusieurs belles collations dans le diocèse et en plusieurs autres (1).

1666. Procès entre l'abbé de la Tourrette et les habitants de Gourdon. Transaction réglant les dîmes en 1666.

Transaction entre l'abbé de la Tourrette et le curé de Soyans. Le prieuré de Soyans dépendait de Charay. Des actes de 1358, 1444, 1460 et 1477 le prouvaient.

1667. Provisions du prieur de Colombier.

Procès devant le Parlement de Toulouse, entre le prieur de Charay, messire Henri de Génestoux, abbé de la Tourrette, et René d'Ucel, seigneur de Craux, au sujet du domaine de Pratbeton dit aujourd'hui de Mirand. — Le prieur est maintenu en possession, à la date du 5 juillet 1667.

Autre procès à Toulouse entre l'abbé de la Tourrette et noble René de Bénéfix d'Entrevaux au sujet des terres des Lignoux et autres dans la paroisse de

(1) *Chroniques du Languedoc*, décembre 1875.

St-Priest. L'abbé de la Tourrette obtient un jugement de maintenue.

1668. Transaction entre le prieur de Charay et le seigneur d'Antraigues sur le même sujet.

Autre transaction avec le seigneur de Craux.

A la même époque, procès entre le prieur de Charay et le sieur Jean Sautel de Puaux, au sujet du domaine de Grinchamps sur la montagne du Champ de Mars. Le prieur est maintenu en jouissance (18 juillet 1668.) Une transaction a lieu ultérieurement.

1670. Transaction entre l'abbé de Charay et le prieur de St-Etienne-du-Serre. Ce dernier contestait la pension que lui réclamait Charay. L'abbé de la Tourrette lui fit un procès à Toulouse en 1665 et le gagna.

1683. L'abbé J. F. Duché est mis en possession du prieuré de Charay le 9 novembre 1683.

1704. Déclaration du roy sur l'aliénation des biens ecclésiastiques. Compte de M. l'abbé Duché avec les quittances de M. Pascal. (20 décembre 1704.)

1706. L'abbé prieur Duché loue sa maison à M. Perrin, le 24 mai, au prix de soixante-cinq livres. L'abbé habitait Paris en 1718.

Il résulte de diverses pièces que :

Le prieuré de Charay levait des dîmes à Genestelle ;

Le monastère de St-Jean-de-la-Benne, diocèse de Cahors, dépendait de Charay ;

Le bénéfice de Chaudeyrolle était de la collation de Charay ;

Les abbés de Charay étaient prieurs de St-Andéol-de-Fourchades, de St-Martial-en-Boutières, de Prades, Fabras, etc.

Nous trouvons dans une lettre du curé de Pourchères, de 1762 :

« La cure de Pourchères est donnée par l'évêque. Elle possède le bénéfice simple et régulier de Charay érigé en commande et possédé par l'évêque de Laon. Les ruines du couvent de Charay se trouvent aux limites de cette commune et de celle de Saint-Priest. »

Les biens de Charay furent mis en vente sous la Révolution en douze lots que voici :

1. Chataigneraie dite la Vernette,
2. Pré de la Clastre,
3. Terre au terroir de Lamant,
4. Terre à la Condamine,
5. Id.
6. Terre labourable, pré et mûriers, joignant au terroir de Lignole,
7. Champêtre et boissière au terroir de la Combe d'Annet,
8. Id.
9. Terre au terroir de Jonquas,
10. Terre et pré au terroir de la Crette,
11. Domaine et maison du Vernet,

12. Terre labourable et champêtre appelée le couvent sur la crête de Charay.

Le tout, situé dans la commune de St-Priest, fut adjugé, le 20 novembre 1791, à Jean-Jacques Faure, au prix de 16,500 francs.

Comme on le voit, l'*Inventaire* conservé aux archives départementales et les divers faits glanés çà et là dans de vieux manuscrits, ne reflètent pas le plus beau côté de l'histoire de Charay. La chose est aisée à comprendre : les titres de propriété, les actes des procès, les registres de notaire, et généralement tous les papiers d'intérêt matériel, ont été conservés avec plus de soin que les autres. Du reste, au moyen âge, il n'y en avait guère d'autres. Il est aisé aussi de voir que le prieuré de Charay n'avait pas échappé à la loi de décadence que subissent toutes les choses humaines. Après la période héroïque était venue la période de relâchement, la recherche des biens temporels avait fait place aux austérités et à l'abnégation sublime du début. Charay n'était plus qu'une ruine sur une montagne, et un bénéfice pour le prieur résidant à Paris. La Réforme d'abord, la Révolution ensuite, furent des châtiments divins qu'explique suffisamment l'histoire du passé.

°
°

A quelle époque le couvent de Charay a-t-il été détruit ? On a vu plus haut par l'extrait de Daguesseau, que cet événement remonte aux guerres religieuses. Nous n'avons pu en découvrir la date précise, mais il est aisé de la déterminer approximativement. La tradition relative au supplice des moines de Charay n'est pas d'hier.

Soulavie (1), après avoir raconté la surprise de la tour de Salavas par vingt jeunes protestants habillés en filles, événement qui eut lieu en 1570, ajoute :

« A peu près vers la même époque, les fanatiques vidèrent les tonneaux des moines de Charay, les percèrent de mille clous : l'intérieur en fut tout hérissé ; on enferma deux moines dans chaque tonneau et on les fit rouler des hauteurs de la montagne. »

L'auteur de l'*Histoire naturelle de la France méridionale* poursuit en se félicitant du progrès des mœurs. Il bénit « son siècle paisible où le citoyen considère avec plus de modération la diversité du sentiment de son voisin... »

Tous les écrivains du XVIII° siècle, ont, comme Soulavie, célébré à l'envi l'adoucissement des mœurs de leur temps, en concluant à l'impossibilité du retour des atrocités d'autrefois — ce qui n'a pas empêché le XVIII° siècle de se terminer par les échafauds de la Terreur.

Les écrivains du XIX° siècle ont célébré, de leur côté, le progrès des mœurs et des lois, accompli de-

---

(1) *Histoire naturelle de la France méridionale*, t. 2, p. 515.

puis lors, ce qui n'a pas empêché les horreurs de la guerre de 1870 et de la Commune.

Les élucubrations d'un optimisme présomptueux ne manquent pas davantage aujourd'hui. Dieu veuille qu'elles ne reçoivent pas des événements un démenti analogue !

**

Les moines aimaient les hauteurs, à la fois sans doute dans une pensée contemplative et dans un but de défense. S'il y en a sur les bords du Rhône à Cruas, il y en a encore plus sur les hauteurs comme à Charay ou sur le plateau cévenol : aux Chambons, à Mazan et à Bonnefoy.

Je me figure parfois le vieux prieuré conventuel de Charay ressuscitant avec ses tourelles, son clocher et ses moines. Les cloches résonnent dans les deux vallées d'Ouvèze et de Mézayon et leur voix argentine domine les clameurs du vent comme un appel céleste. Les moines chantent dans leur chapelle, et les malheureux trouvent à leur porte des consolations et des secours. Charay dominait le bassin de Privas, comme la religion dominait alors la société tout entière. La montagne avait une tête et un esprit. Le fanatisme couronnant l'œuvre du relâchement religieux, l'a décapitée.

Un illustre écrivain protestant disait en 1873 au banquet cinquantenaire des antiquaires de Normandie :

« La vie monastique n'est pas aujourd'hui en grande faveur dans l'opinion ; nous ne la voyons pas d'un bon œil : cette défaveur, selon moi, est peu juste. Sans doute la vie monastique n'est plus en rapport avec l'état actuel de notre société, avec ses mœurs, ses institutions, sa publicité ; mais au moyen-âge elle répondait à l'état des esprits, aux besoins d'âme de beaucoup d'hommes. Il y a dans l'animosité qui s'attache aux souvenirs qu'elle a laissés, inintelligence et partialité. »

Il n'est pas un protestant sensé de l'Ardèche qui n'adhère certainement à ces paroles de M. Guizot, mais parmi ceux qui sont mêlés aux affaires politiques, je ne crois pas qu'on en trouvât un seul qui osât parler avec cette haute et sereine impartialité.

Il est de mode aujourd'hui d'afficher la haine de la religion et de ses ministres. Combien pourrait-on citer d'individus qui ne doivent pas à autre chose la notoriété de mauvais aloi dont ils jouissent dans leur village ou dans leur département ! Combien ne sont arrivés à être députés, sénateurs ou même ministres, qu'en se hissant sur ce honteux piédestal pour y sacrifier leurs propres sentiments religieux et politiques aux préjugés imbéciles qu'ils avaient eux-mêmes contribué à développer ?

N'est-ce pas le plus triste signe de nos temps que cette lâcheté universelle, cette abdication du public honnête, religieux, instruit, devant la conjuration de l'ignorance et des basses convoitises au service de misérables ambitions politiques ?

Je n'ai nullement envie de me faire moine et — si l'on n'avait fait de la libre pensée le porte-drapeau d'une guerre bête et brutale à la religion, je me déclarerais encore libre-penseur — je ne suis donc pas suspect de partialité pour la religion et le clergé. Je les défends non par l'effet d'un attachement aveugle et passionné, mais simplement par équité et par la force de l'évidence. Tandis que les petits et les grands journaux, expression éphémère d'une opinion éphémère, déchirent et calomnient le clergé, je trouve à chaque pas dans l'histoire le témoignage des éminents services rendus par lui à l'humanité, à la civilisation, à la patrie.

Pendant tout le moyen-âge, les monastères furent des foyers de foi, de patriotisme et de lumière. Le caractère sacré des religieux était un frein, le seul efficace, contre la violence des seigneurs. Les moines furent les auxiliaires du pouvoir royal qui a constamment tendu à rayonner sur la France féodale pour en redresser les abus. Ils furent ainsi les collaborateurs les plus efficaces de l'affranchissement graduel des classes inférieures. Ils furent — ceci n'est nullement un paradoxe — les véritables démocrates et les seuls républicains du moyen-âge. L'abbé de Mazan, en cédant sa terre de Berg à St-Louis, introduisit en Vivarais la justice royale devant laquelle les barons durent bientôt courber la tête. C'est la plus grande révolution qui ait jamais eu lieu en Vivarais, révolution pacifique et féconde, et non pas révolution d'ergoterie et de déception comme toutes celles de nos jours.

Beaucoup de gens font encore une confusion fâcheuse contre laquelle a justement protesté M. de Montalembert dans son admirable livre sur les ordres religieux.

Le moyen-âge et l'*ancien régime* sont deux choses tout à fait différentes. Celui-ci n'était que la théorie et la mise en pratique du vieux paganisme, le règne de la force brutale, que les forces religieuses du moyen-âge cherchaient à dominer ou à contenir.

Quant au présent, je cherche vainement ce que les philosophes et démocrates modernes pourraient substituer à la grande œuvre d'enseignement, de moralisation et de charité que le clergé exerce dans tous les coins du monde avec l'aide de millions de bras qu'il a encore seul trouvé le secret de mettre en mouvement.

Veut-on un témoignage non suspect ? Voici celui du Père Enfantin dans son dernier ouvrage publié en 1862 sous ce titre : *La Vie Universelle*. Quelques-uns des amis de ce penseur éminent lui ayant exprimé leur peu d'espoir dans la conversion apostolique de l'Eglise cessant d'être *romaine* pour redevenir *universelle*, le chef du Saint-Simonisme déclare qu'il faut chercher à s'appuyer sur elle parce qu'elle « s'est montrée jusqu'à présent même incomparablement plus habile que tous à élever les marmots, à consoler les affligés, à panser et soigner les malades, à donner une espérance aux mourants. » Il la loue aussi, ce qui sonne étrangement avec ce que nous voyons aujourd'hui, « d'avoir réalisé l'association de travaux et de vie sur une échelle immense, de croire et d'enseigner que l'homme ne peut point se passer de religion, de morale, de culte, de dogme, d'immortalité, toutes choses qu'un trop grand nombre de gens croient bonnes à être jetées aux ordures. »

Le Père Enfantin continue ainsi :

« Avant que le monde se soit approprié tous ces mérites que possède l'Eglise, il faudra bien du temps, surtout si l'on faisait disparaître l'institution qui les renferme et qui les cultive depuis dix-huit siècles ; car, il n'y a pas à dire, c'est cette institution qui nous a donné le goût de toutes ces excellentes choses. Non, ne croyez pas qu'il soit facile de communiquer au monde, qui critique avec tant d'ardeur l'Eglise, les onnes habitudes et les principes éminemment sociaux, pacifiques, humains qu'elle contient dans son sein, et qu'elle pratique, en face du monde, depuis tant de siècles, sans que le monde, aveugle et sourd, ait eu la sagesse de se les appliquer à lui-même. »

Un autre écrivain, qu'on ne prendra pas pour un Jésuite déguisé — car il s'agit de M. Ernest Renan —

disait récemment à propos du catholicisme : « ... On ne peut pas parler de croyances étroites, puisque tant de génies illustres s'y sont trouvés à l'aise. »

Une foule de braves jeunes gens de nos jours croient — quelques-uns peut-être de bonne foi — que, pour être un aigle, il suffit de ne pas croire en Dieu et de lui dire ses vérités à une table de café ou dans une feuille de l'arrondissement. Je leur dédie ces citations d'Enfantin et de Renan.

*
* *

La religion et l'église, outre le point de vue historique et moral, se défendent encore par le côté artistique et sentimental qui touche de plus près qu'on ne pense aux sources les plus intimes de la vie sociale.

Supposez un village sans église : plus de poésie, plus de lien d'un ordre élevé entre ses membres. Ceux qui s'étonnent des sacrifices souvent fort lourds que font les habitants des campagnes pour la construction de l'édifice paroissial et qui ne voient là qu'un résultat de l'active intervention du curé ou du pasteur, tombent dans une erreur grossière. Une église est tout aussi nécessaire à une communauté qu'une salle de réunion (salon ou salle à manger) à une famille. L'église est dans la commune le salon des cœurs et des âmes, et elle s'élève pour ainsi dire naturellement dans tout groupe d'hommes civilisés, comme le plus haut symbole et le plus solide lien de la communauté.

Les cérémonies du culte remplissent en quelque sorte les vides de la vie communale et y font circuler une force et un parfum qu'on chercherait vainement ailleurs. Supprimez l'église, la pauvre nature humaine reste fatalement en proie aux appétits désordonnés ; le cabaret ou pis encore, pourra profiter de cette fermeture, mais ce n'est ni la vie de famille ni le travail de la terre ou de l'atelier qui y gagneront.

Ces cérémonies qu'on pourrait appeler les fleurs des siècles, se sont formées peu à peu en écrémant la poésie des générations, et c'est là sans doute ce qui leur donne cet attrait mystérieux auquel les incrédules eux-mêmes ne peuvent se soustraire. Elles parlent au cœur et à l'esprit..... de tous ceux qui en ont; et je connais bien des gens, fort peu croyants, qui, au point de vue purement artistique, trouvent que la plus simple grand'messe est de cent coudées supérieure au plus bel opéra.

C'est en s'inspirant des vieux chants d'église que les plus illustres compositeurs ont trouvé leurs plus beaux effets musicaux.

C'est à l'église que l'on porte le nouveau-né. C'est à l'ombre de l'édifice sacré qu'on le forme surtout aux fortes disciplines que nécessite le combat de la vie. Beaucoup sont oublieux ou ingrats, surtout ceux que leurs fautes ont dispersés dans le monde sans guide et sans boussole et qui flottent au gré de leurs passions ou des évènements. Mais ceux qui reviennent au village ne revoient jamais sans émotion l'église et le clocher. L'un et l'autre les attirent ; croyants ou non, ils y reviennent : c'est du moins le sort des plus intelligents et des meilleurs. Le demi-savant, au contraire, et l'ouvrier endimanché de libre-pensée ou de politique, reviennent au village pour y afficher leur impiété ignorante, tandis que l'érudit y confesse humblement son incompétence et se demande si la foi humble de ses concitoyens ne vaut pas mieux que toute sa science.

O fortunatos nimium sua si bona nôrint!....

Il y a des gens qui ne comprennent pas les tableaux, d'autres que la musique laisse insensibles, d'autres enfin qui sont sourds et aveugles en présence de la poésie immense et sublime qui déborde de la nature.

Il me semble que le plus grand et le plus triste des aveuglements est encore celui qui ferme l'âme au sentiment religieux. — Art, poésie, religion : voilà les trois degrés que l'homme gravit pour s'élever.

L'art est le premier degré. Par lui, l'esprit se dégage des besoins et des préoccupations exclusives de la vie animale. Il fait de l'ordre, de la symétrie, de l'harmonie, ou plutôt il reproduit instinctivement l'ordre, la symétrie, l'harmonie qui se dégagent de la nature, dès qu'il est devenu capable de les percevoir.

La poésie est en quelque sorte l'âme de l'art qu'elle anime, guide et élève. La poésie est la synthèse de l'ordre, de la symétrie, de l'harmonie, de la sagesse, de la puissance qui président au système du monde — du monde extérieur et du monde intérieur, — du monde visible et du monde invisible, — du domaine de la matière et du règne des idées. Le poète — et il est bien entendu que nous ne parlons pas ici du versificateur — le poète sent et aperçoit ce dont la masse ne se doute pas. Là où d'autres ne voient que de la terre, des pierres, du bois ou des bêtes, il lit l'histoire du globe, il devine les merveilles de la transformation des métaux, de la vie des plantes, de l'organisation des animaux vivants, et son esprit s'élève en rattachant tous ces effets à la cause suprême.

La religion devient ainsi le couronnement de la poésie. La poésie sans religion n'est qu'une mécanique boiteuse, un corps sans âme, un non sens.

On ne la comprend pas plus que la terre sans le ciel.

Un jour nous étions au sommet du Suc de Bauzon, d'où nous contemplions le plus merveilleux spectacle qui se puisse imaginer. A l'ouest, les premiers pics de l'Auvergne ; à l'est, les Alpes étincelantes sous leur éternelle armure de glace ; à nos pieds, plus ou moins chamarrée de brumes, la foule des pics et des vallées du Vivarais se prolongeant à perte de vue jusqu'aux horizons provençaux. Les vallées semblaient rêver dans leur lit de duvet vaporeux et les pics bleus parlaient.

Mon compagnon — un agronome — ne voyait là que des terrains et des cimes mortes. Il comptait les forêts, mesurait l'étendue des cultures et des prairies, calculait les produits, mais ne voyait rien au-delà.

L'homme qui ne sent pas la religion déborder des vallées et des pics de la vie humaine, c'est-à-dire de la naissance, de l'amour et du mariage, de la maladie et de la mort, de la douleur et de la joie, est aussi incomplet que mon compagnon de ce jour-là. Tout cela, en effet, chante cette aspiration insaisissable qu'on appelle Dieu ; tout le réclame et tout le prouve.

L'homme sans Dieu, c'est un paysage sans lumière et sans horizon.

La vie humaine se profile sur l'infini comme les hautes montagnes sur le ciel.

A ce point de vue, comme à d'autres encore plus importants, le reproche le plus grave que l'on puisse faire au mouvement démocratique de nos jours, c'est d'être anti-religieux. Ou il se réformera et alors il peut avoir des chances de succès, ou il entraînera la société dans l'abîme... à moins que la société ne parvienne à se dégager et le laisse s'y précipiter seul.

IX.

LA FONTAINE DE BOULÈGUE.

Le chemin de Freyssenet. — La source rouge. — Végétation de montagne. — La tour de Mirabel. — Le rieu de Masolan. — Contes de bonne femme. — La source de la paix et la source de la guerre. Ce qu'en dit Pierre Marcha. — Lettres des deux abbés Roux. — Les apparitions de la fontaine. — M. de Malbos. — Boulègue en 1870 et depuis. — Les fontaines intermittentes. — Comme quoi Boulègue n'est qu'un grand siphon naturel et l'intermittente de Vals une bouteille de Champagne. — Explication de la double intermittence de Boulègue. — La perle des eaux du rieu de Masolan. — La fontaine *intercalaire* de Berrias. — Les cours d'eau souterrains du Vivarais. — Le bon Dieu dans les fontaines.

Maintenant que nous avons bien vu Charay, dit mon ami Barbe, pourquoi n'irions-nous pas à la fontaine de Boulègue ?

— A Boulègue, soit.

Nous allâmes rejoindre la route au Travers — ce fameux Travers où il vente ordinairement aussi fort qu'au col de l'Escrinet. Ce jour-là, par extraordinaire, tout était calme.

Mon ami Barbe me montra au loin Pourchères qui, faute de clocher, avait pendu ses cloches à un arbre — et me raconta l'aventure d'un ancien maire de l'endroit qui, arrivant en retard à la gare de Privas, pour prendre le train, criait : Arrêtez ! je suis le maire de Pourchères ! C'est là probablement un can-

can de village — et, comme par le temps qui court, il y a eu à Pourchères comme ailleurs, un riche défilé de maires, nous pensons bien qu'aucun ne protestera, préférant de beaucoup laisser l'anecdote à la charge de son prédécesseur ou de son successeur.

Nous traversons le col de l'Escrinet qu'on est en train d'élargir aux dépens de l'épais dike volcanique qui soude Blandine à Gourdon. Il me semble qu'une belle remise souterraine, pratiquée en cet endroit dans l'épaisseur du dike, serait un précieux refuge à certains moments, soit pour les hommes, soit pour les animaux. Nous avons vu un jour, au col de l'Escrinet, le vent souffler avec une telle violence qu'un brave paysan, chargé d'une grosse botte de paille, fut renversé trois fois de suite avec son fardeau et dut prendre finalement le parti de passer le seuil redoutable en traînant sa botte sur le sol.

Soulavie raconte qu'il y a été renversé deux fois et que son cheval ne put franchir ce pas en 1775. « C'est, dit-il, le passage des vents réfléchis les plus impétueux, à cause du système des montagnes environnantes. Ses environs offrent des matériaux capables de fournir cent cabinets d'histoire naturelle, car c'est là que « sur un petit espace, se trouvent les trois terrains granitique, calcaire et volcanique » (1).

L'Escrinet (*Scrinhetus* dans les registres notariaux du xv⁰ siècle) a des titres spéciaux à l'estime des

---

(1) *Hist. nat. de la France méridionale*, t. 2, p. 594

chasseurs. Il y a des passages de gibier que connaissent fort bien les braconniers des environs et qui sont pour eux l'occasion de fructueuses journées.

La Grange de Madame qui est près de là, fut le rendez-vous, sous la première Révolution, de tous les jeunes gens de la région qui vinrent s'enrôler à Privas pour aller défendre la patrie menacée.

Un de mes vieux grands oncles qui y était, me racontait le fait avec émotion, il y a quelques années.

Le col de l'Escrinet a deux sentinelles :

L'une, sur le Coiron, est la pointe de Blandine qui a donné naissance au dicton local :

> Quand nuage sur Blandine,
> On aura de l'eau sur l'échine.

L'autre, est la montagne de Susau ou Suzon, située entre le col et la Roche-Gourdon, où se trouvait la tour-signal qui joua un si grand rôle à l'époque des guerres religieuses, car elle transmettait aux Boutières les avis des tours de Mirabel et de Brison, et de tout le bassin du Tanargue. C'est pour cela que l'intendant Bâville la fit détruire vers 1690. Il paraît, du reste, que son origine remonte bien au-delà des guerres religieuses, car une lettre du curé de Gourdon, de 1762, dit qu'elle donnait le signal du Vivarais aux Boutières, « du temps des *reystres*, » c'est-à-dire lors des incursions anglo-bourguignonnes.

Nous quittons la grand'route au col même par le chemin de Freyssenet — le même qui conduit au sanctuaire de Pramailhet — pour atteindre le sommet du Coiron. Le flanc de la montagne est passablement aride, égayé seulement par des traînées vertes de genêts et de buis sur lesquelles tranche çà et là un chêne ou un hêtre isolé.

Les fleurs sont rares et souffreteuses : des chardons, des menthes, des germandrées, des aubépines, des hellébores, enfin de ces pruneliers dont les baies bleues deviennent, dit-on, mangeables à la gelée.

Des filons basaltiques, détachés du gros tronc de l'Escrinet, coupent çà et là le sentier. Une source très fraîche, qui sert d'abreuvoir aux animaux, présente l'aspect rougeâtre d'une eau qui a traversé de la limaille de fer. M. de Malbos dit qu'elle a 7°1. Celle de la Roche-Gourdon en a 8° comme celle de Berrias.

Pour trouver des sources plus fraîches, il faut aller à Antraigues, au Tanargue ou sur le Mézenc, où il y a une source à 3°.

Le ravin qui descend vers le Moulin-à-Lanterne est formé de laves à travers lesquelles croissent quelques arbustes.

Les verdoyantes perspectives de Vesseaux et de St-Etienne-de-Boulogne reposent la vue des nudités environnantes. — C'est comme pour la vallée de Chomérac. — Plus on regarde de haut, plus c'est beau. On sent trembler là-bas le feuillage des châtaigniers et l'on comprend que les sires de Lestrange aient bâti un si joli château dans ce nid de verdure.

On domine aussi de là-haut tout le bassin du Tanargue. Nous reconnaissons à ses dentelures le rocher d'Abraham qui surplombe Mayres et derrière lequel s'étend, comme une mer bleue, le plateau du Grand Tanargue. La montagne de Ste-Marguerite étale son massif isolé au milieu du bassin qui forme les cantons d'Aubenas et d'Antraigues. Vals est là-bas caché dans un trou en avant de Sainte-Marguerite.

Plus loin nous apercevons, avec notre lunette d'approche, le volcan de Jaujac, et en avant de lui, les prairies et les bois de châtaigniers de Prades, où jaillit cette magnifique source du Vernet dont un de nos plus intelligents compatriotes, M. Bravais, a commencé la réputation et qui deviendra, je l'espère, une des sources célèbres de l'Europe. C'est égal, me dit mon ami Barbe, qui a bu comme moi de cette eau à la source même, on a beau la faire mousser sur le papier, elle mousse encore mieux dans un verre !

La végétation change avec l'altitude. Voici l'alchémille des montagnes, une petite rosacée à la fleur verte. Sa feuille lisse, à cinq lobes entièrement détachés, forme gazon et partage avec l'airelle-myrtille, le soin de remplir les interstices des rochers.

Des noisetiers et des chênes, sentinelles perdues, se tiennent çà et là debout, ou courbés par le vent, tandis que des campanules bleues semblent des yeux sortis de terre pour contempler avec étonnement les rares voyageurs qui se risquent dans ces parages.

Mais à mesure que nous tournons la montagne, celle-ci devient boisée. Tout était aride et relativement froid sur le versant occidental. Avec l'exposition sud, la végétation s'anime. Herbes et arbustes se pressent à l'envi sous nos pas.

Les fougères se marient aux buis et aux genêts, et leurs touffes se décorent souvent d'un œillet, au rouge éclatant.

Les chênes se multiplient et le sol est couvert de fraisiers.

Voici le vallon de Combemale, dont les arbres couvrent la chapelle de Notre-Dame de Pramailhet.

Darbres est plus loin et la tour de Mirabel nous regarde. Cette tour est dans la contrée coironique ce qu'est la tour de Brison dans la région du Tanargue. De tous les côtés, on retrouve son œil vigilant, et l'on comprend de quelle importance, soit comme signaux de nuit, soit comme observatoires de jour, ces deux points devaient être aux époques troublées du moyen âge et de la Renaissance.

Coiron — Tanargue ! L'*r* grince dans les vieux noms vivarois comme une clé rouillée dans une vieille serrure. Un vaudevilliste s'est moqué de nous à cet égard. Qu'est-ce que l'Ardèche ? dit un de ses personnages. — C'est, répond l'autre, un pays où il n'y a que des *Mezencois*, des *Tanarquois* ou des *Coironcois !*

En face de nous est le joli village de Prades, dont nous sommes séparés par le *rieu* de Masolan, qui descend de Blandine.

Une jeune femme allaitait son enfant au pied d'un noyer. Quelles figures de santé ! J'avoue que, quand j'étais jeune, une jolie figure me frappait davantage. Aujourd'hui, je ne comprends pas la beauté sans la santé. Il est triste parfois de voir trop loin et de ne pas s'arrêter aux belles apparences. Je contemplais avec bonheur cette femme et cet enfant. Je pris ce dernier, qui se débattit comme un beau diable. La mère souriait. Mon ami Barbe murmurait : Voilà bien ces médecins ! Ils veulent tout voir et tout soupeser !

La femme nous dit que la fontaine de Boulègue était dans le rieu même de Masolan.

— Descendez, nous dit-elle, un petit quart d'heure ; vous trouverez bien quelqu'un qui vous la montrera.

Nous descendîmes à travers les prairies, les bois et les champs, non pas un quart d'heure, mais une bonne demi-heure sans rencontrer âme qui vive.

Nous allâmes ainsi jusqu'au moulin de Chapus, après avoir failli nous casser les jambes sur le petit cap volcanique qui se trouve au confluent des ruisseaux de Masolan et de Pramailhet.

Des laboureurs goûtaient sous un arbre.

— Où est la fontaine de Boulègue ?

— Plus haut.

La femme du mas de Masolan nous avait dit : Plus bas ! et nous étions descendus jusqu'au moulin de Chapus. On nous disait plus bas ! Allions-nous remonter jusqu'au mas de Masolan ?

Une bonne femme qui lavait son linge dans le ruisseau consentit à nous servir de guide.

— Pensez-vous, lui dis-je, que la fontaine coule en ce moment ?

— Bien sûr que non, répondit-elle.

— Comment le savez-vous ?

— Oh ! quand elle coule, nous le voyons vite au grossissement du ruisseau.

Nous remontons le rieu. C'est très pittoresque, mais, comme il n'y a ni chemin ni draye, c'est au moins aussi pénible que pittoresque. Nous constatons des marnes et des calcaires sous les basaltes. En certains endroits, le conglomérat volcanique s'effrite sous la main. Plus haut, il a été métamorphosé en une sorte d'argile rouge.

Le ravin est très vert. Les châtaigniers et les noyers l'ombragent tout du long.

Enfin nous arrivons. A dix minutes environ de la grange du Travers où nous avions pris notre guide, et juste sous le village de Boulègue, la bonne femme nous montre l'endroit où la fontaine intermittente jaillit — quand cela lui arrive — par plusieurs orifices à travers les ronces, les genêts et les pierres basaltiques. Elle est au contact des laves avec un calcaire jurassique très blanc. L'orifice principal est à deux mètres au-dessus du thalweg du ruisseau ; il y a un autre orifice plus bas dans le ruisseau même, et enfin un autre au-dessus, sans compter d'autres plus petits disséminés autour de ces trois ouvertures principales.

Les basaltes se dressent des deux côtés du ruisseau. Celui de la rive droite se décompose en argile rouge. Les arbres poussent admirablement dans ce terrain. C'est là que viennent se poster les amateurs quand la fontaine coule.

Le ruisseau est couvert de grandes menthes fleuries.

C'est un beau désordre de végétaux sur les deux rives : chênes, châtaigniers, aulnes, genêts, coudriers et églantiers.

Le site est sauvage, et la fontaine pourrait couler bien des fois sans qu'on en sût rien, si les riverains d'aval avertis par le grossissement des eaux, ne jugeaient pas à propos d'en parler.

La bonne femme nous raconte qu'en neuf ans elle l'a vue couler deux fois. L'eau jaillissait toutes les deux ou trois heures. Cela durait trois ou quatre jours. Aussitôt la nouvelle répandue, les curieux affluaient de tous les environs. Beaucoup d'ecclésiastiques. On apportait des provisions et on passait la journée en face de la fontaine.

La bonne femme nous assura que, si on insultait la fontaine, elle cessait immédiatement de couler.

Il paraît qu'un mal appris lui tira un jour un coup de fusil, et qu'elle s'arrêta aussitôt.

*
* *

La bonne femme nous a quittés pour retourner à sa lessive.

— Il fait beau, dit mon ami Barbe ; asseyons-nous à l'ombre de ce châtaignier — où se mettent ordinairement les curieux — et attendons. Peut-être la fontaine nous fera-t-elle la surprise de couler pour faire honneur à notre visite.

— On voit bien, lui répondis-je, que vous ne connaissez pas les habitudes de la fontaine — pas plus que ne la connaissent, du reste, la plupart de ceux qui en parlent, sans en excepter même ceux qui l'ont vue couler.

— Comment cela ?

— Ne savez-vous pas que la fontaine de Boulègue ne jaillit jamais sans le faire savoir trois jours d'avance ?

— Par qui le fait-elle savoir ? Ce n'est pas, dans tous les cas, par le tambour de ville de Privas, car elle aurait alors plus de visites qu'elle n'en a jamais eu.

— Mon cher ami, s'il ne faisait pas si chaud, je vous proposerais de remonter deux ou trois cents pas le ravin. Nous y trouverions une autre source qu'on appelle Fontfrède. Eh bien ! c'est celle-ci qui est la messagère de Boulègue. Tant que Fontfrède coule, il n'y a aucun espoir de voir couler Boulègue, mais quand Fontfrède tarit, on est sûr, trois jours après, de voir jaillir Boulègue. Fontfrède est la source que l'auteur des *Commentaires du Soldat du Vivarais* appelle la *Source de la Paix*, tandis que Boulègue est pour lui un présage infaillible de guerre.

Je rappelai alors à mon ami Barbe ce qu'en dit le grave chroniqueur qui a écrit l'histoire des dernières guerres religieuses de notre pays. Mais je pense que le lecteur aimera mieux retrouver ici ce curieux morceau avec les grâces et la naïveté de notre vieux langage.

Voici donc comment débute Pierre Marcha en son livre III des *Commentaires* :

« Si toute l'Europe est entrée en admiration de voir paraître dans les cieux, peu de temps avant le commencement de la rébellion, cette comète effroyable, présagère des maux que la chrétienté a soufferts depuis, on ne doit pas non moins admirer une prédiction qui est ordinaire et infaillible dans le Vivarais, lorsque la paix ou la guerre doivent arriver. A deux petites lieues de Villeneuve-de-Berg, dans les montagnes du Coiron, est une source agréable et grande, à son ordinaire, comme la grosseur de la cuisse d'un homme, laquelle est nommée la *Source de la Paix* et la *Source de la Guerre*, lorsque la guerre est, pour les effets divers qu'elle fait paraître, en l'un et l'autre temps, étant manifeste à toute cette contrée; que de tout temps immémorial, quinze jours ou trois semaines avant que la guerre soit venue, cette source s'est changée à quatre cents pas, et de l'autre côté d'un ruisseau qu'il y a entre deux, ne restant aucune apparence d'eau à la première source ; et ce qui est encore de merveilleux, est que durant la guerre elle fait un bruit très grand ; et en la paix s'étant remise à son premier lieu, elle y est fort calme ; mais, lorsque quelque grand massacre doit arriver, environ quinze jours avant, la source se partage en l'un et en l'autre, comme on l'a vu arriver aux troubles de la Ligue, lorsque M. de Montréal prit et perdit le Montélimar, où il mourut quinze cents hommes d'un parti ou d'autre, et fraîchement lorsque le Roi est venu assiéger Privas ; de sorte que les paysans d'alentour ont tellement en usage cette prédiction, qu'ils se moquent, quand on parle de la guerre, si la fontaine n'a pas bougé ; que si elle se change, sans autre connaissance de cause, ils débagagent les maisons champêtres pour se retirer aux lieux fermés, et prennent assurance certaine de la guerre ; et, au contraire, lorsque la paix doit arriver, et avant qu'elle le soit, ils s'en reviennent. »

Après ce début, le chroniqueur qui vient de raconter les guerres civiles de 1619 à 1626, ajoute :

« La Source de la Paix avait demeuré dans son cours ordinaire jusques à ce temps ici, depuis qu'elle s'était remise au mois de mars de l'année dernière (1626) ; lorsque tout d'un coup, au mois de septembre de cette année (1627), on vit débagager les métayers et laboureurs du Coiron et se retirer, qui aux cavernes, et les autres aux lieux fermés. L'alarme fut si grande, que la fontaine s'était remise en la Source de la Guerre, où elle faisait grand bruit, et ne se passa pas un mois après qu'on n'en vit les effets, M. de Rohan prenant les armes pour s'unir aux Anglais, etc. »

On voit par là combien est ancienne la renommée prophétique de la fontaine de Boulègue.

Nous allons essayer de résumer tout ce qui a été dit depuis cette époque par les diverses personnes qui s'en sont occupées et ses diverses manifestations.

Soulavie ne fait que la mentionner (1) sous le nom de la *fontaine volcanico-intermittente de la paix et de la guerre.*

L'abbé Roux, prieur de Freyssenet à la fin du siècle dernier, en parle dans son manuscrit d'histoire naturelle que possède M. Michel, de Saint-Jean-le-Centenier. « J'y ai été, dit-il, plus de trente fois et toujours j'y ai remarqué quelque chose de nouveau. Voici sa marche ordinaire : Cette fontaine qui donnerait de l'eau de la grosseur de deux hommes si tous ses différents conduits étaient réunis en un seul, coule rarement. Elle reste quelquefois sans couler vingt-

(1) *Hist. nat. de la France mérid.*, t. 2, p. 587.

cinq ans, d'autrefois dix, quinze, plus ou moins. Le temps que dure son cours n'est pas plus réglé; quelquefois elle ne coulera que pendant l'espace d'environ une heure, et ainsi de même pendant tout son cours, qu'il soit de trois mois ou de six, ou même d'une année; en sorte qu'elle coule dix ou douze fois dans l'espace de vingt-quatre heures. Le rocher calcaire d'où elle sort a différents tuyaux ronds et polis qu'on dirait jetés en fonte. Il est environné de toutes parts de matières volcaniques dans lesquelles il est comme emboîté. Cette fontaine a plus coulé depuis que je suis dans cette paroisse qu'elle n'avait coulé dans l'espace de cent ans. La première fois que je la vis couler, elle avait été vingt-deux ans à sec. »

Un autre abbé Roux, curé de Freyssenet et neveu du précédent, répondant à M. de la Boissière, écrivait le 5 octobre 1840, une lettre que reproduit l'éditeur des *Commentaires* (1) et dont nous extrayons les passages saillants :

« Le long du ravin, parmi plusieurs sources, il en est deux plus intéressantes : l'une a vingt ou trente toises environ au-dessus de l'autre. La plus basse est intermittente et coule par plusieurs tuyaux circulaires et ovales. Lorsqu'elle coule, celle qui est au-dessus ne donne plus d'eau absolument; et cela tant que la première coule ou doit couler.

« Les intermittences sont ordinairement de six

(1) *Commentaires*, p. 152.

quarts d'heure en six quarts d'heure ; quelquefois elles sont plus éloignées. On a observé qu'il y avait par intervalle une interruption de six, huit, douze, vingt-quatre heures, etc., et de trois ou quatre jours même, sans que la fontaine supérieure coulât, et que l'inférieure reprît son écoulement intermittent. Parfois aussi ces intermittences sont plus rapprochées. Je l'ai vue dans bien des circonstances et j'y ai toujours trouvé quelque accident particulier. C'est à leur occasion que le peuple a fait beaucoup de contes et de plaisanteries qui devenaient diffamatoires par leurs explications et les malignes interprétations qu'on en faisait. Depuis la Révolution, elle a coulé très-souvent et beaucoup plus souvent qu'auparavant. Dans ces deux dernières années, elle a coulé bien des fois. Je ne sais si l'une des dites sources porte le nom de la Guerre, et l'autre de la Paix; mais on a constamment observé qu'elles avaient coulé régulièrement aux approches et dans le temps des événements remarquables et extraordinaires, etc. »

Nous voyons par là que Boulègue coula souvent pendant le premier empire. Ses faits et gestes pendant la Restauration nous sont inconnus, mais il résulte d'une note de l'abbé Mollier, à qui nous avons emprunté l'extrait ci-dessus du prieur Roux, et qui écrivait en 1866 (1) que la fontaine aurait coulé de 1830 à 1833 et en 1844.

(1) *Recherches historiques sur Villeneuve-de-Berg*. p. 16.

L'intéressant extrait suivant de M. Jules de Malbos (1) prouve qu'elle a coulé en 1836, en 1839 et en 1840.

« Tant que Fontfrède coule, Boulègue est à sec. A des époques indéterminées Fontfrède s'arrête, et trois jours après Boulègue surgit avec violence, de manière à faire mouvoir un moulin, et devient intermittente avec une régularité étonnante ; elle s'arrête soudain pour reparaître au bout de quelque temps ; ce mouvement se répète toutes les heures. Si Fontfrède reparaît, dans deux jours Boulègue cesse de couler ; cette fontaine a resté une fois vingt-cinq ans sans paraître ; elle coula pendant deux mois de l'automne en 1836, disparut jusqu'au mois de septembre 1839, ne coula plus au bout de quelques semaines et a reparu de nouveau pendant quelques jours en mars 1840 ; je l'ai vue à sec au mois d'avril. Les plus fortes pluies, les plus grandes sécheresses, la différence des saisons n'influent en rien sur cette intermittence et sur le volume de ces eaux, ce qui, joint à leur température très-uniforme, me fait présumer qu'elles surgissent du fond de l'ancien cratère de Freyssenet. »

On prétend qu'elle a coulé en 1843. Mais une seule personne l'a vue à cette époque. Et c'est un chasseur !

(1) *Mémoire sur les cours d'eau du Vivarais*, lu à l'Académie de Nîmes, en 1840.

Une lettre de Darbres, publiée dans l'*Echo* du 11 juillet 1874, mentionne qu'elle a coulé en 1848.

Un habitant de l'Escrinet prétend avoir vu couler Boulègue à grands *flots rouges* en 1857, mais il est le seul qui ait eu cette chance. Et c'est encore un chasseur. D'ailleurs, il y a des gens qui voient tout en rouge, comme les chevaux qui, si on leur met des lunettes vertes, prennent la paille pour de l'herbe.

Boulègue se serait perdue de réputation si elle n'avait pas coulé en 1870. Aussi n'y manqua-t-elle pas. Elle coula donc dix à douze fois du 21 au 25 octobre de cette fatale année.

« L'écoulement durait environ trente minutes. Les repos étaient longs. Elle reçut peu de visites. »

En décembre 1870, Boulègue commença à couler jour et nuit sans qu'on pût constater aucune interruption du 16 décembre au 3 janvier 1871. Du 3 au 15 janvier, Boulègue coula avec des intermittences d'une heure pour cesser complètement ce dernier jour.

Le 19 juin 1871, Boulègue commença à couler de nouveau, et les voisins s'empressèrent de signaler le fait au préfet de l'Ardèche.

Elle coulait pendant une heure et quart, et se reposait pendant une heure et vingt-cinq minutes.

« Les ouvertures sont nombreuses, espacées et le volume d'eau plus considérable. La première fois, toutes les ouvertures donnèrent et s'arrêtèrent en même temps : seulement après trois minutes de repos, une seule ouverture, comme si elle avait conservé quelque chose sur l'estomac, rejeta pendant deux minutes, environ trois hectolitres d'eau. La deuxième fois, nous eûmes en plus une ouverture très considérable qui commença à couler dix minutes après les autres ; elle ne coula que pendant vingt-huit minutes, mais, malgré le volume d'eau qu'elle débitait, les autres ouvertures ne s'aperçurent ni de son apparition ni de sa disparition.

L'eau de Boulègue marquait 8° Réaumur, s'échappait par dix ou quinze ouvertures dont cinq principales, remplissait un canal très-rapide de quatorze centimètres de hauteur par vingt cent. de largeur. Le ruisseau en amont de Boulègue marquait 14° et ne fournissait pas un sixième de l'eau de la source.

Boulègue coula jusque vers le 28 juin avec des intermittences de vingt et vingt-huit heures, puis elle disparut assez subitement et fut remplacée par la source de la paix (1).

La fontaine se remit à couler le 15 mars 1875 (2) ; elle coulait encore le 12 avril.

Il est certain qu'elle ne coulait pas le 1ᵉʳ septembre 1876, puisque c'est le jour où nous y étions, mais elle coulait deux ans après, au mois de mai 1878 (3)

(1) Voir deux lettres de Darbres publiées dans l'*Echo* des 5 et 11 juillet 1871.
(2) *Bas-Vivarais* du 17 avril 1875.
(3) Voir une lettre de Darbres dans le *Patriote* du 17 mai 1878.

La fontaine de Boulègue a enfin coulé en juillet 1881 pendant un mois environ. Il paraît que l'eau sortait d'un endroit où on ne l'avait jamais vue jusqu'à présent, à cent mètres environ au-dessous de la source de la Guerre. Elle coulait par une seule ouverture et par intermittence. Cependant on voyait toujours l'eau. Par moment, elle se contentait de bouillonner, et ensuite elle s'élançait à plein jet et remplissait le lit du ruisseau.

Notons ici que le vénérable prieur de Freyssenet ne paraît pas avoir observé la corrélation entre les deux fontaines. Il en est de même de celui de nos compatriotes qui écrit :

« On l'appelle la fontaine de *Boulègue* du mot patois qui signifie remuer, s'agiter, et qui exprime parfaitement le bouillonnement, le jet sautillant de ses eaux. » En effet, il résulte évidemment des *Commentaires* et de la lettre de l'abbé Roux de 1840, sans parler de M. de Malbos, que ce mot de *Boulègue* se rapporte au jeu alternatif des deux fontaines et signifie *une fontaine qui change de place*.

**

Les fontaines intermittentes se rencontrent surtout dans les terrains calcaires.

Les plus connues en France sont le *Frais Puits*, près de Vesoul, la *Fontaine Ronde*, près de Pontarlier, le *Puits de la Brême*, près d'Ornans (Doubs), la

Fontaine du Pont de l'Oleron, celle de *Genet*, près de Baune (Côte-d'Or), etc.

Pline avait déjà décrit celle de Côme (Milanais) et Gassendi, celle de Colmars (Basses-Alpes).

Dès le XVIIe siècle, un physicien allemand, Sturm, avait imaginé un petit appareil, appelé *fontaine intermittente*, qui reproduit les phénomènes de périodicité de ces sources et en montre le jeu naturel.

Tout le monde connaît le siphon, ce tube recourbé dont on se sert pour vider un vase sans l'incliner. On sait qu'il suffit de faire le vide en aspirant par la plus longue branche pour que le liquide s'élève dans le tube sous l'action de la pression atmosphérique, et que l'écoulement continue tant que la surface du liquide dans le vase est au-dessus de l'extrémité libre du siphon.

Les fontaines intermittentes ne sont pas autre chose qu'un siphon naturel existant dans les entrailles de la terre. Si le ou les tuyaux d'écoulement entraînent plus d'eau que n'en fournissent les canaux d'entretien, la fontaine tarit forcément jusqu'à ce que le niveau de l'eau se soit assez élevé pour produire un nouvel écoulement.

Il y a aussi des fontaines intermittentes qui s'expliquent, comme la source Alexandre et le puits Firmin, de Vals, par la pression des gaz intérieurs. Ce sont, comme le dit avec un grand bonheur d'expression M. Dalmas, d'immenses bouteilles de Champagne dont le bouchon est formé par une colonne d'eau qui obstrue le tuyau, et que débouche à des intervalles réguliers, la force des gaz accumulés au-dessous.

Mais Boulègue n'est pas une simple fontaine intermittente. Elle présente le phénomène qui n'existe peut-être nulle part au monde d'une *double intermittence*.

M. de Malbos suppose qu'il existe un canal de communication entre Fontfrède et le bassin inférieur de Boulègue ; que, ce canal venant à s'obstruer, le bassin supérieur et le siphon qui l'unit à l'inférieur se remplissent dans trois jours et alors l'intermittence régulière de cette fontaine s'explique facilement : l'obstacle qui existe dans le canal de communication vient-il à disparaître par une cause quelconque, peut-être par la décomposition des matières végétales qui le formeraient, Fontfrède reparaît.

Cette explication doit se rapprocher de la vérité. Il est évident qu'il existe dans la montagne un siphon, alimenté par les mêmes eaux que la fontaine de Fontfrède. Quand, par suite de causes inconnues, ces eaux, au lieu d'aller à Fontfrède, vont dans le siphon, la fontaine de Boulègue se met en mouvement, tandis qu'elle reste tarie aussi longtemps que ces eaux trouvent un déversoir par Fontfrède. La question serait de découvrir la cause de cette direction alternative du cours d'eau souterrain vers Fontfrède ou vers le siphon de Boulègue.

Une observation attentive des conditions géologiques de la contrée, et des circonstances climatériques qui accompagnent le jeu des deux fontaines, la ferait probablement découvrir, si elle était conduite pendant quelque temps avec intelligence.

Un fait nous a frappé dans une des lettres qui nous ont été communiquées au sujet de Boulègue.

Il paraît que le rieu de Masolan perd parfois ses eaux en amont des deux sources, à des endroits différents. En 1871, il les perdait à cinq cents mètres au-dessus du chemin public. D'autres fois, c'est ailleurs. Si le fait est exact, il est difficile de ne pas admettre une corrélation directe entre cette perte et le phénomène d'alternance des deux sources. C'est donc dans cette direction que doivent porter, selon nous, les observations locales.

Voici encore un extrait de lettre sur Boulègue, écrite par une personne qui a longtemps habité le Coiron :

« Si j'osais émettre une opinion sur Boulègue, je dirais que nous avons sur le Coiron un immense bassin qui alimente les sources de Fontfrède, de Pramailhet, du Moulin (Artige), de Verdus, de la Grand-Borie, etc. Une trépidation du sol, un soulèvement, peuvent ouvrir un passage provisoire au ruisseau et à Fontfrède, vers le bassin, et fournir une issue à Boulègue. Un dégagement de gaz, une pression par le haut ou par le bas — chose si naturelle dans ces anciens cratères — peuvent refouler les eaux du bassin vers Boulègue qui coulera sans tarir les autres sources, sauf celle de Fontfrède. Et alors les intermittences, les irrégularités de Boulègue ne s'expliquent pas plus que les tremblements de terre, les éruptions du Vésuve, etc. Avec un siphon sans bassin, nous aurions un jet égal et continu ; avec un siphon alimenté par un bassin, nous aurions toujours le même volume d'eau à chaque apparition. Or Boulègue est très inégale ; tantôt elle débite soixante litres par seconde, et tantôt vingt-cinq seulement. Dans tel jet elle donne mille hectolitres, et dans tel autre cinq cents. Elle fournit parfois dix fois plus d'eau que n'en pourrait fournir Fontfrède joint au ruisseau... On pourrait à peu de frais déblayer le terrain et mettre à jour les ouvertures taillées dans le roc qui sont aujourd'hui obstruées par la terre, les pierres et les herbes. »

La Fontaine de Boulègue est, avec le puits Firmin de Vals, la seule intermittente de l'Ardèche, mais il y a, dans notre département, beaucoup de fontaines *intercalaires*, c'est-à-dire dont le débit varie beaucoup selon les heures de la journée. La plus curieuse de nos fontaines intercalaires est, croyons-nous, celle de Berrias, qui augmente chaque jour de plus d'un tiers de son volume, entre midi et 10 heures du soir, et qui diminue ensuite graduellement jusqu'à midi.

Quelle belle étude il y aurait à faire avec les cours d'eau souterrains, véritables artères du corps vivarois, qui portent et entretiennent la vie dans notre sol. Les fontaines ne sont pas l'œuvre d'un génie fantasque et capricieux ; elles sont régies par la perméabilité des terrains et par la direction des couches terrestres. Quelqu'un qui connaîtrait bien ces couches, avec leurs fractures et qui, par une longue expérience, aurait de plus appris à tenir compte des circonstances locales qui agissent sur la circulation intérieure des eaux terrestres, saurait certainement découvrir les fontaines mieux que les charlatans qui font tourner des baguettes de coudrier. Il y aurait là, non-seulement beaucoup de gloire à acquérir, mais une grande fortune à faire. Une terre sans fontaine n'a qu'une demi-valeur.

L'étude des fontaines nous montre la main divine dans les entrailles de la terre autant que dans les plus belles œuvres étalées à la surface.

Les terrains volcaniques dans le Coiron absorbent facilement l'eau, mais des couches alternatives d'argile arrêtent l'infiltration et distribuent l'eau à diverses hauteurs. Les plus belles sources, comme à Verdus et Boulègue, sont au contact du terrain jurassique.

Dans la région calcaire, la circulation des eaux est facilitée par des lignes de retrait vastes et multipliées et par de longs corridors souterrains. Des marnes argileuses retiennent l'eau au fond des bassins.

Dans les terrains primitifs et les micaschistes, ce sont les ruptures opérées par les soulèvements qui permettent aux eaux de pénétrer dans le sous-sol pour reparaître plus ou moins loin en sources fraîches ou chaudes, selon la profondeur où elles sont parvenues, et la nature des roches qu'elles ont traversées.

Au sommet des montagnes, les forêts pompent l'eau des vapeurs atmosphériques et créent des fontaines là où il ne pourrait y en avoir autrement.

Nous engageons ceux de nos compatriotes qui voudraient approfondir cette intéressante question, à lire le Mémoire de M. de Malbos sur les cours d'eau des formations géologiques du Vivarais, lu à l'Académie de Nîmes en 1840.

X

PRAMAILHET.

Antiquité du pèlerinage de Pramailhet. — Découverte de la statue. — Agrandissement de la chapelle en 1781. — Interdiction du pèlerinage en 1825. — Son rétablissement en 1872. — Les nouveaux et les anciens temples. — La raison d'être des pèlerinages. Un berger. — Les miracles devant Feuerbach, St-Thomas d'Aquin, Montaigne, St-Augustin, Richard Rothe, mon ami Barbe et le docteur Francus. — Rosette, la sainte de Vesseaux. — Comme quoi les croyants vivent davantage et guérissent mieux que les autres. — Un conseil extraordinaire mais très-sérieux.

J'aurais voulu visiter le sanctuaire de Pramailhet, mais mon ami Barbe, qui n'aime pas les *superstitions populaires*, se montra peu disposé à m'accompagner. Je m'en vengeai en l'obligeant d'écouter tout ce que j'en savais, et je dois avouer, dès le début, que mon érudition sur ce point doit un fameux cierge à la notice publiée en 1876 par le chanoine Saunier.

L'origine du pèlerinage de Pramailhet, ou Pré Mailhan, se perd dans les ténèbres du moyen âge. Les traditions locales conservent le souvenir d'une jeune fille dévorée par les bêtes féroces ou massacrée dans ces parages, d'où probablement ce nom de Combemale qui signifie val maudit. Les paysans des environs étaient dans l'habitude d'apporter à la vieille chapelle un peu de la laine de leurs brebis, sans doute en reconnaissance de la destruction de bêtes féroces par l'intercession de la Vierge. De ces souvenirs et de ces coutumes, on peut conclure que les gens de ce hameau ou bien quelque monastère des environs eurent l'idée de construire un oratoire, un ermitage, sur la lisière du bois de Combemale, pour qu'il devînt comme un rempart contre de nouveaux malheurs. Des fouilles faites vers 1850, lors de la reconstruction de la chapelle, amenèrent la découverte de très-vieilles maçonneries non seulement sous la chapelle ancienne, mais tout autour, et même au delà du ruisseau qui coule à quelques pas. Le nom de *Solitari* donné au hameau le plus rapproché, semble confirmer la tradition de l'existence d'un ancien ermitage.

La légende raconte qu'un laboureur de Pramailhet, conduisant ses bœufs dans son champ, rencontrait de leur part une résistance invincible chaque fois qu'ils passaient dans cet endroit. Il creusa et trouva une statue de la Vierge, la même qui figurait dans l'ancienne chapelle et qui, après avoir été transportée, lors de l'interdiction de cette chapelle, à St-Etienne-de-Boulogne, est remontée à Pramailhet. Cette statue a fait partie d'une croix. « La pierre qui porte l'image de Marie est simplement un tronçon de colonne de forme hexagone, à pans inégaux, percé des deux côtés, dans le sens de sa longueur, de manière à reposer sur une douille et à s'ajuster ainsi sur un fût de colonne. Du côté opposé existait un crucifix qui fut brisé en 1804. » Le chanoine Saunier pense qu'il faut voir là une relique de l'ermitage. La croix avait été détruite en même temps que l'ermitage et ses débris ensevelis dans les ruines. Cette découverte peut remonter bien haut, puisque l'usage des croix à double face était connu avant le XIIe siècle.

La vieille chapelle portait un cachet tout particulier d'antiquité : « les pierres de sa porte plein-cintre, ainsi que ses dalles profondément rongées par le temps ; sa voûte très-basse et partant du sol ; ses fenêtres plus petites que les jours d'un cachot ; son autel informe, en mauvaise maçonnerie, et placé dans l'angle le plus rapproché de la porte ; ses tuiles posées sur la voûte nue ; enfin ses dimensions inégales, lui donnaient un air extrêmement primitif, et la ressemblance d'une grotte, d'un tombeau plutôt que d'un sanctuaire. »

Cette chapelle fut agrandie, en 1781, de façon à pouvoir contenir trois cents personnes. Les pèlerinages y continuèrent pendant la Révolution, et ils redoublèrent après.

On y a vu des affluences de cinq à six mille pèlerins. Malheureusement, cette affluence même fut la source de graves abus. Chaque pèlerinage était marqué par des danses et des festins au hameau de Pramailhet, et sous l'influence du vin que l'air vif du

Coiron fait absorber encore plus volontiers, on devine aisément les désordres qui pouvaient avoir lieu.

Pour mettre fin à cet état de choses, l'autorité diocésaine interdit le pèlerinage vers 1823, ou plutôt le transféra à l'église de St-Etienne-de-Boulogne.

Vers la même époque, un violent orage fit crouler la construction de 1781. Néanmoins, les pèlerins continuèrent d'affluer. En 1851, quelques-uns se cotisèrent et rétablirent le mur détruit par l'orage. « Le concours persévéra malgré le ridicule et le blâme déversés sur ceux qui prenaient part à ce pèlerinage interdit; malgré les agissements très-suspects de quelques têtes exaltées qui exploitaient la crédulité publique, qui abusaient de l'absence du prêtre pour singer les cérémonies de l'Eglise, imaginer des processions, faire des quêtes et formuler des prières de leur façon. »

Le pèlerinage de Pramailhet fut rétabli en 1872 à la suite des démarches de l'abbé Ollier, curé de Darbres, actuellement curé à Colombier-le-Vieux, et le 9 septembre de cette année, la messe y fut célébrée pour la première fois depuis cinquante ans, en présence de quatre mille pèlerins.

Les pèlerinages de Pramailhet ont lieu le troisième jeudi de chaque mois, de mai à septembre inclusivement. Il y a, de plus, une grande affluence de pèlerins le 8 septembre, fête de la Nativité.

Les pèlerins arrivent généralement de grand matin, quand ils ne sont pas arrivés dès la veille. Les messes se succèdent et les communiants sont ordinairement fort nombreux. Jusqu'à midi, le recueillement domine dans cette foule. Mais après la grand'messe, la scène s'anime, on se reconnaît, on s'appelle, les petits marchands crient leurs marchandises à haute voix. Des groupes se forment partout aux abords de la chapelle et du hameau, on dîne sur l'herbe peu à peu, on s'en va, et le soir Pramailhet est redevenu un désert.

**

Les lieux de pèlerinage ont pour moi un attrait particulier où l'archéologie, je l'avoue, a peut-être plus de part que la dévotion. L'homme, disait judicieusement un jour mon ami Barbe, est plus moutonnier que les moutons. On ne change pas facilement surtout dans la vie simple des campagnes, les habitudes et les idées. Le fils va où allait son père lequel, à son tour, a marché sur les traces de son grand-père, et ainsi de suite jusqu'à nos ancêtres les Helviens et à leurs prédécesseurs les Celtes. Si, de plus, l'on songe que tout culte vainqueur a tenu à affirmer et consolider sa victoire en s'établissant sur le terrain même et dans les temples du culte vaincu, et quand enfin, on se trouve, comme à Pramailhet et à Notre-Dame-d'Ay, en présence de traditions qui se perdent dans la nuit des temps, rien n'empêche de supposer que la piété païenne s'est déjà manifestée là où s'étale aujourd'hui la piété chrétienne, et il est difficile, au sceptique comme au croyant, de n'être pas saisi de cette manifestation toujours renaissante du sentiment religieux à travers tous les âges et tous les bouleversements politiques et sociaux.

Les deux grands pèlerinages de l'Ardèche, Lalouvesc et Notre-Dame-de-Bon-Secours, sont relativement nouveaux. Pramailhet les domine de plusieurs siècles d'antiquité.

J'ai entendu dire beaucoup de bien et beaucoup de mal des pèlerinages. Pour moi, j'ai toujours envie de jeter un peu d'eau froide sur l'enthousiasme des uns comme sur les détractions passionnées des autres. En définitive, les pèlerinages se défendent par leur perpétuité même. Et ils se perpétuent parce qu'ils répondent à des sentiments inextinguibles. De même qu'il y a des caractères et des situations qui ne peuvent trouver leur satisfaction dans le paisible cours d'une vie régulière, et qui portent invinciblement aux aventures, de même il y a des états de l'âme et des infirmités du corps auxquels ne suffisent pas les formes calmes et normales du culte et que les voies mystiques attirent invinciblement. Les esprits forts auront beau sourire et disserter. Ce n'est pas notre faute si leurs sourires et leurs dissertations n'ont pas sur les affligés et les malades la puissance d'une statue miraculeuse ou d'une fontaine sacrée dans un bois sauvage. Nous pourrons être de leur avis quand ils auront changé le cœur humain, quand ils auront trouvé le moyen de produire avec des mobiles terrestres, avec des syllogismes rationalistes ou républicains, les miracles dont la foi aux choses divines a gardé jusqu'ici le monopole.

∗
∗

Un berger vint à passer conduisant des chèvres et des vaches.

Nous lui parlâmes de Pramailhet. Il nous raconta plusieurs guérisons merveilleuses qui avaient eu lieu aux derniers pèlerinages.

Mon ami Barbe ne put réprimer un sourire d'incrédulité.

Le berger le regarda d'un air méfiant, comme s'il avait devant lui l'antique personnage au front cornu et aux pieds fourchus.

— Est-ce que vous avez été vous-même témoin de ces miracles ? lui demanda fort doucement mon ami Barbe.

— Non, répondit le berger, mais tout le monde à Pramailhet les a vus.

— On vous a trompé, mon brave, répliqua Barbe ; il n'y a point de miracles.

— Ah ! mon bon monsieur, dit le berger d'un ton moitié irrité et moitié moqueur, si Notre-Dame vous entendait ! Quelqu'un qui parlait comme vous, il n'y a pas longtemps de cela, a été mangé par les loups. Vous ne savez peut-être pas qu'il y a encore des loups dans les bois de Combemale !

Ce disant, il fit un grand signe de croix, siffla son chien et rejoignit ses bêtes.

*
* *

Je n'avais rien dit, me contentant de contempler d'un air quelque peu ironique mon brave compagnon de voyage.

— Est-ce que vous croiriez, par hasard, aux miracles ? me dit Barbe un peu froissé.

— Je vous répondrai quand vous m'aurez expliqué ce que vous entendez par miracles.

— N'est-ce pas vous, docteur, répliqua-t-il, qui nous avez cité un jour ce mot profond d'un philosophe allemand :

« Un miracle est une déviation essentielle des lois de la nature. Nous ne connaissons pas les lois de la nature, ne parlons pas de miracle. »

— Au contraire, parlons-en, et, comme vous êtes un esprit juste, nous finirons par nous entendre. J'avoue que cet argument de Feuerbach m'a paru autrefois irréfutable. Je vous accorderai même qu'il l'est dans le sens absolu, mais j'ajoute qu'au sens pratique, l'expérience et la réflexion me le font trouver aujourd'hui assez faible. Je commence par vous rappeler le mot de saint Thomas-d'Aquin : *miracula non sunt multiplicanda;* ce qui veut dire qu'il ne faut pas abuser des miracles, ou plutôt qu'il faut n'y croire qu'à bon escient. Les bonnes gens qui vont répétant que l'Eglise ne songe qu'à fabriquer des miracles font preuve d'une ignorance singulière. On serait bien plus près de la vérité en disant que l'Eglise, c'est-à-dire le pape et les évêques, sont plutôt très occupés à résister à l'invasion des miracles faux ou douteux qu'un zèle malentendu ou une piété aveugle cherchent constamment à leur imposer. Souvenez-vous des apparitions de St-Sernin, il y a une quinzaine d'années : n'est-ce pas la sagesse du clergé qui mit fin à cette légende populaire ?

Les miracles sont, comme les pèlerinages, des fruits spontanés de la conscience religieuse des populations. C'est comme un vent venu on ne sait d'où, qui souffle soudainement et sous lequel toutes les âmes ploient. Il y avait, vers 1868, dans un hameau de Vesseaux, une brave fille qu'on appelait Rosette, à qui ses vertus et sa réputation de sainteté attiraient une foule de pauvres gens qui venaient lui demander leur guérison. Rosette les recevait assez rudement. « Ce n'est pas moi qui guéris, disait-elle, c'est le bon Dieu. Allez le prier et il vous guérira ! »

Il est probable que quelques-uns suivirent ce bon conseil et y puisèrent une force curative qui leur manquait auparavant, car la réputation miraculeuse de Rosette ne fit que croître dans la contrée, bien qu'elle fût la première à la démentir. Il n'y a pas encore bien longtemps, en montant l'Escrinet, nous rencontrions un vieil estropié qui nous dit, entre autres choses : Ah ! si Rosette n'était pas morte, ma jambe serait depuis longtemps guérie !

Voici comme je comprends les choses, ami Barbe. — Il faut d'abord s'entendre sur les miracles. Je pense comme vous que Dieu a établi un ordre de choses, dont il ne peut pas lui-même s'écarter, car ce serait le rabaisser au niveau de nos assemblées bavardes, que de supposer qu'il a établi des lois pour les violer ensuite. Dieu ne peut donc pas plus faire que deux et deux fassent trois qu'il ne peut faire repousser la jambe d'un amputé. — Seulement, il peut, par la force morale et physique que donne la foi — force qu'aucun médecin n'est capable de mesurer — produire des effets extraordinaires, des guérisons merveilleuses, qui ne sont pas des miracles si l'on entend par ce mot un fait absolument contre nature, mais que la masse considèrera à bon droit comme tels, parce que la science humaine était impuissante à les produire.

Le mot de Feuerbach est donc à double tranchant. Si l'on ne peut pas affirmer de miracle parce qu'on ne connaît pas les lois de la nature, on ne peut pas davantage leur opposer une dénégation absolue. J'ajoute que le mot est incomplet, car en dehors ou au-dessus de la nature, c'est-à-dire du monde visible et accessible à nos sens, il y a le monde invisible et surnaturel dont les lois nous sont inconnues.

C'est pour cela sans doute, qu'on a toujours vu les grands esprits, même les plus sceptiques, beaucoup plus réservés sur ce chapitre que nos théologiens et nos politiques de café.

Ainsi, tandis que tous les *Progrès* et tous les *Indépendants* de province condamnent en bloc et jettent par dessus bord, tout ce qui ne va pas à la hauteur de leur sublime intelligence, le penseur illustre, qui s'appelle Montaigne, écrit modestement :

« La raison n'a appris que de condamner résolument une chose pour fausse et impossible, c'est se donner l'avantage d'avoir dans la tête les bornes et limites de la volonté de Dieu et de la puissance de notre nature ; et qu'il n'y a pas de plus notable folie au monde que de les ramener à la mesure de notre capacité et suffisance. »

Un protestant célèbre, Alexandre Vinet, dit de son côté :

« Il y a bien peu de vérités parfaitement claires. L'union de notre âme et de notre corps est un mystère ; nos sentiments les plus familiers, nos affections, sont un mystère ; l'action de la pensée et de la volonté est un mystère. Pourquoi admettons-nous tous ces différents faits ? Est-ce parce que nous les comprenons ? Non certes, mais parce qu'ils sont évidents par eux-mêmes et parce que ces vérités nous font vivre. »

Saint Augustin avait déjà dit : « Il faut bien accorder à Dieu qu'il peut faire quelque chose qui nous dépasse. »

Un profond métaphysicien, Richard Rothe, dit enfin : *Le surnaturel est aussi une nature.*

Il me semble que ces opinions sont comme les échelons à l'aide desquels la raison la plus chatouilleuse peut, sinon comprendre les miracles, du moins s'expliquer comment et dans quelle mesure on peut les admettre.

Pour moi, tout en n'admettant les miracles qu'avec la plus extrême réserve, je ne crois pas qu'on puisse philosophiquement les nier en principe.

Il faut pour cela les considérer non pas comme une contradiction aux lois naturelles, mais comme un effet des lois surnaturelles qui, pour nous être à demi-cachées, n'en sont pas moins réelles. Celles-ci ne sont pas contraires aux lois naturelles ; elles leur sont simplement supérieures. Elles font en quelque sorte le trait-d'union entre les deux mondes : celui des purs esprits et celui des corps animés par des esprits. Il est certainement assez difficile d'expliquer les mystères dont nous sommes environnés de toutes parts, mais les nier n'avance à rien et ce procédé caractérise les cervelles étroites. Soyons réservés, mais que le respect de l'inconnu balance chez nous le doute de l'invraisemblable.

Au point de vue purement médical — car il faut

toujours en revenir à ses moutons — je constate que les pèlerinages font souvent des cures devant lesquelles s'inclinent tous les médecins et tous les pharmaciens du monde.

J'en appelle à mes confrères les plus sceptiques. Que de fois ne se sont-ils pas réjouis de la foi religieuse de leurs malades, sachant le calme et l'énergie vitale que ceux-ci peuvent y puiser !

Une statistique que l'on devrait bien faire est celle de la mortalité comparée des croyants et des incrédules. Je suis sûr que les résultats en seraient des plus avantageux aux croyants. Il est certain, dans tous les cas, que les croyants de toute religion vivent en moyenne plus longtemps que les autres, par diverses raisons, dont les principales sont : 1º que, leur vie est généralement plus régulière ; 2º que, lorsqu'ils sont malades, la foi religieuse leur fournit un moyen de guérison que les incrédules n'ont pas.

Un nouveau grief que les hommes sans parti pris, républicains ou monarchistes, sont en droit de faire aux énergumènes anti-religieux qui tiennent en ce moment le haut du pavé, c'est de poursuivre un but qui, s'il était atteint, aurait pour effet de diminuer l'énergie curative des malades et de raccourcir probablement d'une façon notable la durée de la vie humaine. Ceci n'est point un paradoxe, mais une vérité mathématique.

***

Une idée me vient ici, et je la jette au grand vent de la publicité avec l'espoir qu'elle sera recueillie par des oreilles intelligentes.

Figurez-vous sur ce beau plateau du Coiron, les tièdes splendeurs de l'automne faisant subitement place aux horreurs de l'hiver. Toute verdure a disparu, le vent souffle avec fureur sur l'immensité neigeuse. C'est comme un linceul blanc étendu des Cévennes aux Alpes. Les paysans de la contrée se serrent dans leurs cabanes fumeuses. Un d'eux tombe malade. Le médecin est loin : à Aubenas, Privas ou Villeneuve-de-Berg. D'ailleurs, les communications sont longues, difficiles, quelquefois impossibles, et les visites coûtent cher. Voilà un pauvre diable condamné à mourir faute d'un médicament ou d'un bon conseil.

Comment faire ? — Je le sais bien, et il me semble qu'il y a dans cette situation un moyen pour le clergé de recouvrer une partie de son ancienne influence, tout en rendant aux pauvres populations un nouveau et signalé service.

Pourquoi n'y aurait-il pas dans tous les séminaires un professeur de médecine pour donner aux jeunes ecclésiastiques les notions les plus indispensables de l'art de guérir, en faire tout au moins des officiers de santé ?

Pourquoi n'y aurait-il pas aussi un professeur de droit, pour leur donner une teinte du droit et de la procédure, de manière à leur permettre de faire éviter aux paysans bon nombre de procès coûteux ?

Ces deux propositions vont paraître sans doute extraordinaires à bien des gens, mais, comme ce n'est pas d'hier que je les roule dans ma cervelle, je me permets de les maintenir ici comme raisonnables et pratiques, autant dans l'intérêt des populations des campagnes que dans celui de l'Eglise, car leur exécution profiterait à la fois à la santé, à la moralité et au bon sens publics.

XI.

LE COIRON ET SES VOLCANS.

Les *tomes* et les *canastres*. — Freyssenet. — L'abbé Roux. — Les filons volcaniques du Coiron. — La formation des vallées. — Comment un fond de vallée devient un sommet de montagne. — Les éruptions pyroxéniques du Coiron. — La poutre de Monteillet. — Le Coiron devant la linguistique. — L'œuvre de l'Eau et du Feu au Coiron. — L'ancien lac de Privas. — Les dépôts diluviens du Bas-Vivarais. — Les basaltes prismatiques du Coiron. — Les déjections de Chaudcoulant. — Les fontaines du Coiron. — Le déboisement résultant de la division des propriétés. — Le docteur Joyeux. — Un arrêté préfectoral sur les chèvres en 1805. — Un gros ver-luisant. — L'origine des opinions politiques. — Une petite dissertation interrompue par mon ami Barbe.

Nous remontons par le village de Boulègue. C'est par là que nous aurions dû venir, car c'est la seule voie relativement facile. Toutefois, maintenant que la fatigue est passée, nous ne sommes pas fâchés d'avoir pris le chemin de l'école.

A Prades, nous entrons à l'auberge Fargier, où nous faisons, grâce à l'appétit ramassé en route, un excellent déjeuner. — N'est-ce pas, ami Barbe ? Vous rappelez-vous ces œufs frais, ce beurre exquis qu'une bonne vieille battait à côté de nous dans la baratte, et par dessus tout ces excellentes *tomes* fraîches qu'on ne trouve que dans notre cher Vivarais ? Il paraît qu'en langue gaëlique *tomlacht* signifie lait caillé. Voilà probablement l'étymologie de nos *tomes*. La même race primitive qui a laissé ses os dans les monuments mégalithiques du pays de Galles et de la Bretagne qu'aucun bras de mer ne séparait alors, a laissé aussi dans ce mot *tome* la trace de notre parenté avec elle. Je gagerais volontiers que M. Ollier de Marichard n'a pas, dans sa collection préhistorique, de document plus ancien que ce substantif vénérable et substantiel. Voilà peut-être le secret de la prédilection marquée d'un si grand nombre d'entre nous pour ce vieux mets national vivarois qu'il représente.

L'hôtesse nous raconta qu'elle portait tous les samedis à Privas deux *canastres* de tomes..

Mon ami Barbe se mit à rire. — Si nous sommes les fils des vieux Gaels, nous sommes aussi, dit-il, par ces *canastres*, cousins des Grecs.

— Sans doute, lui dis-je, et voilà un nouveau titre pour les porteuses du Coiron à écouler fructueusement leurs excellents produits chez les Privadois, du moins chez ceux qui aiment l'archéologie... et les *tomes*.

Nous retombâmes des hauteurs de notre antique origine gréco-gaélique en contemplant la vieille qui battait le beurre. C'était le type de la pauvresse abrutie par le travail, l'ignorance et la misère. Regardez bien cette figure, ami Barbe. Voilà qui montre aux vrais démocrates, beaucoup mieux que toutes les professions de foi électorales, ce qu'ils ont à faire. Il y a des malheureux et des malheureuses parmi nous qui n'ont de l'homme ou de la femme que le nom, et qui, pour le reste, sont au niveau de la bête. C'est ce niveau qu'il faut relever. Que vos amis y mettent seulement la moitié de la peine et de l'argent qu'ils consacrent à des objets bien moins importants; qu'ils s'abstiennent surtout de cette guerre bête et impie aux hommes et aux associations qui, en somme, ont fait leurs preuves, et je serai heureux de leur adresser, au lieu d'épigrammes, les éloges qu'ils auront mérités.

Nous continuons notre route vers Freyssenet. Le chemin est mauvais; cependant une voiture peut passer partout.

La vue au sommet de la montée est splendide. Les Alpes dauphinoises et le mont Ventoux forment un magnifique fond de tableau au sud-est.

La tour de Mirabel est toujours là qui semble guetter nos mouvements. L'horizon est borné de ce côté par la montagne de Berg et la chaîne de St-Remèze.

Voici Freyssenet. Le cimetière est sur la route à notre droite. Trois tombes se dressent dans les herbes qui furent drues mais que l'été a desséchées ; avec une allumette on y allumerait un incendie.

L'église, nouvellement rebâtie, porte sur le fronton la date de 1865.

Nous avons déjà parlé de l'abbé Roux, ancien prieur de Freyssenet, à propos de la fontaine de Boulègue. Cet ecclésiastique, qui était de Darbres, a habité Freyssenet pendant une trentaine d'années. Quelques visites de Soulavie, alors vicaire à Antraigues (1778 et 1779) en firent un naturaliste. Soulavie passa notamment à Freyssenet à la fin de 1779 et exposa son système à l'abbé Roux qui lui fit diverses objections.

Nous avons de lui cinq lettres insérées dans les tomes 6 et 7 de l'*Histoire naturelle de la France méridionale*, l'une du 27 février 1777 sur la fontaine de Boulègue, la seconde du 21 mai 1780, sur la Géographie physique du globe terrestre et sur les révolutions externes arrivées à la surface de la terre, et les trois autres, en date de janvier et juillet 1781, contenant diverses objections aux théories géologiques de Soulavie.

L'abbé Roux a laissé, de plus, un manuscrit intitulé : *Prospectus d'une histoire naturelle* en cinq volumes in-12, qui fut annoncé en 1789, mais n'a jamais été imprimé. Un exemplaire — probablement le seul qui existe — est entre les mains de M. Michel, de St-Jean-le-Centenier. Cet exemplaire forme deux volumes in-folio, divisés en cahiers. Nous ne connaissons pas cet ouvrage, mais les cinq lettres publiées par Soulavie suffisent amplement à faire connaître les idées de son auteur.

Le prieur de Freyssenet reconnaît, dans ses lettres, comme dans son ouvrage manuscrit, que Soulavie lui a ouvert les yeux sur la science géologique. « Que pouvez-vous attendre, dit-il, d'un homme qui n'a jamais rien vu que les noirs rochers dont il est environné de toutes parts, et qui ignorait encore leur origine et mille curiosités qu'on y remarque, si vous ne lui aviez fait l'honneur de le venir voir et de lui dire qu'ils provenaient d'une matière qu'un feu souterrain avait mise en fusion et l'avait fait sortir des entrailles de la terre comme un fleuve de métal fondu et tout enflammé ; que cette matière, en coulant dans les lieux les plus bas, s'était refroidie et durcie, et avait enfin formé ce rocher noir, tel que nous le voyons, et qu'on appelait cela un volcan ? »

Le comte Marzari-Pencati, un géologue italien qui a visité le Coiron en 1804, dit, en parlant de l'abbé Roux :

« Il suffit de lire quelques pages de son manuscrit pour s'apercevoir que cet estimable ecclésiastique, doué de talents naturels non ordinaires, manquait des principes de minéralogie qu'il faut posséder avant d'aborder la science des révolutions du globe; principes qu'on ne peut acquérir que dans les grands centres d'instruction, inaccessibles à un pauvre curé relégué dans les charges spirituelles de dix cabanes placées au milieu du plus horrible désert de France » (1).

Cette critique n'est que trop justifiée. L'abbé Roux n'en a pas moins montré un véritable esprit d'observation, et il a même parfois beaucoup mieux compris certains phénomènes géologiques que son maître Soulavie. Ainsi, tandis que ce dernier, pour expliquer les filons volcaniques si nombreux dans le Coiron, supposait que la lave les avait formés en pénétrant de haut en bas dans les fentes de la terre, l'abbé Roux avait fort bien reconnu que la lave était projetée de dehors en dedans « par les forces expulsives et que cela faisait autant de bouches subalternes des grands cratères. L'on voit cela distinctement dans les filons qui sortent en grand nombre autour du Coiron, surtout à St-Pierre-la-Roche... Rien n'est plus curieux que de voir ces filons en forme de murailles sortir de droite et de gauche du

---

(1) *Corsa pel bacino del Rodano*, p. 85.

grand rocher volcanique qui s'élève en rond au milieu du vallon de Sceautres et va se perdre dans les nues ; ces filons sortant de ce grand rocher portaient leurs laves sur le plateau du Coiron et ainsi ils coulaient de bas en haut. Cela paraît à vue d'œil, et la raison le démontre, parce que la même force qui poussait en haut la matière, qui a formé le rocher, qui était le cratère de ce volcan, poussait celle des filons de laves qui y tiennent comme les branches d'un arbre tiennent à son tronc. »

Le grand débat — fort courtois, d'ailleurs — entre Soulavie et le prieur de Freyssenet, portait sur la formation des vallées en général, et des vallées du Coiron en particulier. Tous deux étaient d'accord sur ce point que le Coiron, avant d'être un sommet de montagne, avait été un bas-fond, comme le prouvent les larges et profonds atterrissements recouverts par les laves. Tous deux pensaient encore que l'état de choses actuel était dû à l'action des eaux, seulement Soulavie était pour une lente action continuée pendant des siècles, tandis que l'abbé Roux croyait à de violents déluges successifs.

Pour le prieur de Freyssenet, le Coiron était, avant les éruptions volcaniques, un large bassin au milieu duquel coulait un grand fleuve allant du nord-ouest au sud-est. Les feux souterrains ayant percé ce bassin de mille crevasses, en firent une mer de laves qui s'étendait probablement sur une partie des

Boutières et du Maillaguès. Les Basses-Boutières formaient avec le Coiron et le Maillaguès un plan horizontal légèrement incliné au sud-est dont les eaux ont fait ce que nous voyons, le Coiron restant, grâce à sa carcasse balsatique, l'unique débris de l'ancien état de choses.

Cette supposition n'a rien d'invraisemblable si l'on observe la correspondance des couches entre le Coiron et Charay. L'abbé Roux fait observer, de plus, que les échancrures de la crête nord du Coiron correspondent toutes à des vallées — et il conclut que les anciens courants passaient par ces échancrures dont les vallées, qui se sont encore creusées depuis, n'étaient que la continuation. Les volcans du Coiron étant venus opposer une barrière à ces courants, les eaux se retournèrent vers l'est et creusèrent les vallées du Mezayon et de l'Ouvèze.

L'abbé Roux croit que toutes les grandes échancrures, gorges ou cols, qui donnent sur le Bas-Vivarais, depuis le Coiron jusqu'à Mézilhac et, en revenant vers le Sud, ceux de la Chavade, du Bez et de Loubaresse, ont la même origine. C'est par là qu'ont passé les grands courants d'eau qui ont creusé le vaste bassin compris entre le Coiron, le Tanargue et les montagnes de Berg et de St-Remèze.

L'abbé Roux a pénétré l'origine du granit et semble avoir pressenti les soulèvements. « Les montagnes granitiques, dit-il, sont l'effet de volcans qui les ont soulevées autrefois du sein de la terre. »

Un jour, en allant de Freyssenet à Vals, il fut frappé par la vue d'une roche granitique près de la métairie du Cheylard « où l'on voit plusieurs grosses pierres calcaires incrustées, ce qui ne peut se faire sans la fluidité, ni cette fluidité sans le volcan (1).

L'abbé Roux croit, comme Soulavie, à l'influence des terrains volcanisés sur le caractère des habitants, « car, dit-il, tout le monde convient que le caractère et le génie des gens de la montagne des Cévennes et des Boutières est le même ; tous plus robustes, et jadis plus portés à la révolte et à se battre que ceux du reste du Vivarais ; mais avec tout cela fort bons en les prenant par la douceur, fort obligeants et prêts à se sacrifier pour ceux qui les savent bien prendre » (2).

Soulavie dit, dans son tome 7 paru en 1784 :

« L'abbé Roux vit encore ; il reçoit avec bonté et intérêt tous les curieux de la nature, que les sciences conduisent chez lui, et jouit de la considération qu'on doit à un homme de bien et d'honneur, et à un homme éclairé qui écrit si bien sur l'histoire de sa patrie. »

Le vénérable prieur de Freyssenet se retira à Dar-

---

(1) *Hist. nat. de la Fr. méridion.* t. 7, p. 7.
(2) Idem, t. 7, p. 52.

bres, où il avait une propriété et où il mourut dans les premières années de ce siècle.

**

Nous avons déjà dit dans un autre opuscule (1) que la formation du Coiron correspondait aux éruptions pyroxéniques. La lave sortait par de nombreuses fractures de la croûte terrestre et probablement sans les explosions bruyantes qui caractérisèrent les volcans de la dernière heure. La pâte pierreuse forma une énorme coulée souterraine qui va de la Champ-Raphaël à Rochemaure et se ramifie par dikes plus ou moins épais dans diverses directions. La présence de scories et de laves poreuses montre l'action de volcans subséquents, analogues à ceux d'Ayzac et Montpezat, mais plus anciens.

Les basaltes du Coiron recouvrent plusieurs espèces de terrains :

Le trias, à l'Escrinet ;

Puis les marnes oxfordiennes ;

Un peu plus bas, les calcaires du jurassique supérieur ;

Le néocomien inférieur ;

Les calcaires à criocères ;

Les calcaires à silex de Rochemaure ;

Enfin, les poudingues et les marnes éocènes (entre Rochemaure et le Chenavari).

(1) *Voyage aux pays volcaniques du Vivarais*, p. 105.

M. Torcapel, dans une note présentée le 5 juin 1882 à la Société géologique (1), combat l'opinion de M. Dalmas qui avait vu dans ces poudingues un produit du diluvium alpin. Il explique comment l'on a pu prendre pour des galets de basalte ou de quartzite alpin les rognons de silex altérés par des effets divers d'hydratation ou d'oxidation. Il démontre que ces poudingues sont presque exclusivement formés d'éléments empruntés aux divers étages crétacés ; qu'ils ne contiennent aucun caillou basaltique ; qu'ils ont été soulevés par l'éruption, notamment près du vieux château de Rochemaure ; qu'ils sont donc antérieurs aux basaltes, et, par conséquent, que l'éruption du Coiron, au lieu de se rapporter à l'époque *pliocène*, comme le pensait M. Dalmas, doit être reculée à l'époque *miocène*. On sait que la période *éocène*, à laquelle remonteraient les poudingues de Rochemaure, a précédé l'époque miocène ou de la Mollasse et que celle-ci a été suivie par l'époque pliocène ou subapennine — l'ensemble de ces trois époques formant ce qu'on appelle le terrain tertiaire.

M. Torcapel trouve une confirmation de sa manière de voir dans les nombreux fossiles découverts sous les basaltes au quartier de Vaugourde, près d'Aubignas. Sa note contient à ce sujet d'intéres-

(1) Voir *Le Plateau des Coirons et ses alluvions sous-basaltiques*, par Alfred Torcapel, ingénieur, membre de la Société géologique de France.

sants détails et nous y voyons que ces fossiles, examinés par M. Albert Gaudry, ont paru à ce dernier être en liaison intime avec la faune de Pikermi et du Mont Lèberon et devoir remonter, comme celle-ci, à l'époque miocène. C'est donc à cette époque, conclut l'auteur de la note, qu'il faut placer le commencement de l'éruption des Coirons, ainsi que le dépôt des alluvions fluviatiles recouvertes par le basalte, et c'est dans la mer de la Mollasse que devait se jeter la rivière qui les charriait.

Les fossiles d'Aubignas, où l'on aurait constaté environ vingt-deux espèces différentes, ne sont pas les seuls qu'on ait rencontrés sous les basaltes du Coiron. A la fin du dernier siècle, on découvrit à Darbres, sous les basaltes, une défense d'éléphant, qui a été décrite par Faujas de St-Fond, et qui se trouve au Muséum. Beaucoup d'autres débris d'animaux, dont les espèces sont éteintes, ont été trouvés, depuis, dans ces parages, mais la découverte la plus intéressante est celle de la poutre de Monteillet (près de St-Gineis), si, comme on l'assure, cette pièce de bois porte la trace du travail humain, puisqu'elle nous montrerait alors l'homme vivarois contemporain des volcans du Coiron. Il est regrettable qu'aucune personne compétente ne soit encore allée vérifier un fait si important pour nos annales préhistoriques. M. d'Albigny, chez qui nous avons vu, depuis, un fragment de la poutre de Monteillet, fragment à demipétrifié, d'un noir brillant et susceptible de prendre un beau poli, a fait sur ce sujet une curieuse communication à la Société des sciences naturelles de l'Ardèche dans la séance du 5 juillet 1877. Il en résulte qu'on trouve sur le littoral breton, entre la baie de Cancale et St-Malo, des quantités de bois de cette nature, et que ces bois portent, dans la langue bretonne, le nom de *Couesron* ou *Coiron*. Cette synonimie est digne d'attention et nous aimerions à savoir s'il n'y a pas là autre chose qu'une simple coïncidence de noms.

**

D'où vient le mot *Coiron* ?

Bien des personnes, songeant que Coiron se dit en patois, c'est-à-dire dans le vieux langage local, *Couïrou*; que *cuire* en patois se dit *couïre* ou *couoïre*, et, rapprochant de ce mot le caractère volcanique de la montagne, ont pensé que les anciens habitants du pays avaient voulu désigner par là une *montagne cuite*. Cette étymologie paraît en somme, assez vraisemblable et nous l'acceptons tout au moins jusqu'à ce qu'on en ait trouvé une meilleure.

Dans les vieux registres latins des XIV° et XV° siècles, le Coiron est désigné sous le nom de *Coyrotus*.

Ce mot de *Coiron* et d'autres noms de localités de cette montagne, tels que *Chaud-Coulant*, *Combe-Chaude*, *Montbrul*, donnent lieu à une remarque assez curieuse. On peut y voir, en effet, l'indice d'une tradition de l'origine ignée du Coiron, conservée dans le vieux langage local, bien qu'effacée dans le souvenir et dans l'histoire des hommes.

On sait, en effet, que personne, pas même les savants, ne se doutait en France et en Europe, de l'existence des volcans éteints du Vivarais et de l'Auvergne, avant le milieu du siècle dernier, et que les premiers observateurs qui en parlèrent, ne rencontrèrent d'abord que l'incrédulité publique.

Les eaux de Neyrac nous offrent un autre exemple du même genre, puisque après avoir été fréquentées du temps des Romains et au moyen âge, la tradition locale elle-même les avait complètement oubliées. Quand Faujas de St-Fond y vint vers 1775, les paysans de Neyrac lui dirent que c'était une eau dangereuse et voulaient l'empêcher d'en boire.

Il est probable que bien d'autres localités dans le Coiron portent des noms significatifs, mais dont le sens est difficilement reconnaissable par suite des changements que leur ont fait subir le temps et les hommes.

Ce sont des monnaies dont l'empreinte a été plus ou moins effacée et dont beaucoup resteront toujours indéchiffrables.

Pour avoir une idée de la rapide altération des anciens noms de localité à des époques même assez rapprochées, il suffit de comparer la carte de Cassini avec celle de l'état-major. Cassini avait déjà fait, de Chaud-Coulant, par exemple, *Chaucoulon*. L'état-major en fait *Chancolan*. Nous gagerions volontiers que les géographes futurs en feront le *Champ de Nicolas*.

Au reste, la plupart des vieilles désignations locales ne figurent sur aucune carte, et ne vivent que dans le patois local, où il est grand temps que les archéologues viennent les recueillir pour les sauver de l'oubli.

Aucune carte, par exemple, ne mentionne *Rignas (rivus ignis)* près de Rochemaure, et le *Pas-d'Enfer*, au col d'Allier, près de St-Pierre-la-Roche. L'abbé Roux (1) dit qu'il y a en cet endroit une mine de soufre qui paraît des plus abondantes et qu'on a bien de la peine à y passer quand, après la pluie, il fait un soleil un peu chaud, à cause de l'odeur de ce minéral.

**

Si j'étais maître d'école dans la région du Coiron, je voudrais composer et faire apprendre à mes élèves un petit catéchisme géologique conçu à peu près dans ces termes :

— Qui a fait le Coiron, mon petit ami ?
— C'est le bon Dieu.
— De quels instruments s'est-il servi pour cela ?
— De l'eau, du feu et du temps.

(1) *Hist. nat. de la France Mérid.* de Soulavie, t. VII, p. 59.

— Comment reconnaît-on l'action du feu ?

— On la reconnaît aux pierres fondues ou calcinées qu'on appelle des basaltes ou des laves.

— Et celle de l'eau ?

— On la reconnaît au creusement des vallées et aux couches horizontales déposées par les eaux. Il est évident, par exemple, par les lambeaux de terrain lacustre qu'on trouve à Rochessauve, Saint-Pierre-la-Roche, Charay, Pourchères et Creysseilles, qu'un lac couvrait autrefois tout le bassin de Privas, et que ses dépôts ont été presque entièrement détruits par les eaux qui ont creusé peu à peu les vallées de l'Ouvèze et de Mezayon.

— Que remarquez-vous de particulier dans le terrain de Privas ?

— De nombreux débris de lave poreuse dans les assises inférieures de ce terrain attestent l'existence de volcans antérieurs à ceux qui, depuis, recouvrirent la partie supérieure. Des couches siliceuses ont conservé l'empreinte des végétaux, des poissons, des insectes et même des mammifères de cette lointaine époque. Il est à remarquer que la plupart de ces végétaux existent encore aujourd'hui : hêtre, peuplier, pin, coudrier, aulne, bouleau, pêcher, etc.

— Que concluez-vous de là ?

— Que l'identité de végétation fait présumer l'identité de température.

— Comment se forment les prismes basaltiques ?

— Ils se forment quand la lave est arrêtée par un obstacle quelconque ou que l'inclinaison du sol est très faible. Alors seulement, en effet, la lave se refroidissant en repos, se découpe en prismes réguliers.

— Comment donc ont pu se solidifier, sous la forme prismatique, les basaltes du Coiron qu'on dirait suspendus dans les airs ?

— Ces prismes prouvent justement que le Coiron, au lieu de se détacher dans les airs, était alors environné de masses rocheuses dont il a été dépouillé par les eaux. Au reste, le fait est rendu sensible, au nord, par les couches correspondantes de Charay, et au sud par les dépôts diluviens de la Chapelle-sous-Aubenas, de Ruoms et même du Pont-d'Arc, qui correspondent aux dépôts sous-basaltiques de Saint-Jean-le-Centenier. Ces dépôts se sont même étendus probablement beaucoup plus loin, puisque M. de Malbos a trouvé des fragments de lave et de basalte pyroxénique, dans le dépôt diluvien alpin que coupe le chemin de fer de Nîmes à Beaucaire. Il en a trouvé aussi dans le dépôt alpin qui couronne la montagne de Villeneuve-lès-Avignon, sur les bords de la route d'Uzès. Or, la provenance vivaroise de ces cailloux ne peut être douteuse, puisque le Vivarais est le seul fournisseur de cailloux basaltiques pour toute la vallée du Rhône.

— Puisque chaque dépôt de cailloux roulés porte

sa marque d'origine, d'où vient le dépôt diluvien dont vous trouvez la trace au Coiron et sur divers points du Bas-Vivarais ?

— Il vient des mêmes montagnes granitiques que l'Ardèche et ses affluents, puisqu'on n'y trouve aucun caillou phonolitique, mais seulement du granit, du gneiss, et du basalte pyroxénique.

— Comment vous figurez-vous le Coiron avant les grandes éruptions volcaniques ?

— Le Coiron était un fond de vallée ou formait tout au plus une modeste proéminence dans un vaste bassin s'étendant des Boutières aux montagnes du Gard. — Le terrain jurassique y avait été recouvert par des dépôts diluviens où l'on retrouve la trace des volcans plus anciens des hautes Cévennes. — Il fut habité tout au moins par les animaux, puisque nous trouvons sous les basaltes les ossements d'un grand nombre, ce qui permet de croire à de lentes révolutions terrestres plutôt qu'à de grands et subits cataclysmes. Puis les feux souterrains firent éclater le sol en beaucoup d'endroits, probablement à de longs intervalles.

La lave se répandit à grands flots, remplit les failles et les ravins environnants qui lui servirent de moule. Enfin, à mesure que le lit du Rhône s'abaissait, les eaux qui se précipitaient du sommet des Cévennes, dénudèrent plus profondément les régions inférieures et emportant le moule calcaire, mirent à découvert les escarpements basaltiques que nous voyons aujourd'hui.

Il me semble que de petites leçons d'histoire locale de ce genre contribueraient beaucoup plus à ouvrir l'esprit des enfants, à développer chez eux l'observation et la réflexion, que l'histoire des Mèdes et des Assyriens, voire même celle du roi Pharamond et de Clodion le chevelu.

L'enseignement primaire manque, à mon avis, de cette direction pratique, et en quelque sorte de démonstration locale, qui seule laisse de profondes traces dans l'esprit des enfants.

— Vous avez bien raison, me répondraient sans doute les directeurs d'écoles normales, mais... mais... et encore mais...

***

Le cratère de Chaudcoulant, depuis longtemps comblé par les terres, a été l'un des principaux déversoirs des laves du Coiron. M. Dalmas, qui en a mesuré les déjections (1) en remontant du hameau d'Avignas, près d'Alissas, jusqu'au sommet de la montagne, a trouvé au-dessus des marnes oxfordiennes :

Cendres et gravier volcanique et calcaire, 2 mètres.

Lave cristalline et poreuse, 2 mètres;

(1) *Itinéraire du géologue dans l'Ardèche*, p. 175.

Brèches boueuses et boues volcaniques, 15 m.

Coulées de basaltes en partie prismatiques, 40 m.

Brèches boueuses sur le plateau de Taverne, 10 m.

Lapilli et cendres rouges et grises se décomposant en terre végétale, 5 mètres.

Tous les anciens cratères du Coiron, généralement, d'ailleurs, méconnaissables, donnent naissance à quelque rivière ou torrent :

Chaudcoulant, à Claduègne; Freyssenet, à Auzon; le Fournas, au Riouman; Combechaude, à la rivière de Paire; le Chaliard, au Vernet; une autre petite bouche près de Freyssenet, au Merdaric, etc.

Les volcans du Vivarais ont percé tous les terrains.

Les phonolites du Mezenc et du sommet des Cévennes sortent du granit.

Les dikes de Loubaresse se sont fait jour à travers les schistes.

La Coupe de Jaujac a traversé le terrain houiller.

A l'Escrinet, Pourchères, Creysseilles, les dikes percent le grès bigarré.

A Mirabel, Freyssenet, Privas, le basalte surgit du lias ou de l'oxfordien.

A St-Pierre-la-Roche, St-Vincent-de-Barrès, il jaillit du sein des marnes néocomiennes.

A Rochemaure, il sort du grès vert.

Enfin, au mont Charay, Rochessauve, il se fait jour à travers le terrain lacustre.

**

Le Coiron est un excellent sujet d'études au point de vue des fontaines — car, isolé comme il l'est du reste des Cévennes par le col de l'Escrinet et par les ruptures volcaniques, il n'est pas probable qu'il rende en sources beaucoup plus d'eau qu'il n'en reçoit directement par les pluies. En mesurant exactement sa surface boisée et non boisée, le nombre et le débit de ses sources, et en rapprochant ces chiffres de la qualité et de l'inclinaison des terrains, on arriverait probablement à des résultats fort instructifs, au point de vue scientifique comme au point de vue pratique.

Ce qui frappe le plus au Coiron, c'est l'absence d'arbres. A peine çà et là quelques frênes et quelques noyers. Partout des cultures ou des prés. On dit que le Coiron était autrefois très boisé. Si cela est, il est probable que le déboisement s'est fait peu à peu. C'est le résultat fatal de la petite propriété — et les défrichements opérés à la suite du partage des anciens biens communaux n'y ont pas peu contribué. La conservation des bois ne peut avoir lieu que par l'Etat ou par la grande propriété. Les bois sont un revenu trop éloigné pour l'homme qui est obligé de nourrir sa famille au jour le jour. Or, il est facile de voir, par la lecture des registres de notaires, combien, dès le xve siècle, la division de la terre était déjà avancée. Il est donc probable que, dès cette époque, le déboisement marchait grand train.

Divers actes du *Manuale notarum* d'Antoine Brion, Privas 1428, prouvent que les bois étaient déjà alors rares sur le Coiron. Nous n'en citerons qu'un.

Un grand marchand de Privas, Antoine Vallat, cède à un habitant de Freyssenet, Jean Rouvier, une maison située dans l'intérieur de Privas, près du mur du nord et de la rue allant au Petit-Tournon, contre quatre prairies situées sur le chemin de Freyssenet à l'Escrinet. Ces prairies sont limitées par d'autres prairies. Il n'est nulle part question de bois. Jean Rouvier paye, en outre, à Vallat un solde de dix-huit moutons d'or. Ces prés du Coiron relevaient du seigneur de Cheylus, Antoine Berlion, qui reçoit les lods et donne l'investiture au nouvel acquéreur.

Le curé de Freyssenet à cette époque, s'appelait Guillaume La Mandine, et son prédécesseur Armand Corbière. Il était de l'Auvergne. Nous le voyons, dans ce même registre, le 10 janvier 1429, avec son frère Robert, marier sa nièce Jeanne La Mandine, à Claude Delorme de la Prade de Masaulan. La dot est, ma foi, des plus belles pour l'époque : quatre-vingts florins d'or au coin du pape, payables à raison de huit florins par an le 1ᵉʳ janvier de chaque année. De plus, le curé donne à sa nièce dix florins. De son côté, Jacques Delorme, père du fiancé, lui donne le tiers de tous ses biens, en se réservant toutefois l'usufruit pour lui et sa femme leur vie durant. Parmi les témoins de cet acte, qui fut dressé dans l'église de Freyssenet, figurent le chanoine Pierre Aulagnet, curé de St-Apollinaire de Gluiras, et Jean Chanabaci, curé de St-Pierre-de-Berzème.

***

L'absence d'arbres donne au paysage du Coiron un aspect morne et désolé qui jette dans l'esprit une tristesse invincible. Ceci me remet en mémoire un vieux souvenir.

Bien des personnes de Privas se rappellent certainement le vieux docteur Joyeux qui a si longtemps et si honorablement exercé, dans la capitale de l'Ardèche, l'art si difficile de guérir les malades malgré eux — car, soit dit en passant, sauf quelques cas graves, les malades suivent le régime qui leur plaît, beaucoup plus que les prescriptions médicales — ce qui ne les empêche jamais, quand ils ne vont pas mieux, de dire : C'est le médecin qui n'y entend rien !

Le docteur Joyeux connaissait parfaitement le Coiron, où ses fonctions l'appelaient souvent, et il avait été particulièrement frappé des inconvénients de tout genre qui sont résultés, pour toute la contrée, du déboisement de cette montagne.

— Que regardez-vous donc là, docteur ? lui dis-je un jour qu'il était planté droit sur l'esplanade, regardant au loin sans y voir, car il était évidemment tout absorbé en lui-même.

Il ne répondit pas.

— Vous admirez le Coiron ! ajoutai-je un instant après.

— Vous appelez ça le Coiron ! répondit-il brusquement.

— Sans doute.

— Ce n'est pas le Coiron, c'est la boîte de Pandore !

Je crus que le digne homme, dont je rêvais alors de devenir le futur confrère, devenait fou.

— Oui, ajouta-t-il, tous nos maux sont descendus de là-haut : non seulement la pluie et la neige, mais encore les maladies et la misère !

Voyant que je ne saisissais pas encore très bien sa pensée — j'étais fort jeune alors — il me prit par l'épaule, me mit bien droit devant lui, et dit :

— Que voyez-vous là haut ?

— Pas grand'chose, docteur, si l'on peut appeler ainsi un beau ciel bleu sur une foule de rochers noirs.

— Apercevez-vous des arbres sur ces sommets noirs ?

— Non.

— Eh bien ! voilà la boîte de Pandore !

J'avais saisi cette fois, et si l'on eût connu alors la

fameuse chanson de Nadaud, j'aurais certainement répondu :

Brigadier, vous avez raison !

Je dus répondre quelque chose de semblable, car il continua sur un ton familier et amical :

— Supposez, jeune homme, qu'au lieu d'être un vilain pelé, teigneux et galeux, le Coiron ait, comme vous, ce que le perruquier de l'Esplanade appelle une... bonne *tignasse !*

— Il est certain, dis-je, que rien ne vaut une bonne tignasse pour préserver la tête du froid en hiver...

— Et de la chaleur en été. Mais prenons une comparaison encore plus saisissante. Voici un mouton fort, robuste et dont l'abondante toison, coupée chaque année avec mesure et en temps opportun, est une condition de santé et même de vie. Que diriez-vous du berger qui s'amuserait à lui donner une de ces maladies qui, après avoir fait tomber le vêtement naturel de l'animal, aurait pour résultat infaillible d'amener sa mort ?

— J'en dirais tout le mal que vous voudrez, docteur — et toujours moins que je n'en penserais.

— Eh bien ! mon garçon, nos bons aïeux de la vieille Helvie n'ont pas été moins stupides que ce berger, car ils ont fait du Coiron, qui était un bel animal frais et velu, sentant et donnant la santé, un grand teigneux dont le changement a modifié toutes les conditions économiques, agricoles et météorologiques du pays.

Pourquoi le bois coûte-t-il si cher ?

Pourquoi les moindres pluies, entraînant des masses de terre végétale, ravinent-elles de plus en plus le Coiron ?

Pourquoi les grandes pluies aboutissent-elles toujours à des inondations ?

Pourquoi tant de fontaines tarissent-elles en été ?

Pourquoi tant de rivières à sec obligent-elles alors de fermer les fabriques et les filatures ?

Pourquoi tant de chaleur en été et tant de froid en hiver ?

Pourquoi tant de brusques changements de température, tant de vents violents ?

Pourquoi tant de maladies dites de *refroidissement* ?

Pourquoi meurt-on plus facilement aujourd'hui qu'autrefois ?

C'est parce qu'on a coupé les cheveux du Coiron.

— Votre réquisitoire, lui dis-je en riant, est d'autant plus irréfutable que vous parlez évidemment contre votre propre intérêt, car le grand pourvoyeur des médecins est certainement le déboisement des montagnes.

— Bravo, mon garçon, me dit-il en me tapant sur l'épaule, je vois que vous avez compris.

Le docteur Joyeux réunit peu après ses idées sur ce point dans un article que publièrent les *Annales Européennes* et qui est reproduit par l'*Annuaire* de 1830. Nous y voyons qu'il faisait remonter le déboisement du Coiron à une époque antérieure à la conquête des Gaules ; « cependant, ajoute-t-il, on peut affirmer que l'arrachement successif depuis cinquante ans ou plus, de chênes épars çà et là sur le Coiron, a beaucoup aggravé le mal, au point que de jour en jour les pâturages de cette montagne diminuent sensiblement et que bientôt ceux qui l'habitent ne pourront plus y trouver de quoi se chauffer. »

Il y a aussi dans l'article du docteur Joyeux une remarque très digne d'attention.

Après avoir exposé que les brusques variations de température dans l'atmosphère ambiante du Coiron sont très probablement dues à son affreuse nudité provenant des déboisements ; après avoir montré que l'influence de cette cause isolée, en se combinant avec le dérangement général des mouvements harmoniques du globe terrestre, produit par la destruction presque totale des forêts dans toute l'Europe et le Nouveau-Monde, aide à rendre compte des nouveaux phénomènes météorologiques que les bons observateurs remarquent depuis plusieurs années ; après avoir rattaché à ces mêmes causes les gelées tardives qui font tant de mal dans nos pays et qui semblent devenues plus fréquentes, notre savant confrère ajoute :

« *On ne s'est point aperçu encore que ces gelées soient devenues nuisibles à la culture du mûrier et du châtaignier*, mais on ne peut en dire autant à l'égard de l'olivier, puisque cet arbre précieux fait mine d'abandonner certaines contrées de ce département, tant sa végétation devient chaque jour plus faible, plus languissante, à cause du dégarnissement des forêts et du manque d'abri et de chaleur qui en résulte. »

On ne s'en était pas aperçu en 1830, lorsque Joyeux écrivait, mais ne s'en est-on pas aperçu depuis? Et n'y a-t-il pas une corrélation frappante entre ces judicieuses observations et celles du regretté M. Gagnat sur les causes de la maladie du ver à soie, ou plutôt de la maladie du mûrier, que nous exposions il y a trois ans, dans le *Voyage autour de Valgorge* ?

*

Du côté de Privas, le Coiron est coupé presqu'à pic. Heureusement il est boisé, ou à peu près, sur cette pente abrupte. Dans l'impossibilité d'y faire des cultures, on y a épargné les chênes. Mais sur la pente méridionale, qui va en s'abaissant graduellement par de longs contreforts entrecoupés de profonds ravins, rien n'est plus rare que les bouquets de bois.

Les chèvres, ou plutôt la funeste habitude de nos

paysans de laisser paître cet animal en liberté, n'ont pas peu contribué au mal, en paralysant les efforts de la nature qui, laissée à elle-même, nous eût bien vite rendu les anciennes forêts d'autrefois. J'adore la chèvre, mais à l'étable. Je veux bien qu'on l'appelle la nourrice du pauvre, mais à la condition de ne pas lui laisser promener partout ses dents destructives.

L'été dernier, on me montrait à Gravières une immense affiche d'un préfet de l'Ardèche, dont voici les dispositions essentielles :

Le maire de chaque commune fera assembler le conseil municipal le 1ᵉʳ nivose prochain (23 décembre) à l'effet de déterminer par une délibération motivée, la quantité de bétail que chaque propriétaire pourra mener ou faire mener, en particulier ou en troupeau commun, sur les terres sujettes au parcours et à la vaine pâture.

Les conseils ne pourront cependant contrevenir à la loi qui autorise chaque chef de famille domicilié, quoique non propriétaire, à avoir six bêtes à laine et une vache avec son veau, et qui lui donne le droit de les faire paître sur les terres communales.

Ils ne pourront non plus restreindre la quantité de chevaux, juments, mules, mulets, ânes, bœufs, vaches et veaux, servant au commerce ou à l'agriculture, ainsi que la quantité de cochons élevés...

Tout habitant qui voudra avoir une chèvre, sera

tenu de la conduire ou faire conduire et tenir à l'attache, et ne pourra la faire paître ailleurs que sur ses propriétés, sous peine d'une amende de 1 fr. 50 cent., valeur d'une journée de travail, sans préjudice des dommages qu'elle aurait commis sur la propriété d'autrui.

Tout habitant, propriétaire ou non, sera tenu de faire à la mairie, la déclaration de la quantité de chèvres qu'il a actuellement.

On ne pourra avoir aucune chèvre, à moins qu'on ne s'oblige, dans la déclaration, à la tenir fermée et à la nourrir dans l'écurie.

On sera passible d'une amende de six francs pour chaque tête de chèvre non déclarée.

Cet arrêté, qui porte la date du 11 frimaire an XI (3 décembre 1803), est suivi de l'approbation suivante du ministre de l'intérieur, Chaptal :

« J'ai reçu, citoyen préfet, le projet d'arrêté ayant pour but de faire cesser les dévastations qu'occasionne en général dans votre département la trop grande multiplicité des chèvres. J'ai examiné avec une sérieuse attention chacune des dispositions de cet arrêté et j'ai vu que les mesures que vous avez adoptées se trouvent conformes aux lois et aux divers règlements de la police rurale. Il m'a paru que cette mesure administrative à laquelle j'applaudis, pourra obtenir tout le succès que vous en attendez. »

— Surtout, dit mon ami Barbe, gardez-vous, si vous citez cet arrêté, de toute comparaison maligne entre les anciennes administrations soucieuses des intérêts des campagnes et celles d'aujourd'hui uniquement préoccupées des jésuites.

— Je me bornerai, ami Barbe, à répéter ce que vous venez de dire.

*
* *

Le Coiron n'est pas une montagne comme les autres. Les Cévennes et les Hautes Boutières sont des montagnes dans la montagne, tandis que le Coiron est un échantillon des Cévennes dans le bas pays. C'est la montagne mise à la portée de tout le monde : des marchands d'Aubenas, des avocats de Privas, des bourgeois de Villeneuve-de-Berg comme des riverains du Rhône. S'il y avait sur le Coiron autant d'ombrage que d'air vif, on pourrait de tous ces endroits y aller passer les chaudes journées d'été et revenir le soir coucher chez soi.

Actuellement, en été, le plateau du Coiron est presque une rôtissoire et il faut, à qui n'est pas un naturel du pays, un vrai courage pour en braver les ardeurs.

Tout en causant, nous avions rejoint la route de Privas à Villeneuve, qui suit l'un des contreforts du Coiron et passe à Berzème pour descendre à St-Jean-le-Centenier, par les Rampes de Montbrul. Il était trop tard pour tenter cette nouvelle excursion et nous prîmes la direction de Privas.

La soirée était d'une charmante fraîcheur et les insectes du soir commençaient leur concert.

Un cantonnier brisait bravement des cailloux basaltiques au bord de la route. A quoi cela sert-il maintenant? nous dit-il d'un air triste; depuis le chemin de fer, il ne passe pas une voiture par jour.

Le bonhomme avait des lunettes où le verre était remplacé par un petit grillage en fil de fer, pour éviter les éclats basaltiques.

Du rebord oriental de la montagne, nous aperçûmes là-bas Privas qui s'allumait comme un ver-luisant. Le mont Toulon s'était effacé dans le crépuscule. La distance faisait le silence et pas un écho de bruits de la ville ne venait jusqu'à nous.

Je me rappelai le Privas d'autrefois gai, dispos et faisant bien ses affaires. Aujourd'hui on y chante encore, mais seulement la *Marseillaise*; la société y est très-divisée; mais la gattine et le phylloxera y ont écorné, directement ou par contre-coup, toutes les fortunes; la politique y tient lieu de tout et ce sont quelques centaines d'ouvriers mineurs, la plupart étrangers au pays, qui, grâce au suffrage universel, font la loi dans les élections locales.

Nous nous garderions bien de trouver à redire à cette transformation et personne ne s'incline plus que nous devant les voies secrètes par lesquelles se meut le Progrès, car nous sommes convaincu que le Progrès lui-même, tout peu réjouissant qu'il paraisse parfois, est attaché par un fil que tient la Providence. Si donc Privas chante un peu trop la *Marseillaise*, se dispute et souffre de la fièvre politique plus qu'en bon chrétien, nous n'aurions osé le lui souhaiter, nous pensons que c'est pour son bien et que cette agitation, ce délire et ces souffrances étaient le seul moyen d'amener la guérison du mal qui l'a atteint.

Nous nous souvenons qu'il y a vingt ans, Privas était rouge comme une crête de coq : rouges les maisons, rouges les chemins, rouges même les individus, grâce aux molécules impalpables de minerai que le vent insufflait aux visages et aux vêtements. Le chemin de fer vint et le débarrassa de cette poussière enlaidissante. Les maisons et les rues de Privas ont repris leur blanche physionomie d'avant l'exploitation des mines.

Mais si Privas a été affranchi matériellement, il ne l'est pas au point de vue de l'autonomie municipale, puisque ce sont les mineurs qui lui font la loi. Pourquoi ceux-ci ne formeraient-ils pas au Ruissol une commune distincte où ils pourraient à l'aise faire prévaloir leurs vues et organiser une démocratie modèle ?

La ville de Privas y gagnerait certainement d'avoir une administration municipale d'un caractère plus pratique ; et, si cette nouvelle administration présentait une nuance républicaine un peu moins accentuée, je ne vois pas ce que pourrait y perdre la République.

Ce sont là, du reste, des détails à mes yeux, fort accessoires. Il y a de très-honnêtes gens dans toutes les opinions. J'admets toutes les couleurs et je me propose de démontrer un jour que les circonstances, c'est-à-dire le tempérament, le milieu et l'intérêt, surtout l'intérêt local et par dessus tout, les rivalités de clocher, contribuent beaucoup plus que tout autre motif, souvent à l'insu des individus eux-mêmes, à faire l'un républicain, l'autre légitimiste, celui-ci orléaniste et celui-là bonapartiste. C'est encore un progrès dont la Providence tire singulièrement la ficelle. Toutes les opinions sont donc légitimes, pourvu qu'elles soient sincères. Nous n'en incriminons aucune, nous les plaignons toutes et, si parfois nous nous permettons d'en rire, nous pensons que c'est un droit de représailles que chacune d'elles a depuis longtemps autorisé par son exemple. Ce que nous désirerions seulement, c'est de voir régner, par dessus toutes les opinions politiques, un certain nombre de principes de droit et de sens commun, corrigeant ce que chaque opinion politique peut avoir d'absolu ou de dangereux...

— Sans doute, sans doute, dit en interrompant mon ami Barbe. Mais voulez-vous m'en croire ?

ajournons là ce grave sujet. Nous voici à Privas. Laissons-le dormir tranquille et allons en faire autant.

— Vous parlez d'or, ami Barbe. Bonsoir.

XII.

UN GÉOLOGUE ITALIEN AU COIRON.

La monographie du Coiron par le comte Marzari Pencati, de Vicence. — Faujas de St-Fond. — De Loriol à Aubenas. — Les vertus fécondantes de l'eau de la *Marie*. — Cordier et Dolomieu au Coiron — Le capitaine Gourdon, de St-Jean-le-Noir. — Le brave Chaussy. — Une soirée et une nuit d'auberge à Mirabel. — Le buis — Les miels vivarois. — La malpropreté des rues de Privas en 1805. — Excursion à Rochessauve. — Tomates et aubergines.

Un écrivain italien que nous avons déjà cité, le comte Marzari Pencati, a fait une monographie du Coiron. Cet ouvrage, que le hasard nous a fait rencontrer un jour sur les quais de Paris, est intitulé :

Corsa pel bacino del Rodano
Orittografia del monte Coiron.

La partie scientifique a beaucoup vieilli, bien qu'il s'y trouve çà et là de curieuses observations dont les savants du jour pourraient encore faire leur profit: mais Marzari n'était pas un simple géologue, c'était aussi un touriste ; il n'observait pas seulement les pierres et les couches géologiques, et son récit, outre qu'il fait revivre pour nous le Bas-Vivarais de 1805, vu par un étranger, abonde en traits de mœurs qui lui donnent un véritable intérêt. C'est à ce titre que nous allons donner une idée de son livre et en extraire les passages les plus saillants.

*
* *

Notre Italien déclare bravement, dans sa dédicace, qu'il soumet son ouvrage au jugement des voyageurs et des naturalistes, et non à celui des lettrés : il paraît que les lettrés avaient en ce temps-là le jugement aussi faux qu'aujourd'hui. Il résume, du reste, sa profession de foi d'écrivain par ce vers de Boileau :

Tous les genres sont bons, hors le genre ennuyeux.

Il s'excuse d'avance, pour les critiques un peu âpres qu'il pourra se permettre contre certaines mœurs ou certains usages, sur l'irritation que lui fait éprouver l'injustice des écrivains étrangers à l'égard des Italiens, « la majorité de ces écrivains, dit-il, s'étant coalisés, du nord au sud de l'Europe, pour peindre l'Italie sous les traits les plus chimériques, et avec les couleurs morales les plus noires, en attribuant à toute la nation ce qui n'est le fait que de quelques individus, ou, tout au plus, de quelque province méridionale de la Péninsule. » Il fait justement observer qu'avec de pareilles généralisations, il n'y a pas de pays en Europe qu'on ne pût peindre avec des couleurs aussi noires qu'on l'a fait pour l'Italie. Et voilà comment le pauvre Vivarais va payer les frais des plaisanteries de mauvais goût des voyageurs anglais, allemands, suisses ou parisiens, sur l'Italie et les Italiens !

Marzari, qui était à Paris depuis quatre ans occupé à l'étude des sciences naturelles, en partit le 10 juillet 1805. Il rencontra l'Empereur entre Cosne et Nevers et arriva à Lyon le soir du cinquième jour.

A Lyon, Marzari trouva tout en mouvement pour la foire de Beaucaire. *On part demain. — On part après-demain pour Beaucaire :* — ces inscriptions en lettres capitales s'étalaient sur tous les bateaux de la Saône et du Rhône. *Montez pour Beaucaire !* criaient tous les conducteurs de voitures. Marzari choisit la voie de terre. Il mit deux jours et demi pour aller de Lyon à Loriol et déclare que, pendant tout ce temps-là, il eut les oreilles rebattues de la foire de Beaucaire.

Il arriva, le 17 juillet, chez Faujas de St-Fond. Celui-ci l'attendait pour un voyage qu'ils devaient faire ensemble en Italie. L'habitation de Faujas était située entre Loriol et le Rhône, le jardin était arrosé par un ruisseau et l'on était occupé alors à y planter de beaux arbres et des plantes exotiques. Faujas avait élevé, dans son jardin, un petit monument à Dolomieu. C'était un bassin, environné d'une balustrade formée de galets de toute sorte pris dans le Rhône, et surmonté d'un frontispice en basalte portant cette inscription :

A DOLOMIEU,

MON DISCIPLE, MON MAITRE ET MON AMI.

Notre Italien fait un grand éloge de la grâce et de l'amabilité de Mlle de Faujas, la fille du naturaliste, et de Mlle Valérie de Boisset, sa nièce. Il paraît que cette dernière s'occupait beaucoup de minéralogie et était en état de donner toutes les indications nécessaires à ceux des hôtes de son oncle qui voulaient étudier à ce point de vue les environs.

Le 22, Marzari et Faujas allèrent visiter la Voulte. De Lyon au Pont-St-Esprit, il n'y avait pas alors un seul pont. On y suppléait par des *Ports* établis de distance en distance. Marzari passa le Rhône sur le *bac* de la Voulte. Il vit alors « pour la première fois ce qu'on appelle un *équipage*. C'est une série de huit et jusqu'à douze bateaux découverts liés l'un à l'autre par des chaînes. Au premier est attachée une grosse corde tirée par des chevaux normands de forte taille — on en compte parfois jusqu'à vingt-quatre — qui font remonter le Rhône à l'équipage. Le cortége est suivi d'un nombre égal de chevaux de rechange, en sorte que ces animaux se relèvent réciproquement. Quand, par suite d'obstacles locaux, il faut passer d'une rive à l'autre, les chevaux traversent bravement le Rhône, en guéant sur une ligne diagonale, et quelquefois à la nage. On les voit mettre pied dans les îles, quand il y en a, et affronter de nouveau le courant, quand ils les ont traversées. Leurs intrépides conducteurs montent quelquefois en bateau et d'autres fois guéent en ayant de l'eau jusqu'à mi-corps. On s'arrête la nuit et on dort sous une tente. Rien n'est si beau que le spectacle d'un équipage manœuvrant une journée entière, vu de la cîme d'un de ces monts vivarois qui dominent immédiatement le Rhône, et d'où l'on aperçoit d'un seul coup d'œil le cours de ce fleuve, du St-Esprit à l'embouchure de la Drôme, et même plus loin. »

Nos voyageurs furent reçus à la Voulte par M. Dupin. Ils visitèrent un *filon d'hématite*, qui a eu, depuis, les destinées que l'on sait, et montèrent le lendemain, 23, sur la montagne de Rompon pour en visiter les phénomènes volcaniques.

Ils étaient de retour à St-Fond le même soir, mais pour en repartir le 29. Cette fois, ils étaient accompagnés de Mlle Valérie de Boisset et de M. de Thurit, ingénieur des mines. Ils visitèrent l'église de Cruas que notre géologue qualifie de *gothique*, les ruines du couvent de St-Antoine et près de là une grotte, profonde de quarante pieds, où l'on voit au fond un filon de lave qui coupe, à angle de 45°, les couches calcaires horizontales.

M. Vergèr jeune, un géomètre de Cruas qui les

conduisait, et qui était chargé de la péréquation, foncière *(perticazione)* du Vivarais pour le compte du gouvernement, leur dit que ni lui ni ses collègues ne se fiaient à la boussole dans ces parages, attendu que l'aiguille aimantée, sur un plateau volcanique, déviait quelquefois de 80 degrés. Et ce qu'il y a de plus curieux, ajoutait-il, c'est que parfois, à la distance seulement de quelques pas, sur le même plateau, elle reprend sa vraie direction.

Après avoir visité les dikes de Rochemaure, nos voyageurs allèrent coucher à Aps le 30. « Près d'Aps était la cité d'*Alba Helviorum*, détruite par les Vandales. Il reste les ruines d'une église. Le bourg actuel est bâti en partie avec les débris de l'ancienne ville. Nous y vîmes des inscriptions antiques. »

Nous passons sur les considérations volcaniques relatives à la Roche d'Aps, au filon basaltique de la Chamarelle qui traverse tout le territoire de Villeneuve-de-Berg, etc. Notons que nos voyageurs furent fort bien accueillis à Villeneuve par la famille de Laboissière, « dont les membres sont tous aimables, et dont le chef, ancien avocat au Parlement de Grenoble, est un homme de beaucoup d'érudition et d'un esprit très-gai. »

Le 3 août, ils partirent pour Aubenas.

Notre Italien est frappé de l'aspect désolé du plateau qui s'étend entre la Villedieu et les Echelettes ; c'est, dit-il, un « désert horrible » où croissent seulement quelques mûriers et des buis entre les fissures des cubes calcaires. Il s'extasie, par contre, devant le magnifique panorama que présente, du sommet de la descente, la vallée de l'Ardèche avec la verte plaine du Pont et la ville d'Aubenas, le tout couronné par la chaîne des Cévennes.

Ils arrivèrent à Aubenas quelques minutes après un sénateur qui visitait le département, et descendirent dans le même hôtel. Tout était en mouvement pour recevoir ce personnage. L'entrée de l'hôtel était décorée avec des branches de buis et avait une garde d'honneur. Le maire, M. de Bernardi, reconnut M. de Faujas et même Marzari qu'il avait aperçu aux cours du Museum. Il les pria de venir au banquet donné en l'honneur du sénateur, mais « M. de Faujas obtint qu'on nous laissât tranquilles. »

Le 4 juillet, avant de descendre à Vals, ils prirent le café à Fontbonne, chez M. de Bernardi, et revinrent pour y dîner le soir. Notre Italien dépeint l'habitation de M. de Bernardi. C'est « une élégante villa située près d'Aubenas, dans une délicieuse position exposée au sud, assez semblable à celle des Pères du Mont de Vicence. » Marzari fut surpris de trouver cultivées dans le jardin des plantes des pays chauds.

Il engagea le père de M. de Bernardi, « un cultivateur très instruit, » à construire chez lui une galerie de citronniers, comme on le fait dans la Haute-Italie. Il ajoute que M. de Bernardi avait un troupeau de cent mérinos qui lui rapportaient un très grand profit.

Notre voyageur décrit Vals, et n'épargne pas les coups de patte, en passant, au médecin d'alors, M. Madier, qu'il qualifie : « une espèce d'animal (*animale alquanto*), » à l'occasion de son livre sur Vals publié en 1780. « Ce docteur a l'art de sortir d'embarras avec la plus grande impudence dans ses descriptions, où il tire les noms du monde de la Lune pour les gaz et pour les roches qu'il ne connaît pas. Le granit, par exemple, est pour lui *une espèce de marbre bâtard*. Mais ceci n'est rien... *La vertu*, dit-il, *qui rend les eaux de la Marie les plus célèbres du monde, est celle de rendre fécondes les femmes stériles. J'en ai été témoin oculaire... Toutes les années, un grand nombre de femmes, qui n'avaient jamais pu avoir d'enfants, après avoir passé ici quelques semaines, retournent auprès de leurs maris, et se trouvent enceintes quelques jours après.* »

« Cet excellent homme, ajoute notre Italien, écrit de bonne foi, et n'a nullement l'intention de faire de l'ironie, mais il n'est pas nécessaire d'avoir vu Vals pour expliquer mieux que lui le phénomène. Ceux qui connaissent les mœurs des provinces méridionales, n'ont pas besoin de malignité pour considérer les eaux de la *Marie* comme un pur rendez-vous galant... »

Mais, à peine cette accusation lancée, notre Italien s'en excuse dans une note :

« Pardon, ô personnes estimables, si nombreuses dans le pays de France ! Vous ne fréquentez pas Vals, ou si Vals vous voit, vous y allez avec des projets innocents, et ses eaux n'opèrent pas sur vous leurs miracles. Ces mœurs ne sont pas les vôtres, et mes paroles, avec une application si générale, ne sont pas justes. Mais c'est la représaille d'un bon Italien qui n'aime pas que vos voyageurs, en décrivant les mœurs des lazzaronis et leurs aventures avec les servantes d'auberges, les donnent comme un échantillon de la bonne société italienne. »

Le 5 juillet, nos voyageurs étaient de retour à St-Jean-le-Noir, où Marzari resta seul, tandis que ses compagnons retournaient à St-Fond.

Marzari nous apprend ici que le célèbre géologue Cordier avait traversé le Coiron, avec Dolomieu, sans s'y arrêter. Cordier, qui cependant avait beaucoup vu, non seulement en France, mais en Espagne, à Ténériffe, en Syrie, en Egypte et en Italie, avait dit à Marzari qu'il n'avait jamais vu de montagnes volcaniques comparables comme étendue, à celles du Coiron. Dolomieu disait, de son côté, que les plus beaux restes de volcans éteints étaient ceux des montagnes du Vivarais. C'est pour répondre à un désir de Cordier que Marzari avait voulu visiter à fond le Coiron pour en faire une étude détaillée.

Marzari raconte qu'ayant voulu dessiner une coulée basaltique près du village de Rocher, il fut entouré par les paysans de l'endroit qui, supposant qu'il s'agissait d'impôts ou de conscription, menaçaient de lui faire un mauvais parti. Il les calma en les assurant qu'il était connu de M. Gourdon, le maître de l'auberge où il logeait à St-Jean.

Du 5 au 8 août, Marzari parcourut le plateau du Coiron, mais en venant coucher chaque soir à Saint-Jean. L'aubergiste, M. Gourdon, avait fait quelques campagnes avec le grade de capitaine aux Pyrénées et à Toulon, ce qui l'avait naturellement élevé en sagesse et en prestige au-dessus de ses concitoyens. C'était, dit notre touriste, un galant homme, d'une complaisance extrême. « Ayant épousé une demoiselle de la famille *de Villefort*, cette alliance lui mit en tête d'être un homme de l'*ancien régime* et de traiter comme tel. Le voilà donc se lançant en cérémonies et en attentions de tout genre. Il offre de déménager les animaux de l'étable dans un autre bâtiment, afin qu'on n'ait pas à souffrir des mouches, etc. »

Le 8 août, Marzari partit pour Darbres avec un guide. Ici nous lui laissons encore la parole :

« Après avoir monté à la hauteur de la base de la coulée inférieure du Coiron, je la suivis jusqu'aux Granges de Baumier. L'anecdote que je vais rapporter pourra fournir un exemple de la noblesse des sentiments des montagnards de ce pays. La réputation dont ils jouissent dans les pays voisins, leur rend bonne justice, mais j'ai été heureux d'avoir l'occasion d'en vérifier moi-même l'exactitude, et dans cette rencontre et dans quelques autres où ces montagnards me rendirent divers genres de services avec le même désintéressement chevaleresque qu'on mit cette fois à m'offrir un rafraîchissement. Ce fut justement le pauvre et brave cultivateur Chaussy, dont la cabane figure dans un de mes dessins, qui nous fit rafraîchir généreusement, moi et mon guide, et nous fit, à sa manière, toutes les politesses possibles, si bien que je voulus l'obliger à accepter une bonne-main ; mais, à cette proposition qui, selon lui, était un signe de la basse opinion que j'avais de ses vues, il me chargea d'une série d'injures si longue et si variée, qu'un postillon d'Italie serait embarrassé pour en trouver une plus riche et de meilleur goût. J'invite les naturalistes qui, passant par là, me feront l'honneur de vérifier quelqu'une des localités que je décris, à dire au généreux Chaussy que j'ai cherché à donner de la publicité (autant que le comporte celle de mon livre) à son nom, à son hospitalité et à ses injures.

« Tel est, en général, le caractère du campagnard vivarois qu'on m'assure être encore plus prononcé dans la partie haute, c'est-à-dire occidentale de la province... Brave à la guerre, peu industrieux, mais laborieux ; l'honneur le guide constamment, et jamais l'avarice ou un vil intérêt ne dictent son langage ou ne tachent la pureté des intentions qui le dirigent quand il rend service. Il est à observer que presque toutes les grandes régions, qui sont comme celle-ci entièrement montagneuses, offrent à l'Europe corrompue le spectacle d'une population caractérisée par les plus libérales qualités sociales ; mais une anomalie remarquable se présente dans une grande province également montagneuse et limitrophe de celle que je décris... »

Ici Marzari s'étend sur l'avarice des paysans d'Auvergne qui présente un si triste contraste avec la générosité des Vivarois. — Il raconte que s'étant égaré la nuit de la saint Jean de cette même année, près de Pont-Gibaud, il rencontra un groupe d'Auvergnats, mais aucun d'eux ne voulut lui servir de guide pour le remettre en bon chemin à moins de douze francs.

Marzari alla coucher à Mirabel, où il rencontra à l'auberge deux prêtres interdits qui venaient d'un autre diocèse avec de l'argent et qui allaient plus loin, disaient-ils, pour affaires de famille. « L'un était plus prudent sinon meilleur ; son compagnon, un triste sire certainement, homme d'une stature gigantesque, au moins octogénaire, avait été dragon dans les guerres de Hanovre, ensuite prêtre assermenté, puis membre de la seconde assemblée, et enfin curé d'un village que je ne puis nommer afin de ne pas indiquer le personnage. Il avait ce jour-là traversé le Coiron avec son confrère et était tombé quatre fois avec son cheval. S'il n'avait pas été un pieux ecclésiastique, il avait été du moins un excellent citoyen, pendant toute sa vie, au point de vue de la consommation des denrées locales, c'est-à-dire du vin de la *côte du Rhône*, auquel il avait sans doute rendu les plus grands honneurs depuis son enfance, comme l'attestait le coloris rouge de son visage et le tremblement général de tout son corps.

« Nous dînâmes ensemble. Dans les intervalles d'un verre à l'autre, il me raconta qu'un évêque, ancien émigré, gouvernait arbitrairement le diocèse, et que lui et deux de ses confrères avaient été récemment déposés de leur cure sans en savoir le motif, attendu qu'il n'avait pas d'autre faute à se reprocher que d'avoir, pendant quelques mois, embrassé la religion des philanthropes, dont la morale est si pure... Et que, quant à la galanterie, il n'était plus galant depuis quelques années.

« J'ignore si, quand il fut élu à l'assemblée, il fut le premier politique du département ; je sais seulement qu'en parlant des ressources de l'Empire français contre les Austro-Russes qui le menaçaient, il voulut donner un aperçu de ses connaissances statistiques en disant que l'ancienne France contenait seulement 45 millions d'habitants, auxquels il fallait ajouter les Pays-Bas, l'Italie ; et, outre l'Italie, Milan, Gênes et le Piémont. Je pris la liberté de lui demander si c'était parce que Condorcet, Malesherbes et Lavoisier ne savaient pas toutes ces belles choses, qu'il avait jugé convenable, alors qu'il était représentant, de s'en débarrasser. Il me répondit que ces gens-là étaient certainement des imbéciles, mais que ce n'était pas leur seul tort.

« Après dîner, je me fis connaître pour un Italien. Alors mon Robespierre ivrogne commença à s'inquiéter. Il demanda à voir mon poignard, disant que c'était pure curiosité. Sur la réponse que je n'en avais pas, il prit l'aubergiste à part et le pria de me dire que l'usage était pendant la nuit, de déposer les armes entre ses mains ; qu'ils avaient remis, eux, leurs gourdins, et que je devais déposer aussi mon stylet.

« La chambre, ou plutôt le recoin, où je devais dormir, était au fond, au delà de celle des deux prêtres, et la porte qui nous séparait ne pouvait se fermer à clé. A peine entré dans ma chambre, je m'aperçus que pour suppléer à l'absence de serrure, on mettait à la porte une traverse assujettie par une corde. Je sortis avec le paysan mon guide, en déclarant que je ne souffrirais pas d'être ainsi enfermé. Nous discutâmes un peu avec le curé ex-conventionnel ; l'autre ne soufflait mot ni pour ni contre. Finalement, l'aubergiste suggéra un expédient, c'était de mettre les deux prêtres dans la chambre du fond, en les laissant s'y retrancher à l'aise, tandis que je resterais avec mon guide dans la première pièce. J'y consentis, et les deux prêtres s'enfermèrent chez eux, mais de mon côté, je les fermai avec la traverse qu'ils avaient préparée pour moi, et quand je repartis le lendemain matin, je priai l'hôte de faire le sourd et de les laisser quelques heures en prison. »

Marzari fait observer à ce propos que les pays où l'on trouve le plus de types originaux, sont ceux où le vin est abondant et corsé et où on en exporte le moins.

Nos lecteurs pensent bien qu'en reproduisant ces anecdotes, nous n'entendons pas garantir leur parfaite exactitude. Il est évident que notre touriste italien s'est au moins permis quelques exagérations. Mais qui oserait lui jeter la première pierre ? En ce qui concerne sa dernière aventure, nous ferons simplement observer que l'ex-conventionnel dont il parle (en supposant qu'il s'agisse réellement d'un ex-conventionnel) n'appartient pas à l'Ardèche, attendu que l'Ardèche n'a été représentée à la Convention par aucun ecclésiastique.

Marzari arriva le 9 août au soir à Darbres, où il alla tout droit demander l'hospitalité « à l'excellent curé, abbé Roux, neveu du feu prieur de Freyssenet. C'est un prêtre d'une piété vraiment évangélique, qui a de l'instruction et du monde, quoique vivant dans cette solitude. »

Le 10, il traversa le Coiron pour se rendre à Privas. Notre touriste fait du Coiron un tableau qui n'a rien d'alléchant. « Tout est taciturne et désert au Coiron. Un vent froid et continuel interrompt seul le silence, battant les chardons, les pierres stériles et le buis. Quatre villages misérables s'aperçoivent à un mille de distance l'un de l'autre. Fraissenet a quatre cabanes et Taverne trois. A Berzème il n'y a, avec l'église et une cabane, que le château de M. de Montbrun habité par un fermier et qui peut contenir quatre ou cinq petites pièces au plus. Quelques pruniers et quelques autres plantes arborescentes ravivent, aux alentours des habitations seulement, ce désert privé d'arbres. Le buis couvre le sol partout où on ne fait pas de seigle. Le buis coupé est employé comme engrais. Il blanchit en quinze jours et commence alors à se décomposer. On assure qu'il rend le terrain merveilleusement fertile. »

Ailleurs, Marzari dit encore :

« Le Vivarais est couvert de buis : sur quelques montagnes on ne voit pas d'autre plante. On lui attribue l'excellence du miel local qui ne manque jamais d'orner la table blanche à dîner ou à souper. On le mange avec le pain. Son odeur, qui ne ressemble en rien à celle du miel lombard, et que je préfère à l'arôme du miel d'Espagne, ne peut être comparée qu'aux senteurs d'une botte de foin aromatique fraîchement coupé où dominent les ombellifères et les labiées mêlées à l'anthoxante (1). »

(1) *Flouve*, un genre de graminées très odorantes.

***

Marzari arriva à Privas le 10 juillet au soir. Ici nous traduisons textuellement :

« Je n'ai pas de termes suffisants pour exprimer combien en petit est pittoresque la vallée où est située l'éminence sur laquelle est assis le chef-lieu du département de l'Ardèche, mais les comparaisons me manquent aussi pour faire comprendre à quel point cette résidence d'un préfet, qui a quatre mille habitants, est à l'intérieur sale et misérable. Les méchantes maisons qui la composent sont entassées de telle façon que les rues n'ont que huit à dix pieds de large, et leur malpropreté est telle qu'en quelqu'endroit de la ville qu'on se réfugie, on est partout poursuivi par une odeur insupportable. »

Le 12, Marzari retourna à St-Fond par le col de Notre-Dame de la Gorge (?)

Le 25, il repartit pour Rochessauve avec Faujas, Mlle de Boysset et M. de Thurit.

Ils passèrent le Rhône à Baïx, « village formé d'une longue rue, propre et bien bâtie, que le Rhône bat d'un côté, tandis que la montagne le borne du côté opposé, en sorte qu'il n'y pas même d'espace pour un jardin. »

A Chomérac, ils vont visiter les carrières de marbre. Ils y trouvent deux ouvriers milanais, et Marzari observe que les tailleurs de pierres milanais sont très-nombreux en France.

Ils vont ensuite à Privas, visitent le Mont-Toulon et le Mont-Rome.

Le lendemain, ils partent pour Rochessauve et voici en quels termes Marzari parle des débris du terrain lacustre de cet endroit.

« Un peu avant d'arriver au château, on trouve un schiste happant disposé en feuilles horizontales superposées au calcaire et portant le terrain volcanique. C'est la *terre légère* dont Faujas a fait des carreaux *surnageants* à l'imitation de ceux qu'a imaginés Fabroni. En voici l'analyse d'après Vauquelin :

« Silice 55, carbonate calcaire 22, alumine 6, fer 4, eau 12, 5 ; — total 99, 5.

« Les résultats de cette analyse sont à peu près ceux du schiste toscan de Fabroni, sauf les 22 parties de magnésie qu'on ne retrouve pas dans la terre légère de Rochessauve.

Marzari fait l'éloge du sol fertile de Rochessauve. Nos voyageurs rendent visite, au château, à M. de Barrès du Mollard, « un homme très instruit, ancien officier d'artillerie qui, après trente-cinq ans de service, se trouva parmi les émigrés au massacre de Quiberon et eut la chance de s'en tirer. Nous lui sommes redevables d'une excellente collation dinatoire et d'une conversation intéressante. »

Marzari signale aussi sous le château, près du chemin de Chomérac, le tuf à empreintes végétales qui a servi de texte à la *Flore proserpinienne* de Faujas

« En cet endroit, le plus récent dépôt marin, au lieu d'être calcaire, comme dans tous les autres points du Coiron, est un schiste *happant* assez semblable à celui dont j'ai donné plus haut l'analyse. Les feuilles supérieures de ce schiste sont entrelardées de tuf, et le premier et le second contiennent des végétaux, les uns complets et reconnaissables, et les autres brûlés, divisés en fragments et méconnaissables. On peut admettre que la mer a déposé ce schiste au moment où les courants portaient des plantes exotiques, et où le volcan tamisait ses cendres à diverses reprises, en forme de pluie, sur la surface de l'eau. Le professeur Desfontaines a trouvé là vingt espèces distinctes de plantes fossiles dont la moitié existe encore dans le pays. On y trouve des fruits à noyaux, et des *strobiles* comprimés (pommes de pin). »

Nos voyageurs couchèrent à Baïx et le lendemain quittèrent définitivement l'Ardèche.

Nous voyons encore par l'ouvrage de Marzari-Pencati qu'au commencement du siècle comme aujourd'hui, les trois précieuses solanées (la pomme de terre, la tomate et l'aubergine) tenaient une grande place dans l'alimentation publique, car Marzari déclare en avoir vu partout en Dauphiné, et surtout en Languedoc et en Provence. « Les pommes de terre, ajoute-t-il, ne se préparent pas autrement qu'en Italie. Les pommes d'amour *(pomi d'amore)* diversement assaisonnées, ne manquent jamais aux entrées;

réduites en sauce, elles restent constamment sur la table pour être jointes, au gré de chacun, à tous les autres plats ; converties en suc, elles colorent tout potage de leur jaune indispensable dans ces provinces. Les aubergines sont, elles aussi, nécessaires et ne manquent jamais dans le plus modeste des repas, tantôt au naturel, et tantôt déguisées de diverses façons. »

On le voit, en cuisine comme en politique, plus ça change, plus c'est la même chose. Le progrès n'a pas encore — fort heureusement — supprimé les pommes de terre, les tomates et les aubergines, comme il tend à supprimer une foule d'excellentes choses sans lesquelles nos cuisiniers politiques sont condamnés à ne faire que d'affreux ragoûts.

XIII.

SOUVENIRS DE PRIVAS ET DE SES ENVIRONS.

La fontaine de Verdus. — Les organes de Privas. — L'égalité suprême. — La vieille et la nouvelle église. — La Recluse. — Fonderie de deux cloches en 1427. — La chapelle du collège. — Le marquis de Fai-Gerlande. — L'ancien collège. — Promenades à Coux et ailleurs. — La chasse aux insectes. — Le collège et la destinée. — Enfants gâtés, parents aveugles. — Les Basiliens. — L'abbé Bourdillon. — Le cimetière.

Au sud-ouest de Privas, le Coiron forme un repli,

véritable nid de verdure avec une grosse tache blanche au milieu : c'est Verdus et sa fabrique.

Un confrère d'une grande ville, vint me voir un matin et me pria de l'accompagner à Verdus, ce que je fis volontiers. Je n'avais pas revu la fontaine depuis ma jeunesse et j'étais rafraîchi à la seule pensée de ses eaux limpides.

Nous nous dirigeâmes donc vers le Coiron à travers les sentiers poudreux que l'on sait, sous les rayons d'un soleil de printemps, devisant et philosophant à perte de vue, ce qui est la meilleure manière de trouver tous les chemins courts et de ne s'apercevoir ni de la fatigue, ni du soleil, ni de la poussière, ni même des imbéciles que l'on peut rencontrer.

En traversant les ravins, nos regards furent attirés par les couches marneuses, entrecoupées de minces bancs calcaires, qui offrent à l'œil dans les sections des collines de longues bandes grises et jaunes. Chacune de ces bandes représente peut-être des siècles. S'il y avait des hommes alors et s'ils étaient aussi bêtes qu'aujourd'hui, que d'ambitions et de folies résument ces quelques pouces de pierre ou de poussière ! Révolutions des âges passés, vous n'êtes plus bonnes qu'à alterner avec le fumier pour amender les terres.

Salut aux eaux fraîches du Coiron !

La fontaine de Verdus sort du calcaire par deux ouvertures. Des buis sont suspendus aux interstices de la roche. Un jeune noyer est en sentinelle à la porte. Des coudriers revêtus de lierre, se tiennent toujours graves, comme des laquais en uniforme, sur le passage des visiteurs, et quand le vent souffle, prennent des attitudes respectueuses. En hiver, la neige vient souvent poudrer leur perruque verte. Mais, chers confrères de la presse, il en est de la neige comme de nos articles. Où sont les neiges d'Antan? Qui se souvient des feuilles décédées? Et qui se souviendra, dans quelque temps, de celles qui décèderont à la suite? La neige qui tombe du ciel a sur celle qui sort des papeteries d'Annonay, l'avantage d'être blanche et de féconder la terre, tandis que le papier supporte bien des noirceurs, lesquelles pervertissent joliment les esprits et les consciences.

Au dessous des coudriers viennent les aulnes, puis des églantiers en vastes corbeilles.

Les ronces et les lianes, s'accrochant aux arbres, s'élancent vers l'autre rive, formant sur les réservoirs et les cascades du ruisseau, une voûte où le printemps commence à bourgeonner. Chèvrefeuilles, clématites, houblons, vignes sauvages, petit houx, tout cela grouille en l'air, cherchant à passer d'une rive à l'autre. Quelle verdure, que de fleurs et de parfums dans quelques jours!

Tandis que je saluais le printemps, mon confrère mesurait le débit de la fontaine et notait la température de l'eau, en poussant des soupirs de satisfaction.

J'étais trop lancé pour m'apercevoir que son esprit considérait Verdus à un tout autre point de vue que le mien.

— Ah ! cher confrère, lui dis-je, n'est-ce pas que ce renouvellement perpétuel de la jeunesse de la nature parle à l'âme comme aux sens ? Que la plus belle politique paraît petite, bête et vieillotte à côté !

— Sans doute, sans doute, me répondit-il.

— Pourquoi la politique humaine, continuai-je, tombe-t-elle dans de pareils égarements ? Pourquoi est-elle si étroite et si laide, tandis que la nature est si belle, si féconde, si harmonieuse ? La réponse vient aux lèvres de tout homme réfléchi. La nature terrestre a un maître qui l'anime, l'éclaire et le dirige : c'est le soleil. Quand celui-ci s'éloigne en hiver, elle languit, se dessèche et meurt. Quand il se rapproche au printemps, elle se met à rire et à chanter, elle répand les fleurs et les fruits. Peut-être n'a-t-elle pas grand mérite à agir ainsi, car elle n'a pas la faculté de se soustraire à la loi qui l'enchaîne au soleil. L'homme, plus libre dans sa petitesse que le globe terrestre dans son immensité, a aussi un soleil, mais dont il peut s'éloigner ou se rapprocher à son gré. Si les âmes regardaient davantage vers ce soleil qui se traduit par le mot *Dieu* dans la pensée de tous les peuples, l'histoire de l'humanité contiendrait moins de tristes pages.

Mon compagnon m'avait quitté pour parcourir plus à l'aise tous les abords de la fontaine. Je l'attendis, assis sur un rocher d'où je pouvais considérer à l'aise le frais ruisseau de Verdus.

Les saponaires, les menthes, les pissenlits, les pervenches, les violettes et les primevères se jouaient sur ses bords. Tout ce petit peuple végétal révélait de furieuses envies de se développer et de fleurir. Les primevères seules étaient en fleur.

Imprudentes ! Ne sentez-vous pas que le froid et la gelée peuvent revenir ? C'est toujours un grand danger de venir avant la saison. Vous serez flétries. On se moquera de vous, pauvres fleurs ! On se moquera de vous, pauvres gens qui avez pu vous imaginer que le printemps de la raison et du bon sens était déjà venu pour les hommes.

Les primevères m'intéressent. A Verdus comme partout, il y en a de deux sortes : l'une en rosace, l'autre en ponpon à plusieurs fleurs; toutes avec leurs cinq feuilles jaune-clair, dont la base est foncée en jaune d'or.

La rive droite du ruisseau de Verdus revêt un ton plus grave que l'autre ; il y a quelques églantiers en bas, qui s'égayeront en mai, mais elle est généralement peuplée d'ajoncs épineux, d'euphorbes et de buis, végétaux qui ne rient jamais ou dont la bouche — comme le langage de certains écrivains — n'exhale que d'âcres parfums.

Plus loin en revenant vers Privas, les prés sont pleins de narcisses : mauvais article, c'est-à-dire mauvais fourrage ! Les châtaigniers qui s'y trouvent semblent s'étonner, ces amants des terres sablonneuses, de l'eau qui chante à leurs pieds dans les rigoles des prairies. Le jaune des potentilles se mêle au bleu des consoudes.

Ah ! la consoude, voilà une vraie fleur politique. Son calice commence par être rouge, et devient ensuite violet, puis bleu de ciel. Il résume toute la carrière des hommes d'Etat. On débute par un *Réveil* quelconque, et on finit dans le bleu des opinions modérées : les uns, après avoir goûté à la coupe trompeuse de la politique active, du journalisme, de la députation, des fonctions publiques, et les autres, après avoir trouvé que l'odeur seule en était écœurante et qu'il valait mieux rester modestement médecin, notaire, industriel ou simple cultivateur dans son village, que de prétendre jouer un rôle dans l'Etat.

Çà et là, je remarque un hyèble, un hêtre, un sureau, quelques pieds de chêne. Je jette, en m'en allant, un *triste regard* à la croupe déboisée du Coiron. Ah ! cher lecteur, je crains bien que nos âmes n'aient été encore plus dévastées que nos montagnes. S'il en était autrement, nous serions moins occupés de futiles querelles, quand la décadence de notre pays devrait peser sur nos cœurs comme une montagne de plomb.

Les vieilles cartes signalent un quartier appelé *le Temple* près de la fontaine de Verdus. Presque partout, à côté des anciennes fontaines, on trouve la trace d'un culte religieux. Tandis que je cherchais vainement ce *Temple*, le confrère, que j'avais complètement oublié, courut après moi et me dit d'un air profondément satisfait :

— Ce que j'ai vu dépasse mon attente. Quel magnifique établissement hydrothérapique on pourrait faire ici !

— Oh ! la bonne pensée ! répondis-je. La médecine de Priestnitz est la médecine de l'avenir. Tandis que Bismarck la pratique en grand sur notre pays, sans avoir encore réussi à le guérir, vous détaillerez les douches à qui de droit dans le département. Et je vous assure que, si tous ceux qui en ont besoin recourent à vous, l'eau de Verdus n'y suffira pas.

Donc persévérez dans votre projet. Seulement, peut-être aurez-vous de la peine à attirer les clients, car ceux à qui convient le mieux l'eau froide sont précisément ceux qui en veulent le moins. Du temps que j'étais jeune, les fous et les présomptueux ne manquaient pas assurément, mais aujourd'hui, ils foisonnent, ils pullulent, ils écrivent dans les journaux, ils pérorent d'une tribune ou d'un balcon, ils régentent le monde qui, s'il ne les admire pas, se tait devant eux. L'ivraie a plus fait que de se mêler au bon grain, elle l'a supplanté et se prétend elle-même le bon grain. Depuis qu'on ne veut plus de l'infaillibilité du pape, chacun se croit infaillible, et le suffrage universel est là pour déclarer au besoin que les œufs sont carrés ou pointus, que les ignorants ont la science infuse, que les idiots sont pétris d'esprit et que les hommes ivres de politique sont les seuls qui n'aient pas besoin des services de l'hydrothérapie.

*
* *

Rentrons à Privas. C'est dans la bonne vieille ville de Diane de Poitiers que nous terminerons aujourd'hui la promenade commencée ce matin au pied du Coiron.

Une ville est comme un homme. Elle a une vie propre et des organes particuliers. Privas se distingue des autres villes de l'Ardèche en ce que ses organes reflètent non pas seulement sa vie locale, mais aussi la vie départementale.

Les organes de Privas sont, en suivant la gradation de la vie humaine : l'église, l'école, le collège, la préfecture, le palais de justice, la gendarmerie, les casernes, les prisons, la maison des fous... et le cimetière.

On commence à l'église — *ab Jove principium*. On se prépare, dans la discipline des écoles, à la grande épreuve de l'existence ; on lutte, avec l'appui éventuel de l'administration, de la justice, de la force publique, et sous le coup des répressions humaines ou divines, pour finir infailliblement sous quelques pieds de terre agrémentée, pour quelques-uns, d'une plaque ou d'une croix. Il faut avouer que voilà une égalité qui laisse bien loin derrière elle toutes celles que préconisent nos farouches égalitaires du jour, et l'on ne s'explique guère, à ce point de vue, les fureurs de ces derniers contre les idées et les symboles qui personnifient, dans ce monde, le roi suprême de l'autel et de la tombe, l'auteur impénétrable de la vie et de la mort.

On bâtit à Privas une nouvelle église ; il s'en faisait temps. Ce monument rappellera toujours le zèle infatigable mis à sa construction par le regretté M. Bourgeac. Mais qui donc semble s'être attaché à réduire l'espace autour de l'édifice, à l'emprisonner dans un réseau de boutiques et de cabarets ? Si c'est la municipalité, je ne lui en fais pas mon compliment.

Je doute que les générations futures célèbrent sa clairvoyance et son équité, et il m'est absolument impossible de trouver une preuve de la largeur de ses vues dans l'étroitesse des voies auxquelles elle a condamné ses administrés catholiques, bien qu'ils forment la grande majorité de la population. Il me semble que les auteurs de ce petit méfait ont aussi montré une fois de plus, combien la passion est mauvaise conseillère, car il est bien évident qu'un jour tout le monde sera d'accord pour reconnaître la faute commise et proclamer la nécessité de rendre à l'église l'air et l'espace, sinon dans l'intérêt du culte, au moins dans celui du public, et qu'on payera alors à grands frais ce qu'on pouvait faire hier avec une dépense minime.

L'ancienne église, sous le vocable de saint Thomas, qui sert encore au culte, n'a rien de remarquable dans son architecture. Le *Manuale Notarum* d'Antoine Brion (1427-28) nous montre tous les Privadois, riches ou aisés de ce temps-là, inscrivant dans leurs testaments quelques legs pour les quêtes qui s'y faisaient : pour le luminaire de la Vierge, pour la *Rota cerea* (lustre en forme de roue), pour les âmes du Purgatoire, pour l'œuvre de St-Thomas, pour l'habillement des pauvres, pour le cierge pascal. En 1428, noble Guillaume Flocart, châtelain de Privas pour le seigneur de Poitiers, lègue à chacune de ces quêtes quinze deniers. Il lègue, de plus, dix francs à la communauté *(confrateria)* des prêtres de Privas qui se réunissait une fois par an ; il lègue enfin quinze deniers à l'hôpital de la Maládrerie et autant à celui de la Recluse.

Le quartier de la Recluse était en dehors des remparts. Il y avait autrefois des Reclus ou des Recluses à presque toutes les portes des grandes villes. C'étaient des religieux ou des religieuses, enterrés en quelque sorte dans leur cellule, dont on avait muré la porte, une fois qu'ils y étaient entrés. Il en était ainsi notamment à Toulouse. Un quartier, à l'entrée de Largentière, porte aussi le nom de *Reclus*.

Privas possédait encore à cette époque, une charité *(caritas)*, c'est-à-dire un bureau de bienfaisance, auquel un nommé Vierne lègue huit salmées de seigle payables en huit ans, à raison d'une quarte par an.

Il ressort de divers actes que Privas avait, comme aujourd'hui, son conseil municipal ; seulement ce conseil, au lieu de s'attacher à faire des niches aux églises, les dotait de belles et bonnes cloches. Trois de ses membres « discrets hommes Antoine Vallat, marchand, M⁰ Guillaume Delorme, notaire, et Jean Pascal, dit d'Aubenas, marchand, » figurent, à ce titre, dans une convention passée le 3 octobre 1427, avec un fabricant de cloches, nommé Thomas Galèse, du bourg de Ste-Marie, en Lorraine, mais établi au Puy. Les trois conseillers traitent avec lui « pour la fabrication de deux cloches bonnes, sûres et bien sonnantes *(bonas et securas et de bono sono)*, dont l'une doit servir pour l'horloge et l'autre pour sonner. » Ces deux cloches doivent être terminées pour le carême prochain. La communauté *(universitas)* de Privas payera à Thomas quatorze écus d'or et un *barral* de vin pur, et, en outre, elle lui fournira tout le métal, le bois, le charbon et le fer (à l'exception du fil de fer) dont il aura besoin pour fabriquer les cloches. Ces deux cloches existent-elles encore ? En tout cas, voilà leur acte de baptême.

Il existe une gravure du vieux Privas d'avant le siège de 1629 qu'on peut voir dans la *France pittoresque* de Mérian. Le fort qui couronnait le mont Toulon y fait imposante figure.

Il existe aussi un tableau représentant le siége de Privas, commandé par le cardinal de Richelieu, pour son château de Richelieu, qu'on peut voir au palais de Versailles, dans la partie centrale du rez-de-chaussée, salle 27.

**

Le vieux château de Privas a été, comme la plûpart des demeures seigneuriales, bâti successivement par pièces et par morceaux. Les parties plus importantes paraissent remonter au xv° siècle. Agénor de Poitiers l'entoura de fortes murailles et de tours solides. C'est à lui aussi que l'on attribue la construction de la chapelle.

Les bâtiments du collége sont tout ce qui reste de l'ancienne demeure de Paule de Chambaud. La grande tour que firent sauter les protestants en 1621, était située sur la place actuelle des prisons.

La chapelle servit, pendant la période protestante, de salle de festin ou de salle d'armes.

Après le siége, elle resta longtemps en ruines et sans toiture, puis, le château ayant été rebâti, elle fut également restaurée. Au siècle dernier, le marquis de Faï-Gerlande céda chapelle et château à une communauté de Recollets et alla s'installer dans le nouvel hôtel qu'il avait fait bâtir et qui est devenu depuis l'hôtel de la préfecture.

On raconte que ce brave marquis offrit un jour à la municipalité de Privas de construire, à ses frais, à la suite de son hôtel, un beau quartier composé de rues droites et larges, sur l'emplacement des remparts et de l'ancienne porte du Ranc, à la condition que son écusson serait apposé sur chaque porte et que chaque feu lui payerait la redevance d'une poule. La ville refusa, et le vieillard blessé alla mourir au château du Bijou, après avoir mis dans son testament que son corps serait déposé sans pompe sous la première dalle du parvis de la chapelle des Recollets, qu'il avait fait relever, afin, disait-il, que sa dépouille fût éternellement foulée aux pieds par ceux dont il avait froissé l'orgueil.

Si l'histoire est vraie, la ville perdit une belle occasion de s'agrandir. Les propriétaires d'aujourd'hui sont plus difficiles que le marquis, et leurs loyers représentent bien des poules.

Quand vint la Révolution, il n'y avait plus que deux religieux Recollets à l'ancien château et ils ne se firent pas prier pour déguerpir. On dit même que, pour donner des gages de leur soumission, ils se firent remarquer à Lyon par leur jacobinisme.

La chapelle devint le siège du tribunal et c'est là que fut prononcée cette atroce condamnation de six prêtres et de six religieuses, dont la population consternée vit tomber les têtes en un seul jour.

*
**

Les Basiliens vinrent s'installer au collége de Privas en 1822.

Qu'on me permette ici quelques souvenirs personnels, qui, j'en suis sûr, éveilleront un écho sympathique dans le cœur de tous les anciens élèves des pères Basiliens.

C'est dans ces grands murs qui dominent la ville de Privas, la plaine du Lac, et d'où l'on aperçoit, à travers la percée d'Alissas, jusqu'aux brouillards du Rhône, que nous avons passé ces années de jeunesse et d'étude, dont on n'apprécie bien le charme que lorsqu'elles se sont envolées, et ce n'est jamais sans un profond sentiment d'affection et de reconnaissance que notre pensée se reporte aux hommes si vénérables, si dévoués, si patients, qui ont formé notre jeunesse. J'en appelle ici à tous ceux qui ont connu l'abbé Fayolle, l'abbé Bourdillon, l'abbé Coupat, l'abbé Ranc, même à ceux d'entre eux qui sont le plus lancés dans les régions malsaines de la politique, était-il possible de rencontrer un plus fécond mélange d'intelligence, de savoir et de dévouement ?

Que de souvenirs parfumés nous ont laissés ces sept années de collége, sous les excellents prêtres de la congrégation de St-Basile ! Quelle sollicitude paternelle chez le vénérable abbé Fayolle, qui a été pendant de si longues années le supérieur de l'établissement, et quelle science, quel art de faire aimer l'étude chez l'abbé Bourdillon et chez la plupart de ses collègues du professorat ! Quelles bonnes parties de travail, et quelles bonnes parties de récréations ! L'abbé Bourdillon avait deux spécialités qui auraient pu ailleurs exiger plusieurs hommes, mais auxquelles il suffisait tout seul. Il nous initiait à la plupart des sciences naturelles, à la géologie, à la minéralogie, à la botanique, à la zoologie, en même temps qu'il nous enseignait les langues étrangères, car c'était un véritable polyglotte, et sans parler du latin et du grec, il s'exprimait admirablement en anglais, en allemand, en italien, en espagnol. Il était de presque toutes les promenades des élèves, et c'est en jouant avec eux qu'il faisait pénétrer dans leur esprit et qu'il y gravait par des démonstrations en quelque sorte palpables, les notions scientifiques.

Mais l'abbé Bourdillon mérite mieux que quelques lignes en passant, et nous reviendrons plus loin sur ce vénérable maître, qui a été la gloire de l'ancien collége de Privas.

Nos promenades les plus fréquentes étaient au bois de châtaigniers que les Basiliens possédaient sur la route au-dessus du Ruissol, à Coux, à Alissas, ou du côté de St-Priest. Au bois de châtaigniers, nous faisions de magnifiques parties de barres. A Coux, nous chassions les insectes dans les oseraies de l'Ouvèze ; il y avait là chaque printemps des nuées d'*argen-*

tines pour enrichir nos collections, mais les serpents abondaient aussi sous les cailloux du lit desséché de la rivière. La plupart n'étaient que d'innocentes couleuvres, mais il y avait de la canaille dans le nombre, et un jour l'abbé Bourdillon ayant examiné un reptile qu'un de nous venait d'écraser sous ses pieds, reconnut une vipère et nous montra les crochets mobiles et creux par lesquels ce dangereux animal inocule son venin dans les blessures.

Dans les prés du côté de St-Priest, nous prenions quelquefois de grandes couleuvres — des *anguilles de haie,* comme disent les paysans bourguignons. — Nous les apportions au cuisinier du collège, qui les accommodait fort bien.

Les cerises de Coux ou de la Charrière sont un de mes agréables souvenirs. Pour deux sols par tête, les propriétaires nous laissaient grimper sur l'arbre avec faculté d'en manger *ad libitum.*

Nous avions la fureur d'élever des lapins et des petits cochons de mer, ou d'apprivoiser des lézards ou des tiercelets, voire même des serpents. A certaines époques, l'une des cours du collège ressemblait à une vraie ménagerie.

Quelques élèves faisaient clandestinement, dans leurs pupitres, des éducations de vers à soie. Elles réussissaient toujours — preuve nouvelle de la supériorité des *petites chambrées.*

Presque tous les grands avaient des collections

d'insectes, et parmi eux, il n'en est aucun qui ne parlât avec admiration et envie de la belle collection du docteur Nier, un des deux médecins du collége. Je vois encore d'ici les magnifiques buprestes dorés que nous découvrîmes un jour sur le tronc des peupliers de Payre, et les capricornes musqués qui promenaient sur les branches des saules pleureurs leurs reflets d'un bleu doré et leurs effluves saisissantes, et les capricornes gris qu'au printemps nous faisions pleuvoir sur nos têtes en secouant les jeunes aulnes, et les gros hannetons grisâtres qui dévoraient les pousses des pins de la Barèze, et les papillons de toutes couleurs que nous poursuivions dans les prés des environs. — Pauvres bêtes que nous fixions impitoyablement par une épingle homicide à nos boîtes à fond de liége et qui vivaient quelquefois huit et quinze jours après cette barbare opération ! Ces jeux cruels de l'enfance sont le digne prélude de ceux qui marqueront un autre âge de la vie. Seulement dans ces derniers, combien de fois le chasseur sera-t-il la victime du papillon ! Et combien de papillons dorés, après avoir fait tourner la tête du libertin ou de l'ambitieux, s'envoleront sans lui laisser entre les mains autre chose que de la poussière et des déceptions !

Les passions politiques faisaient parfois irruption dans nos jeunes cervelles, grâce aux bavardages importés par les externes. Je me souviens d'une époque où le collége était divisé en deux camps : l'un pour

M. Champahnet et l'autre pour le comte Rampon. L'opposition était naturellement la plus forte et c'est par des grognements et des murmures, que la plupart d'entre nous accueillirent une visite du député élu, M. Champahnet.

Un profond sentiment d'égalité régnait dans notre petite société bourgeoise et roturière. Les élèves pourvus d'une particule étaient toujours accueillis avec défiance par leurs jeunes camarades et, pour peu qu'ils voulussent tirer vauité de leur noblesse, étaient inévitablement mis en quarantaine. Ce fait ne s'est, du reste, produit qu'une fois ou deux pendant les sept ans que nous avons passés au collége de Privas.

Il y eut un jour une quasi-révolution. Quelques grands avaient résolu de faire sauter le surveillant sur sa chaire. Pauvre surveillant ! C'est toujours la bête noire des collégiens. Des externes avaient préparé la bombe. Le complot fut heureusement éventé et la révolution se termina par l'expulsion des deux ou trois élèves les plus compromis.

C'est ainsi que nous préludions aux sottises présentes.

**

La destinée de bon nombre de nos anciens condisciples a bien souvent éveillé en nous de salutaires et philosophiques réflexions.

Ceux qui étaient rageurs, batailleurs, forts à la lutte, sont tous morts avant l'âge ou ont mal tourné.

Ceux qui s'étaient distingués par une vanité ridicule, ont retrouvé plus tard dans la société les mêmes répulsions, les mêmes inimitiés, qu'ils avaient excitées parmi leurs jeunes camarades et ont expié en grand ce triste défaut comme ils l'avaient expié en petit auprès de nous.

Les enfants gâtés, ceux qui avaient le privilège de l'argent et des confitures, n'ont pas plus brillé dans le monde qu'ils ne l'avaient fait au collége. Il faut aux enfants une impulsion ferme, virile, sinon sévère, autrement on n'en fait rien de bon. L'enfant, quoi qu'on en dise, est dominé par les mauvais instincts ; la paresse, la gourmandise, l'indocilité, sont choses naturelles chez lui, et s'il abuse de la faiblesse de ses parents, ce n'est pas lui, ce sont ces derniers qui sont les vrais coupables. Les parents, dans leur intérêt comme dans celui de leurs enfants, doivent savoir refouler leur tendresse, envisager l'avenir et non le présent. Ceux qui *gâtent* leurs enfants sont indignes d'avoir de la famille.

Les travailleurs au collége étaient tous des enfants poussés dans cette voie, soit par le besoin, soit par une éducation sévère, soit par les deux causes à la fois. Les habitudes laborieuses se sont conservées chez eux à la sortie du collége, et tous ont eu des succès dans les diverses carrières où les ont jetés les circonstances ou leurs préférences. Deux de nos condisciples se sont distingués par des succès exceptionnels ; l'un, le colonel Scipion Tourre (de Ruoms), est mort au Mexique, colonel des zouaves à trente-neuf ans, victime de son dévouement dans un incendie ; l'autre, le docteur Ollier, de Lyon, est une des gloires de la chirurgie française.

La prospérité du collége de Privas sous les Basiliens, montre assez la confiance qu'ils avaient su inspirer aux pères de famille. Vers 1840, ce collége comprenait une centaine de pensionnaires avec soixante ou quatre-vingts externes, et toutes les années on pouvait enregistrer des succès pour les élèves sortis de leurs mains. Nous ne voulons pas faire de comparaison avec l'état de choses qu'on a cru devoir substituer à l'ancien collége des Basiliens ; nous ne sommes pas de ces esprits absolus, exclusifs, qui voient tout bien d'un côté et tout mal de l'autre ; nous ne contestons au nouveau système et au nouveau personnel enseignant aucune des qualités nécessaires à sa mission ; mais nous croyons exprimer simplement une vérité de sens commun, une de ces vérités que les aveugles mêmes peuvent toucher du doigt, en disant qu'entre deux groupes d'hommes de mérite égal, celui où l'on a des mobiles supérieurs comme l'amour de Dieu et l'espoir des récompenses éternelles, celui où l'on fait de l'éducation des enfants une sorte de tâche sacrée, sera toujours par la force des choses, infiniment supérieur à l'autre.

Les professeurs laïques peuvent être très-instruits et très-estimables, mais ils sont retenus par des intérêts, d'ailleurs fort légitimes, dans une sphère inférieure, et ce n'est pas leur faute s'ils ne peuvent donner aux enfants ces soins assidus et paternels qu'on est bien obligé de constater chez toutes les congrégations religieuses autorisées ou non. Au point de vue de l'instruction, professeurs laïques et professeurs religieux peuvent rivaliser, et nous ne voulons établir entre eux aucune distinction, mais demander aux premiers l'abnégation et le dévouement que montrent les seconds, ne serait guère plus raisonnable que de demander aux mûriers de porter des poires et aux vignes de produire des melons. A chacun sa place et sa tâche. Au lieu de calomnier, de proscrire cette grande force sociale qu'on appelle le sentiment religieux, il me semble que de véritables hommes d'Etat chercheraient plutôt à se la concilier, afin de la faire servir à l'union et à la grandeur de notre pauvre pays.—Ah! chers maîtres d'autrefois, vous qui assistez de là haut à cette confusion d'idées, vous qui pénétrez les mobiles les plus secrets des cœurs, comme vous devez nous prendre en pitié! Pardonnez-leur, mais pardonnez surtout à ceux qui, ayant reçu de vous la seconde vie de l'éducation, ont oublié les principes que vous leur avez enseignés. Pardonnez-leur, car — vous le savez mieux que personne — ils ne savent ce qu'ils font.

*_**

Les Basiliens remontent à saint Basile et sont l'un des ordres les plus anciens. Ils étaient déjà vieux qu'il n'était pas encore question des Dominicains ni des Jésuites ; ils sont très-répandus en Orient, mais la renaissance de cet ordre en France a une origine essentiellement vivaroise et ne se rattache que par le nom aux anciens Basiliens d'Orient.

Au mois d'octobre 1800, deux prêtres zélés, MM. Lapierre et Actorie, ouvrirent dans le presbytère de St-Symphorien de Mahun, une école où ils accueillirent quelques aspirants à l'état ecclésiastique.

Dès 1802, l'établissement recevait cent trente élèves, et c'est alors que son transfert à Annonay fut demandé par la municipalité et le curé de cette ville.

La ville d'Annonay céda aux Basiliens, moyennant un loyer de douze cents francs, bientôt réduit à cinq cents, l'ancien couvent des Cordeliers et ses dépendances.

En 1808, on adjoignit à la maison des Cordeliers la maison de Ste-Barbe destinée à recevoir, en qualité d'élèves internes, les jeunes gens dont la plupart se destinaient à l'état ecclésiastique et qui n'étaient pas assez riches pour être admis au collége.

En 1822, l'abbé Tourvieille, depuis plusieurs années professeur de mathématiques, remplaça comme chef d'institution l'abbé Lapierre, qui devint supérieur général. A cette époque, la municipalité d'Annonay céda pour trente ans, à titre de bail gratuit, à MM. Tourvieille et Duret (ce dernier directeur de Ste-Barbe) tous les bâtiments, cours et dépendances de l'ancien couvent des Cordeliers, sous la condition qu'ils se livreraient pendant tout ce temps à l'enseignement dans la ville d'Annonay.

L'abbé Tourvieille, qui était de Joannas, succéda à M. Lapierre comme supérieur général des Basiliens et conserva ces fonctions jusqu'à sa mort, arrivée en 1859.

L'abbé Actorie, qui lui succéda, fut enlevé par une mort prématurée, à l'affection de ses amis et de ses élèves, et il en a été de même de son successeur, M. l'abbé Soulerin.

Le supérieur actuel est M. l'abbé Fayolle, de Montréal, neveu du vénérable abbé Fayolle qui a si longtemps dirigé le collége de Privas.

Le collége de Privas est resté confié aux Basiliens de 1822 à 1878.

Les Basiliens ont encore des maisons d'enseignement au Bourg-St-Andéol et à Vernoux. Ils ont rendu dans l'Ardèche des services inappréciables

En dehors de l'Ardèche, ils ont des maisons à Feyzin (Isère), à Blidah (Algérie), à Périgueux et en Amérique.

Une décision épiscopale, notifiée au préfet de l'Ardèche en novembre 1880, a sécularisé les Basiliens.

**

Comment ne pas parler plus au long de l'abbé Bourdillon, en parcourant une région de l'Ardèche où nous retrouvons partout sa trace et son souvenir, dans les rochers et les plantes qu'il nous faisait connaître et étudier, non moins que dans le cœur de ses anciens élèves?

Plus d'une fois, dans nos excursions, sa bonne et intelligente figure surgissait soudainement des rêveries de notre imagination, comme l'éclair du nuage, et il nous semblait apercevoir l'ombre de sa haute taille se projetant à l'infini le long du Coiron ou de la vallée d'Ouvèze! Nous nous retournions instinctivement pour entendre sa voix, mais le rêve s'envolait et nous laissait face à face avec d'autres réalités.

L'abbé Victor Bourdillon, notre compatriote par le cœur, était Dauphinois de naissance. Sa famille établie au Biol dans l'Isère, l'avait destiné d'abord à l'industrie et lui fit apprendre la fabrication des soieries. Mais, après la mort prématurée d'un frère, qui promettait un beau talent, on lui fit commencer ses études. Son frère aîné, médecin de mérite, lui enseigna les premiers éléments des sciences et des lettres. Il passa ensuite quelque temps à Bourgoin, y suivit les leçons des PP. Augustins et alla enfin terminer ses études au collège d'Annonay, où il occupa bientôt, comme maître et avec éclat, les chaires de seconde et de rhétorique.

A cette époque, il collabora indirectement au Dictionnaire latin-français de Noël, en signalant à son auteur de nombreuses erreurs ou inexactitudes, ce qui lui valut une récompense exceptionnelle de M. Noël et le signala d'emblée au monde lettré.

Du collège d'Annonay, il passa à celui de Privas, où il enseignait, comme nous l'avons dit, la rhétorique, les langues étrangères et les sciences naturelles.

Pendant cette période, il fit un séjour à Paris, où il prit ses grades, comme par manière de distraction, et, croyons-nous, deux voyages en Italie dont l'un en compagnie de M. Reynaud, le père Reynaud, comme on l'appelait, l'homme distingué qui a si longtemps enseigné la peinture et les mathématiques au collège d'Annonay.

L'abbé Bourdillon quitta Privas vers 1847. Sa santé, délabrée par l'étude, lui faisait du repos une nécessité absolue. Il se retira auprès d'un de ses anciens élèves, l'abbé Boirayon, alors directeur de l'institution du Péage de Romans. Mais, un an après, sa santé s'étant améliorée, il prenait la direction du collège libre de Bourgoin et l'élevait bientôt à un niveau qu'il n'avait jamais atteint jusque-là. Il y resta huit ans, puis il alla à Grenoble se mettre à la tête d'un autre établissement, mais cette tentative eut peu de succès et son retour à Bourgoin vint bientôt rendre au collège de cette ville le couronnement des hautes études pendant quelques années transférées à Grenoble.

Plus tard, il alla diriger le collège de Béziers et c'est là qu'il est mort le 15 mars 1872, des suites d'une néphrite compliquée d'un refroidissement.

Voilà, en quelques mots, la vie de l'abbé Bourdillon, mais pour en raconter les détails, pour peindre le caractère d'un homme qui fut à la fois un savant et un saint, il faudrait un volume tout entier.

L'abbé Bourdillon s'est spécialement occupé des questions d'éducation, et ceux qui, comme nous, ont non seulement profité de son enseignement, mais encore ont, après le collège, conservé des relations avec lui, regrettent vivement qu'il n'ait pas réuni dans un volume les sages préceptes et les judicieux conseils tombés de sa bouche ou de sa plume, et dont l'ensemble formerait un excellent traité d'éducation.

L'abbé Bourdillon se distinguait des autres ecclésiastiques par un caractère un peu plus novateur en matière d'éducation. Il aimait à instruire les élèves en plein air, à leur faire voir et toucher l'objet de son enseignement, à leur montrer la nature, non dans les livres, mais dans le spectacle même de la création, à joindre la pratique à la théorie, à former le cœur en même temps que l'esprit, l'homme et le citoyen en même temps que l'élève. Comme toutes les intelligences larges et élevées, il comprenait l'alliance de la foi et de la raison. C'était en même temps un prêtre plein de foi et un esprit très-résolument libéral, beaucoup plus indulgent que ses confrères pour les écarts et les imprévoyances de la jeunesse, sachant peut-être mieux que la plupart d'entre eux, l'action décisive qu'exercent le temps et l'expérience pour le redressement des âmes et des idées.

Son portrait le plus ressemblant est celui qu'en a fait l'auteur de l'article nécrologique inséré dans l'*Indicateur* de Bourgoin du 2 avril 1872 :

« ... Nature expansive, désintéressée et naïve, si jamais il en fut, à laquelle il manqua malheureusement, pour être parfaite, plus de fixité dans le caractère, de *positivisme*, dirait un moderne, dans les idées, et radicalement toute aptitude administrative pour la pratique : car, en théorie, il en savait autant que les plus malins. Aussi cette vie, si belle au fond, paraît-elle décousue, sans suite : l'unité ne s'y rencontre pas. L'abbé Bourdillon allait pour ainsi dire devant lui, comme son cher Homère, chantant dans les villes et les bourgades de la Grèce, sans s'inquiéter du lendemain, sans penser au gîte où il pourrait s'asseoir, mais auquel, qu'on se rassure, on songeait pour lui. Véritable *enfant sans soucy*, ennemi de tout assujettissement monotone et réglé, il lui fallait ses coudées franches, ses jours et ses nuits à sa guise, et surtout pas de consigne, pas d'heure fixe : le coup de cloche réglementaire dérangeait sa méditation, brisait sa phrase commencée, dissipait ses idées les plus ingénieuses, ou plutôt, les trois quarts du temps, il ne l'entendait pas. La ponctualité n'était donc point son affaire : *Je suis né un quart d'heure trop tard*, disait-il naïvement, *et je n'ai jamais pu me rattraper*. Ce désarroi, presque ordinaire dans le menu de sa vie, ne paralysait cependant point les brillantes facultés de son intelligence : si un service quelconque l'avait arraché à ses occupations les plus chères, il se retrouvait pleinement à ses heures, et au milieu d'une masse incroyable d'idées, qui paraissaient à des esprits superficiels, incohérentes, heurtées ou hardies, des *utopies*, comme on les a trop souvent et trop légèrement appelées, ceux qui vivaient dans son intimité reconnaissaient un ensemble imposant et parfaitement coordonné de principes larges, élevés, féconds et justes, sinon pour le temps où il les exprimait, du moins en eux-mêmes, car il devançait son siècle en bien des points, comme on l'a vu depuis. En fait d'éducation et d'instruction, par exemple, pressentant l'avenir, il en posait les bases au collège de Bourgoin avec une ampleur et une justesse qu'a consacrées depuis l'inauguration de ce qu'on appelle l'enseignement spécial ; et si ce collège a toujours été en avant des réformes opérées dans ces derniers temps, si elles y étaient faites quand on n'y songeait pas même ailleurs, c'est à M. Bourdillon qu'en revient l'honorable initiative.

« Si sous un autre rapport aussi, l'abbé Bourdillon eut des idées libérales (et ceci ne s'adresse qu'à ceux qui n'ayant pas peur des mots, vont au fond des choses), ce n'était point chez lui à l'état *d'idées en l'air*; il était profondément convaincu et irrésistible quand il les soutenait. On a bien été forcé d'y venir d'ailleurs, et nous ne sommes pas au bout. Doué d'une puissance d'investigation, de diagnostic rare, pourrions-nous dire, il voyait où marche le monde et croyait à des temps nouveaux. Les évènements qui ne font que de commencer, ne lui donnent point tort, au contraire...

« Mais tous ces détails nous mèneraient trop loin : on comprend assez ce que doit être, ce que fut l'enseignement d'un tel homme. Et cet enseignement ne s'arrêtait point aux limites d'une classe, d'un collège : des industriels, des commerçants, de jeunes professeurs, des artistes, ses anciens élèves pour la plupart, venaient constamment puiser auprès de lui des leçons d'honnêteté professionnelle et de désintéressement, chercher des inspirations nouvelles ou y réchauffer les leurs. Aussi que de talents il a fait éclore ! que d'œuvres d'art il a suggérées et fait naître ! que de nobles cœurs il a formés ! Celui qui lutte contre son émotion pour écrire ces lignes sans prétention, lui doit en grande partie le peu qu'il sait, le peu qu'il vaut; il le reconnaît et le publie avec bonheur; il en est reconnaissant et fier. »

L'abbé Bourdillon était admirable « quand il préchait l'amour de Dieu et du prochain, la charité sous toutes ses formes, dans un langage inimitable, substantiel, *vivant* : la charité qui fut le mobile de toute sa vie, charité pour les pauvres d'esprit et d'argent, pour les petits et les faibles, pour toutes les souffrances : aux uns, il donnait un bon conseil ; aux autres, tout ce qu'il possédait, faisant abstraction complète de ses besoins personnels; aussi *n'a-t-il rien laissé*, comme on dit vulgairement... Rien en fait d'argent, c'est vrai; il a tout donné, tout dépensé pour les siens, pour ses pauvres, et un peu aussi, il faut bien l'avouer, pour ses bons amis, ses chers livres. Mais il laisse d'autres trésors bien plus précieux; des exemples merveilleux de toutes les vertus qui font le chrétien parfait et le prêtre selon le cœur de Dieu. Il laisse aussi des ouvrages dignes d'être plus connus, et des manuscrits pour la plupart inachevés concernant l'histoire, l'éducation, la littérature ou la pédagogie. »

La première publication de l'abbé Bourdillon fut une imitation en vers de la *Batrachomyomachie*, poëme héroï-comique, attribué généralement à Homère, mais par M. Bourdillon à Leschès.

A la suite de cet opuscule, il publia *Mon premier voyage*, de Nîmes à Biol, épître écrite avec un abandon qui rappelle les lettres de La Fontaine en voyage, et aussi le *Régent de collège* ou *Mes adieux à la poésie*, encore une épître qu'on dirait du xviie siècle. A Bourgoin, M. Bourdillon a publié *Une première année* d'*Anglais*, petit livre qui mériterait d'être adopté partout, puis un choix de dialogues latins (*Colloquia selecta*.) Les évènements de 1848 lui inspirèrent le *Catéchisme du vrai républicain*, véritable manuel abrégé du bon citoyen, où tous les devoirs sont, comme les droits, nettement établis avec un libéralisme parfait, parce qu'il est puisé aux sources mêmes du christianisme.

Nous regrettons de ne connaître ces ouvrages que par cette mention de l'Indicateur de Bourgoin.

La dernière publication de l'abbé Bourdillon, date de 1862. C'est la traduction de l'*OEconomicon*, de Xénophon, un des ouvrages les plus curieux que nous ait laissés l'antiquité, et le choix de ce travail prouve que, si l'abbé Bourdillon ne brillait pas par l'économie domestique, il en comprenait du moins parfaitement l'importance. Il y aurait de curieux rapprochements à faire entre les conseils du disciple de Socrate, qu'a traduits l'abbé Bourdillon, et ceux que contient le *Théâtre d'agriculture*, et nous avons regretté, en lisant la belle étude intitulée : *Olivier de Serres et son temps*, que M. Eugène Villard n'y ait pas songé.

L'abbé Bourdillon était trop modeste pour être un écrivain fécond. Au contraire de ce que tant de gens pratiquent aujourd'hui, il pensait et étudiait beaucoup plus qu'il n'écrivait et surtout qu'il ne publiait. Il croyait qu'on ne peut jamais être trop sévère pour ses propres écrits. Ce respect peut-être excessif de soi-même et du public, nous a privés sans doute de plus d'une œuvre utile, mais il est dans tous les cas un exemple des plus nobles et des plus opportuns.

Le corps de l'abbé Bourdillon fut ramené de Béziers au Biol où ses funérailles eurent lieu le 17 avril. Un monument lui a été élevé au moyen d'une souscription ouverte parmi ses anciens élèves.

J'ai pensé plus d'une fois que le collège de Privas, même passé en d'autres mains, s'honorerait en consacrant à l'abbé Bourdillon, dans une des salles, encore pleines de son souvenir, une plaque commémorative semblable à celle qui a été consacrée au *père Reynaud* dans le parloir du collège d'Annonay. Il est bien probable que cette idée n'aura pas de succès, au moins pour le moment. A quoi certainement, la mémoire de l'abbé Bourdillon ne perdra rien. Mais comme l'avenir est à la justice, nous sommes bien certain qu'un jour la ville de Privas tiendra à honneur de rappeler, par un monument quelconque, le séjour si fécond pour toute sa jeunesse intelligente, qu'a fait dans son sein l'homme éminent, à qui nous venons de consacrer ces lignes.

*
**

Il paraît que la municipalité de Privas songe à agrandir le cimetière. C'est une meilleure idée que celle du blocus de l'église. En fait de cimetières, il faut bien reconnaître qu'à Privas, comme ailleurs, on en est encore à la barbarie. N'est-il pas odieux, en effet, que, par suite de l'exiguité du terrain, les pauvres gens soient exposés à voir, dans une période de huit ou dix ans, les os de leurs chers morts profanés et dispersés par la pioche impitoyable du fossoyeur ? Et, en y réfléchissant bien, cela est encore plus bête qu'odieux, car après tout, le terrain n'est pas si cher, même à Privas, que les municipalités ne puissent quadrupler ou quintupler l'espace réservé aux sépultures, de telle sorte que la rotation ne se produise pas au même endroit avant quarante ou cinquante ans. S'il fallait pour cela éloigner un peu plus les cimetières des lieux habités, il y aurait double avantage. J'ajoute que, si cela diminuait les concessions, il ne faudrait pas non plus s'en plaindre, car, outre que le principe d'égalité y trouverait son compte, il est clair que cette conservation des corps dans les caveaux est anormale et empêche au moins pour quelque temps l'accomplissement de la loi de la nature, qui veut que le corps retourne à la terre comme l'âme retourne à Dieu.

En voulant disputer les corps aux éléments, on fait, sans s'en douter, acte de matérialisme. C'est le fossoyeur qui en est cause ; la plupart agiraient autrement, s'ils savaient qu'on ne viendra pas troubler des cendres vénérées avant que le temps ait accompli son œuvre. Il y a des villages en Allemagne où toute tombe est marquée par un arbre, et il n'est permis de toucher qu'à celles dont l'arbre a péri et qui restent complètement abandonnées. Pourquoi ne suivrions-nous pas cet exemple ? Les arbres assainiraient les cimetières tandis que, dans le système actuel, ils désorganisent les caveaux. Les villageois dont les cimetières sont proportionnellement plus étendus, ont ainsi sur les citadins l'avantage de pouvoir dormir plus tranquillement après comme avant leur mort. Il serait cependant facile aux citadins de se procurer le même avantage, si, au lieu de demander à leurs candidats municipaux des programmes politiques, ils leur demandaient des réformes pratiques — et celle des cimetières que j'indique ici, l'est essentiellement.

XIV.

PRIVAS ET CREYSSEILLES.

Privas aux temps géologiques. — Le Lac. — La première agglomération humaine dans la contrée. — Privas, faubourg du Petit-Tournon. — Les voies romaines. — Le champ de bataille et la grotte de Creysseilles. — Les tombes de Veyras et de Creysseilles. — Le Rocher des Pendus. — Dolmens et tombes creusées. — Importance de la sépulture chez les anciens. — L'ancienne église de Creysseilles. — Privas station minérale. — La *Fouon Sala*. — Ce qu'en disait un docteur de Montpellier en 1765. — L'état actuel de la fontaine. — Un âne qui n'est pas bête. — Pranles. — Pierre Durand. — Gruas.

Nous avons déjà dit que le bassin de Privas, comprenant les vallées d'Ouvèze et de Mézayon, était un ancien lac, éventré d'abord au sud par l'échancrure d'Alissas, plus tard à l'est par le défilé de l'Ouvèze aux Fonts du Pouzin.

La partie qui a gardé le nom de Lac le doit au terrain marécageux qui s'y est maintenu plus longtemps, n'étant pas nettoyé par un cours d'eau comme la basse vallée de l'Ouvèze. Le Pouzin et Chomérac ont été beaucoup plus anciennement habités que Privas, et les Gallo-Romains dont on y trouve tant de traces, n'ont fait sans doute qu'y prendre la place des races primitives, autochtones ou conquérantes.

L'emplacement de Privas et du Petit-Tournon s'offrait naturellement comme la première étape vers le cœur du Vivarais, le jour où l'extinction des volcans et le dessèchement des marais auraient rendu cette région habitable. — Les invasions guerrières dont la vallée du Rhône fut tant de fois le théâtre, durent encore contribuer à rejeter de ce côté les malheureuses populations riveraines du fleuve. — En supposant que Privas n'existât pas à l'époque de Chrocus et de la grande invasion sarrasine du vnr° siècle, il est évident que plus d'un fuyard d'Albe, de Cruas ou du Pouzin vint chercher de ce côté un asile et y planter sa tente.

La première agglomération, qui est probablement antérieure aux Romains, dut avoir lieu au promontoire formé par le confluent de Charalon et du Mézayon. Si l'on songe au caractère sauvage qu'avait alors la contrée, couverte de bois ou de marais, on peut s'imaginer la force de cette première position adossée à une montagne inaccessible et défendue par deux ravins profonds. Plus tard, quand la colonie fut plus forte, elle s'étendit sur l'emplacement de Privas où elle put se développer à l'aise. C'est ainsi que, de simple faubourg du Petit-Tournon, Privas devint peu à peu, grâce à sa position dominante, le principal noyau de population de la contrée.

En augmentant de force, c'est-à-dire de population, la colonie élargit le cercle de son action et de ses domaines. Restreinte d'abord au promontoire de Charalon, elle prit possession du large cirque formé par le Coiron, le Gras et les Boutières, et installa son centre aux pieds du Mont-Toulon, d'où elle voyait venir de loin l'ennemi et pouvait facilement lui barrer le passage, soit qu'il tentât de forcer le défilé d'Ouvèze, soit qu'il se présentât par la porte d'Alissas, tandis qu'elle restait elle-même protégée au nord et à l'ouest par des montagnes impraticables.

Tels furent sans doute les commencements de Privas. Les Romains sillonnèrent la contrée de voies pavées qui ne firent le plus souvent que suivre les anciens sentiers celtiques. On sait déjà que la voie de Privas se détachait à Baix de la grande voie d'Albe à Valence, et qu'elle passait à Chomérac et Alissas.

De Privas partaient deux voies qui se dirigeaient : l'une à l'ouest, par Veyras, le Champ-de-Mars, Mézilhac et le Béage ; — l'autre, au nord, par Lyas, le col de la Vialète, Pontpierre (où elle passait l'Erieux), les Ollières, St-Sauveur-de-Montagut, le Cheylard et St-Agrève.

Les traces de ces voies sont loin, comme on peut le supposer, d'être parfaitement reconnaissables, mais il est aisé néanmoins d'en suivre la ligne générale, à quelques débris de tombes, de poteries ou de dénominations locales, en suppléant aux lacunes par le simple bon sens.

La voie de l'ouest passait au Mont-Toulon, descendait vers la Barèze et montait ensuite à Veyras et à Creysseilles.

M. Dalmas a trouvé dans la propriété du maçon

Allard, sur le versant ouest du Mont-Toulon, des moules de monnaies romaines figurant une douzaine d'empereurs romains, mais surtout Antonin-le-Pieux. La plupart de ces moules ont été donnés à M. Vallier pour le musée de Grenoble. Il a trouvé aussi une grande amphore à poterie de sable comme toutes les poteries gallo-romaines.

A Creysseilles, à quinze cents mètres de l'église, tout près du Vabre et des Valliers, est un petit plateau appelé la Chaze qui, d'après une tradition locale, a été le théâtre d'un combat. Il suffit de creuser la terre en cet endroit pour y trouver des ossements humains et des armes brisées. L'ancien propriétaire qui a défriché ce sol, il y a une quarantaine d'années, y trouva, parmi les ossements, des fers de lance et d'autres armes auxquelles il donne le nom trop moderne de baÿonnettes. Il y en avait de plusieurs formes ; quelques-unes étaient à deux branches. Ce qui ne pouvait être utilisé était laissé sur place. Le reste était porté chez le maréchal-ferrant. Il nous a montré une vieille épée à quatre faces comme une canne à lance, brisée à la pointe. Cette Durandal, après avoir percé peut-être bien des poitrines huguenotes ou papistes ou autres, servait depuis quarante ans à remuer la bouillie des porcs. On n'a découvert à la Chaze aucun vestige de construction. La tradition locale parle bien d'un combat, mais sans rien dire ni de l'époque ni de la qualité des combattants.

De cet endroit, lorsqu'on regarde dans la direction de l'église, on aperçoit, dans un ravin profond, bordé d'un côté par la roche granitique et de l'autre par une gigantesque coulée de basaltes, une grotte creusée dans le grès. Cette grotte mesure environ dix-huit mètres de long sur quinze de large. La voûte, qui a de trois à quatre mètres de hauteur à l'entrée, va en s'abaissant jusqu'au fond, où elle n'en a plus que deux.

Cette grotte n'est pas uniquement l'œuvre de la nature qui, d'ailleurs, ne laisse pas de cavités dans le grès, et l'on y reconnaît à divers endroits la main de l'homme et la trace de son séjour.

A droite en entrant, se trouve un compartiment de deux mètres carrés à peine, qui a pu servir de cuisine, car on y voit des traces de foyer. Comme aux balmes de Montbrul, on aperçoit, creusées dans les parois, de petites niches destinées à recevoir divers ustensiles.

Ce lieu a dû servir de refuge aux protestants à l'époque où ils étaient persécutés, mais il est probable qu'il avait servi d'habitation permanente à d'autres hommes bien avant eux.

La grotte était fermée sur le devant par un mur très-bien construit avec des pierres de moyen appareil, percée de meurtrières, et on ne pénétrait dans cette grotte qu'en passant sous une triple porte. Les anciens d'aujourd'hui se souviennent d'avoir vu le mur encore intact et la porte munie de ses énormes gonds. Un malheureux instituteur, sous prétexte de fouilles, a fait comme le baby qui crève un joujou pour découvrir la petite bête, et a démoli le mur pierre à pierre. Il n'en reste plus qu'un pan qui aura bientôt disparu, car les visiteurs, heureusement assez rares, ne manquent jamais de se donner la spirituelle satisfaction de faire rouler une pierre dans le ravin.

Le ruisseau passe sur le rocher qui sert de voûte à la grotte et se précipite d'une hauteur de dix mètres, formant une belle cascade aux moments de crue. L'eau tombe devant la grotte, sur une sorte de terrasse, d'où elle se précipite encore plus bas en formant une seconde cascade. Pour empêcher l'eau de détruire la terrasse, on l'a pavée en pierres de grès. On montait autrefois du ruisseau à la grotte par une espèce de sentier tournant dont le temps a arraché tous les degrés et qu'a remplacé un sentier des plus escarpés, obstrué par des broussailles.

On a découvert encore au pied de cette grotte des ossements et des armes. On prétend que les habitants de la grotte, protestants ou autres, ont subi une fois un long siège. Les assiégeants étaient campés à la Chaze. Si la grotte était une position inexpugnable, il était aussi bien difficile d'en sortir. Aucun mouvement des assiégés ne pouvait échapper aux observateurs de la Chaze, et il suffisait de quelques hommes postés sur le rocher qui domine la grotte, pour empêcher, ne fût-ce qu'à coups de pierres, les assiégés de s'échapper.

**

Les anciennes tombes de Veyras et Creysseilles, en montrant combien ces lieux ont été anciennement habités, jalonnent pour ainsi dire, aux yeux de l'archéologue, l'ancienne voie celtique, puis romaine, de la vallée de Mézayon.

On sait qu'il existe dans ces deux endroits des tombes creusées dans le grès, tombes malheureusement vides de leur contenu depuis longtemps, ce qui ne permet pas de leur assigner une date précise, mais ce qui n'empêche pas d'en reconnaître la haute antiquité. Ces tombes ressemblent à la gaîne d'une momie et l'on y reconnaît la place de la tête et des autres parties du corps. Elles devaient être recouvertes d'une pierre tombale, car on en a découvert à Creysseilles la moitié d'une, taillée en dos d'âne. Tous ces couvercles ont disparu et la place du mort est tenue par l'eau en temps de pluie et par les feuilles sèches ou les bourses de châtaignes en automne.

A Veyras, ces tombes sont disséminées sans ordre. La plupart sont accouplées et, comme il y en a ordinairement une de moindres dimensions, on peut supposer qu'elles étaient destinées au mari et à la femme.

Quelquefois on voit la place de l'enfant entre celles des parents. Autour de chaque tombe circule, plus ou moins effacée par le temps ou le pied des passants, une petite rigole qui servait sans doute à détourner les eaux pluviales.

On voit que ces tombes ont été creusées, autant que possible, de façon que les pieds soient tournés vers le soleil levant ou au moins vers le midi. Si un rocher qui semble avoir été choisi pour la sépulture d'une famille est trop étroit pour mettre l'enfant en long à côté de ses parents, on le met en travers, mais alors, les pieds sont tournés vers le soleil levant, si les grands corps font face au midi. Nous n'avons pas vu, ni à Veyras ni à Creysseilles, une seule tombe tournée au nord, ou au couchant, lors même que le rocher semble se prêter à cette orientation.

Quelques-unes de ces tombes ont un trou du côté des pieds destiné, dit-on, à faciliter l'écoulement des eaux qui auraient pénétré dans la tombe. Nous avions cru d'abord que ces trous avaient été faits après coup par des bergers, mais leur multiplicité à Veyras et à Creysseilles nous paraît devoir écarter cette supposition.

Ces tombes se trouvent surtout à l'ouest de Veyras, en deux endroits différents. Il y en a ensuite de disséminées un peu partout. Presque toutes celles qui étaient dans le village ou aux abords ont été détruites.

Celles de Creyseilles sont au nombre d'une vingtaine, divisées en trois groupes; le principal est au hameau de Creysseilles. Ces tombes ont la même forme et sont probablement de la même époque que celles de Veyras, mais elles sont généralement mieux conservées. Elles sont creusées dans le roc à quarante centimètres environ de profondeur, le côté des pieds tourné vers le soleil levant. On y reconnaît comme à Veyras, la petite rigole destinée à détourner les eaux pluviales. Plusieurs sont plus larges au fond que sur les bords, en sorte que les parois surplombent. Deux sont mieux taillées et dessinent la forme du corps humain. Ces tombes étaient autrefois beaucoup plus nombreuses; la plupart ont été détruites dans les extractions de pierres destinées à diverses constructions. D'autres ont été recouvertes par des travaux de terrassements. C'est le cas, notamment au quartier des Valliers, où l'on nous montra la place de quelques-unes sous les remblais du chemin. Les vieillards du pays disent qu'on comptait autrefois au *Rocher des morts*, à Creysseilles, une quarantaine de tombes creusées dans le roc. On peut encore voir les vestiges d'une cinquantaine dans le quartier du Boissillon. Un seul propriétaire du pays avoue en avoir détruit au moins une centaine dans ses travaux de défrichement. Parmi ces tombes on en a trouvé plusieurs à deux places et une à trois.

Il existait aussi un assez grand nombre de ces tombes au *Rocher des Pendus*, à côté de Pranles. On y en voit encore deux bien conservées, mais elles auront bientôt disparu, le rocher servant de carrière pour toutes les constructions des environs. Nous y vîmes des blocs détachés portant les traces de ces tombeaux, et toujours les pieds tournés au midi ou au levant, jamais au nord ou au conchant.

*

A quelle époque appartiennent les tombes de Veyras et Creysseilles ?

L'abbé Rouchier y voit des monuments gallo-romains se rapportant « à la période la plus reculée de l'antiquité chrétienne, puisqu'elles sont de cette époque où l'usage des cimetières communs n'avait pas encore prévalu » (1).

Il ajoute que des tombes semblables, creusées dans le grès ou dans le tuf volcanique, existent à Mercuer et à St-Alban-en-Montagne.

A notre avis, ces tombes remontent plus haut et représentent avec les dolmens les plus anciennes sépultures de nos contrées.

Il est évident que les dolmens sont une forme de sépulcre spéciale à une race et non pas au Vivarais, puisqu'on peut suivre par eux, de l'Inde au Caucase, à la mer Baltique et sur tous les rivages septentrionaux et occidentaux de l'Europe jusqu'en Afrique;

(1) *Histoire du Vivarais*, t. 1, p. 117.

tous les pas de cette race dont le nom même s'est perdu.

La présence de cette race en Vivarais est attestée par un demi-millier de dolmens plus ou moins ruinés. Mais, si l'on songe au travail que nécessitait la construction de ces sépulcres, et d'ailleurs à leur nombre relativement restreint, on est amené à penser que les dolmens n'étaient pas des tombes vulgaires, mais seulement celles des guerriers ou des familles illustres.

Il est à remarquer aussi, et c'est là une observation que j'ai faite dans mes dernières excursions, que les dolmens en Vivarais ne se trouvent guère que dans la région méridionale, où les bancs calcaires n'ayant qu'une certaine épaisseur, se prêtaient assez facilement à la confection des tables et supports latéraux qui forment ces antiques sépultures.

Les rares dolmens existant dans le terrain de grés, le doivent évidemment à des facilités locales du même genre, ainsi que je l'ai constaté à Tauriers et à la Keyrie (Vinezac), où se trouvent les seuls dolmens que nous connaissions dans le terrain triasique de l'Ardèche.

Mais ce travail présentait les plus grandes difficultés, surtout à des hommes dépourvus de nos outils modernes, dans la plupart des terrains du trias où le grès se présente en couches épaisses et compactes, à plus forte raison dans le granit. Voilà sans doute pourquoi on ne trouve pas de dolmens dans le granit et *fort* peu dans le grès.

Quant aux terrains de micaschiste, ce sont évidemment ceux où la facilité d'extraire des lauzes de toutes les grandeurs et de toutes les épaisseurs facilitait le plus la construction des dolmens, mais, comme cette pierre se détruit facilement sous la simple influence des saisons, on comprend fort bien que, s'il en a existé, toute trace en ait disparu.

Il est donc raisonnable de supposer que les tombes creusées, comme à Veyras, Creysseilles, Mercuer, St-Alban-en-Montagne, Gravières et probablement beaucoup d'autres endroits, ont, par la force même des choses, remplacé, dans les pays de grès ou de granit, les dolmens de la région calcaire.

Voilà pourquoi aussi nous sommes disposé à considérer les deux modes de sépulture comme plus ou moins contemporains, et beaucoup plus anciens que l'ère chrétienne, ce qui n'exclut pas, d'ailleurs, l'idée que le système des tombes creusées isolément ait pu être continué par les premiers chrétiens de la contrée.

Les dolmens et les tombes creusées montrent l'importance que les plus anciennes populations de nos montagnes attachaient à la sépulture. Les corps trouvés dans les dolmens sont accroupis le visage tourné vers l'Orient. On a vu que dans les tombes creusées, le mort regarde toujours aussi le midi ou le levant. En vérité, ces anciens morts avaient plus d'esprit qu'une foule de vivants d'aujourd'hui, car leur attitude seule prouve qu'ils croyaient à quelque chose. Si ces vénérables ancêtres de l'humanité jettent les yeux sur nous, ils doivent avoir une singulière idée du progrès moderne, en voyant des représentants du peuple le plus spirituel de la terre, se faire gloire d'athéisme.

Les Romains firent prévaloir l'usage de brûler les corps, et l'on peut supposer que le précepte religieux tira son origine de quelque grand besoin hygiénique démontré par des épidémies.

Le christianisme, en annonçant que les corps ressusciteraient pour participer à l'immortalité de l'âme, remit en honneur les soins donnés autrefois à la dépouille humaine. De là, ces immenses travaux des catacombes romaines qui font aujourd'hui l'admiration des savants. Saint Cyprien nous apprend que le clergé romain, écrivant au clergé de Carthage, sous la persécution de Dèce, lui rappelait qu'il n'y avait pas de devoir plus important que de donner la sépulture aux martyrs et aux autres chrétiens. Le trésor de l'Eglise était dépensé, non-seulement à faire vivre les pauvres, mais encore à les enterrer convenablement. Saint Ambroise reconnaît même que, pour la sépulture des fidèles, on a le droit de briser, de faire fondre et de vendre les vases sacrés.

Les catacombes romaines ne sont pas autre chose

qu'un immense assemblage de tombes de Veyras creusées dans le tuf volcanique et disposées par niches horizontales le long des galeries souterraines, au lieu d'être creusées isolément dans les bancs de grès et à la surface du sol, différences qui s'expliquent aisément par celle du nombre des morts dans les deux endroits et par la sécurité dont on pouvait jouir à Veyras, tandis que la persécution à Rome obligeait les chrétiens à cacher leurs croyances et leurs morts dans les entrailles de la terre. On sait qu'à partir des Antonins, les Romains perdirent peu à peu l'habitude de brûler leurs morts, et qu'à l'époque de Macrobe, ils l'avaient presque entièrement perdue.

Nous ne voulons pas cependant terminer ces considérations sans mentionner deux circonstances qui militent en faveur de l'opinion de l'abbé Rouchier.

La première est celle-ci : lors des travaux exécutés pour faciliter l'accès de l'église de Creysseilles, on trouva deux énormes cercueils en pierre, assez semblables par leur forme, sauf la non adhérence au rocher, avec les tombes creusées, mais où l'on remarque sur le bord, à la hauteur des genoux, un creux destiné, dit-on, à remplacer le pot de terre rempli d'eau bénite que les premiers chrétiens avaient l'habitude de mettre dans le cercueil de leurs morts. Une des personnes qui nous accompagnait nous dit même avoir remarqué cette particularité à l'une des tombes creusées de Creysseilles avec cette différence que le creux est plus rapproché de la tête.

Quand nous visitâmes le Rocher des Pendus, je demandai si on n'avait pas remarqué de petit trou à côté de quelques-unes de ces tombes, comme nous l'avions vu à Creysseilles. — *Ah! lou peyroulé, voulé diré!* Et l'on nous montra, en effet, un petit creux d'une origine douteuse, mais l'exclamation elle-même, semblant s'appliquer à un fait connu, permet de supposer que les paysans de Pranles avaient, comme ceux de Creysseilles, remarqué le trou de l'eau bénite.

L'autre circonstance, bien que digne d'observation et surtout de vérification, ne nous paraît cependant guère plus de nature à changer notre manière de voir.

On nous affirma que deux tombes creusées de Creysseilles ont une légère inclinaison à droite, en quoi notre interlocuteur retrouve la pensée chrétienne qui a présidé à la construction des églises dites à l'*inclinato capite*, c'est-à-dire où le chœur ne forme pas angle droit avec les chapelles latérales pour exprimer la position du Christ mort sur la croix. Tel est le cas, notamment, dans nos pays, pour les vieilles églises de Pranles, St-Julien-du-Serre et Gravières.

Si l'observation était exacte et appuyée sur un certain nombre de faits, elle serait certainement très importante. En l'état, nous croyons qu'on peut y voir, sinon un pur effet d'imagination, au moins une simple erreur de compas des anciens Celtes de la contrée... d'autant que cet instrument leur était probablement inconnu et que la géométrie ne figurait guère dans le programme des études du temps.

Finalement, comme il faut laisser, surtout dans des questions aussi obscures, le champ libre à toutes les opinions, je dois noter ici que mon ami *Barbe* voit simplement dans les tombes de Veyras et de Creysseilles, les tombes des mineurs sarrasins qui ont exploité autrefois les mines du bassin de Privas, et dont on a retrouvé, à Veyras, les anciennes galeries.

**

La tradition locale veut que Creysseilles soit une des très-anciennes paroisses du Vivarais. L'église était jadis au hameau de Creysseilles, à trois kilomètres de l'église actuelle, hameau aujourd'hui entièrement protestant. D'après l'abbé Rouchier, c'est de cette église qu'il s'agirait dans le passage suivant du *Charta Vetus*, à la date de l'an 950 :

Asterius presbyter tenet ecclesiam Sancti Andreæ in Filinis.

D'où vient ce nom de *Filinis*, et pourquoi n'en trouve-t-on ici aucune trace ? C'est ce que nous ignorons.

Pour l'étymologie de Creysseilles, on a parlé de *crescere* parce qu'il faut, dit-on, monter de quelque côté qu'on vienne. Cela pourrait être vrai si, par Creysseilles on entendait l'emplacement de l'église actuelle, mais si, comme le veut la tradition, le Creysseilles primitif était au village qui porte encore aujourd'hui ce nom, l'étymologie est absurde, car pour y arriver, il faut descendre de tous côtés, excepté du côté de Veyras.

Une étymologie plus acceptable est celle de *Crucis locus*, lieu de la croix, attendu que le culte de la Croix paraît avoir été spécialement en honneur à Creysseilles. De plus, la paroisse a pour patron saint André, l'apôtre mort sur la croix comme le maître, et qui, arrivé au lieu du supplice, salua la croix et l'embrassa avec transport. *Cum crucem vidisset, longe exclamare cœpit : O bona crux, diù uesiderata.....*

On donne parfois, dans les vieux actes, le nom de St-André des Croix à l'église de Creysseilles. Il y a dans la commune la Croix-St-André. Le col qui est à trois cents mètres de l'église s'appelle le col des Croix et l'auberge porte le nom d'Auberge des Croix.

Cette étymologie n'est pas sans doute au-dessus de toute critique, mais elle vaut mieux que l'autre.

L'ancienne église de Creysseilles fut détruite, dit-on, lors de la guerre des Albigeois et il n'en reste rien, pas même le souvenir exact de son emplacement qu'on croit être sur le Rocher des morts. On montre la place d'une croix de date moins ancienne, dont la destruction coïncida avec un autre soulèvement hérétique. Après la destruction de l'église paroissiale, les catholiques transportèrent le culte à une chapelle dédiée à St-André qui existait déjà au-dessous du rocher basaltique qui couronne la montagne, et comme les ressources nécessaires pour relever l'église leur faisaient défaut, la chapelle en question leur tint lieu pendant longtemps d'église paroissiale. Si St-André *in Filinis* est bien réellement St-André de Creysseilles, peut-être faudrait-il voir l'église du chanoine Astier, non dans l'église paroissiale de Creysseilles qui n'était pas encore détruite à l'époque où Thomas II transcrivait le Charta Vetus, mais simplement la chapelle St-André.

Aujourd'hui, l'église est au quartier de St-André, complètement isolée ainsi que le presbytère. Une centaine de mètres les sépare. Le plus proche voisin du curé est un fermier protestant. Quand le curé est obligé de s'absenter, c'est le voisin protestant qui est chargé de garder l'église et le presbytère. Cette église, dont la façade et le clocher sont tout à fait modernes et de style ogival, est, d'ailleurs, d'une architecture fort simple. Elle paraît reposer sur des fondations plus anciennes. On aperçoit quelques restes de contreforts et l'on trouve encore çà et là des débris de corniches romaines et de vieux chapiteaux grossièrement taillés. Devant la porte et lui servant de perron, on voit le fond pentagone et les panneaux en pierre de l'ancienne chaire.

Il y a dans l'église de Creysseilles une chapelle de St-Antoine et St-Roch où l'on remarque deux chapiteaux qui paraissent remonter à une époque fort reculée : l'un porte un quadrupède quelconque à crinière et à la queue redressée, et l'autre un personnage, orné d'une ceinture et ayant la tête en bas et les pieds en haut avec les jambes repliées. Des Vandales quelconques ont mutilé les deux sujets à les rendre méconnaissables.

Un brave prêtre de Montpezat, nommé Mathieu Bonnaud, qui avait été curé à St-Priest, eut l'idée de léguer à sa mort, en 1672, une pension annuelle de cinquante sols à cette chapelle de St-Antoine et St-Roch. Il légua, par la même occasion, une série de procès aux prieurs de Creysseilles, qui eurent tous successivement à plaider contre les héritiers Bonnaud.

La tradition locale fait considérer comme très ancien le bâtiment qui, après avoir servi de prieuré, est devenu la cure actuelle. On raconte qu'un aumônier de Charlemagne, ayant encouru la disgrâce de ce monarque, vint dans cette solitude méditer sur l'inanité des grandeurs humaines, et se consacrer au service du seul souverain auprès duquel on n'a pas à craindre l'action des jaloux ou les intrigues des ambitieux. Le bâtiment en question serait son œuvre. Il a un petit air de château fort avec deux tours, l'une ronde et l'autre carrée, percées de meurtrières.

Le prieur de 1660, Jean Ricomme, eut beaucoup de mal, d'abord avec les héritiers du prêtre Bonnaud, ensuite avec les protestants. Le prieuré possédait une terre appelée *Confrérie* où se trouvaient une maison et une chapelle. Les protestants de Creysseilles, Pourchères, Pranles et Ajoux, trouvèrent l'emplacement à leur goût pour un temple et s'en emparèrent sans façon. Jean Ricomme protesta et prédit que cette usurpation deviendrait un sujet de trouble. Nous ignorons comment finit l'incident. Le fait est qu'il ne reste rien aujourd'hui ni de l'ancienne chapelle que les protestants détruisirent probablement alors, ni du temple qui lui succéda et qui eut le même sort ; on ignore même l'endroit précis qui portait ce nom de *Confrérie*, à moins qu'on ne veuille le retrouver à cent pas de la cure, dans un quartier appelé le Temple, où l'on distingue quelques pans de murs ruinés entre lesquels croissent des choux magnifiques.

Le prieur Grivola, successeur de Ricomme, écrivait en 1762 : « Creysseilles est un pays aride, scabreux, produisant un peu de seigle, très peu de froment ; lorsque le temps est favorable, il y a quelques châtaignes et quelque peu de menus grains ; il y a aussi très peu de foin. »

* *
*

En été, quand il fait bien chaud, j'ai entendu plus

d'un brave Privadois, dire en se faisant monter de la cave une bouteille fraîche d'eau de Maléon ou du Vernet : 'Ah ! si Privas avait une fontaine minérale !

Et j'en ai étonné plus d'un en disant : Il l'a !

— Comment ! Où ? me répondait-on.

— Oui, Privas a sa fontaine d'eau minérale à l'un de ses faubourgs, à ce qui du moins, devrait n'être qu'un de ses faubourgs : à Creysseilles.

Supposez, en effet, la jolie route du Mézayon, prolongée encore de quelques kilomètres, et l'on arrive au confluent du ruisseau de *Fouon Sala* (la fontaine salée), en demi-heure ou trois quarts d'heure. De là, à la fontaine, il n'y aura plus qu'un kilomètre à faire presque en plaine, sur les bords du ruisseau, par un sentier frais et ombragé. Ce sera la plus jolie promenade des environs de Privas, et l'on peut s'étonner qu'elle ne soit pas encore faite.

Pour le moment, l'excursion à la *Fouon Sala* n'est pas chose facile. Nous en savons quelque chose, Barbe et moi. Un beau matin, nous prîmes, avec une voiture particulière, la route des Ollières. La matinée était fraîche et nous grelottions là-haut, tandis que Privas, chaudement enveloppé de fumée, préparait là-bas sa soupe ou son café au lait.

La route est fort belle, mais un peu raide. Il y avait autrefois des vignes, il n'y a plus guère aujourd'hui que des châtaigniers. Nous laissâmes à notre droite les deux tours du château de Liviers, restauré par le pasteur protestant, M. Gounon. Nous dépassâmes le Moulin à Vent et filâmes droit sur le hameau du Vernet, où nous quittâmes la voiture et son conducteur.

Du col du Vernet, qui est le grand passage des oiseaux venant du col de l'Escrinet, nous descendîmes par des sentiers absents vers le fond du ravin. Après une demi-heure de sauts périlleux, nous atteignîmes enfin le petit hameau de Fouon-Sala, où nous mangeâmes chez Chastanier, un brave paysan à lunettes, une excellente tome fraîche arrosée d'un petit vin clairet, un peu trouble, mais piquant qui nous parut supérieur à l'Ermitage.

La collation finie, Chastanier nous remit un arrosoir et un verre.

— Que voulez-vous que nous fassions de cet arrosoir? lui dit Barbe.

— Vous le verrez.

Nous sautâmes le ruisseau et nous voilà devant une chapelette, c'est-à-dire une petite voûte en maçonnerie dont le propriétaire a recouvert la fontaine. A côté de cette bonne idée, le brave homme en a eu une autre assez malheureuse, c'est de creuser le rocher en contre-bas du niveau du ruisseau, en sorte que la source minérale est constamment envahie aujourd'hui par les infiltrations.

Je compris alors l'utilité de l'arrosoir. Nous dûmes vider au moins deux hectolitres avant d'arriver au fond de la cavité où l'eau minérale pétille entre les fentes du rocher et il nous fut encore impossible, vu la saturation de la roche environnante, de goûter l'eau minérale pure.

Fouon-Sala sort des fentes d'un gneiss pourri, comme les sources du Pestrin, du Vernet, des Escourgeades, et autres. A trente ou quarante mètres au nord de la source, l'eau minérale suinte du rocher sur une assez large surface et peut-être est-ce de ce côté qu'il faudrait chercher la véritable source.

Les parois de l'excavation actuelle sont recouvertes d'un enduit jaunâtre. Un dépôt ferrugineux, de même nature, se dépose sur les bouteilles où l'eau a séjourné quelque temps. Cette eau a un petit goût — presque imperceptible — d'œuf couvé qui révèle la présence du soufre. Peut-être contient-elle aussi de la magnésie, car elle produit parfois des effets purgatifs. Elle est très-gazeuse, quand on peut l'avoir pure, et fort agréable à boire avec le vin, bien qu'elle le décompose rapidement et d'une façon extraordinaire. Le débit de la source est d'environ deux litres à la minute.

Nous ignorons si l'analyse en a été faite, mais il est certain que cette eau était connue dès le siècle dernier, puisque nous avons trouvé, guidé par une indication du catalogue du P. Lelong, l'article suivant dans le *Journal Economique* de mars 1765 :

Extrait d'une lettre de M. Destret, médecin de Montpellier, demeurant à Châteaudun, sur de nouvelles eaux minérales de Cresseilles, découvertes en 1760, près de Privas en Vivarais.

« Les eaux de Pranles, dites de *Cresseilles*, près de Privas, sont froides ou acidulées ; le lieu de leur source est situé le long d'un ruisseau, au pied d'une montagne, dont l'accès est assez pénible à cause du mauvais chemin. Elles remplissent un petit bassin formé par la nature dans le roc. On voit à côté de ce bassin une fente d'où les eaux sortent par bouchées, pour ainsi dire, jettantes avec bruit de grosses bulles d'air qui crèvent à la surface. Le dedans du bassin, et surtout celui de la fente, sont incrustés d'un talc rougeâtre, ainsi que la rigole par où elles s'écoulent hors de leur réservoir, où en croupissant elles se couvrent de pellicules de plusieurs couleurs. Cette eau sert d'abreuvage aux bestiaux des environs qui y courent à l'envi, et n'en laisseraient pas une goutte dans le bassin, s'il n'était recouvert d'une pierre, à laquelle on trouve une matière blanchâtre et saline, qui s'en élève quand on y va pour puiser.

« Cette eau est très-claire et limpide. On voit qu'à mesure qu'elle jette des bulles d'air qui crèvent à la superficie, même dans les gobelets, elle pâlit, et, quand la petite effervescence finit, elle s'éclaircit de nouveau et fait un dépôt sablonneux dans les bouteilles. Elle est d'une saveur très-nitreuse à la source et d'une petite odeur de boue ; mais elle n'a ni l'une ni l'autre quand elle est gardée. Son poids n'excède celui des eaux de Privas que d'environ un gros par livre.

« J'ai trouvé par l'analyse chimique que j'en ai faite en 1760, que ces eaux étaient remplies de parties vitrioliques et ferrugineuses, et par la considération de leurs propriétés qui sont de rafraîchir, de délayer, d'absorber, d'ouvrir, de résoudre, de déterger, de fortifier et de purger assez, j'ai cru devoir les substituer à celles de Vals, de la fontaine dite la *Marquise*, qui sont effectivement les anciennes, que l'on va prendre à six lieues de Privas.

« Je suis persuadé que les environs de Privas abondent en mines de vitriol, de soufre, de fer et d'antimoine. Un curieux pourrait y faire bien des découvertes. Pour moi qui n'ai jamais eu le loisir de m'y appliquer, je m'en suis tenu, pour l'usage de mes malades, à la découverte des eaux de Cresseilles ; et je puis bien assurer qu'elles m'ont fait de bonnes guérisons de maladies de différentes espèces.

« Destret,

« *docteur en médecine de Montpellier.*

« A Châteaudun, le 19 mars 1765. »

La montagne du Vernet, d'où sort *Fouon Sala*, est sur le territoire de Pranles, et non sur celui de Creysseilles, à la limite des deux communes. Il est à remarquer que cette montagne contient des gisements de cuivre qu'on a essayé d'exploiter. La *Fouon Sala* n'est pas la seule source minérale existant dans ces parages. On nous en a signalé une autre dans un des affluents du même ruisseau, à peu de distance de la première. Elle serait tout aussi abondante, mais plus forte, et conviendrait, par suite, beaucoup mieux en bains qu'en boisson.

Autrefois, l'eau de *Fouon Sala* était très-appréciée ; on en portait à Privas, et même dans la belle saison, quelques Privadois faisaient de *Fouon Sala* le but de leur promenade. Aujourd'hui, il est à peu près impossible d'en boire, et le propriétaire fera bien de la remettre vite en état avant l'achèvement de la route de Mezayon, s'il ne veut pas qu'elle soit alors tout-à-fait perdue de réputation.

Quelques paysans des environs boivent, en été, de l'eau de *Fouon Sala* à tous leurs repas et s'en trouvent bien. Il y en a dans le nombre qui la trouvent trop forte et la mélangent avec de l'eau ordinaire.

Les animaux, moins bêtes que les hommes, ont mieux conservé que ceux-ci, le culte de *Fouon Sala*. Près de la source est une petite auge exposée au soleil, que nous remplîmes d'eau minérale. Un âne accourut avec empressement vers l'auge et l'eut bientôt vidée. Une bonne vieille, propriétaire de l'animal, arriva clopin clopant et remplit l'auge une seconde fois. L'âne la vida de nouveau avec un plaisir sensible. Nous félicitâmes la brave femme d'avoir une bête qui appréciait si bien l'eau minérale. Elle nous répondit qu'il n'en voulait pas d'autre et qu'il aimerait mieux mourir de soif que de boire au ruisseau. C'est, du reste, l'avis unanime, comme l'avait observé le docteur Destret, de tout le bétail de la contrée.

**

Nous remontâmes directement au Moulin-à-Vent, où la voiture était allée nous attendre, à travers les bois de châtaigniers et les landes semées de chênes, de genevriers, de genêts, de bruyères et d'immortelles.

Barbe me montra sur une hauteur au nord, appelée Chamarouan, une maison blanche qui n'est autre que le temple où se réunissent les protestants de Creysseilles et de Pranles.

La commune de Pranles a une étendue considérable, puisqu'elle va de Lyas jusqu'aux portes des Ollières. Le clocher que nous voyons sur une éminence en face a été écimé par un vieux curé qui craignait le tonnerre. C'est précisément depuis lors que le tonnerre, fort discret jusque-là, est venu visiter la cure.

L'église de Pranles, qui est à l'*Inclinato Capite* d'une manière très-sensible, remonte au xe siècle. Elle présente une grande variété architecturale : dans les chapiteaux, dans les arêtes, dans les hauteurs des soubassements et des bases des colonnes, dans la largeur des travées, et cependant tout est en harmonie.

C'est la variété dans l'unité. Les chapiteaux, tous de forme différente, sont ornés de figures, dont la facture grossière ne fait que mieux ressortir le symbolisme. Celui qui est dans le chœur, du côté de l'épître, porte à chaque face une tête énorme, grimaçante, sans buste, accompagnée seulement de deux longs bras ayant l'air de soutenir la voûte de l'édifice. Les chapiteaux de la nef, ornés de feuilles d'acanthe, sont plus travaillés que ceux du chœur. Celui qui est près de la chaire présente une tête à chaque angle et une au milieu de chaque face, de sorte qu'on voit toujours trois têtes de quelque côté qu'on regarde le chapiteau. L'artiste a voulu sans doute symboliser la Trinité. Cette supposition est rendue encore plus vraisemblable par le caractère du personnage de la face principale qui étend les bras en levant trois doigts, le pouce, l'index et le majeur, les deux autres restant fermés. Il a l'attitude que Raphaël donne à Dieu dans la Création. Ces trois doigts levés ne veulent-ils pas dire que les trois divines personnes ont coopéré à l'œuvre de la création ?

Le chapiteau qui fait face à la chaire a deux ou trois tours de feuilles d'acanthe, ce qui lui donne l'air d'une corbeille. Un personnage, coiffé d'un bonnet carré, semble singer le prédicateur d'en face.

Toutes ces figures sont à étudier. Il n'y a pas bien longtemps, elles étaient noyées dans le mortier et c'est par une sorte de hasard qu'on aperçut quelques bouts de feuilles d'acanthe et qu'on rendit, au moins en partie, à la lumière ces pauvres enfants de l'art, emprisonnés dans une chaux barbare.

Dans le transept, on remarque une colonne à chaque angle. Ces colonnes s'élèvent jusqu'à la naissance de la voûte, mais ne supportent rien. — Peut-être étaient-elles destinées à soutenir un dôme qui a été détruit, ou dont l'idée a été abandonnée avant l'exécution. Le dôme entrait assez dans le style byzantin. On sait que la voûte du chœur fut démolie par les calvinistes.

Dans la chapelle du côté de l'Evangile, on remarque une espèce de niche carrée qui avait une porte dont le cadre existe encore. Cette particularité donne à l'église au moins sept cents ans d'existence. C'est la *niche de la réserve*. Dans ces lieux déserts, le saint-sacrement manquait d'adorateurs, et alors on l'enfermait dans cette espèce de tabernacle foré dans le mur. Cela se fait du reste encore dans des églises très-fréquentées, comme St-Sernin, de Toulouse.

En face de cette niche, il en existe une autre plus petite où l'on mettait probablement la lampe du saint-sacrement.

L'église est en belle pierre de taille qu'on a eu la malheureuse idée de crépir. Pourquoi ne ferait-on pas au séminaire un cours sur les abus du crépissage ? Le curé actuel a eu le bon goût de faire enlever le badigeon de la façade et d'y faire opérer quelques réparations indispensables.

**

Le hameau du Bouchet, commune de Pranles, a donné naissance à un homme qui mérite une mention spéciale : il s'agit du pasteur protestant, Pierre Durand, l'un des plus actifs collaborateurs d'Antoine Court én Vivarais. On sait qu'à la suite des persécutions qui déshonorèrent la fin du règne de Louis XIV, le protestantisme, dans le midi de la France, était tombé en proie au *prophétisme*, c'est-à-dire aux fanatiques violents et aux énergumènes. Antoine Court entreprit de le ramener dans la voie de l'orthodoxie religieuse et de la légalité politique. Il fit la guerre aux inspirés, prêcha la soumission aux autorités établies et mérita d'être appelé par ses coreligionnaires, le *restaurateur du protestantisme en France*.

Pierre Durand naquit au Bouchet le 12 septembre 1700. Il appartenait à une famille de nouveaux convertis et resta officiellement catholique jusqu'en février 1719, où la dispersion d'une assemblée protestante à laquelle il avait assisté, et pour laquelle il fut poursuivi comme prédicant, détermina sa nouvelle carrière. Après avoir prêché sept ans dans les Boutières en qualité de proposant, il fut consacré pasteur le 17 mai 1726 par les pasteurs Roger, Corteiz et Court, dans un synode national tenu en Vivarais.

Pierre Durand se fiança en décembre de la même année avec Anne Rouvier, fille d'un notaire de St-Etienne-du-Serre, mais le mariage ne fut célébré, au désert, que le 11 mars 1727, par le pasteur Roger.

Durand présida beaucoup de synodes en Vivarais et exerçait dans les Boutières une influence considérable due à son zèle, à son activité et à l'austérité de ses mœurs. Aussi sa tête fut mise à prix. En 1729, on alla jusqu'à arrêter le père à cause du fils, et Durand écrivit, à cette occasion, une fort belle lettre au commandant militaire, M. de Ladevèze, qui avait ordonné l'arrestation.

L'année suivante, on arrêta aussi sa sœur, Marie Durand, et son fiancé, Mathieu Serre, qui restèrent en prison, la première à la tour de Constance pendant trente-sept ans, et le second, au fort de Brescou, pendant vingt ans.

Quant à la femme de Pierre Durand, chassée de la maison paternelle par sa mère, irritée de son mariage, et d'ailleurs craignant la prison, elle se retira avec ses enfants à Lausanne.

Pierre Durand fut arrêté le 12 février 1732, dans le bois de Vaussèche, entre Chalancon et Châteauneuf. Il fut aussitôt transféré à Tournon, d'où il partit le 22 février, avec une escorte de cent hommes et arriva à Montpellier le 1er mars. Son procès commença le 17 mars. Il fut condamné à mort le 22 avril et exécuté le même jour.

Durand montra, pendant tout son procès et à sa mort, un courage et une résignation admirables, et l'on comprend les sentiments de révolte contre l'ordre de choses existant que devaient soulever, même parmi la foule sceptique ou indifférente, de pareilles rigueurs tombant sur un homme aussi digne d'estime et de respect que l'était Pierre Durand. Heureusement, ces actes d'iniquité devenaient de plus en plus rares. L'exécution de Durand était la cinquième exécution de pasteurs dans tout le Languedoc pour une période de vingt ans. Les quatre autres avaient été celles d'Arnaud, Huc, Vesson et Roussel.

On peut supposer que cette mort ne fut pas sans laisser quelque remords aux gouvernants d'alors, si l'on en juge par cette phrase du cardinal de Fleury répondant à M. de Bernage, l'intendant du Languedoc au sujet de cette exécution : « On ne pouvait guère se dispenser de faire cet exemple. »

On retrouve le même sentiment dans une lettre de M. de St-Florentin qui, parlant du cardinal, dit : « S. Em. a trouvé qu'effectivement il en coûte beaucoup pour cet exemple, mais elle est convaincue qu'il en faut de temps en temps pour contenir ces sortes de gens. »

Pierre Peirot succéda à Durand, dans la direction des protestants du Vivarais et la conserva pendant cinquante ans. Dans l'intervalle, la situation avait bien changé, et une tolérance de fait s'était établie bien avant la tolérance légale, grâce surtout au duc de Richelieu, nommé gouverneur militaire du Languedoc en 1740.

∗

Toutes les fois qu'un point élevé poursuit en quelque sorte le touriste dans ses excursions et lui fait dire : Voilà un excellent observatoire ! on n'a qu'à y monter et l'on est sûr de trouver des traces d'occupation romaine.

La montagne de Gruas, qu'on aperçoit au sud et qui semble placée là comme une sentinelle chargée de surveiller à la fois le Rhône et les Boutières, est de ce nombre.

Gruas domine les vallées de l'Erieux, du Rhône et de l'Ouvèze. A son sommet, d'où la vue est magnifique, on peut encore voir le mur de pierres sèches qui bordait l'ancien camp romain. L'altitude de Serre-l'Eglise, point culminant du côté de Privas, est de 830 mètres. C'est là qu'était le poste d'observation romain qui fut plus tard transformé en chapelle. On trouve dans les ruines des briques romaines. Les vieilles maisons du hameau des Plaines ont été construites avec les débris de la chapelle. Serre-l'Eglise est aujourd'hui une belle propriété de rapport récemment acquise par notre confrère M. d'Albigny.

On y voit quelques restes du poste du télégraphe Chappe qui correspondait avec Valence et Privas. Gruas porte aussi le nom de montagne de St-Quentin. On sait que le cadet de la maison de Bavas s'appelait M. de St-Quentin.

Il y avait un autre petit poste romain à la Croix du Roure; on peut en voir les traces dans une châtaigneraie placée sur le bord du nouveau chemin qui relie la route neuve des Ollières à l'ancienne. Ce petit poste était sur la voie pavée de Privas au col de la Vialète, où passait l'ancienne route des Ollières.

Une belle vallée, celle de Boyon, sépare le bassin de Privas de celui l'Erieux. Le hameau de Franchassis, célèbre par une défaite des protestants, se dresse là haut sur une hauteur. Beaucoup plus bas, sur notre gauche, après avoir passé le Boyon, nous saluons le château de Bavas, qui domine la route et le village des Chambons. Ce sont les de Barruel, de Villeneuve-de-Berg, qui ont été les derniers seigneurs de Bavas.

Le curé de St-Vincent-de-Durfort écrivait en 1762 : « Rien de remarquable, excepté les ruines du château de Durfort avec une chapelle qui est environnée d'une petite rivière appelée Boyon, parce qu'elle est semblable à un boyau. »

L'étymologie n'est guère scientifique. Qui sait si ce n'est pas la vraie ?

XV.

LES BOUTIÈRES.

Les monts Cémènes. — Les justices seigneuriales de la région au siècle dernier. — Pourquoi il y a plus de protestants dans les Boutières que dans le reste du Vivarais. — Le chevalier de la Coste. — Ajoux. — St-Julien-du-Gua. — St-Etienne-du-Serre. — Les débuts de la culture des pommes de terre en Vivarais. — Les grottes de la Jaubernie.

Il paraît que les anciens appelaient monts Cémènes (*Cemeni Montes*) l'ensemble des ramifications montagneuses des Cévennes (*Gebennœ Montes*) compris entre le Doux et l'Escoutay, par conséquent toute la région formant ce qu'on appelle aujourd'hui le Coiron et les Boutières.

C'est ce qui explique le langage de l'auteur du *Soldat du Vivarais*, quand il parle de la ville de Privas comme étant au centre du pays des Boutières.

D'après M. de St-Andéol, le vieux nom du Coiron, *Cenot* (devenu plus tard *Conot*, puis *Coiron*, à cause de l'aspect cuit de ses laves) ne serait même qu'une altération de *Cemenos*. Le nom de Boutières s'applique plutôt aujourd'hui aux montagnes qui s'étendent entre la vallée de l'Ouvèze et celle de l'Erieux. Ce nom lui viendrait de *Botaria*, qui signifie *chaussée*, *route*, et marquerait l'importance de la voie romaine qui passait de ce côté.

Les Boutières dépendaient autrefois de la sénéchaussée de Lyon.

Au milieu du siècle dernier, ce qu'on appelait la terre des Boutières était composée de quatre mandements, savoir : Ajoux (ou Ajou), Montagut, Don (au dessus de Marcols) et Mézilhac. Cette terre appartenait au prince de Soubise. Il y avait deux juridictions, l'une exercée en commun par M. de Marcha et le prieur de St-Pierreville (c'était la moyenne et basse justice dans le lieu même de St-Pierreville), l'autre exercée par M. du Trémoulet.

Les justices seigneuriales jugeaient en première instance au civil et au criminel. On avait toujours droit d'en appeler à la justice royale (bailliages de Villeneuve-de-Berg ou d'Annonay), et de là aux cours présidiales (Nîmes ou le Puy), sans compter le recours suprême au Parlement de Toulouse. Pour les affaires concernant les tailles et impôts, la seule juridiction supérieure était la cour des aides et finances de Montpellier.

Ce qui montre une fois de plus qu'il n'y a rien de nouveau sous le soleil : les justices seigneuriales correspondaient à peu près à nos justices de paix, les bailliages royaux à nos tribunaux de première instance, les cours présidiales à nos cours d'appel, le Parlement à notre cour de cassation, et enfin la cour des aides et finances à notre conseil d'Etat.

L'autorité dans la terre des Boutières était représentée par un châtelain, un juge, un suppléant et un procureur fiscal, tous nommés par le prince de Soubise.

Le ressort s'étendait à partie de quatorze paroisses, car souvent tous les habitants d'une même paroisse n'étaient pas justiciables des mêmes juges. Ces paroisses étaient : Pranles, St-Sauveur-de-Montagut, St-Etienne-du-Serre, Issamoulenc, St-Pierreville, Marcols, St-Christol, St-Maurice, St-Michel-de-Chabrillanoux, Pourchères, Ajoux, le Gua.

La ville et vicomté de Privas formait de son côté, une autre justice seigneuriale, qui dépendait au milieu du siècle dernier, de Charles-César de Faÿ, marquis de Gerlande. Les sept paroisses qui en dépendaient étaient : St-Priest, Veyras, Creysseilles, Lyas, Coux-Lubillac et Alissas. Elle avait un capitaine-châtelain (qui était en 1762 Simon-Pierre Tavernol, avocat au Parlement, seigneur de Fermenas), un juge, un procureur et un greffier.

Pour donner une idée de la confusion des juridictions, il suffira de dire qu'à Pranles, par exemple, il y avait trois hauts seigneurs justiciers, savoir : M. de Soubise, dont le siège de justice était à St-Pierreville ; M. de Gerlande, à Privas, et M. de Bavas, à Bavas. Il y avait trois consuls, un dans le district de chaque seigneur.

**

Mon ami Barbe a une prédilection marquée pour les Boutières. Il prétend que nulle part dans l'Ardèche, même à Vesseaux, il n'y a d'aussi bons marrons et, quant aux tomes et aux fromages, ils ne craignent pas la comparaison avec ceux de Chauzon et des autres Gras les plus aromatisés des bords de l'Ardèche.

Mon ami Barbe est, de plus, très-admirateur du caractère des gens des Boutières en général. — Ils sont francs, sobres, travailleurs, d'humeur indépendante et prennent tout au sérieux, — très catholiques avant la réforme et non moins huguenots après.

Pourquoi s'est-on fait plutôt protestant dans les Boutières que dans d'autres parties du Vivarais? Une simple excursion dans ce pays le fait mieux comprendre que tous les livres du monde.

La contrée est encore âpre, solitaire et dure : imaginez ce qu'elle était au XVIe siècle. La vie des habitants était partagée entre un travail que la nature des lieux et les exigences des seigneurs rendaient plus écrasant, et des habitudes contemplatives facilitées en hiver par la rigueur du climat et par des lectures mystiques. — Dans cet état d'esprit, on sent mieux les froissements et les injustices et, si le tempérament n'est pas disposé à la patience, si l'esprit est porté à raisonner, si la topographie du pays encourage une humeur naturellement indépendante... on voit tout de suite d'ici pourquoi les habitants des Boutières se sont faits protestants plutôt que les habitants des contrées plus favorisées, où la vie plus facile concentre moins les humeurs et les rancunes.

Dans la partie méridionale du département, en effet, la douceur du climat et la richesse du sol (avant les maladies de la vigne et du ver à soie) invitaient naturellement au divertissement et au plaisir. La gaîté, les chants et les danses semblent y faire partie du paysage. Je ne prétends pas que la gaîté et les danses soient inconnues aux Boutières, mais elles n'y découlent pas naturellement du sol et du tempérament comme dans le Midi ; elles y vivent plutôt comme des plantes exotiques transplantées d'ailleurs.

Ce mot de *protestant* exprime, du reste, parfaitement le caractère du mouvement encore plus politique que religieux du XVIᵉ siècle. Dans les Boutières comme ailleurs, l'hérésie a été une façon de protester contre bien des abus et des injustices dont la responsabilité était loin d'incomber uniquement au clergé, et encore moins à la religion. Celle-ci ne fut que le prétexte et le drapeau. Les chefs du mouvement, à part quelques rares exceptions comme l'amiral de Coligny, furent des hommes animés uniquement par des rancunes ou des ambitions personnelles, et dépourvus de conviction religieuse : il suffit de citer les Damville, les d'Acier, le baron des Adrets, St-Romain et le brave Brison qu'on vit tour à tour en Vivarais combattre le pape ou Calvin, suivant les circonstances et leurs convenances. Il y avait sans doute plus de bonne foi et moins de calcul chez les soldats que parmi les chefs, mais il est aisé de voir que, si le fanatisme religieux a joué un rôle dans cette levée de boucliers, il n'est venu qu'en seconde ligne, comme le résultat inconscient des blessures faites à l'intérêt personnel, à l'amour-propre et à l'esprit d'indépendance toujours plus facile à blesser chez les montagnards que chez les autres.

De même aujourd'hui, pour qui voit les choses impartialement et de sangfroid, la politique (comme la religion autrefois) n'est le plus souvent qu'une occasion ou un prétexte aux délimitations de partis. Ce sont toujours l'intérêt personnel, l'amour-propre et le tempérament que l'on retrouve au fond comme mobiles décisifs, et il nous semble que si les journalistes et les hommes d'Etat, n'importe sous quel régime, jugeaient davantage les choses à ce point de vue, les premiers seraient beaucoup moins exposés à dire des bêtises, et les seconds à en faire.

Les gens des Boutières sont, avec les *royols* du Bas-Vivarais et les montagnards des hauts plateaux, les plus autochtones du Vivarais, c'est-à-dire ceux qui, grâce à leur sol ingrat et à peine pourvu d'hier de voies praticables, ont le mieux conservé pure la vieille race celtique, tandis que les populations des parties méridionales et des bords du Rhône ont plus ou moins subi le mélange des voyageurs et des conquérants.

Le paysan des Boutières a une physionomie particulière : il est moins boniface que celui du Bas-Vivarais, il est plus instruit, mais, quoique lisant la

Bible, il est plus mauvais coucheur : il a la tête plus ronde et l'humeur plus carrée, avec l'aspect *sui generis* qu'ont les huguenots dans les romans d'Alexandre Dumas et les opéras de Meyerbeer.

Il est à remarquer que les protestants de l'Ardèche sont presque tous entre le Doux et l'Ouvèze, région qui relevait de l'ancien diocèse de Valence.

L'attitude d'un évêque de Valence, Jean de Montluc, un centre-gauche en théologie, ne paraît pas étrangère à ce résultat. Les protestants de l'ancien diocèse de Viviers étaient fort peu nombreux, si l'on songe que Vallon et les Vans étaient du diocèse d'Uzès.

Mon ami Barbe, qui sans s'en douter, est toujours prêt, quand il s'agit de notre vieille histoire vivaroise, à donner raison aux protestants, avait commencé un discours en leur faveur. J'y coupai court en lui rappelant une pensée, qui seule devrait suffire pour nous commander à tous la tolérance et la plus extrême réserve sur ce sujet.

Combien d'entre nous savent ce qu'ont été leurs aïeux au XVe et au XVIe siècle ? Tenez, ami Barbe, êtes-vous bien sûr que votre troisième ou quatrième aïeul n'ait pas été cruellement torturé par les fanatiques huguenots de cette époque, et que, catholique ardent, il n'ait pas lui-même traité de la façon la plus inhumaine quelque malheureux huguenot ? Il est vraiment dommage que les familles ne conservent pas mieux leur histoire, car, à part quelques esprits bornés où cela pourrait inspirer des idées de représailles, le plus grand nombre y trouveraient certainement une grande leçon de bon sens et d'humanité.

*
* *

Faujas de St-Fond rassure les voyageurs contre la mauvaise réputation faite aux gens des Boutières et du Cheylard « qui passent pour des hommes dangereux et féroces. Ces gens-là, dit-il, se tuent à la vérité quelquefois entre eux par esprit de vengeance, à coups de fusil et à coups de couteau ; mais les étrangers peuvent y voyager avec sécurité, surtout depuis qu'un brave militaire du pays, secondé par le gouvernement, a eu le courage et l'art de les discipliner et de leur empêcher de porter des armes. Cet officier, véritablement utile à sa patrie, se nomme M. le chevalier de la Coste » (1).

Il paraît que ce brave chevalier ne s'était pas enrichi dans son commandement militaire des montagnes du Velay et du Vivarais, car nous voyons par le registre des délibérations de la communauté de Largentière du 5 octobre 1778, qu'il était pauvre et chargé d'enfants, et qu'un secours fut demandé à cette municipalité pour l'aider à rebâtir sa maison incendiée, en raison des services par lui rendus au

---

(1) *Recherches sur les volcans*, p. 140.

pays « où il avait, par sa prudence, ramené la tranquillité. »

La haute vallée du Mezayon a un cachet de sauvagerie romanesque qui en ferait un délicieux séjour d'été pour les habitants de Privas, si les communications y étaient plus faciles. Il y a des bois, chose qui devient rare, et partant des sources, lesquelles naturellement créent des prairies. Il y a même du gibier pour les chasseurs, sans compter les passages fructueux des cols de l'Escrinet et de la Fayolle. On rencontre enfin çà et là de vieilles murailles tapissées de lierres, de ronces ou de clématites, charmant sujet pour les peintres et pittoresque rébus pour les archéologues.

Les dépôts de tripoli, que j'ai déjà signalés à Charay et à Rochessauve, s'étendent jusqu'à Pourchères et Creysseilles. On trouve de nombreuses empreintes de poissons, de feuilles de chêne, de châtaigniers et autres végétaux dans celui qui domine l'église de Pourchères.

A Ajoux, on peut voir les ruines d'un vieux château sur une roche élevée. Ce château avait, dit-on, d'assez grandes proportions. On parle d'une flèche en briques vernies de toutes couleurs. La tradition prétend qu'il avait trois cent soixante-cinq fenêtres, autant que de jours dans l'année, mais comme on en dit autant dans presque toutes les communes qui possèdent des ruines de vieux châteaux, on peut voir là une vanterie locale plutôt que l'expression d'un fait authentique. Dans tous les cas, on retrouverait à peine trois cent soixante-cinq pierres du monument. On raconte qu'un seigneur d'Ajoux étant resté veuf avec une fille et s'étant remarié, la nouvelle épouse traitait assez rudement sa belle-fille et lui faisait garder les vaches. Le curé s'intéressa à l'enfant et la fit entrer dans un couvent à Valence, où elle fut élevée et d'où elle sortit plus tard pour épouser un officier.

Dans la région, le nom d'Ajoux est réservé à l'endroit où se trouvait le vieux château. L'église est à Gretus. On dit le curé de Gretus et le maire d'Ajoux. Le paysan ne dit pas qu'il est de la paroisse d'Ajoux, mais qu'il est de *Gretus*. Un prédicant fameux au siècle dernier, Rouvière, dit Crotte, était de Blaizac, un des hameaux d'Ajoux.

Plus loin, se trouve Issamoulenc sur une colline. Le chef-lieu de la commune est représenté par trois ou quatre maisons avec l'église. Les habitations dans cette contrée, sont très-disséminées et la vie sociale y est d'une nullité qui laisse le champ libre aux plus vastes méditations.

Près d'Issamoulenc, au fond de la vallée d'Auzenne, qui prend sa source, vers les Quatre-Vios, à l'auberge de *Liche-Sous* — un nom caractéristique — se trouve le village de St-Julien-du-Gua où nous sommes allés, un jour, avec l'ami Barbe, goûter l'eau de la fontaine minérale du moulin de Pounar. Cette source sort dans le lit même de l'Auzenne. Le propriétaire a fait dans le temps quelques travaux pour la conduire aux bords du ruisseau, mais sans pouvoir la soustraire entièrement aux infiltrations qui lui enlèvent une partie de son piquant.

On nous assure qu'il existe d'autres sources minérales, en amont de l'Auzenne, toujours dans le lit du ruisseau.

L'ancienne église de St-Julien datait de Charlemagne ; elle fut détruite par les protestants, comme la plupart des églises de la région. Sur ses assises inférieures, qui sont encore visibles, a été bâtie l'église actuelle.

Quels philosophes que les gens de St-Julien ! Au coin de l'ancien cimetière, qui se trouve devant l'église, on peut voir une pierre tombale redressée dont ils ont fait bravement une borne-fontaine, sans prendre même la peine d'effacer l'inscription funèbre.

Il y a quelques goîtreux dans le pays, ce qui s'explique par la profondeur de la vallée que le soleil assainit d'une manière insuffisante. Peut-être aussi — et cette remarque s'applique à toute la région des Boutières — n'y respecte-t-on pas assez la loi relative au travail dans les manufactures, au point de vue de l'âge des ouvrières comme à celui des heures de travail.

⁎

St-Etienne-du-Serre, qui est encore plus loin, et qui semble un observatoire dressé sur les vallées d'Auzenne et d'Orsane, a été un des principaux foyers du protestantisme dans le Boutières. « C'est, dit la lettre du curé de 1762, une paroisse presque toute religionnaire, mutine et propre à la révolte. Elle a toujours donné des marques de sa désobéissance. Tantôt elle a démoli les églises, chassé les prieurs-curés et attenté plusieurs fois à leur vie. Elle est la première qui a pris la hardiesse de se marier au Désert, la première où il s'est fait des assemblées en plein jour. Il y a eu des maisons rasées, les personnes conduites, etc. »

La lettre ajoute :

« Il y a un bureau de charité établi qui produit annuellement deux cent soixante-quatre livres distribuables aux pauvres honteux de la paroisse, à eux données par feu M. André Ducros, ancien prieur de Serre, testament reçu Bareil, notaire de la ville de Privas, dont les fonds sont placés sur le clergé et sur certains particuliers. »

Il serait curieux de savoir ce qu'est devenu ce fonds.

L'église romane de St-Etienne-du-Serre mérite l'attention. Au siècle dernier, il y avait une chapelle dédiée à Ste-Catherine dont le chapelain était nommé par M. de la Cheisserie.

La paroisse produisait au milieu du siècle dernier quantité de *truffes ou pommes de terre.* St-Etienne-du-Serre était à cet égard en progrès, car nous voyons par l'ensemble des réponses des curés du Vivarais à la même époque, que la culture de la pomme de terre y était encore assez peu répandue. Quelques-uns les appellent *truffes rouges* ; la plupart disent, comme celui de St-Etienne-du-Serre, *truffes ou pommes de terre* ; celui de St-Péray les appelle *truffes ou topinambours,* confusion qui montre bien le peu d'extension qu'avait alors cette culture. D'après la lettre du curé de St-Alban-d'Ay, c'est dans cette paroisse qu'auraient été semées les premières pommes de terre du Vivarais.

Les familles nobles possédant des domaines à St-Etienne-du-Serre en 1762 étaient : M. Sautel, juge des quatre mandements des Boutières ; M. Dubesset, du diocèse de Valence ; M. de la Cheisserie, de St-Sauveur, et M. Dubay, de Valence. M. Sautel était le seul de ces nobles qui résidât dans le pays.

*
* *

Nous terminerons cette promenade à bâtons rompus dans les Boutières par une visite aux grottes de la Jaubernie, un des points les plus curieux des environs de Privas. Pour y arriver, il faut près d'une heure de marche, à partir du pont de Coux, par un sentier primitif et toujours en montée.

Ces grottes sont dans un grand rocher de grès que

l'on peut apercevoir de Privas. Elles sont l'œuvre de la nature, mais la main de l'homme a visiblement contribué à les agrandir.

La première, que l'on rencontre après le hameau de la Jaubernie, appartient à la famille Dumas. Le père du propriétaire actuel l'a habitée pendant les quatre-vingts ans de sa vie, ce qui prouve qu'il n'y a pas d'incompatibilité essentielle entre le troglodytisme et la longévité. Le fils l'a habitée aussi pendant les premiers temps de son mariage ; il a fait bâtir, depuis, une maisonnette sur le devant de sa grotte, laquelle est passée à l'état de cave, mais où toutefois couchent encore ses enfants. Le devant de la grotte est fermé par un mur percé d'une lucarne qui éclaire l'intérieur. Grâce à l'inclinaison de la couche de grès relevée vers le nord-ouest, la grotte est exempte de suintements et ne présente aucune trace d'humidité.

Les autres grottes, au nombre de cinq qui existent à la face méridionale de ce même rocher, sont fermées par des murs semi-circulaires solidement bâtis et quelques-uns pourvus de meurtrières. Elles sont moins spacieuses que celle de Dumas, mais leur accès beaucoup plus difficile devait les faire préférer comme lieux de défense. Celle du milieu était encore habitée vers 1840 par un paysan nommé Ribagnac, propriétaire de la vigne voisine. Les anciens du pays se souviennent aussi d'un vieux berger qui habitait une autre de ces grottes vers 1830. Il y a enfin deux autres grottes dans le bas du ravin, l'une en face de l'autre, séparées par le ruisseau, qui ont dû aussi être habitées, puisqu'elles ont, comme les autres, leur mur de clôture. Ces grottes ont été probablement des habitations antehistoriques avant d'être des lieux de refuge pendant les guerres de religion. Il serait intéressant d'en étudier le sol, comme l'a fait M. Ollier de Marichard pour les grottes des environs de Vallon.

XVI.

LES BALMES DE MONTBRUL.

Un *conseiller !* — Notre-Dame-du-Lierre. — Nouvelle excursion au Coiron. — Le château de Cheylus. — Les anciens seigneurs féodaux — Une écrevisse à dix-neuf pattes. — Taverne et Chaudcoulant. — La propriété foncière. — Comment on pourrait modifier le suffrage universel. — Disparition graduelle des propriétaires non cultivants. — L'abbé de Montbrun. — Berzème. — Les Balmes. — Un cénobite moderne. — Deux familles de Troglodytes. — Une chapelle dans les laves. — La religion est la philosophie du peuple. — Faujas de St-Fond aux Balmes.

Écoutez ! me dit Barbe, je crois que nous ferions bien de retourner au Coiron. Nous n'en avons vu qu'un bout et il faut bien, puisque si peu de gens sont tentés d'y aller voir eux-mêmes, que vous leur en parliez.

— Je ne demande pas mieux, ami Barbe. D'ailleurs, c'est la saison où les anémones fleurissent là-haut, et vous me les montrerez.

— Volontiers. Mais il y a mieux que cela. J'ai rencontré tout-à-l'heure un aubergiste du Coiron — et si nous y allons demain, il nous fera manger un excellent *conseiller*.

Je fis un mouvement. Mon ami Barbe était-il devenu anthropophage ?

— Un *conseiller* !

— Ah ! répondit-il, vous ne savez pas ce que c'est.

— Eh bien ! vous l'apprendrez. En attendant, si vous le voulez bien, nous allons descendre au jardin pour prévenir ma femme.

Je souris de ce *prévenir* qui voulait dire *demander la permission*, car mon ami Barbe est le modèle des maris, et ne fait rien, pas même une promenade au Coiron, sans consulter sa moitié.

Je ne sais si je vous ai dit que Barbe habite une jolie maisonnette aux abords de Privas, avec un jardin au midi. Il a la vue sur le Lac et le Coiron et trouve que rien ne vaut au monde ce magnifique panorama.

M⁻ᵉ Barbe, qui est très dévote, a placé une statue de la Vierge dans le mur tapissé de lierre qui est au fond du jardin. Elle y allume un lampion tous les samedis soirs, de façon que l'illumination dure toute la nuit en l'honneur de *Notre-Dame du Lierre*.

Le lampion brûlait ce soir-là et, comme Barbe aime assez à attaquer la *superstition*, je lui dis en souriant :

— Il me semble, ami Barbe, que votre philosophie n'a pas vaincu chez vous toutes les superstitions.

— Ce sont-là, me répondit-il avec beaucoup de bonhomie, des choses de sentiment sur lesquelles je ne me reconnais pas le droit de prononcer. Je condamne toutes ces petites pratiques de dévotion, mais j'avoue qu'elles sont en dehors du contrôle de la raison pure et qu'elles ne me regardent pas.

— Bien raisonné !

Nous étions arrivés devant le berceau de verdure où Mme Barbe allaitait son dernier enfant. Elle le caressait, le levait en l'air avec des allures de tendresse ravie. Elle l'appelait son chou, son chien, son petit lapin blanc, et autres appellations qui, sur le papier, deviennent puériles ou folles, et qui dans la bouche des mères, ont infiniment de charme.

Barbe contemplait ce spectacle avec bonheur, et sa femme ne parut nullement confuse en voyant qu'un autre que son mari l'avait entendue.

— Dis bonjour à Monsieur, dit-elle en joignant et agitant les petites mains du marmot.

Je la complimentai sur la bonne mine de son nourrisson. Nous parlâmes de notre projet du lendemain, et, comme on n'y fit pas d'objection, la permission se trouva naturellement accordée.

Quelques instants après, Mme Barbe fut appelée par la bonne dans la maison et nous restâmes seuls dans le jardin.

— Il me semble, dis-je à Barbe avec un peu d'ironie, que votre femme dépasse la mesure dans ses transports maternels. Est-ce que votre raison ne proteste pas et ne trouve pas ce débordement de caresses et de petits noms tout-à-fait absurde ?

— Sur quelle herbe avez-vous donc marché aujourd'hui ? répliqua-t-il, avec un peu d'humeur cette fois. Est-ce que l'amour maternel n'a pas eu toujours ses franches coudées, et de quel droit voudriez-vous lui imposer les formes et les mesures qui vous conviendraient à vous-même.

— Calmez-vous, cher ami ; c'est tout simplement cet aveu que je voulais obtenir de vous. Voudriez-vous bien maintenant me dire en vertu de quel droit vous imposeriez à l'amour des choses divines, au sentiment qui nous rattache à l'Etre suprême et au monde surnaturel, des mesures et des formes qui ne sont pas les siennes ? Est-ce que nous sommes compétents, nous, philosophes, pour juger ces matières? Pourquoi voudrions-nous empêcher les cœurs d'avoir de ce côté, la liberté d'expansion et d'allures qui ne nous choquent pas dans les manifestations de l'amour maternel ? Je pense souvent comme vous, ami Barbe, qu'il y a superstition dans telle ou telle pratique religieuse, mais je ne reconnais à personne le droit d'en empêcher ou même d'en taquiner l'exercice, parce que le droit à la superstition est aussi intimement lié à la liberté du culte que celle-ci l'est à la liberté de conscience. J'ajoute que je n'use qu'avec infiniment de réserve de mon droit de blâmer ce que je juge être une superstition, parce que je suis profondément convaincu de l'incompétence de notre raison en ces matières, comme vous le disiez fort justement tout-à-l'heure à propos de Notre-Dame du Lierre.

— Où diable allez-vous chercher ces comparaisons ? répliqua Barbe.

Et il ajouta sentencieusement, ce qui était presque toujours chez lui l'aveu d'une défaite :

— Les comparaisons, entendez-vous bien, docteur, ce ne sont pas des raisons.

— Excepté, lui dis-je, quand elles sont parfaitement raisonnables. Vous y repenserez ce soir avant de vous coucher. A demain !

**

Nous partîmes à pied, le lendemain de grand matin, pour le Coiron. — Une canne, un léger pardessus en prévision de la fraîcheur sur les sommets, et un petit havre-sac, composaient le bagage de chacun de nous. On ne voyage plus guère à pied aujourd'hui, c'est dommage. Il est vrai que le chemin de fer fait gagner du temps, mais que de choses il empêche de voir ! En résumé, s'il est bon pour le commerçant, il ne l'est guère pour l'observateur et le philosophe.

Nous passons rapidement le pont d'Ouvèze, sans rencontrer d'autres personnes que cinq ou six paysannes qui apportent des paniers d'œufs ou de fromages au marché de Privas. Du reste, il est à peine jour, et les chiens aboient encore dans les granges : c'est leur manière de saluer le soleil. Nous laissons à gauche le Lac et nous entreprenons vaillamment la montée du Coiron. Privas dort encore là-bas perché sur sa colline comme un oiseau sur sa branche, tandis que le soleil dore le sommet de Charay. Bientôt nous entrons dans la région lumineuse. Mais, bon Dieu ! que cette première partie de la route est aride ! C'est à peine si quelques broussailles végètent à travers les fissures du terrain marneux. Tous les arbres sont restés là-bas dans la plaine.

Plus haut, la terre prend une physionomie meilleure. C'est que la marne commence à s'amender par le mélange des détritus volcaniques. Nulle part peut-être, on ne voit mieux qu'à cette montée du Coiron, l'action fertilisante du sol volcanique quand le temps et les éléments l'ont suffisamment décomposé. Tout-à-l'heure, nous cheminions tristement à travers les aridités et les nudités grises. Nous voici maintenant au milieu d'un terrain gras portant de magnifiques châtaigniers et où l'on sent, pour ainsi dire, la fécondité bouillonner dans le sol. La route traverse quelques champs de culture, mais la plus grande partie des propriétés sont en bois à cause de la déclivité du terrain.

Barbe me montre Chabanais. Un de ces jours, dit-il, nous irons boire du lait chez le fermier. C'est un rendez-vous d'été pour les Privadois qui aiment les goûters de campagne.

Un peu plus haut, la route coupe un dépôt d'ocre rouge formé par la décomposition des cendres volcaniques. Un petit berger est assis gravement sur un bloc de basalte, occupé à se faire des moustaches avec cette argile, tandis que son chien le regarde avec un étonnement mêlé d'inquiétude. Le berger nous salue d'un air vainqueur et Barbe, qui connaît son monde, fait le bonheur du petit homme en lui répondant : Bonjour, *cuirassier !*

Nous nous retournons une dernière fois pour contempler le bassin de Privas. Barbe me montre dans la grande échancrure de Freyssenet les ruines du château de Cheylus qui fut pris et brûlé par le duc de Montmorency en 1628.

— Avez-vous remarqué, dit-il, que les vautours, les aigles et tous les oiseaux de proie perchent toujours sur les rochers plus ou moins inaccessibles ?

— Oui, c'est la conséquence de leur taille et de leur vie de rapine. La nature les y pousse de même qu'elle porte les petits oiseaux à s'abriter les uns sur les branches d'arbres, les autres dans les trous de murailles et les poules sur les perchoirs des basses-cours.

— Nous avions autrefois, reprit Barbe, nos barons de meurtre et de rapine qui perchaient aussi sur des rocs inaccessibles, comme celui de là-bas (en montrant Cheylus). Si la nature les portait à écraser le peuple, elle a porté aussi ce dernier à renverser ses tyrans.

— Vous choisissez mal vos exemples, répliquai-je. Ce n'est pas le peuple qui a détruit Cheylus, à moins que vous ne vouliez considérer — ce qui, d'ailleurs, serait assez rationnel, — le roi Louis XIII et le cardinal de Richelieu, au nom desquels agit Montmorency, comme les vrais et légitimes représentants des intérêts populaires et nationaux au dix-septième siècle.

Barbe se mordit les lèvres.

— Vous ne nierez pas, dans tous les cas, répondit-il, que la destruction du régime féodal n'ait été un progrès ?

— Un progrès encore plus grand, dis-je, serait de ne pas se payer de mots et de juger sans passion les époques aussi bien que les hommes.

Sans doute, mon cher ami, la suppression de la féodalité a été un progrès, comme la féodalité elle-même avait été un progrès sur l'anarchie qui suivit la destruction de l'empire romain. La royauté plus ou moins absolue a remplacé avec avantage la féodalité et a été améliorée elle-même par le régime constitutionnel. Est-ce une raison pour jeter la pierre aux précédents régimes, auxquels nous devons, en somme, les nouveaux progrès dont nous nous enorgueillissons aujourd'hui ?

Pour juger équitablement le passé, ami Barbe, il faut se représenter la nation ou même l'humanité comme une personne qui a été jeune et folle et qui…… l'est peut-être encore, quoiqu'un peu moins qu'autrefois.

Quand on se borne à constater que le présent vaut mieux, sous bien des rapports, que le passé, il n'y a rien à dire. Mais quand on jette la pierre à ce dernier bêtement, et l'on peut dire ingratement, sans reconnaître qu'en somme le passé est le père du présent, on fait preuve d'ignorance et d'étroitesse d'esprit. Je n'aime pas plus que vous les petits tyrans féodaux, mais je reconnais en eux une triste nécessité de l'époque et une préparation aux temps meilleurs qui ont suivi. Il ne faut pas oublier qu'ils représentaient seuls la patrie et la défendaient vaillamment contre l'étranger, de même que le clergé en résumait la science et les vertus chrétiennes. Le peuple n'était qu'un enfant, sans conscience et sans force, que l'un protégeait et que l'autre enseignait. Et ce n'est la faute de personne, mais simplement le résultat de la force des choses, s'il faut compter l'éducation des nations par siècles et non par années. Dans tous les cas, il est facile de voir, par l'exemple des pays encore sauvages, que le progrès n'y marche pas plus vite qu'il n'a marché parmi nous.

Voilà comment je comprends l'histoire, ami Barbe, et il me semble que cette façon est non-seulement plus propre à l'élévation et à l'apaisement des esprits, mais encore plus conforme à la vérité des faits.

Ce n'est pas ici le lieu de parler de la famille de Cheylus ; qu'il suffise de dire que c'est une des plus anciennes du Vivarais. Elle se subdivisa en plusieurs branches établies dans le Valentinois, le Dauphiné et Comtat-Venaissin. Elle est aujourd'hui éteinte en Vivarais.

*
* *

Le Coiron est comme une énorme écrevisse qui sort des Cévennes et qui tient dans ses serres le Teil, Rochemaure, Baïx et Cruas, tandis que ses pattes, rayonnant au nord et au sud, portent chacune quelque village : d'un côté, Freyssenet, Rochessauve, St-Pierre-la-Roche ; de l'autre, Aubignas, St-Pons, St-Jean-le-Noir, St-Gineis, Mirabel, Darbres et St-Laurent.

Le dike central qui forme l'épine vertébrale de la bête a lancé dix-neuf rayons de basalte entre lesquels coulent dix-neuf ruisseaux qui, parfois, deviennent torrents. Chaque rayon se termine par un cap escarpé. Mettez un fort sur chacun, et vous aurez un camp retranché sans pareil pour une armée de cent mille hommes. C'est au sud que les rayons sont plus nombreux, parce que l'inclinaison générale de la montagne y a favorisé la formation d'un plus grand nombre d'échancrures.

Soulavie dit que sous le gouvernement des anciens Helviens, le territoire du Coiron formait une des grandes divisions de l'Etat, et qu'il est distingué des autres parties de la province dans tous les titres.

La route que nous avons prise va d'une patte nord à une patte sud, en traversant par Taverne et Berzème toute la largeur du dos de la bête. Tout sent ici le volcan, les noms de lieux comme la terre et les pierres.

— Comment s'appelle ce quartier à gauche ?
— Combéchaude.
— Et le quartier à droite ?
— Lichemaille. Freyssenet est là-bas derrière.

La montée du Coiron (du Lac au plateau) a une longueur de cinq kilomètres. La route est ensuite relativement plane sur toute la largeur du plateau (environ dix kilomètres). Elle traverse trois endroits habités : Taverne, Berzème et Montbrun.

Taverne n'est qu'un hameau de quelques maisons, mais son nom lui donne un parfum d'antiquité qui concorde, du reste, parfaitement avec sa position topographique, car il est bien évident qu'une voie romaine a dû traverser le Coiron dans la direction de Villeneuve à Privas, et le nom de *Taberna* indique sans doute l'auberge où l'on pouvait manger, boire et se reposer à mi-chemin. Je ne sais pourquoi Faujas l'appelle *Maltaverne*, peut-être parce qu'on n'y faisait pas des dîners de Lucullus.

La large dépression qui est sur la droite entre Taverne et Berzème s'appelle *Chaudcoulant*. On y voit généralement la bouche du plus grand volcan du Coiron. Faujas dit que ce sont des *moines industrieux* qui l'ont métamorphosé en un vallon fertile.

Aujourd'hui, il en sort non pas du feu, mais de l'eau. En effet, c'est là qu'est la source de Claduègne que les anciennes cartes désignent sous le nom de *Ladvègne*.

Sur le plateau du Coiron, les bois ont fait place aux pâturages. La route court, comme un serpent brun, à travers les champs ou les pâturages verts tachés de basaltes noirs. Ce n'est pas là qu'on risque d'être aveuglé par la poussière qui foisonne dans les bas-fonds calcaires. Il y a, d'ailleurs, dans ces régions, un balayeur qui ne s'arrête jamais : le vent. Bien qu'en plein été et en plein soleil, sa fraîcheur matinale est assez vive pour nous obliger à prendre nos pardessus.

Plus loin, on trouve çà et là quelques frênes et, à côté des granges, quelques pruniers. Faujas de St-Fond constate la fertilité de la terre volcanique du Coiron, formée par une pouzzolane d'un brun rougeâtre, et qui produit d'excellentes récoltes en grains, mais, ajoute-t-il, comme ce sol n'a tout au plus que cinq ou six pouces de profondeur, et qu'il est assis sur des basaltes ou sur des laves dures, on ne peut y élever aucun arbre ; toutes les clôtures des champs sont formées avec des murs de basaltes grossièrement construits.

Cette observation de Faujas me semble inexacte pour la plus grande partie du Coiron, où les arbres pourraient fort bien venir, si les paysans ne préféraient pas les grains et les pâturages qui sont d'un rapport plus commode et surtout plus prompt.

Les prairies et les cultures remplissent toutes les dépressions de la montagne, dont la terre noire et grasse atteste une fertilité peu commune. Il faut la voir pour bien comprendre ce que signifie dans la bouche d'un bourgeois d'Aubenas ou de Privas, cette parole orgueilleuse : *J'ai un domaine au Coiron !*

— Autrefois, dit Barbe, quand on disait *un domaine au Coiron*, on en avait plein la bouche. A travers ces quatre mots on voyait les prairies luisantes, on entendait la sonnaille des troupeaux, on aspirait l'odeur des fromages et le beurre fondait dans la bouche. Aujourd'hui, on dirait volontiers à celui qui parlerait ainsi : *Vous voudriez bien trouver un acquéreur ?*

La conversation tomba naturellement sur les causes de la dépréciation de la propriété foncière.

La plus importante est le développement extraordinaire de l'industrie à notre époque, et par suite la création d'une richesse mobilière qui n'existait pas autrefois et dont le maniement est plus commode, sinon plus sûr, que celui de la propriété foncière.

Personne n'ignore les inconvénients que présente celle-ci, surtout pour le propriétaire qui ne cultive pas lui-même.

Le fermier dont les idées sur la propriété ne procèdent guère des doctrines des économistes et sont, au contraire, fort obscurcies par l'intérêt personnel, sans compter les fatales suggestions de l'ignorance et de la misère, trouve souverainement inique d'avoir, soit à payer un fermage au propriétaire, soit à partager avec lui les fruits de la terre. Il se dit : « Sans mon travail, ces fruits n'existeraient pas, » oubliant que, sans la terre, dont la propriété est aussi le fruit du travail du propriétaire ou de ses aïeux, ces fruits n'existeraient pas davantage. Il considère donc le propriétaire comme un voleur ou peu s'en faut, et croit exercer un droit naturel en lui laissant la plus petite part possible dans les produits du domaine.

C'est ainsi que le propriétaire va forcément au devant d'une longue série d'ennuis et de déceptions, qu'il se dégoûte de la terre et finit tôt ou tard par l'échanger contre des valeurs mobilières.

La politique n'a pas médiocrement contribué à la dépréciation des terres. Outre l'aggravation des difficultés naturelles qu'elle apporte au sort des propriétaires non cultivants, par les idées fausses et dangereuses qu'elle propage parmi les paysans, elle a eu le tort de rompre trop complètement le lien qui doit toujours exister entre la possession de la terre et l'administration du pays.

Il ne peut pas sans doute être question de revenir à l'époque du régime censitaire, où il fallait payer deux cents francs d'impôt pour être éligible ; mais il me semble qu'on eût agi sagement en laissant aux propriétaires du sol un certain privilège politique.

— Qu'entendez-vous par là ? dit Barbe.

— Ceci, par exemple : tandis qu'on laisserait aux vagabonds sans feu ni lieu le droit de vote que leur confère le suffrage universel, pourquoi ne donnerait-on pas un double vote à tout propriétaire ou plutôt à tout citoyen inscrit à l'une des quatre contributions ? Il me semble que ce serait sage, attendu que le propriétaire de biens au soleil, ayant plus à perdre que les autres, est naturellement plus intéressé au maintien du bon ordre et à la prospérité publique. De plus, ce serait juste, parce que la propriété, représentant du travail accumulé, a sur l'administration de la fortune publique un droit naturel que ne peuvent avoir au même degré, ceux qui ne représentent que la prodigalité ou l'imprévoyance.

Si l'on observe enfin que, sur plus de quatorze millions de côtes foncières qu'indique la statistique pour 1880, il y en a environ treize millions, variant de un à cent francs, réparties entre neuf ou dix millions de propriétaires, on est bien obligé de reconnaître que ce privilège — si privilège il y a — reposerait sur une base largement démocratique. Ces réserves faites, il est évident que le mouvement d'élimination du propriétaire non cultivant, mouvement qui ne date pas de ce siècle, est devenu, dans les conditions de la société moderne, encore plus vif et plus irrésistible. Espérons avec mon ami Barbe que la terre, en tombant aux mains du paysan, n'en sera que mieux cultivée et que la fortune publique y gagnera. Il est, d'ailleurs naturel que la terre porte plus de profit à celui qui vit avec elle, qui la conquiert à force de travail et la féconde de ses sueurs, qu'à celui qui la traite en étrangère et n'en perçoit les fruits que grâce au travail de ses ancêtres. C'est ainsi que la force des choses, dans laquelle il convient de reconnaître les desseins divins, corrige les conséquences extrêmes du principe de propriété et rappelle à tous que, née du travail, c'est aussi par le travail que la propriété doit se maintenir.

*
* *

Il faisait un vent très vif et très frais quand nous traversâmes Berzème. Il paraît, d'après mon ami Barbe, qu'il en est toujours de même, ce qui ferait de cet endroit un séjour exceptionnellement favorable en temps d'épidémie. La vue vers le sud y est fort belle ; malgré l'altitude, le raisin mûrit à Berzème au moins dans les lieux abrités, car nous pûmes en voir dans le jardin de la cure.

Le marquis de Jovyac, dans ses lettres à dom Bourotte, en 1763, lui apprend que sa sœur Suzanne, qui habite le château de Berzème, a épousé noble Fayon, baron de Montbrun, seigneur du Clap.

Dans une autre lettre, il lui dit : Ma sœur s'appelait, il y a quelque temps, madame du Clap comme son mari, mais elle a voulu prendre le nom de l'ancien château de Montbrun ruiné, qui est dans sa belle terre de Berzème, laquelle comprend deux paroisses et presque tout le Coiron.

Dans l'ouvrage de Faujas, paru en 1780, nous voyons que le château de Berzème appartenait alors à l'abbé de Montbrun qui, dit Faujas, est un homme de beaucoup d'esprit, se faisant un plaisir d'accueillir les honnêtes gens. « Comme il y a des objets très-curieux à voir dans cette partie, ajoute Faujas, il est bon de savoir qu'un galant homme vit en philosophe dans cette solitude élevée, où les pauvres naturalistes seraient fort embarrassés en cas d'orage ou de mauvais temps, s'ils ignoraient qu'on peut en toute assurance et sans déplaire au maître du château, lui demander l'hospitalité. »

Soulavie parle aussi de l'abbé de Montbrun comme préparant un ouvrage sur les mœurs des Vivarois. Il est fâcheux qu'il ne l'ait pas écrit.

M. de St-Andéol a cru reconnaître Duzillac (près

de Berzème) dans la métairie de *Deciate*, donnée au vi⁰ siècle par l'évêque Eumaque à la cathédrale de Viviers, avec *Saduaco, Caucolumne, Cartennaco* et *Luguilano*. Il ignore où se trouve *Saduaco*, mais il voit dans *Caucolumne* la *Borie de Chocoulan* dont le nom de *Borie* indique la provenance ecclésiastique, dans *Cartenac* le village de *Seautres*, et dans *Luguilano* la métairie de *Gulle*, sur le petit ruisseau de la Gulle qui traverse l'ancien théâtre d'Alba-Augusta.

Toutes ces indications, extraites du *Charta Vetus* ou vieille charte des donations de l'église de Viviers, sont assez vagues et supportent des interprétations fort diverses. C'est ainsi que l'abbé Rouchier lit *Beciate* au lieu de *Deciate* (et par suite Bessas au lieu de Berzème).

Celui qui, le premier parviendra à éclaircir le *Charta Vetus* et le *Cartulaire de St-Chaffre*, qui contient aussi une foule d'indications précieuses sur l'ancien Vivarais, aura rendu un grand service à l'histoire de notre pays. Ce travail aurait été singulièrement facilité par le *Dictionnaire topographique de l'Ardèche* dont il a été question, il y a quelques années, et pour lequel un questionnaire avait même été dressé. Toutes les cartes, à commencer par celle de l'état-major, sont à ce point de vue, d'une insuffisance manifeste, et Dieu sait les découvertes que pourrait faire un homme intelligent s'il passait une journée dans chaque village, à faire parler les gens de l'endroit ! Heureux ceux qui ont le temps de voyager ! Il est vrai que la plupart de ceux qui l'ont ne connaissent pas leur bonheur et gaspillent dans des cercles ou des cafés, un temps et un argent qu'ils pourraient employer beaucoup plus utilement et plus noblement ailleurs.

L'abbé Mollier croit que l'église de St-Pierre de Berzème (comme celles de Mirabel et de St-Gineis) est postérieure au x⁰ siècle. Il suppose qu'elle fut fondée par les Bénédictins de l'abbaye des Chambons qui possédaient le domaine de la Borie et de Taverne, avant la fin du xiii⁰ siècle (1).

**

Le hameau de Montbrun — je ne sais pas pourquoi on dit aujourd'hui *Montbrul*, car tous les anciens actes portent *Montbrun* — est perché au sommet du versant méridional du Coiron, au-dessus de St-Jean-le-Centenier. C'était autrefois le siège du mandement dont la paroisse de St-Gineis faisait partie. Aujourd'hui, c'est un simple hameau de la commune de St-Gineis. — La terre de Montbrun et de St-Gineis devait l'hommage aux barons de Chalancon.

Faujas de St-Fond signale, au village de Montbrun,

---

(1) *Recherches historiques sur Villeneuve-de-Berg*, p. 44.

entre deux grandes coulées de basaltes, une couche d'ocre semblable à celle que nous avions remarquée le matin à la montée du Coiron. « Cette lave altérée, dit-il, chaux de basalte, douce et savonneuse au toucher, est d'un rouge brillant presque aussi vif que celui du *minium* ; on y distingue une multitude de paillettes de schorl noir. »

Ces couches d'ocre ne sont pas rares dans nos montagnes volcaniques. Du côté du Mézenc, entre cette montagne et Bonnefoy, nous en avons constaté un bon nombre dont les couleurs voyantes tirent l'œil.

La grande crevasse volcanique où sont les *Balmes* est au-dessous du village de Montbrun. Elle part de la première maisonnette qu'on trouve à droite au bord de la route. Sa profondeur est d'environ cent cinquante mètres et sa plus grande largeur, de cent. Il dut y avoir là une bouche latérale du grand foyer souterrain du Coiron, peut-être un véritable cratère que les érosions de la rivière de Claduègne ont miné par le bas, tandis que les eaux torrentielles l'élargissaient par le haut et le transformaient en ravin escarpé. Les hommes sont venus ensuite profiter du travail des éléments et de la nature spongieuse de la roche lavique pour s'y creuser des habitations et profiter des cavités naturelles qui existaient déjà. Peut-être le travail humain n'est-il pas étranger à la formation de la grande paroi de droite, perpendiculaire comme un mur de maçonnerie, dont le sommet supportait une sorte de fort, qu'on appelle encore le château. Ce point, qui forme un promontoire élevé entre le volcan et Claduègne, avait été rendu également inaccessible du côté du nord par une large brèche faite dans le mur volcanique, sur laquelle existait probablement un pont-lévis.

La crevasse de Montbrun est un des endroits les plus pittoresques qu'on puisse imaginer. Entre ses deux grands murs de lave poreuse, on voit un jardin, un pré et quelques échamps, entremêlés de buttes et de débris de colonnes laviques qui lui donnent l'aspect d'un vieux monument en ruines. Un de ces échamps contient six cerisiers, et il nous semble que rien ne doit être joli comme ces arbres fleurissant au printemps au milieu des laves qui, nulle part, peut-être, n'offrent une telle variété de couleurs qu'à Montbrun, depuis le gris de lin jusqu'au rouge tendre, au violet et au bleu de Prusse. Ailleurs, nous avons remarqué un frêne, des figuiers, des poiriers, et partout sortant des fissures volcaniques, des buis et des tithymales. La crevasse se perd dans les profondeurs de la rivière Claduègne, d'où émergent de magnifiques noyers. Il est à remarquer enfin, que cette énorme projection de laves poreuses repose sur une coulée de basalte dur et compacte.

Mais le plus curieux, ce sont les *balmes*, c'est-à-dire les *baumes*, en patois *baoumo*, qui ont servi d'habitation humaine à diverses époques. *Baoumo* vient du provençal *baou*, rocher, et signifie une caverne habitée. Il y en a une quinzaine environ de chaque côté. Quelques-unes sont entièrement creusées dans la lave et d'autres sont fermées par un mur à chaux et à sable. Plusieurs se trouvent à une certaine hauteur au-dessus du sol, et il faut une échelle ou une corde pour y arriver.

Un brave ecclésiastique, d'une honorable famille du Comtat, l'abbé Brochery, s'était installé dans une de ces dernières, il y a quelques années, pour y vivre de la vie de cénobite qu'il avait déjà essayée dans les environs de Privas. Sa nourriture était des plus frugales, car elle se composait uniquement de dix centimes de pain et une *tome* par jour. Ses amis et ses confrères craignirent l'effet de ce régime et de la solitude sur sa santé et sur son esprit, et on parvint à l'arracher de sa *balme*.

Deux de ces balmes sont encore habitées, une de chaque côté.

Dans celle de droite, exposée au sud-est, est une pauvre famille composée du père qui a quatre-vingts ans, de la mère qui en a quatre-vingt-deux, et d'une fille aveugle ou à peu près, qui en a cinquante. Ces pauvres gens, au moment où nous entrâmes, mangeaient une soupe d'orge et des figues. Leur habitation était naturellement noire et enfumée. Ils n'en ont jamais eu d'autre. Ce sont peut-être les seules maisons du département où l'on n'ait affaire ni à un propriétaire, ni au percepteur.

La vieille nous demanda si nous voulions voir la chapelle, car une des balmes a été transformée en chapelle, et c'est cette famille qui en a la clef. Sur notre réponse affirmative, nous pensions qu'elle allait nous y conduire elle-même, mais ce fut, à notre grand étonnement, sa fille, l'aveugle, qu'elle chargea de ce soin. Celle-ci prit ses sabots, un bâton, et la voilà marchant devant nous par des sentiers impossibles. Nous prîmes à droite et sortîmes du cratère par la brèche qui servait de fossé au château. Cette brèche a été faite en partie double et elle est coupée au milieu par un mur de laves taillé à pic d'une façon très-régulière. Peut-être ce mur indique-t-il l'existence d'un double pont-levis.

Ce passage nous conduisit sur le rebord extérieur du volcan qui domine un affreux précipice au fond duquel roule — quand il y a de l'eau — la rivière de Claduègne. L'aveugle allait d'un pas sûr en suivant un sentier à peine tracé où nous n'avancions nous-mêmes qu'avec précaution.

— Vous devez voir, nous dit l'aveugle, la lucarne de la chapelle.

En effet, Barbe me fit apercevoir un petit vitrage carré dans une fissure de rocher. Quelques pas plus loin, nous nous trouvâmes devant la porte de la chapelle dont les abords ont été taillés de main d'homme.

L'aveugle nous en ouvrit la porte. Cette chapelle est dédiée à Sainte-Catherine. Abandonnée à diverses reprises, elle a été rendue au culte en 1864, par le curé de Saint-Gineis qui vient de temps en temps y dire la messe. Avis en est donné, le dimanche précédent, dans les églises de St-Jean, St-Gineis et Berzème, afin que tous les habitants des hameaux voisins puissent y assister.

Cette chapelle, qui peut contenir une quinzaine de personnes, est d'une ornementation fort primitive. Il y a un autel orné de deux chandeliers et de quelques images qui n'ont rien moins qu'une valeur artistique.

Dans une niche près de l'autel, nous vîmes une fiole contenant l'eau bénite et à côté une sonnette. Une douzaine de chaises étaient éparpillées, et l'une d'elles, qui avait l'allure d'un vieux fauteuil, nous fut désignée par l'aveugle comme servant de confessionnal.

Comme on nous avait dit, à Montbrun, que la pauvre aveugle disait des neuvaines pour les personnes qui le lui demandaient, nous lui laissâmes une petite offrande.

— Il faut bien prier le bon Dieu ! nous dit-elle. Que deviendrions-nous sans lui ?

Elle se mit à genoux dans la chapelle et pria dévotement, tandis que nous admirions de la porte les croupes pelées de St-Gineis.

— Encore une occasion que vous manquez, dis-je à Barbe, de protester contre la superstition !

— Hélas ! répondit-il, si la superstition est permise à quelqu'un au monde, c'est bien à ces pauvres gens, puisqu'ils y trouvent une consolation et qu'il n'est guère possible de leur en donner d'autres.

— Vous venez de dire en d'autres termes, ami Barbe, ce qu'a écrit il y a bien longtemps une des notabilités républicaines de notre temps qui est aussi un savant illustre et un penseur profond. Ce mot, que je me suis souvent rappelé, surtout dans ces derniers temps, est celui-ci : *La religion est la philosophie des peuples !* (1). Je vous engage, et beaucoup d'autres aussi, à le méditer.

*

Faujas de St-Fond, qui visita les Balmes en 1775, dit qu'elles ont été habitées depuis des temps très-reculés ; il y reconnut divers fragments de poterie antique. « On me montra, dit-il, la plus considérable de ces habitations souterraines et profondes qui subsistent en entier et qu'on nomme la *prison* ; elle est formée de deux étages oblongs posés l'un sur l'autre ; il paraît que le premier étage était la demeure du geôlier ; la *prison* était au-dessus, on y montait par

(1) *Mahomet*, par Barthélemy-St-Hilaire.

un escalier étroit pratiqué dans la lave. Cet horrible cachot, qui n'a de jour que par une triste et petite lucarne, paraît avoir été jadis destiné à renfermer un assez grand nombre de prisonniers qu'on y tenait enchaînés à des anneaux dont on voit encore des vestiges ; un des habitants qui s'est emparé de cette prison pour en faire un grenier à foin, m'a dit avoir arraché depuis peu, plusieurs de ces anneaux qui restaient encore et qui étaient d'un volume et d'un poids considérables. »

Du temps de Faujas, comme aujourd'hui, deux des balmes seulement étaient habitées. Les autres avaient été abandonnées par suite des accidents que les pluies et les fortes gelées occasionnaient en faisant rompre et détacher des blocs considérables de laves à l'intérieur des habitations.

Nous présumons, d'après la gravure contenue dans l'ouvrage de Faujas, que la principale balme habitée de son temps, est précisément la même où nous avons trouvé une famille de trois personnes. Celle-ci est exposée au sud-est et assainie dans une certaine mesure par le soleil, tandis que celles du côté opposé sont humides et malsaines. L'une d'elles est néanmoins habitée. Nous y trouvâmes une femme d'une cinquantaine d'années occupée aux soins du ménage. Son mari était allé à Villeneuve vendre des chèvres. Elle nous dit qu'ils avaient des terres et qu'ils en *tenaient* à ferme. Ainsi, voilà des *proprié-*

taires qui habitent des cavernes, des troglodytes qui paient des impositions!

Les troglodytes de Montbrun ne sont pas les seuls du département. Nous avons signalé dans un précédent chapitre, ceux de la Jaubernie, et dans un autre opuscule ceux du lac d'Issarlès, dont l'habitation est creusée, comme à Montbrun, dans la lave (1).

Tout le monde connaît ceux de la *Grange de Baumier*, près de Mirabel. Ce sont des propriétaires aisés qui, pour être logés sous un toit de basaltes, n'en ont pas moins une maison complète avec cuisine, salle à manger et salon.

M. Jules de Malbos cite une grotte du bois de Païolive qui était habitée de son temps par Tastevin, un brave homme qui a été notre guide au bois de Païolive.

On peut voir enfin dans le très curieux mémoire de M. de Malbos, qu'a publié récemment le *Bulletin de la Société d'Agriculture*, combien de cavernes de la région de Païolive ont été habitées à diverses époques.

Ne soyons pas si fiers de nos maisons actuelles. Nos aïeux ont tous habité des *baumes* et le grand nombre de noms propres, qui en portent encore la trace dans l'Ardèche : *Beaume, Labeaume, Beaumel, Balmelle*, etc., prouve que le troglodytisme s'est perpétué en-

---

(1) *Voyage aux pays volcaniques du Vivarais.*

core plus longtemps dans nos pays qu'ailleurs, ce à quoi, du reste, la nature vivaroise se prêtait beaucoup mieux que celle des pays de plaines. Les grottes naturelles de la région calcaire ont été les plus anciennement habitées, mais là, les premiers troglodytes vivaient plus ou moins isolés. Les *baumes* de l'Ardèche et du Chassezac ont dû abriter des individus, des familles, mais la première cité troglodyte, le premier endroit de nos montagnes où l'homme ait dû vivre en société, tout en habitant des cavernes, a été probablement Montbrun.

Les Balmes de Montbrun ne méritent donc pas seulement d'être visitées au point de vue géologique ; elles présentent de plus, un très grand intérêt archéologique, puisqu'elles constituent la plus ancienne ville du Vivarais.

Au moyen-âge, Montbrun devint une seigneurie, et le château qui se dressa au dessus des Balmes servit à protéger non-seulement le peuple des cavernes, mais encore celui des villages environnants. Ce château dut être détruit à une époque fort éloignée, puisque l'histoire ne nous en a pas conservé le souvenir.

Ah ! si les Balmes de Montbrun pouvaient parler, que de choses elles nous apprendraient sur la vieille histoire de notre pays ! Il est bien probable, en effet, ami Barbe, qu'elles furent la première étape des troglodytes de la région calcaire s'avançant vers le nord et qu'elles l'abritèrent contre les bêtes et contre ses semblables.

Nos aïeux de la centième génération y cherchèrent un abri contre le flot vainqueur des armées romaines et ceux de la soixantième contre les hordes barbares qui vinrent brûler à quelques lieues d'ici, l'Albe des Helviens.

Nos aïeux de la vingtième génération s'y réfugièrent pour éviter les supplices destinés aux Vaudois et aux Albigeois.

Plus tard, ce lieu servit de refuge aux protestants qui, selon l'expression emphatiquement erronée de Napoléon Peyrat (1) (car les Balmes sont bien plus vieilles que les protestants) « se creusèrent dans les vastes pores de ses gigantesques scories en forme de tours, une multitude de petites cellules, et, abeilles évangéliques, firent leurs alvéoles des soupiraux mêmes du volcan. »

Ce fut ensuite le tour des fuyards de l'armée de Jacques Roure, battue à la Villedieu en 1670, puis celui des prêtres pourchassés sous la première Révolution ; on peut bien supposer, enfin, que plus d'un proscrit du 2 décembre y chercha comme dans les grottes des environs de Vallon, une cachette contre les gendarmes...

— Espérons, dit Barbe, que cette lugubre pro-

---

(1) *Histoire des Pasteurs du désert.*

cession est bien finie et que personne, si ce n'est désormais les voleurs et les assassins, n'aura plus besoin d'y chercher un refuge.

— Qui sait ?

Et comme Barbe protestait au nom du progrès moderne, ce qui est le plus accentué de ses dadas, je lui rappelai les vers de Boileau :

De Paris au Pérou, du Japon jusqu'à Rome,
Le plus sot animal à mon avis, c'est l'homme.

— En effet, dit Barbe, nous sommes des sots, car nous oublions l'heure du dîner. Remettons-nous bien vite en chemin, si nous ne voulons pas qu'on mange le *conseiller* sans nous.

XVII.

UN DINER A ST-GINEIS LE TONDU.

Le conseiller rôti. — Propos de table. — Comment on guérit les *estourtis*. — Sorciers et sorcières. — La *rastoulo*. — La chanson des padgels. — Les sorciers à Paris et en province. — Le secret des sorciers. — Le curé-médecin.

Une heure après, nous arrivions à St-Gineis-en-Coiron, beaucoup plus connu dans le pays sous le nom de *San Ginesi lou toundu*, à cause de l'absence presque complète d'arbres qui le caractérise. Un certain mouvement régnait à l'auberge où Barbe me conduisit, et où je vis bien que nous étions attendus par d'autres convives. Barbe serra la main à cinq ou six campagnards ou bourgeois campagnards et me présenta à eux comme un médecin qui parcourait le pays pour en étudier les maladies, ce qui parut leur donner aussitôt une haute idée de ma personne.

Comme il était plus de midi, on se mit à table sans retard ; chose inouïe pour le pays, la table avait une nappe blanche. Nous étions huit à table : un moulinier des environs de Largentière, un marchand de St-Fortunat, un officier ministériel de Villeneuve-de-Berg, un paysan de la Gorce, deux montagnards ou *padgels* du côté de Montpezat, Barbe et moi. Tous ces braves gens étaient venus pour régler entr'eux une question d'intérêt et avaient résolu de fêter la *patcho* (l'accord) par un festin auquel nous eûmes le plaisir de participer.

On servit d'abord un potage dans une immense soupière de faïence à ramages bleus.

— Vive la soupe ! dit un des montagnards — seulement il faut qu'elle soit bien chaude, autrement ça donne des *cremosou*.

(Les *cremosou*, du latin *cremare* brûler, sont les *aigreurs* de l'estomac.)

L'officier ministériel sortit triomphalement de la soupière un morceau de lard et des saucisses.

— Ça vient de chez nous, dit le padgel. Et, en fait de cochon, nous sommes les maîtres !

Tout le monde rit et reconnut l'excellence du lard et des saucisses de la montagne.

Les padgels qui se manifestaient déjà comme de solides buveurs, déclarèrent, de leur côté, que le vin de Villeneuve-de-Berg n'avait pas son pareil au monde.

On servit ensuite un pied de cochon à la vinaigrette qui eut encore, — chose inconnue même aux candidats hors ligne — l'unanimité des suffrages.

Puis vint le *conseiller*. J'appris alors que les chasseurs appellent conseiller tout lièvre pesant plus de six livres, ce qui veut dire sans doute qu'il faut qu'un lièvre ait ce poids pour être digne de figurer à la table d'un conseiller.

L'animal avait été rôti en entier et ses pattes roussies ajoutaient aux fortes odeurs de cuisine qui remplissaient la salle. L'officier ministériel découpa très-habilement les rables et les pattes de derrière et en fit une équitable répartition entre les convives. Le plat fut trouvé exquis, seulement la poivrade était très-épicée, ce qui ajouta encore à la soif naturelle de la plupart des dîneurs. Les padgels ne buvaient plus qu'à verres pleins. Et, quand leur verre était vide, ils avaient une façon fort originale de le faire remplir. Ils choquaient le verre contre la bouteille, placée près de l'officier ministériel en disant : *faï fio !* (*fais feu !* c'est-à-dire *allume !*) et l'officier ministériel qui s'observait lui-même, soit dans l'intérêt de sa dignité, soit dans celui de son estomac, mais qui s'amusait de la soif de nos compagnons, leur distribuait sans broncher de fortes rasades.

Au dessert, on servit du fromage et, selon l'usage du pays, nous vîmes tous les convives retourner simplement leurs assiettes pour remplacer l'assiette de dessert absente.

La conversation, fort animée et parfois fort bruyante, avait roulé presque uniquement sur les récoltes, sur le bon ou le mauvais temps, sur les impôts. Elle finit par tomber sur les maladies qui affligent les gens de la campagne.

L'officier ministériel me demanda comment je guérissais les *estourils*.

— Si je ne me trompe, lui répondis-je, vous confondez sous le nom d'*estourils* un certain nombre de maladies assez diverses, entres autres la jaunisse et la phthisie pulmonaire. Nous employons donc des médications différentes, selon la qualité des *estourils*.

— Le docteur a raison, dit le moulinier, car nous avons près de Rocher un célèbre guérisseur qui distingue les estourils en noirs, blancs et jaunes.

— Et comment les guérit-il ?

— Parfois il recommande simplement de faire dire une messe à Notre-Dame de Bon-Secours. Mais d'autres fois, il fait prendre des tisanes faites — vous ne devineriez jamais — avec des ossements de morts, et le curé de l'endroit a dû se fâcher en voyant quelques-uns de ses crédules paroissiens venir dérober des os au cimetière.

Barbe se récria en disant que c'était impossible, indigne de notre siècle de progrès.

— Je ne dis pas non, répondit le moulinier, mais le fait n'en est pas moins exact. Il y a plus : le guérisseur en question conseillait parfois d'ajouter à cette funèbre tisane des insectes — vous savez bien... de ces insectes que l'on trouve si aisément, dans nos villages, sur la tête des enfants. Ce singulier médecin est mort, mais rassurez-vous — sa fille continue son commerce ; elle prétend que c'est un *don* et qu'il arriverait malheur à la maison si elle ne l'exerçait pas. — La vérité est qu'ayant perdu récemment quelques moutons de la clavelée, elle l'attribuait à une cessation momentanée de ses fonctions médicales.

Près de Laurac, il y aussi une femme qui guérit les *estourils*, mais son remède, du moins, n'a rien de répugnant : elle administre simplement à ses fidèles des tasses de café.

Entre Largentière et Montréal, un autre empirique guérit toutes les affections des poumons et de l'estomac en enfermant une araignée dans une coquille de noix qu'il applique sur la peau du malade ; l'araignée est chargée de sucer le mal, mais il est défendu au malade de regarder ce qu'il y a dans la coquille.

L'homme de la Gorce prit vivement la parole.

— Est-ce que vous croyez, dit-il, qu'il n'y a pas

aussi chez nous des *médecines* pour les estourils? Nous en avons une à la Gorce dont le remède est des plus simples. Elle donne aux chalans une poudre blanche pliée dans un chiffon de linge. Le malade doit, en s'en allant, jeter cette poudre derrière lui sans se retourner.

Il y en a une autre, fort vieille, qui habite près de la Dent de Rez et qu'on vient consulter d'assez loin. Elle donne aussi des remèdes contre les revenants. Un neveu était tourmenté par l'âme de son oncle dont il avait négligé de faire le deuil. Toutes les nuits, ce diable d'oncle venait frapper à la porte de la cave, et parfois même il allait jusqu'à tirer les pieds du neveu. La vieille l'en débarrassa. Le métier est exercé de mère en fille dans ces deux maisons.

— Il est certain, dit l'aubergiste intervenant dans la conversation, que ces femmes ont fait de grandes guérisons; j'en ai entendu parler plusieurs fois à Villeneuve-de-Berg. Il est certain aussi que la toile d'araignée, mise dans le miel, guérit les enfants de la fièvre.

— Il y a un moyen bien plus sûr pour guérir la fièvre, répartit un des padgels; c'est de se faire toucher par un enfant qui n'a jamais connu son père.

L'autre padgel affirma qu'un moyen infaillible pour guérir d'un chaud et froid, ce qui est la maladie la plus commune dans les campagnes, c'est de boire un bouillon de vipère bien chaud.

L'officier ministériel nous apprit qu'en effet, beaucoup de paysans conservent encore soigneusement les serpents dont ils peuvent s'emparer. Ils les salent et les font sécher afin d'en faire des bouillons en cas de maladie. Quand celle-ci est compliquée d'un point de côté, ils égorgent un chat ou un poulet, et appliquent l'animal encore palpitant comme un cataplasme au flanc malade.

Dans plusieurs villages, pour guérir un enfant rachitique, on le met sur une pelle et on lui fait faire le tour du four.

Pour la fièvre, on applique sur le pouls un cataplasme de vers de terre et de limaces.

Une autre maladie qu'on guérit d'une façon fort singulière dans le Bas-Vivarais, est la *rastoule*. On appelle ainsi, paraît-il, les grosseurs qui peuvent survenir aux pieds ou aux mains. Les médecins qu'on appelle dans ce cas, ce sont... les menuisiers qui prétendent avoir reçu de St-Joseph le don de guérir la rastoule.

Pour opérer la guérison, on met sur le banc du menuisier deux brins de sarments ou même deux pailles. On tient le membre malade sous le banc.

Le menuisier prend sa hache et dit :

Dé qué gorissé iéou ? (De quoi guérissé-je ?)

Le malade, ou quelqu'un pour lui, répond :

Lo rostoulo y noum de Diéou. (La rastoule, au nom de Dieu !)

Le menuisier tranche alors d'un coup de hache les brins de sarments ou de paille, et le tour est fait.

Notons, à l'honneur des menuisiers, qu'il leur est interdit de rien recevoir pour leur salaire, et qu'on se garderait, d'ailleurs, de rien leur donner, car, s'ils recevaient quelque chose, l'opération ne vaudrait rien.

— Et cela guérit-il la *rastoule* ? dis-je assez timidement.

— Pas toujours immédiatement, me répondit-on ; mais l'effet se produit tôt ou tard.

— La même pratique, dit l'officier ministériel, est en usage du côté d'Aubenas, où la maladie est désignée sous le nom de *chapoulodoutro* au lieu de *rostoule*. Il y a trente ans, à Aubenas, deux menuisiers étaient renommés par leurs cures merveilleuses de *chapoulodoutro*. C'étaient des hommes fort vigoureux, très estimés de leurs concitoyens. Ils coupaient gravement et vigoureusement sur leur établi les deux brins de sarments mis en croix, en exigeant de leurs clients une foi complète ; ils magnétisaient en quelque sorte le malade et de là sans doute le succès qu'ils obtenaient. J'ajoute qu'ils s'y reprenaient à plusieurs fois, prétendant que l'opération ne valait rien, si le malade voyant s'abattre la hache sur l'établi, avait, par un mouvement instinctif, retiré sa main ou sa jambe placée dessous.

— Nous avons aussi des sorciers dans notre

région, dit l'homme de St-Fortunat. Il y en avait un à Pierregourde qui reconnaissait les maladies à l'urine des malades qu'on lui apportait dans des fioles. Il ne se faisait pas payer, mais son fermier tenait en face de chez lui une auberge où allaient nécessairement tous ses clients. Il aimait à faire faire antichambre pour se donner de l'importance.

Il y a une sorcière à Dunières qui procède par des accès d'épilepsie ou de somnambulisme et qui, dans cet état, devine et guérit toutes les maladies.

Le plus célèbre est le guérisseur de Maléon, qui a toujours un grand livre ouvert sur sa table. Il paraît que ce livre, héritage de père en fils, renferme tous les secrets de l'univers. Ce guérisseur jouit d'une certaine réputation à Privas, où il vient ordinairement les marchés et jours de foire. Il a aussi un bureau de consultation au Pouzin et va jusqu'à Rochemaure.

— Ecoutez, dit l'officier ministériel, je reconnais volontiers que la plupart de ces guérisseurs sont de vulgaires charlatans ; qu'ils tuent bien des gens, et ne guérissent guère que ceux qui auraient fort bien guéri sans eux. Il y a cependant des faits dont il faut tenir compte et je pense qu'ils ont parfois une sorte d'*expérience locale* que méprisent trop les véritables médecins. Voici ce dont j'ai été témoin, il n'y a pas longtemps. Une femme de Rochemaure avait à l'épaule une sorte d'anthrax qu'un médecin de

Montélimar déclara indispensable d'opérer. Elle refusa. On appela le *médecin des chèvres* qui se chargea de la guérison. Il commanda force prières et l'application d'une tranche de lard mince sur la plaie, à renouveler plusieurs fois par jour. La malade, à qui l'assurance du médecin des chèvres inspira une pleine confiance, fit tout ce qu'on lui dit et fut guérie. Il paraît que la tranche de lard suçait le venin. Qu'en dites-vous, docteur ?

— Permettez-moi de n'en rien dire, cher Monsieur, et de continuer à écouter, comme je le fais, avec un vif intérêt, les recettes de vos guérisseurs campagnards.

— O Progrès ! s'écria mon ami Barbe, décidément tu n'es qu'un vain nom !

— Je parie, dit l'officier ministériel en s'adressant à l'homme de la Gorce, que chez vous le cri du coucou donne encore des émotions aux hommes mariés.

— Oh ! répondit celui-ci en partant d'un gros rire — le chant du coucou ne présage des malheurs en ménage que lorsqu'on part de sa maison à jeûn. Or, personne chez nous ne part sans tuer le ver.

— C'est comme chez nous, firent tous les autres en chœur.

J'entendis encore une infinité de choses extravagantes sur les fées *(fados)*, les lutins, la *trève*, les revenants, etc.

Le moindre mas est peuplé de ces personnages invisibles.

A Sceautres et ailleurs, c'est un lutin qui embrouille les poils des animaux.

Beaucoup de ces choses étaient dites, du reste, d'un air moitié sérieux et moitié gai. On y croit chez soi, surtout quand il fait noir, mais on n'y croit qu'à moitié, en plein midi et dans un bon dîner comme celui de St-Gineis. C'est comme pour le bon Dieu, que tant de gens ne respectent que lorsqu'ils sont malades ou lorsque le tonnerre gronde.

Les padgels se distinguaient par la largeur et la sonorité de leurs rires. La flamme du vin pétillait dans leurs yeux et au bout de leur nez. Le plus vieux était le plus en train et l'on pouvait voir, à la façon dont il se démenait, qu'il avait depuis longtemps envie de dire quelque chose ou de chanter. Le plus jeune le prévint, car, donnant subitement sur la table un coup de poing formidable qui fit ressauter verres et bouteilles, il s'écria :

— *Faou tchonta !* (Il faut chanter !)

Et sautant sur un banc, il rumina énergiquement ces quatre vers patois :

> Lou laï per lous peti,
> Lo soupo per lous viels,
> L'aigo per lous mouli,
> Lou vi per lous pôdgels !

> (Le lait pour les petits,
> La soupe pour les vieux,
> L'eau pour les moulins,
> Le vin pour les padgels !)

Le plus âgé des padgels riposta immédiatement, non sans avoir comme l'autre, donné un grand coup sur la table :

> Lou laï per lous peti,
> L'aïgo per lous mouli,
> Lou vi per lous padgels,
> Lou jouinés ma lous viels !

> (Le lait pour les petits,
> L'eau pour les moulins,
> Le vin pour les padgels,
> Les jeunes et les vieux !)

Les deux montagnards se donnant alors la main, chacun debout sur sa chaise, débitèrent avec un redoublement d'énergie, la finale de réconciliation :

> L'aïgo per lous mouli,
> Lou laï per lous peti,
> Et lou vi per lous bels,
> Lou jouinés ma lous viels,
> Royoou coumo pogels !

> (L'eau pour les moulins,
> Le lait pour les petits,
> Et le vin pour les grands,
> Jeunes comme vieux,
> Royols comme padgels !)

De bruyants applaudissements, auxquels concoururent l'aubergiste et sa femme et la servante, accueillirent cette chanson montagnarde.

Il fallut trinquer et retrinquer à la santé des chanteurs. Pour ma part, je trouvais qu'on buvait beaucoup trop sur le Coiron et j'enviais le sort des moulins qui, eux du moins, ne sont pas exposés à se griser. Après avoir complimenté les chanteurs et serré la main à tous nos compagnons de table, nous prîmes congé d'eux, et une fois en route, l'air libre nous parut doublement frais et parfumé, succédant à l'atmosphère épaisse et malsaine d'une salle d'auberge où les fumées du vin avaient alterné pendant trois longues heures avec la vapeur des pieds de cochon et du *conseiller*.

*
*

Mon ami Barbe, se rappelant les pratiques insensées qu'on venait de raconter, était dans une fureur noire et fulminait contre les sorciers-guérisseurs, en s'étonnant que dans un siècle de lumière et sous le régime républicain, ces gens-là pussent encore rencontrer des dupes. Qui aurait jamais pu croire, ajouta-t-il, à une pareille bêtise chez nos paysans, qui tous cependant aujourd'hui élisent des candidats démocrates ?

— Est-ce que vous croyez, lui dis-je, que cette bêtise est l'apanage de nos campagnes ? Ne savez-vous pas que les grandes villes, Paris lui-même, rendraient sous ce rapport des points à St-Gineis ?

— Comment ? des sorciers à Paris, cette capitale du progrès !

— Des sorciers, non — mais des somnambules ou

des tables tournantes, et c'est tout comme. Savez-vous ce qu'écrivait, il n'y a pas bien longtemps, le docteur Amédée Latour : « Autour de nous et dans la seule ville de Paris, il y a six cents somnambules qui fonctionnent d'une manière continue. » Et tout récemment, un journal étranger affirmait qu'il y en avait deux mille. Or, Paris ayant environ deux millions d'âmes et l'Ardèche quatre cent mille, celle-ci a le droit de se payer quatre cents sorciers-guérisseurs, si celui-là se permet deux mille somnambules, sans que les Parisiens aient rien à nous reprocher.

— Tout cela est fort triste, répondit Barbe, et il est clair que, s'il y a beaucoup d'intelligence à la surface de notre civilisation, le dessous est singulièrement noyé dans les préjugés de tout genre. Mais, j'y pense, pourquoi n'avez-vous pas dit votre opinion à ces braves gens quand ils vous l'ont demandée ?

— Parce que *de seriis inter pocula non est disputandum*, ce qui veut dire que les bouteilles vides ne font pas la raison pleine. D'ailleurs, ils ne m'auraient pas compris. Mais je ne refuse pas, ami Barbe, de vous dire à vous toute ma pensée. Il est certain que tous ces préjugés de campagne ne sont guère à l'honneur de notre temps — et je comprends très-bien votre indignation. Mais ce qui est plus urgent que l'indignation, laquelle ne constitue que des coups

d'épée dans l'eau, c'est l'enseignement ’il est s-
sible d'en tirer.

— Quel enseignement ?

— Ecoutez. L'officier ministériel nous a dit que les guérisseurs faisaient quelquefois des miracles. Ces miracles, croyez-le, ne sont pas l'effet du hasard, et l'explication en est simple. Outre une certaine expérience locale, les guérisseurs touchent le ressort moral que négligent trop beaucoup de médecins, au moins ceux qui envisagent leur art à un point de vue exclusivement matérialiste.

Voici deux anecdotes pour me faire mieux comprendre.

Je me souviens d'avoir vu, au temps où je fréquentais les hôpitaux, un éminent chirurgien très intrigué par les alternatives bonnes et mauvaises que présentait, tous les deux ou trois jours, l'état d'un de ses malades atteint d'une plaie dangereuse à la jambe. Il chercha vainement pendant plus d'un mois, soit dans les remèdes employés, soit dans l'alimentation, soit dans les influences atmosphériques, quelles pouvaient en être les causes. Ce fut la sœur chargée de la surveillance de la salle qui, à la fin, lui révéla le mystère. La mère du malade venait le voir tous les jeudis et tous les dimanches, et la satisfaction qu'en éprouvait le malade, se traduisait chaque fois par une amélioration marquée dans l'état de sa plaie. La pauvre femme fut alors autorisée à venir tous les jours et le malade fut promptement guéri.

L'autre fait s'est passé dans notre département. J'accompagnais un jour un vieux médecin de campagne, appelé chez un de ses clients. Je vous avoue que je fus d'abord étonné d'entendre mon confrère s'enquérir auprès de la famille des idées et opinions du malade.

— Est-il dévot ?
— Hélas ! non, M. le docteur.
— Croit-il à quelque chose ?
— A rien, si ce n'est peut-être aux revenants.
— Aux revenants ! c'est bien. *Euréka* ! ajouta-t-il en s'adressant à moi.

Le vieux docteur, après avoir longuement examiné le malade, se fit apporter une forte infusion de fleurs de sureau, et y mit un peu de poudre blanche qu'il tira gravement d'un petit étui d'or qu'il portait toujours dans sa poche.

— Qu'est-ce ? dit le malade.
— Mon ami, c'est de la *poudre de revenants*. Je la tiens de l'âme même de mon père. Avec cela, vous êtes sûr de guérir. Seulement, tenez-vous bien chaud et tâchez de bien transpirer.

Cela fut dit avec un certain mystère, mais d'un ton d'autorité et de certitude qui pénétra le malade. La poudre de revenant lui donna la confiance qui lui manquait, et, le moral raffermi, la médication matérielle produisit son plein effet. La poudre blanche n'était que du sucre pilé.

Dans toute maladie, me dit mon confrère, il faut au médecin, un point d'appui sans lequel toute science risque d'être vaine. La foi religieuse est le plus précieux de ces points d'appui. Elle donne au malade le calme et la tranquillité d'esprit qui sont toujours si utiles à l'action purement médicale, et qui parfois la suppléent. A défaut de la foi religieuse, les préjugés de tous genres peuvent être un moyen utile dont parfois, faute de mieux, on est obligé de se servir.

C'est avec cela, ami Barbé, que les guérisseurs *empoignent le moral* du malade et en tirent des effets difficiles à obtenir avec une médecine purement rationnelle. Ils ne font, après tout, que suivre le conseil de l'illustre médecin Ramazzini qui montre la nécessité d'entrer toujours un peu dans les idées du malade pour gagner sa confiance : *Medici sagacis erit, si ad ingenium et mores œgrotantis se componat, ut œgri affectum lucretur*.

Voici un paysan ignorant atteint d'une fluxion de poitrine. Vous lui faites la meilleure des ordonnances à prendre chez les pharmaciens. Il n'est pas certain que vous obteniez l'effet que produira la tisane de serpent desséchée, ingurgitée avec une foi profonde que vient encore accroître précisément l'étrangeté du remède.

Tel est le secret de nos guérisseurs. Ils inspirent une foi ardente dans leurs procédés, et la plupart l'ont probablement eux-mêmes. Ils ensorcellent en quelque sorte le malade. Ils guérissent — quand cela arrive — par une sorte de magnétisme beaucoup plus que par les remèdes eux-mêmes et quelquefois malgré ces remèdes. Leur action n'en est pas moins dangereuse, car, pour quelques miracles, que d'erreurs fatales ne commettent-ils pas !

— Pour avoir raison de ces empiriques grossiers, dit Barbe, il faut répandre à flots la lumière, c'est-à-dire l'instruction, multiplier les écoles, faire à la superstition une guerre sans trêve et sans merci.

— Tout cela, répondis-je, est plus tôt dit que fait. Multipliez les écoles et combattez la superstition ; pourvu que vous ne touchiez pas à la liberté religieuse, je suis avec vous. Mais songez qu'avant d'avoir exterminé, par ce moyen, les absurdes préjugés dont vivent les sorciers-guérisseurs, ceux-ci auront eu le temps de faire encore bien des victimes. J'ajoute que les tendances matérialistes et athées qui prédominent en haut lieu me semblent devoir produire en bas, un effet diamétralement opposé. Plus les gouvernements nient Dieu, plus les populations sont disposées non pas seulement à l'affirmer, mais à associer cette croyance à des formes idolâtriques. Les savants de notre temps — du moins une bonne partie d'entre eux — oublient trop que l'homme n'est pas un simple organisme, mais une âme ou, si vous voulez, une intelligence servie par des organes. En s'absorbant dans l'étude du corps, ils négligent trop le moteur immatériel qui l'anime, et ceux qui le nient sont destinés à être battus par le misérable et ignorant sorcier-guérisseur qui, d'instinct, sait ce que les savants ignorent.

« Le médecin et la sagesse, dit Hippocrate, sont inséparables. La médecine met en pratique tous les préceptes de la sagesse, et notamment le respect pour la divinité vers laquelle la médecine ramène sans cesse. »

Un médecin qui ne tient pas compte de la double nature spirituelle et matérielle de l'homme, qui n'a pas *le respect de la divinité*, c'est-à-dire le sentiment spiritualiste dont parle Hippocrate, n'est, quelque savant qu'il soit, que le plus incomplet et souvent le plus dangereux des médecins.

Je conclus :

Le meilleur moyen de remédier à cette plaie des campagnes ignorantes est encore celui que je vous indiquais dans notre dernière tournée au Coiron.

Il faudrait que dans chaque commune il y eût un homme assez entendu dans l'art de guérir, sinon pour faire le médecin, au moins pour écarter les pratiques dangereuses, guider les familles dans les premiers soins à donner, et faciliter l'œuvre du médecin diplômé, lequel devrait toujours être appelé dans les cas graves. Cet homme est tout naturellement diqué : c'est le curé.

Dans l'ancienne Egypte, les rois étaient choisis parmi les médecins devenus prêtres. La médecine et le sacerdoce ont, pendant longtemps, été réunis chez plusieurs peuples de l'antiquité, et je soupçonne qu'il en était souvent de même chez les premiers chrétiens, puisqu'une des épitaphes trouvées à Rome dans la plus belle chapelle funéraire des Catacombes (la crypte de saint Calixte) porte ces mots : *Denys, prêtre médecin*.

Et beaucoup plus près de notre temps, ne voyons-nous pas figurer dans le tableau des chanoines de Viviers, en 1332, Raymond Jarente, *magister in medicina* ? (1)

Il y aurait un progrès moderne à réaliser en reprenant une partie de la tradition antique. J'insiste donc sur l'idée que j'ai déjà émise dans notre précédente tournée au Coiron, et je pense que si les évêques faisaient entrer dans le programme des séminaires l'enseignement des premières notions de la médecine et surtout de l'hygiène, de manière à faire de tous les jeunes prêtres au moins des officiers de santé, l'état sanitaire dans nos campagnes trouverait là une nouvelle garantie, et bien des vies précieuses pourraient être épargnées chaque année.

(1) *Columbi*, p. 145.

Barbe fit à cela diverses objections auxquelles je me contentai de répondre que Voltaire avait déjà exprimé la même pensée dans son *Dictionnaire philosophique*, à l'article du curé de campagne.

— Ah ! dit naïvement Barbe, si Voltaire l'a dit, c'est bien différent !

XVIII.

L'ÉGLISE DE MÉLAS ET LES FRÈRES ALLIGNOL.

Une église cathédrale au Ve siècle et son baptistère. — L'ancienne piscine romaine. — L'ermitage de St-Pierre. — Où sont les bons vins d'autrefois? — Les frères Allignol et leur livre : *De l'état actuel du clergé en France*. — L'inamovibilité des desservants et la mobilité des préfets. — La fonctionnomanie.

Nous visitâmes encore, ce jour-là Mirabel, Lussas et la Villedieu, et nous allâmes coucher à Vogué, mais le récit de ces excursions allongerait par trop le *Voyage autour de Privas*, et l'on nous permettra de sauter d'un coup à Mélas, où nous arrivâmes le lendemain dans l'après-midi.

Mélas avait, au temps des Romains, une certaine importance par sa position de sentinelle avancée d'Albe. Son *castrum* commandant l'entrée de la vallée du Frayol et dominant le pont dont on voit encore les ruines sous le village, défendait Albe au levant, comme Viviers au sud et le camp de Jastres au nord. Aujourd'hui, Mélas n'a pas même une station de chemin de fer.

M. de St-Andéol croit qu'après la ruine d'Albe en 411, l'évêque et son clergé se réfugièrent d'abord à Mélas où saint Mamert, évêque de Vienne, serait venu sacrer St-Auxone. En 430 seulement, l'évêque et son clergé seraient allés s'installer à Viviers.

M. de St-Andéol appuie principalement cette thèse sur l'ancienneté et l'importance de l'église de Mélas et de son baptistère. Il est certain que ces deux monuments sont fort anciens. Avant les travaux qui y ont été exécutés en 1872 et 1873, sur les plans de M. Laisné, architecte attaché à la commission des monuments historiques, l'église de Mélas se composait d'une nef et d'un collatéral au nord, s'arcboutant sur la nef par sa voûte en demi-berceau. Une tribune, basse et disgracieuse, avait été élevée, il y a une soixantaine d'années, dans la première travée et une partie de la deuxième. Les travaux en question consistèrent surtout dans la démolition de cette tribune, la construction d'un nouveau collatéral au sud, quelques restaurations aux fûts et aux bases des colonnes, et enfin l'ouverture de quelques fenêtres au chœur et au bas-côté du nord.

On ne saurait voir, comme le prétend M. de Saint-Andéol, dans le collatéral nord, un *secretarium* ou *diaconicum* et le faire remonter au v⁰ siècle, car ce bas-côté présente le même moyen appareil qui se remarque dans les parties du xii⁰ siècle. Il appuie d'ailleurs, sa voûte en demi-berceau sur les murs de la quatrième travée et sur ceux du chœur qui sont bien certainement de cette époque. Primitivement, il ne communiquait avec l'église que par une étroite porte pratiquée dans la dernière arcature du chœur. Deux autres communications ont été établies à des époques différentes. L'inscription lapidaire et la petite niche mentionnées par M. de St-Andéol se rapportent probablement l'une à l'autre. L'ornementation de la niche est manifestement de la fin du xv⁰ siècle. Voici l'inscription :

Anno Domini MCCCCLXXII fuit facta ista capella per Johannem de Cruce.

L'*ista capella* doit être la petite niche, car il n'y a pas dans l'église d'autre chapelle ; il n'y a même pas dans l'endroit où se trouve l'inscription, place pour un autel.

L'impression que l'on éprouve, en visitant l'église de Mélas, est que l'on se trouve dans une église du xi⁰ ou du xii⁰ siècle. — Mais cette impression se modifie quand on examine l'extérieur. Ce qui frappe, c'est la diversité des appareils. La façade ouest, la quatrième travée, le chœur et l'abside sont construits en moyen appareil. Le petit appareil romain revêt encore les trois premières travées. On a même, lors des derniers travaux de restauration, reconnu le petit appareil dissimulé sous un épais enduit, à l'intérieur, sous les faux arcs des mêmes travées. On est donc amené à conclure que les arcatures intérieures sont une application faite au XII° siècle sur des murs du IV° ou du V°.

De ces faits, il résulte clairement que les plus anciennes parties de l'édifice, caractérisées par le petit appareil romain où l'on a, de plus, constaté la présence des pierres de Lussas et du ciment mêlé de briques pilées, comme dans tous les monuments d'Albe, sont antérieures à la destruction d'Albe.

La quatrième travée et le chœur, ainsi que la voûte entière, ont été refaits au XII° siècle.

Les chapiteaux qui surmontent les deux premières colonnes à l'entrée de l'édifice, appartiennent à la construction primitive. Ils ont été parfaitement décrits par M. de St-Andéol. L'éminent archéologue a moins bien compris le sujet traité sur le deuxième chapiteau à gauche. C'est le pèsement des âmes, ou plutôt, car l'âme est ici absente, le pèsement des actes. Le Christ-juge est placé sur la face principale. Les prétendus barreaux derrière lesquels il est assis ne sont autre chose que le fléau de la balance dont les coupes reposent de chaque côté sur un feuillage. Sur le côté droit, l'ange gardien est debout. A gauche, le démon, sous une figure hideuse, se penche et cherche à peser de sa lourde patte sur le plateau qui s'enlève de son côté.

Le baptistère, de forme octogone, placé à quatre mètres de l'église et plus tard réuni à elle par un couloir, était l'accompagnement obligé de toutes les églises cathédrales dans les premiers siècles de l'ère chrétienne.

La plupart de ces églises ayant été reconstruites ou du moins agrandies, les baptistères ont disparu. Mais dans bien des endroits, il n'y a pas encore bien longtemps, le baptistère était placé hors de l'église et l'enfant ou l'adulte baptisé ne pouvait entrer dans la maison de Dieu avant d'avoir été ondoyé. Je me souviens qu'il en était ainsi notamment à la vieille église d'Antraigues, récemment démolie.

Le baptistère de Mélas a servi jusqu'en 1870 de chapelle à la Vierge. L'aspect intérieur en était complètement dénaturé par l'épais enduit qui couvrait les murs, dissimulant entièrement les chapiteaux, alourdissant le fût des colonnes et diminuant notablement leur relief. Cet affreux badigeon a aujourd'hui disparu et le monument a recouvré toute la pureté et l'élégance de ses lignes. On peut maintenant se convaincre qu'à l'origine, le baptistère était entièrement isolé de l'église. Plus tard, au XII° siècle probablement, on l'a relié avec elle, en ouvrant une de ses quatre grandes absides, celle du midi, et en la prolongeant en couloir cintré qui vient lui-même s'ouvrir dans la deuxième travée de la nef. Dans l'absidiole du sud-ouest, qui n'est pas en hémicycle comme les trois autres, était pratiquée la porte primitive et extérieure dont le large linteau la divise encore horizontalement au tiers de sa hauteur.

Au mois de mai 1867, des fouilles très incomplètes avaient été pratiquées dans le baptistère sous la direction de M. de St-Andéol. Elles amenèrent cependant la découverte du fond de la piscine primitive ; mais n'ayant été mise à nu qu'en partie, elle n'avait pu être qu'imparfaitement étudiée. Le curé actuel, M. Hébrard, a fait opérer en 1873, un déblaiement général du sol rapporté du baptistère. A un mètre environ en contre-bas du pavé de l'église, le sol primitif fut mis entièrement à nu. C'est à cette profondeur et très exactement au centre de l'édifice, que les ouvriers mirent à jour le fond de la piscine en ciment romain ayant la dureté et le poli du marbre. Il était de forme légèrement ovale et se développait, dans le sens de son plus grand diamètre, de l'est à l'ouest. A l'extrémité ouest de l'ovale, une sorte de chapiteau, d'environ trente-cinq centimètres de hauteur, s'engageait par sa base dans le ciment et était lié avec un faible reste de la maçonnerie qui avait formé le bassin. Sur ces restes des parois de la piscine, le ciment du fond se relevait sans solution de continuité, conservant la même dureté et le même poli.

Ce chapiteau n'était autre chose que le siége où s'asseyait, la face tournée vers l'Orient, le catéchumène, lorsqu'il recevait sur la tête et sur tout le corps, les trois abondantes affusions d'eau baptismale prescrites par la liturgie (1).

Le baptistère et l'église de Mélas doivent leur conservation à l'abandon dans lequel tomba Mélas après le transfert de l'évêque à Viviers et l'ouverture de la voie de l'Escoutay à Aubenas qui fit abandonner la voie du Frayol.

L'absence de la pierre de Lussas, pour la seconde époque de l'église, et son remplacement par le calcaire du Teil, s'expliquent par la dégradation ou l'oblitération complète des voies romaines de cette région après la destruction d'Albe, ce qui rendit le transport de la pierre de Lussas tout-à-fait impraticable.

Une autre preuve de l'antiquité du monument se trouve dans les tombes gallo-romaines découvertes contre l'église et dont chacune renfermait une petite lampe en terre cuite et un vase pour les parfums.

Celles des tombes qui touchaient au mur de l'église manquaient de parois de ce côté, le mur de l'église en tenant lieu ; preuve qu'il était antérieur aux tombes.

L'église a été dégagée au midi, mais, par l'effet de l'exhaussement séculaire du sol, elle est enfoncée dans la terre d'un mètre ou deux, du côté du nord.

---

(1) La plupart de ces notes sur l'église de Mélas sont dues à l'obligeance de M. Hébrard, curé de Mélas.

Cette église avec son baptistère, est un des plus précieux monuments de l'architecture religieuse de la primitive église dans nos contrées, entre les premiers siècles et l'invasion des Barbares. Elle ressuscite pour ainsi dire à nos yeux une des églises d'Albe ruinée, celle qui était dédiée à Saint-Martin, puisque l'examen des fondements de cette dernière, a démontré sa parfaite identité avec celle de Mélas, pour les plan, ordonnance, disposition, murs, appareils et mortier. La largeur est la même, il n'y a qu'une légère différence dans la longueur.

Mélas possédait un monastère de femmes dont la fondation, qui remonte au septième siècle, est ainsi mentionnée dans le *Charta Vetus* :

Ego Frédegundis sacrata Deo œdificavi in Melotis monasterium puellarum in honore sancti Stephani et sancti Saturnini. Hic vixi annis novem. Hic diffinivi.

L'église de Mélas est enfin confirmée comme possession de l'église de Viviers par une charte de Charles-le-Chauve, donnée à Besançon en 877.

On s'étonne que ce monument ait échappé aux destructions sarrasines de 737 à 739.

**

L'ermitage de St-Pierre-aux-Liens qui fait partie de la paroisse de Mélas, était autrefois un pèlerinage des plus fréquentés. On y venait en foule, le 1ᵉʳ août, de tous les environs, et surtout de Montélimar, pour être délivré de la fièvre.

« La protection de St-Pierre, écrit le curé de Mélas en 1762, s'y est manifestée par plusieurs miracles. Le plus remarquable, c'est que tout se passe dans ce grand concours sans abus. »

Une lettre du marquis de Jovyac, de la même date, nous apprend qu'il y avait une grosse cloche et une clef que l'on faisait toucher aux personnes mordues par des chiens enragés. L'ermite étant mort sans tester, cet ermitage était revenu au curé qui l'avait affermé, moyennant une petite redevance.

La vigne située au sud, au-dessous de l'ermitage, avait une grande réputation dans la contrée. Le vin qu'on y récolte, écrit le curé de Mélas, est en « petite quantité, mais si mielleux par son baume élicirique (sic), que des étrangers les plus connaisseurs lui donnent la préférence sur toutes sortes de vins, et qu'il a donné la santé à des malades désespérés, mais il faut qu'il soit d'un âge de vingt ou vingt-quatre ans pour opérer ces merveilles. »

Les vins délicieux de ce genre n'étaient pas rares tout le long de la côte du Rhône, partout où l'art du viticulteur était à la hauteur de l'excellence des produits de la terre. Nous en avons bu à Rochemaure, au Bourg-Saint-Andéol, au Sauzet (près de Montélimar), sans parler de Mauves, Cornas et Tournon, qui pouvaient rivaliser avec les meilleurs crûs de Bourgogne. Le phylloxera a tout détruit, et, il faut bien l'avouer, ce ne sont pas les vignes américaines qui paraissent destinées à nous rendre cette ancienne richesse de notre sol. En attendant, buvons de l'eau, et devenons plus sages.

**

Mélas a été le berceau du Père Jacques Vernet, de la compagnie de Jésus, qui professa la rhétorique aux collèges d'Aubenas et de Tournon en 1755 et 1763. Il était né à Mélas le 24 octobre 1702.

On peut voir au hameau de la Rouvière, la maison de deux prêtres dont le nom a fait plus de bruit dans l'Ardèche que celui du Père Vernet ; je veux parler des frères Allignol.

L'aîné, Charles-Régis, débuta par des missions en Touraine, puis rentra en Vivarais, où il occupa successivement les cures de St-Pons, de Rosières et de St-Etienne-de-Fontbellon.

Le cadet, Vital-Augustin, a été curé de Laurac, de Meyras et de Mélas.

Les deux frères publièrent en 1839 : *De l'état actuel du clergé en France*, dans lequel ils font ressortir l'état précaire des desservants et demandent, comme conforme à l'intérêt de l'Eglise et à l'ancienne discipline ecclésiastique, qu'on mette des bornes à la toute puissance épiscopale par la création de tribunaux ecclésiastiques, et par l'extension aux desservants de l'inamovibilité accordée seulement aux curés de canton.

Cette manifestation qui, d'ailleurs, n'était pas tout-à fait isolée, souleva d'assez vives polémiques dans le monde religieux. L'abbé Boyer, directeur du séminaire de St-Sulpice, répondit par un opuscule intitulé : *Coup d'œil sur l'écrit des frères Allignol*, dans lequel il leur reproche de faire revivre l'erreur presbytérienne. Mgr Guibert, alors évêque de Viviers, condamna peu après les vues des deux frères par ses lettres pastorales datées de janvier, mai et juin 1845.

Pour juger le débat avec impartialité, il faut se reporter à la situation ecclésiastique créée par le concordat en France et en Belgique. Les officialités, c'est-à-dire les tribunaux ecclésiastiques, l'inamovibilité des curés, les concours établis par les lois ecclésiastiques et en usage dans toute l'Eglise, se trouvèrent alors suspendus en fait, sinon de droit. Les évêques, débarrassés de cette triple institution qui circonscrivait leur autorité et parait efficacement aux périls de l'arbitraire, gouvernèrent avec une certaine omnipotence. De là, d'inévitables abus. Ces abus furent, disait-on alors, plus nombreux, plus frappants dans le diocèse de Viviers à la tête duquel se trouvait un prélat très pieux, mais âgé, peu capable et sans énergie. En fait, le clergé était gouverné par M. Delmas, grand vicaire, et surtout par l'abbé Mayaud, secrétaire général, homme fort remuant et très autoritaire. Il y eut de nombreux changements qui ne paraissaient pas tous justifiés. On parlait beaucoup à cette époque de vingt-cinq changements faits à la fois et provoqués soit par des municipalités tracassières, soit par des châtelains exigeants : c'était après la révolution de juillet. Il y avait eu aussi des nominations aux meilleurs postes de certains sujets peu capables, mais protégés par le grand vicaire ou le secrétaire général.

Les frères Allignol et leurs amis furent victimes de ces abus et ils prirent la plume, le cœur aigri.

Ils demandèrent dans leur livre le rétablissement des officialités, des concours et de l'inamovibilité. Ce retour à la discipline générale était certainement dans le désir de l'Eglise. La preuve, c'est qu'il est aujourd'hui un fait accompli, ou peu s'en faut.

Les officialités sont rétablies dans tous les diocèses. L'inamovibilité existe en fait, et Rome a vivement applaudi ces réformes. Les concours sont rétablis dans quelques diocèses. Dans celui de Viviers, il y a presque l'équivalent. Pendant six ans, les jeunes prêtres sont soumis à des examens sérieux. Les notes méritées à ces examens servent de base pour les placements. Qui oserait dire que le livre des frères Allignol n'a exercé aucune influence pour l'établissement de ces heureuses réformes ?

Le tort des frères Allignol a été de se laisser aller à des exagérations manifestes, à de trop bruyantes récriminations. — Hélas ! on n'est jamais dans la vérité et l'équité complètes, quand on écrit *ab irato* sous la dictée de l'amour-propre froissé. Ils eurent aussi le tort d'accepter pour auxiliaires, ou du moins de ne pas répudier les prêtres mécontents et tarés, presque toujours frappés par l'autorité pour de bonnes raisons.

On leur reproche enfin, d'avoir ajouté aux revendications légitimes des revendications contraires à la constitution de l'Eglise ou incompatibles avec l'état actuel de la société. Le parti tomba presque dans le presbytérianisme, c'est-à-dire le gouvernement de l'Eglise par les prêtres et les laïques, ce qui revient à l'introduction de la démocratie dans le gouvernement de l'Eglise, et l'on conviendra que les résultats donnés dans la société civile par le système démocratique ne sont guère faits pour encourager l'Eglise à l'appliquer chez elle.

Il est évident que, trop absorbés par une pensée unique, les frères Allignol ont beaucoup exagéré l'état précaire des curés amovibles que, dans le langage officiel seulement, on appelle *desservants*. En fait, ces curés sont à peu près aussi inamovibles que les autres, ce qui fait leur éloge autant que celui des évêques, et la preuve en est dans le grand nombre de ceux que nous voyons exerçant leur ministère dans la même paroisse depuis trente, quarante ou cinquante ans. On peut ajouter que l'amovibilité des desservants ne les empêche pas d'être entourés de l'estime publique, et les deux frères Allignol en ont été la preuve eux-mêmes.

Si les deux frères ont subi, peut-être à leur insu, l'influence de froissements personnels, on ne saurait cependant mettre en doute leur parfaite bonne foi, non moins que le caractère sérieux et généralement modéré de leur publication, et c'est ce qui explique l'estime qu'ils ont toujours inspirée même à ceux qui ne partageaient pas leurs idées, et les sympathies qu'ils rencontrèrent auprès de prêtres distingués au dedans et au dehors du diocèse. Parmi les premiers, il suffira de citer M. Thouez, curé d'Aubenas, et M. Tailhand, curé de Vesseaux, auteur de l'*Histoire de la Bienfaisance*.

**

Après la censure de leur livre par Mgr Guibert, les deux frères allèrent se réfugier à la Rouvière, où ils se firent construire, attenant à la maison paternelle, une modeste habitation.

Plus tard, lorsqu'ils eurent fait leur paix avec l'évêque, paix qui fut négociée par Mgr Devie, évêque de Belley, leur ancien professeur au séminaire, le plus jeune des deux frères, Augustin, fut nommé curé de Mélas. Son installation eut lieu en 1847. L'année d'après, le curé de Mélas posait sa candidature à l'Assemblée nationale et, quoique son nom ne figurât pas sur la liste du comité catholique de Viviers, il obtint un nombre considérable de suffrages. A partir de ce moment, les deux frères se condamnèrent au silence et vécurent dans la plus stricte retraite.

Charles-Régis, l'aîné, est décédé dans son domicile de la Rouvière le 1er novembre 1859, à l'âge de 69 ans. Ses dernières années avaient été éprouvées par de cruelles infirmités supportées avec un courage tout chrétien. Il repose au pied de la croix de l'ancien cimetière.

Cinq ans après la mort de son frère, des infirmités déjà anciennes forcèrent Augustin à se démettre de sa cure. Il se retira à la Rouvière, où il s'éteignit le 5 décembre 1875, à l'âge de 82 ans. Ses restes ont été inhumés dans le caveau construit sous la croix centrale du nouveau cimetière et destiné à la sépulture des curés de Mélas.

Les deux frères étaient incontestablement des intelligences d'élite, mais avec des nuances qu'expliquait la différence de leur tempérament.

Charles avait tous les attributs physiques et moraux du tempérament sanguin. Enthousiaste, passionné, d'une imagination brillante, il était admirablement organisé pour la chaire dans laquelle il avait obtenu de grands succès, lors de ses missions en Touraine, en compagnie des abbés Donnet et Dufêtre, le premier actuellement cardinal-archevêque de Bordeaux, le second mort évêque d'Orléans.

Nature moins expansive, mais esprit profond, d'une grande logique, toujours calme, maître de lui,

Augustin était un dialecticien puissant et devenait, dans la discussion, un adversaire redoutable.

Les deux frères avaient beaucoup lu et beaucoup observé. Ils avaient mis à profit les loisirs de leur retraite pour perfectionner leurs études littéraires. Molière et Lafontaine, qu'ils citaient souvent, étaient leurs auteurs favoris.

Ils étaient de très-agréables causeurs. On subissait irrésistiblement le charme de cette conversation, côtoyant parfois le paradoxe, mais remplie de verve, étincelante d'esprit, émaillée de citations toujours faites avec à-propos, et égayée par le récit de nombreuses et intéressantes anecdotes.

Il y a dans leur livre des pages admirables sur la nécessité et les bienfaits de la religion. Nous nous bornerons à en citer un passage :

« La religion est le canal nécessaire par lequel les idées d'ordre, de devoir, d'humanité, de justice, coulent dans toutes les classes de citoyens. Peu d'hommes ont les moyens et le temps d'acquérir la science ; mais avec la religion, on peut être instruit sans être savant. C'est elle, et elle seule, qui enseigne, qui révèle toutes les vérités utiles et nécessaires aux hommes de toutes les conditions » (1).

Nous voudrions que ce passage de leur livre fût gravé sur la tombe des deux frères, car on ne saurait mieux exprimer une grande vérité, celle qui domine

(1) *De l'état actuel du clergé en France*, p. 285.

comme un phare les ténèbres et les orages de la situation actuelle, celle qui répond le mieux aux négations absurdes de notre temps, en démontrant qu'elles ne sont pas seulement anti-religieuses, mais qu'elles sont à un degré encore plus élevé, anti-philosophiques et anti-sociales.

*
* *

Mon ami Barbe qui, en sa qualité de démocrate, était resté l'admirateur traditionnel des Allignol uniquement par esprit d'opposition aux évêques, ne goûta que très-médiocrement mes appréciations sur l'ouvrage des deux frères, tout en m'avouant qu'il ne l'avait jamais lu. Il se mit ensuite, toujours sous la même influence, à acclamer l'inamovibilité des desservants.

Je lui rappelai que cette inamovibilité existait aujourd'hui en fait et que, dans tous les cas, les desservants étaient singulièrement plus stables que les fonctionnaires.

Ah ! si les préfets, par exemple, restaient aussi longtemps à la même place que les curés, l'administration des départements irait certainement beaucoup mieux. Ces hauts fonctionnaires ne peuvent, en effet, quels que soient leur zèle et leur capacité, rendre de vrais services dans leurs départements, par la raison bien simple, qu'à peine ont-ils une teinte des besoins, des intérêts et des opinions de leurs administrés, paf ! on les envoie ailleurs. L'Ardèche compte trente-neufs préfets de 1800 à 1884, ce qui fait un presque tous les deux ans. Mais en se bornant à la période de 1870 à 1882, on en trouve dix pour douze ans, presque un par an. On avait toujours pensé, jusqu'ici, que les administrateurs étaient faits pour les administrés. Or, cette moyenne d'un préfet par an prouve qu'on se trompait, et que ce sont les administrés qui sont faits pour fournir un sujet d'étude aux administrateurs. On devrait donner un prix d'honneur à la préfecture de l'Ardèche, car, à voir le rapide défilé de ses titulaires, il est clair qu'elle possède un secret pour former d'excellents fonctionnaires aussitôt envoyés ailleurs avec avancement. N'est-ce pas le cas, ami Barbe, de dire que le progrès n'est pas un vain mot ?

— C'est une cruelle plaisanterie, répondit Barbe. Vous savez trop, en effet, que nul ne déplore plus que moi ces étranges procédés qui font sacrifier l'administration d'un département à des raisons politiques, quand il serait si facile de faire des choix qui concilieraient tout. Je comprends les changements de préfets dans le cas de modification radicale du gouvernement. Ainsi, j'admets très bien qu'on change un préfet à la chute de l'empire, de M. Thiers, et de Mac-Mahon, mais les changer à chaque ministère nouveau, c'est vraiment dépasser la mesure et faire trop bon marché de ce besoin de stabilité et d'études suivies sans lequel il n'y a pas de bonne administration possible. Ces changements sont encore plus préjudiciables au public quand ils sont accompagnés, comme c'est aujourd'hui le cas, d'un véritable bouleversement dans le personnel administratif, c'est-à-dire de l'élimination de vieux employés qui avaient l'habitude et la tradition des affaires et savaient au besoin suppléer à l'absence ou à l'inexpérience des préfets. Ici encore, la politique a fait des siennes. Vous savez combien je suis républicain. Je n'exige pas sans doute qu'on épargne un fonctionnaire faisant ouvertement de l'opposition au gouvernement, mais je voudrais qu'en dehors de ce cas, le fonctionnaire fût regardé purement comme... un fonctionnaire, qu'il fût en quelque sorte neutralisé, et n'eût pas à redouter des destitutions ou des changements qui sont aussi injustes que nuisibles aux affaires publiques.

— Vous avez raison, ami Barbe, mais, à mon avis, le mal a aussi un bon côté. Je me souviens d'avoir entendu une brave femme du Coiron, dont le mari aimait trop la bouteille, soutenir avec une profonde conviction que c'était pour le punir, lui et les autres ivrognes du pays, que Dieu avait déchaîné l'oïdium et le phylloxera dans nos vignobles. Je serais fort tenté de croire que c'est aussi pour nous guérir de la *fonctionnomanie* qui vraiment chez nous dépasse toutes les bornes, que la Providence nous a dotés d'une série de gouvernements de couleurs différentes mais qui ont un caractère commun, celui de faire des hécatombes de fonctionnaires. La politique a mis le fer rouge sur la plaie. Il fallait cela pour dégoûter les bons pères de famille de cette sotte manie de rechercher presque exclusivement pour leurs enfants, les emplois publics. N'est-ce pas, ami Barbe, qu'il faudrait être fou aujourd'hui, fou à lier, pour les pousser dans une carrière si ingrate et si instable ?

— Sans doute, mais je n'aime pas qu'on fasse intervenir Dieu et la Providence à tout propos dans les affaires humaines, même les plus petites.

— Mettons, si vous voulez, les *lois de la nature* ou la *force des choses*, et nous voilà d'accord. Mais ce sera exactement la même chose, sinon qu'au lieu d'invoquer l'auteur, nous invoquerons son œuvre. Je vous ferai observer aussi qu'en vertu des *lois économiques* — encore un autre nom de la Providence — la fonctionnomanie est inévitablement condamnée à se modérer ou à disparaître, par la raison que rien n'est aussi mal rétribué aujourd'hui que les fonctions publiques. En effet, les traitements de fonctionnaires étant basés sur le prix des objets il y a cinquante ou soixante ans, se trouvent en réalité, avoir subi une diminution de moitié par suite de la multiplication des espèces métalliques, qui fait qu'avec la même somme on ne peut aujourd'hui se procurer que la moitié des objets qu'on pouvait se procurer autrefois. Les pensions et les rentes sont à peu près dans le même cas. Or, comme il est impossible de rétablir l'équilibre sans déranger celui du budget, les fonctionnaires se trouvent fatalement condamnés à être payés, non pas comme dans les emplois privés, selon les rapports naturels de l'offre et de la demande, mais dans la mesure permise par les ressources budgétaires. Savez-vous quelque chose de plus éloquent, de plus décisif contre la fonctionnomanie que cette fatalité-là ?

XIX.

LE TEIL.

La culture du chanvre. — Echange du Teil contre Donzère. — Les droits souverains des seigneurs du Teil. — Le péage du Teil. — Procès entre les Hilaire de Jovyac et les seigneurs de Pracontal en Dauphiné. — Les *oréments* du Rhône. — La chaux et les briques réfractaires du Teil. — Le bouillon de châtaignes. — Le général Breloque. — La municipalité du Teil en 1795. — Le peintre Xavier Mallet.

Le Teil, qui est aujourd'hui un bourg florissant sur le bord du Rhône, a commencé par être un château fort perché comme un vautour au sommet de la montagne.

Au XIIe siècle, dit M. de St-Andéol, le baron Adhémar fit bâtir le château du Teil sur le rocher qui dominait au nord l'ancien *castrum* de Mélas, « au point où ce dernier avait planté son signal dont la partie prise pour le tout lui avait laissé le nom de *Tigillum* (par élision *Tillium*) d'où le nouveau château prit le nom de Monstilium. Le village qui se forma autour s'appela *Tilliau.* »

Le vieux marquis de Jovyac, dans ses lettres à dom Bourotte, donne une étymologie moins savante et qui pourrait bien être la vraie. Le nom du *Teil* aurait été donné à ce village parce qu'on y *teillait* beaucoup de chanvre. On sait que jusqu'à ces derniers temps, le chanvre était une des cultures de notre pays, principalement dans les terrains d'alluvion des bords du Rhône ou de nos grandes rivières. Et cette culture était fort ancienne, notamment à Rochemaure et au Teil, comme on le voit par des actes notariaux du xv⁰ siècle qui mentionnent constamment des *chanaberie* (chenevières). Dans une foule de localités, les propriétaires récoltaient ainsi tout le linge nécessaire aux besoins de la famille. On *teillait* le chanvre, c'est-à-dire qu'on le débarrassait de son bois, et ce bois recueilli avec soin servait à la fabrication des anciennes allumettes soufrées aux deux bouts qu'on appelait *broquettes*. Puis on le cardait, enfin on le filait, et le propriétaire donnait aux meilleures fileuses l'étoffe nécessaire pour quelques chemises. Encore une de nos industries patriarcales qu'a ruinées la grande industrie. Les machines font mieux et plus vite que les plus habiles fileuses, et c'est une duperie aujourd'hui que de vouloir récolter son linge, au lieu de l'acheter aux marchands.

Le château du Teil, que le comte Adhémar n'avait peut-être fait que fortifier et agrandir, était très-considérable. Des quatre coins partaient quatre murailles dont on voit encore les débris, formant le *castrum* qui renfermait les maisons des habitants du Teil. Mais peu à peu, avec la cessation des guerres civiles et le rétablissement de la sécurité en France, les habitants s'éparpillèrent et la plupart vinrent au bas de la montagne former le noyau du bourg actuel du Teil.

Le château du Teil fut détruit en 1634 par ordre du roi, après la révolte du duc de Montmorency, à laquelle avait pris part le comte de Lestrange, seigneur du Teil.

Il résulte de l'ouvrage du père Columbi que l'évêque de Viviers avait déjà, en 1289, un droit de péage au Teil. L'évêque céda, en 1296, la seigneurie du Teil à Guillaume de Donzère, en échange de Donzère. L'acte de cession énumère longuement tous les droits que l'évêque possédait au Teil et qu'il transfère à Guillaume, mais en se réservant l'hommage et le grand péage d'eau. Or, comme cette cession est antérieure d'une dizaine d'années à la transaction de l'évêque de Viviers avec Philippe-le Bel, les anciens seigneurs du Teil pouvaient, en se tenant à la lettre des contrats, revendiquer des droits presque souverains, même celui de battre monnaie que les évêques de Viviers ont gardé jusqu'à Henri IV. Le marquis de Jovyac écrivait sur ce sujet vers 1760, une curieuse lettre à dom Bourotte. Après avoir expliqué qu'il avait succédé aux droits cédés par les évêques, il ajoute : « Ainsi mes auteurs n'étant point entrés dans la transaction de Philippe-le-Bel, il paraîtrait que j'en serais souverain ou du moins en dispute. Rendre hommage n'ôte pas la souveraineté... Enfin, quoi qu'il en soit, il paraît beau de pouvoir avoir cette prétention. Assurément ce n'est pas pour m'en servir... »

En 1430, Pierre du Teil rendit hommage à l'évêque de Viviers.

Le Teil eut plusieurs coseigneurs, mais, en 1718, la seigneurie toute entière échut à la famille des Hilaire de Jovyac qui y avait haute, moyenne et basse justice.

Le seigneur du Teil exerçait, avant 1597, un droit de perception de deux quartes de sel *combles*, ce qui valait trois quartes *rases*, sur chaque bateau portant sel. Ces droits, qui faisaient naturellement beaucoup crier, trouvaient un adversaire constant dans le pouvoir royal qui, d'ailleurs, ramenait naturellement le plus possible, au profit de l'Etat qu'il représentait, tous les revenus publics détournés par les privilèges seigneuriaux. C'est ainsi que le conseil du roi, sous prétexte d'évaluation, avait réduit à fort peu de chose le péage d'eau du Teil, malgré les réclamations du marquis de Jovyac dont on peut voir le mémoire imprimé en 1761 dans le tome 105 de la *Collection du Languedoc.*

Si le brave marquis défendait vaillamment ses intérêts privés, il faut dire, à son honneur, qu'il fut toute sa vie le défenseur infatigable des intérêts du Teil, dont il faisait sans relâche ressortir l'importance commerciale, soit dans ses lettres à dom Bourotte, soit dans ses discours et ses démarches aux Etats particuliers du Vivarais comme aux Etats généraux du Languedoc. Le marquis exposait fort bien que le Teil réunissait plusieurs avantages qui en faisaient l'entrepôt naturel des marchandises entre le Bas-Vivarais et la région de Valence et de Montélimar. Le Teil est, en effet, le point du Rhône le plus rapproché de Villeneuve, Aubenas, Joyeuse et Largentière, et déjà à cette époque, les communications avec le Bas-Vivarais étaient beaucoup plus faciles par le Teil que par le Bourg et Viviers. Aussi était-ce au Teil qu'on avait établi le grenier à sel dont le receveur était alors noble Pavin. C'est au Teil qu'on apportait, non-seulement du Bas-Vivarais, mais de la région de Privas, les châtaignes qu'on embarquait pour Lyon ou la Provence. C'est au Teil que les montagnards apportaient leur beurre, leurs légumes, leurs planches et autres produits, en échange du sel et des grains venus par la voie du Rhône. Nous voyons par une lettre du marquis de Jovyac qu'une fois, vers 1760, il y eut tant de planches, qu'elles se donnaient pour vingt-huit sols la douzaine, ce qui était la moitié du prix ordinaire. Les transactions en blé atteignaient jusqu'à cent cinquante mille setiers.

Le Teil était déjà, à cette époque, d'un abord très facile pour toute sorte de bateaux. — « Les coches et diligences, ceux de poste et autres bateaux, y viennent souvent coucher, parce qu'il y a de fort bons cabarets et surtout à cause d'un très-bon cuisinier. »

On s'occupait beaucoup alors (1760 à 1770), de la route de la rive droite du Rhône, du St-Esprit à Lyon, en même temps que de la route d'Alais au Puy par Aubenas, qui était en voie d'exécution. Le marquis de Jovyac poussait de toutes ses forces à la première dont la construction du pont de St-Just sur l'Ardèche venait de poser le premier jalon, et ses démarches paraissent avoir hâté les travaux subséquents qui eurent pour objet la traversée de Baïx et Tournon et l'amélioration des quais du Bourg et du Teil. En 1768, on obtint quatre mille livres du roi pour ce dernier objet.

Un autre chemin qui tenait à cœur au marquis de Jovyac, tant dans son propre intérêt que dans celui du Teil, était le chemin du bac du Teil à Montélimar. Ici, la question se compliquait de divergences et de prétentions interprovinciales fort curieuses. Ce sont les caprices du Rhône qui étaient la cause du litige. On sait que ce fleuve fait souvent des changements à vue sur ses rives. Avec lui, le continent devient île, et l'île devient continent, suivant les circonstances, à moins que le tout ne disparaisse complètement sous les eaux. D'où il résulte que telle terre, cadastrée en Vivarais, se trouve au lendemain d'une inondation, de l'autre côté du Rhône, et réciproquement. On voit d'ici les jolis petits procès qui devaient en résulter, surtout avec des hommes d'affaires un peu brouillons, procès d'autant plus interminables que les Parlements se mettaient de la partie, celui du Languedoc défendant naturellement les droits du Vivarais qui étaient aussi ceux de la couronne de France, et le Parlement du Dauphiné appuyant de son côté, les revendications de la rive gauche du Rhône et soutenant que le Rhône, quelques transformations qu'il eût opérées, était de la juridiction du Dauphiné jusqu'au milieu de son lit. Le marquis de Jovyac s'attache à démontrer, dans maintes lettres à dom Bourotte, que « les seigneurs du Languedoc ont toujours pris les *créments* du Rhône attenant au Dauphiné et bien anciennement. » Il croit qu'on peut s'appuyer sur la transaction conclue entre l'évêque de Viviers et Philippe-le-Bel, attendu qu'elle est antérieure à la réunion du Dauphiné et du comté de Valentinois à la couronne. Le roi ayant reconnu que les îles et créments du Rhône appartenaient à l'évêché de Viviers, dans une certaine étendue, le marquis de Jovyac, qui tient ses droits de l'évêché de Viviers, déclare qu'il doit être maintenu en leur possession dès qu'il prouvé que les terrains en litige, quoique devenus continent dauphinois, ont été îles ou créments du Rhône.

Cette question, qui avait déjà occasionné un procès séculaire (de 1400 à 1568) entre les seigneurs du Teil et les seigneurs de Pracontal, fief situé de l'autre côté du Rhône, en avait suscité un autre entre le marquis de Jovyac et le nouveau seigneur de Pracontal, un M. de Lacoste, conseiller au Parlement de Grenoble. Ce procès, commencé en 1744, n'était pas fini en 1781. Le parlement de Grenoble avait naturellement donné gain de cause à M. de Lacoste, mais l'affaire était encore pendante à Paris, quand les circonstances vinrent lui donner un degré d'acuité extraordinaire.

Un des sergents de la judicature du Teil ayant verbalisé de l'autre côté du Rhône contre les délinquants, dans des terres revendiquées par le seigneur du Teil, les Pracontal et l'autorité dauphinoise contestèrent la juridiction du Teil. M. de Lacoste, assisté par un de ses cousins, lieutenant-colonel dans un régiment, fit plus. Il bloqua tous les chemins qui aboutissaient au bac du Teil, afin d'empêcher toute communication entre ce bourg et Montélimar. Un d'Hilaire, du Teil, cousin du marquis de Jovyac, y alla à cheval, avec ses pistolets dans les arçons. M. de Maucune, le lieutenant-colonel en question, était là avec son domestique. Celui-ci voulut empêcher d'Hilaire de passer. D'Hilaire, s'adressant alors à M. de Maucune, lui dit : « Comment, monsieur, vous êtes en armes pour arrêter les gens sur un chemin public ! — Non, monsieur, répondit l'officier qui eut sans doute honte de son action, je suis à chasser avec mon domestique. »

Une autre fois, un messager de la poste est maltraité sur le chemin disputé par M. de Lacoste. Le juge du Teil décrète une prise de corps contre l'homme d'affaires de ce dernier. La maréchaussée conduit l'homme au *vice-néchal* de Montélimar qui, alléguant l'absence d'un *pareatis*, relâche le prisonnier.

Peu après, en janvier 1774, le Parlement du Dauphiné rend un arrêt par lequel il déclare que sa juridiction s'étend jusques aux bords du Rhône, dans des terrains-créments du Rhône, qu'on appelle la grande île du Teil, île autrefois, mais déjà alors attenant au Dauphiné. Ce décret affiché à Montélimar, casse pour incompétence, un arrêté du juge du Teil et une ordonnance de la maîtrise des eaux-et-forêts de Villeneuve-de-Berg.

L'été suivant, le Parlement de Toulouse casse, à son tour, l'arrêt du Parlement du Dauphiné. Un huissier va notifier cet arrêt à Montélimar, mais il a grand'peine à échapper à l'autorité dauphinoise, qui prétend le décréter de prise de corps.

Le baron de Coston, dans son histoire de Montélimar, parle des procès qui ont eu lieu à partir de 1505 entre les seigneurs de Rochemaure et les communes d'Ancone et de Montélimar. Un de ces procès durait encore à la fin du siècle dernier entre ces communes et divers concessionnaires des Rohan-Soubise, seigneurs de Rochemaure. Il s'agissait d'une contenance de cinq cents sétérées qui, en l'an V, furent attribuées par les tribunaux aux concessionnaires.

Quant aux différends des Lacoste-Maucune avec les Jovyac, ils avaient au moins cessé au commencement de ce siècle, puisque vers 1810, un mariage faillit avoir lieu entre l'héritière de cette famille et un Jovyac. Mais le projet échoua et l'héritière en question épousa peu après M. Le Rebours, fils d'un ancien président au Parlement.

*
* *

M. Ovide de Valgorge attribue la découverte des chaux hydrauliques du Teil à M. Vicat, directeur des ponts et chaussées sous Louis-Philippe, et celle des briques réfractaires à M. Terrasson. Ceci n'est qu'à moitié vrai, au moins pour les chaux hydrauliques. Le marquis de Jovyac, dans une lettre de 1762, constate, en effet, l'excellence de la chaux du Teil, « qui prend dans l'eau, et qu'on envoie toujours chercher pour le pont du St-Esprit. » Il raconte ailleurs qu'il a fait faire un four à chaux à Jovyac qui a très-bien réussi. Il dit aussi : « On fait au Teil de très-bons tuiles, carreaux ou maons et ce qui s'appelle en général des briques, et il y aurait même une bonne manufacture de faïence et à même d'être embarquée pour le Rhône s'il y avait des potiers de terre » (1).

Ce qui n'enlève rien, du reste, au mérite de MM. Vicat et Terrasson, qui, pour n'avoir pas découvert la chaux et les briques réfractaires du Teil, n'en ont pas moins rendu un véritable service à ce pays, en faisant connaître au loin ses produits et en donnant à leur exploitation un élan décisif.

Ce n'est pas ici le lieu de parler de l'énorme extension qu'a prise la fabrication des chaux hydrauliques du Teil entre les mains de MM. Pavin de Lafarge. Il nous suffira de noter en passant que cette industrie constitue aujourd'hui la principale richesse du pays, qu'elle occupe plusieurs milliers d'ouvriers et qu'il ne se fait plus depuis longtemps aucun grand ouvrage de maçonnerie dans les ports français ou étrangers, même en Amérique, sans que la chaux hydraulique du Teil soit appelée à y contribuer.

Le marquis de Jovyac signale, parmi les autres produits du Teil, au milieu du siècle dernier, des truffes et des perdrix rouges, et il résulte aussi de ses lettres que les sangliers ne manquaient pas dans les bois.

Le marquis envoyait souvent à dom Bourotte de petits cadeaux consistant en châtaignes sèches, truffes

(1) Voir *Col. du Languedoc*, t. 25 et t. 189, fol. 16.

sèches, miel de la Gorce ou boîtes de perdrix. Il vante quelque part la vertu du bouillon de châtaignes sèches pour la poitrine quand on le prend à jeun le matin. C'est d'ailleurs, une idée que partagent encore beaucoup de paysans vivarois. Quand un enfant est éprouvé par les chaleurs de l'été, on les entend dire : Pourvu qu'il puisse aller jusqu'aux châtaignes, il est sauvé !

Nous voyons enfin, toujours par les lettres du marquis de Jovyac, où il y a tous les éléments d'une excellente monographie du Teil, que cet endroit possédait alors un hôpital, « mais comme il n'avait pas de revenus, comme d'ailleurs c'était plutôt un refuge pour les mauvais garnements qu'une maison pour les pauvres, il avait été abandonné. »

Le Teil est qualifié de bourg dans les lettres patentes d'Henri IV qui lui accordent des foires et des marchés.

**

Il me semble, dis-je à un habitant du Teil, avoir entendu parler d'un général né parmi vous.

— Un général ! connais pas.

— Attendez, il s'appelait Massol.

— Ah ! oui, le général *Breloque*, — un de ces généraux de la Révolution qu'on improvisait en trois temps et quatre mouvements et dont la gloire ne dépassa jamais les murs de leur village.

Celui-ci, dans tous les cas, n'est pas arrivé à la célébrité de Bonaparte. Massol, après avoir joué un rôle important parmi les républicains du Teil, entra dans l'armée, et fut, au bout de quelques mois, promu au grade d'adjudant général. Lyon fut surtout le théâtre de ses exploits. Il y fut membre du conseil de guerre, et probablement n'y brilla pas par sa modération, car il fut l'objet, à son départ de Lyon, des plus violentes accusations, lesquelles amenèrent son emprisonnement à Valence. Les démarches de Claude Gleizal le firent rendre à la liberté. Le général Massol revint au Teil, mais le rôle qu'il avait joué lui valut des inimitiés ardentes, et un jour sa maison fut saccagée par une bande de royalistes venus du côté de Mélas. Les enfants l'avaient surnommé le général *Breloque* à cause de l'attirail dont il surchargeait sa chaîne de montre.

Voici un extrait des délibérations de la communauté du Teil, en date de 1793, qui montre l'esprit dont Massol et beaucoup de ses concitoyens étaient alors animés.

**

Sur la demande faite par le citoyen Honoré-Auguste Massol, adjudant général, chef de brigade, attaché à l'armée des Alpes, domicilié de cette commune du Teil, de détruire et abattre les croix et autres signes de fanatisme répandus aux divers lieux de cette commune, de retirer des églises l'or, l'argenterie et autres métaux servant au service d'icelles, de faire publier le changement fait au calendrier, de consacrer le jour de décade à l'instruction du peuple pour le tirer de l'ignorance et de la barbarie où il était et dans lesquelles l'avaient plongé les prêtres factieux et fanatiques, et de leur inspirer dans ce jour le saint amour de la liberté et de l'égalité, et la haine des tyrans et des royalistes, avec une douce invitation à se parler en se tutoyant, comme un signe d'amitié et de fraternité ;

Le procureur de la commune entendu,

Le conseil général a unanimement délibéré et arrêté, après avoir réfléchi sur les avantages précieux qui résulteront d'une réforme qui abat la forme de tous les abus :

1° Que, dans le courant de la huitaine, toutes les croix et signes de fanatisme répandus dans les enclaves de cette commune seront enlevés et détruits ;

2° Que l'or et l'argenterie servant au service des églises seront également retirés pour être incontinent envoyés à la Convention nationale ;

3° Que le nouveau calendrier sera suivi et le jour de repos fixé à chaque décade, pour oublier à jamais le jour de dimanche, pendant lequel jour les boutiques et ateliers quelconques seront ouverts comme tout autre jour d'année, et que, pour sanctifier ce jour de décade d'une manière utile à la République, il sera fait lecture au peuple de tout ce qui peut être nécessaire pour lui donner les connaissances et les révélations nécessaires aux républicains ;

4° Qu'il sera fait une invitation par l'affiche du présent à tous les citoyens de cette commune de ne plus parler qu'en s'entretutoyant, en signe d'égalité et de fraternité ;

Et enfin arrête et invite encore par la publication du présent, tous les citoyens de cette commune de porter à l'hôtel de la Monnaie l'or et l'argenterie marqués au coin du tyran, ledit citoyen Massol en ayant fait la pétition expresse ;

Charge le citoyen procureur de la commune de veiller à l'exécution de ci-dessus.

Fait et ainsi arrêté à la maison commune du bourg du Teil, ce nomidi frimaire, l'an second de la République une et indivisible, en présence des citoyens... (Suivent les noms qu'il nous paraît inutile de reproduire.)

*
* *

Nous passâmes le pont du Teil pour aller serrer la main à notre ancien condisciple et ami, le peintre Xavier Mallet, qui habite une charmante petite maisonnette au bord de la route du Teil à Montélimar. N'importe, je ne comprends guère qu'on aille s'installer dans la Drôme sur les créments du Rhône quand on a en face les coteaux de l'Ardèche, que dorent les premiers rayons du soleil levant et d'où l'on a le magnifique spectacle du Rhône miroitant dans la plaine verte avec la perspective des Alpes bleues à l'infini. Ceci n'empêche pas, du reste, Mallet d'être artiste dans l'âme, comme il l'a montré par bien des tableaux qui en font en quelque sorte le peintre attitré du Rhône et de la rive dauphino-vivaroise.

Nous avons visité, il y a deux ans, avec Mallet, la plaine et le château d'Aps, le village de la Roche, qu'on dirait un morceau momifié de l'ancien temps, puis Balazuc, où les empreintes du moyen-âge sont encore plus visibles que dans n'importe quel autre village de l'Ardèche, et nous avons conservé de cette excursion le plus agréable souvenir. Mallet est l'homme non pas de la nature banale, de la nature de convention et en quelque sorte officielle, mais de la nature vivante et prise sur le fait. C'est un réaliste, mais dans la bonne acception du mot, c'est-à-dire avec un bon accompagnement de raison, de spiritualisme, et surtout de goût et de tact.

Je me souviens qu'en 1872, Mallet qui alternait peut-être un peu trop la politique et l'art, écrivit dans le *Réveil*, de Privas, un article où il rendait la société toute entière responsable d'une horrible catastrophe survenue à Montceau-les-Mines. Trente-quatre mineurs avaient péri dans le grisou. Mallet passa aux assises, où il fut naturellement acquitté, et où, d'ailleurs, sa bonne tenue fit tout de suite comprendre aux jurés que, si le prévenu avait péché par erreur de jugement et intempérance de langage, cela tenait beaucoup plus à un excès de sensibilité et à une généreuse indignation, qu'à un désir d'exciter à la haine des citoyens les uns contre les autres.

Si je rappelle cet incident de la vie de notre compatriote, c'est parce qu'il explique la tournure propre de son talent. Mallet est surtout un artiste à idées philosophiques et sociales. Les misères trop réelles de ce pauvre monde sont ses sujets de prédilection et les misérables ses types préférés. Lors de notre course à Aps, il nous montra une série de dessins, qui avaient figuré au Salon de l'année, laquelle constitue une monographie complète de la vie publique et privée d'un village vivarois. L'un de ces dessins représente des fiévreux tremblottant au soleil contre les murs du *barry*, c'est-à-dire de l'enceinte murée d'autrefois ; un autre, l'égorgement d'un chevreau par deux femmes bavardes, dont l'une recueille dans un plat le sang de la pauvre bête bêlante ; un autre, le marchand de chiffons, *patari-pataro* ; un autre, les laveuses à la rivière ; un autre, le fou de la contrée ; un autre, le modeste catafalque d'un pauvre diable, exposé au milieu d'une rue étroite et à arceaux, entre deux cierges, avec deux orphelines désolées qui descendent l'escalier de la maison, etc. Il y a dans tous ces dessins un profond sentiment de la réalité, et parfois une émotion poignante. Ils captivent et font penser. Il nous semble qu'avec eux Mallet a trouvé sa voie et nous sommes convaincu qu'en y marchant avec résolution et patience, en mettant dans l'exécution un fini digne de la profondeur du sujet, le succès est au bout.

XX.

LES HILAIRE DE JOVYAC.

L'ongle d'un poète et la cruauté d'une dame. — Le capitaine d'Hilaire, gouverneur des Vans. — Jacques d'Hilaire, seigneur de Jovyac. — Il enlève Rochemaure aux Ligueurs. — La conversion de Jacques d'Hilaire et ses démêlés avec les pasteurs protestants. — Une lettre d'Henri IV. — Les ouvrages de Jacques d'Hilaire. — Il défend en 1621 Rochemaure contre Blacons. — Sa mort. — Correspondance de son arrière petit-fils avec dom Bourotte. — La sécurité publique en Vivarais à la fin du siècle dernier.

A peu de distance du Teil, nous aperçûmes le château de Jovyac, dans une situation charmante, au milieu d'un vallon qui domine la route, le chemin de fer et le Rhône.

— Il me semble, dit Barbe, avoir lu quelque part une vieille histoire de troubadour où se trouve mêlée une dame de Jovyac — et pas à son avantage.

— Je sais ce que vous voulez dire. Cette dame avait un ami, Guillaume de Balaün ou de Balazuc, un poète du temps. Ils se brouillèrent un jour et, pour le punir, la belle lui ordonna de s'arracher l'ongle du petit doigt de la main droite.

— C'est cela même, dit Barbe. Je me souviens maintenant d'avoir lu cette histoire dans nos annuaires, et dans Ovide de Valgorge, qui ne craint pas, néanmoins, d'appeler cette méchante donzelle « la charmante Marguerite de Jovyac. » Avouez que le progrès de notre temps ne permet plus de pareilles cruautés.

— Ne vous emportez pas, ami Barbe. Le véritable tort d'Ovide de Valgorge n'est pas l'indulgence, mais la crédulité. L'histoire dont nous parlons est extraite du livre de l'abbé Millot (*Histoire des Troubadours*) qui m'a tout l'air, d'après les extraits que j'en ai lus, d'un véritable roman. On peut affirmer, sans crainte de se tromper, que l'auteur de la préface des *Poésies de Clotilde de Surville*, avait été nourri dans l'atmosphère de l'abbé Millot. Pour le fond comme pour la forme, c'est, en effet, du même tonneau, c'est-à-dire d'une naïveté d'imagination qui n'a rien de commun avec la véritable érudition.

Un tort encore plus grand de l'auteur des *Souvenirs de l'Ardèche* est d'avoir fait preuve d'une parfaite ignorance de son sujet en prétendant que Jacques d'Hilaire descendait de Marguerite de Jovyac.

En voici la preuve en deux mots : La dame fabuleuse en question était du Gévaudan, et la famille d'Hilaire, ou du moins une branche, n'a pris le nom de Jovyac qu'en 1594, à la suite du mariage de Jacques d'Hilaire avec l'héritière du fief de Jovyac.

— Je suis heureux, pour l'honneur de l'humanité, dit gravement Barbe, d'apprendre que cette histoire de l'ongle arraché est une fable, car rien que d'y penser, cela me donnait la chair de poule, et je vous assure que, dans tous les cas, je n'aurais pas été si bête que ce Balatin.

Je racontai alors à Barbe ce que je savais de Jovyac et de la famille d'Hilaire dont quelques membres, mais surtout l'auteur de l'*Heureuse conversion*, méritent une mention spéciale dans l'histoire de notre pays.

**

Au XIV° siècle, le fief de Jovyac relevait de la baronnie de Rochemaure, et de vieux actes nous montrent « noble et puissant homme » Giraud-Adhémar, seigneur de Montélimar et de Rochemaure, recevant, le 17 octobre 1351, l'hommage-lige de noble André Melian lequel, étant debout, ayant ses mains entre celles dudit seigneur, et le baiser de la bouche intervenant, confessa tenir dudit seigneur en fief franc noble et ancien, son fait ou devois *(devesium)* de Jovyac dans le territoire de Rochemaure.

Au XVI° siècle, ce fief appartenait à noble Laurent de Pracontal, seigneur de Soucy (fief transformé aujourd'hui en fabrique de soie) qui le vendit, le 13 décembre 1544, sous le nom de *tènement* ou *montagne de Jovyac*, à noble Jacques de Froment dont la fille appelée Gabrielle, le porta dans la maison d'Hilaire en 1591.

La famille de Jovyac n'est qu'une branche de la maison d'Hilaire (ou *Illaire*), dont il existait d'autres branches en Dauphiné, en Languedoc, et même en Berry et en Poitou, sous les noms de Champverd, de Marivaux, du Teil, des Vans, etc. Le plus ancien membre connu de cette maison, fut blessé et fait prisonnier le 19 septembre 1356 à la bataille de Poitiers. Un autre, Charles d'Hilaire, fut tué, sous François I**er**, au siège d'Yvoi, à la tête d'une troupe de gens de guerre qu'il avait levée.

Mais la véritable célébrité de la famille d'Hilaire commence à Jacques d'Hilaire, seigneur de Bagneux et coseigneur de Casteljau, plus connu sous le nom de *capitaine d'Hilaire*, qui se distingua d'abord en Italie sous le duc de Guise et en Piémont sous le maréchal de Brissac. Envoyé en 1560 auprès du maréchal de Villars qui assiégeait St-Jean-la-Gardonenque dans les Cévennes, il contribua beaucoup à la prise de cette place et à la pacification du pays, et c'est ce qui lui valut d'être nommé gouverneur des Vans par le duc de Montmorency. Bien que la réforme se fût glissée parmi les habitants des Vans, le capitaine d'Hilaire sut toujours maintenir cette place dans l'obéissance et la garder de toute surprise ennemie. Il y commanda jusqu'à sa mort en 1576. Le duc de Montmorency lui avait aussi confié la garde de Naves, Jalez, la Tour du Moulin, Chassagne et autres points, avec pouvoir de les fortifier ou de les démolir, de faire la guerre ou la paix avec ses voisins, selon qu'il le jugerait utile au service du roi.

Le capitaine d'Hilaire est qualifié noble dans un

acte d'achat de terres aux Faysses (paroisse des Salelles), en date de 1544, ainsi que dans divers actes de location de plusieurs moulins qu'il possédait près des Vans. Il avait épousé en 1559 Catherine Nicolaï, fille du seigneur de Méas, dont il eut trois enfants :

Gédéon, tige de la maison de Champverd, qui épousa Louise du Roure ;

Jacques, l'auteur de l'*Heureuse conversion*, tige de la maison de Jovyac, né vers 1565 ;

Enfin Suzanne qui fut mariée au bailli des Vans.

Jacques suivit, comme son père, la carrière des armes et sortit dans ce but de la maison paternelle en 1583. Il servit d'abord en Languedoc, puis en Provence, où l'amiral de Lavalette, par une commission en date du 15 mai 1589, le chargea de lever une compagnie d'hommes d'armes, à la tête de laquelle il fit plusieurs expéditions militaires.

Au mois de décembre 1591, les ligueurs s'étant emparés de la ville et du château de Rochemaure, Jacques d'Hilaire, qui était revenu depuis peu en Languedoc, entreprit de les en chasser. Il rassembla des troupes à la hâte, avec le secours de ses amis et, à la tête d'un petit corps, formé de trois compagnies de gens de pied et d'un détachement de cavalerie, avec quelque artillerie amenée de Montélimar, il força les rebelles à abandonner la place qui fut remise ainsi sous l'obéissance d'Henri IV.

A la suite de ce fait d'armes, Jacques d'Hilaire fut

nommé, en mai 1592, capitaine châtelain, c'est-à-dire gouverneur de la ville et du château de Rochemaure, à la place et du consentement de noble Jacques de Froment dont il venait d'épouser la fille.

Celle-ci lui apporta un revenu de deux cents livres sur les Etats du Vivarais, outre le fief de Jovyac, et c'est alors qu'il prit le nom de Jovyac.

Gabrielle de Froment était veuve et avait eu de son premier mari, noble Jean de Saurin, une fille qui fut mariée en 1605 à noble Guillaume de Guyon dit de Geys, seigneur de Pampelonne.

Ici se place le grand événement qui, bien plus que la prise de Rochemaure, fit retentir dans toute la France le nom d'Hilaire de Jovyac : je veux parler de sa conversion au catholicisme, car il avait été élevé et était resté jusqu'alors dans la religion protestante.

L'ouvrage dans lequel Hilaire raconte sa conversion et engage ses anciens coreligionnaires à l'imiter, fut imprimé à Lyon en 1608. Il est plein de curieux détails qui donnent à cet acte sa véritable physionomie, défigurée par les attaques des protestants, et ne laissent pas subsister l'ombre d'un doute sur la bonne foi de l'auteur.

Dès 1606, Hilaire avait adressé au roi Henri IV qui, on le sait, avait abjuré le calvinisme en 1593, une sorte de mémoire intitulé *Remontrances*, qui fut imprimé à Lyon en 1607, et dont l'esprit et le but sont indiqués par le passage suivant :

« ... Mais si je vous dis, très sage Roi, que je suis vostre subject et vostre serviteur, au surplus de la religion réformée, né, baptisé et eslevé en icelle depuis quarante ans passés ; qu'ayant veu combien de blasmes et d'accusations on jettoit sur nous pour cette profession ; que chacun nous crioit à l'hérétique et, qui pis est, nous dire ouvertement que nous estions damnez et perdus tenans ceste Religion. Cela, Sire, m'a faict à bon escient penser à ma conscience et, quoique asseuré en icelle, je me suis voulu rendre curieux de mon salut, sans m'en fier aux hommes... Et m'estant fort adonné à la lecture de la parole de Dieu depuis quelques mois, avec prières, jeûnes et oraisons ; enfin meu du zèle de Dieu, j'ay esté poussé d'un désir plein d'ardeur et de charité : de voir bien tost la réunion et restauration de son Eglise saincte et catholique... »

A la suite de ce mystique début, Jacques d'Hilaire promet au Roi, en son nom et au nom de tous les pacifiques de la religion, de se convertir à l'Eglise romaine s'il leur est démontré qu'ils en sont sortis à tort. Dans tous les cas, il prend cet engagement pour lui et pour beaucoup d'autres, et espère que cela sera d'un bon exemple.

L'*Heureuse conversion* qui reproduit ces *Remontrances*, contient à la suite une lettre de Jacques d'Hilaire, en date du 27 février 1607, au duc de Ventadour de qui il tient depuis longtemps « la capitalnerie du chasteau et seigneurie de Rochemaure et Meysse. » Il le prend à témoin de sa bonne foi, et réclame son témoignage devant le Roi et devant le public « contre toutes les calomnies des adversaires de l'Eglise catholique, souffrant maintenant toutes sortes de blasmes pour l'avoir embrassée… » Il prend aussi à témoins les gens de Rochemaure et Meysse « de ses bonnes intentions et de la pureté de sa vie, pour les seize années qu'il a passées à Rochemaure ou à Jovyac, soit en qualité de magistrat, soit comme personne privée. »

Il expose qu'il a voulu discuter avec les ministres lesquels n'ont pas voulu l'entendre, disant qu'ils n'avaient pas le temps ; puis, après sa conversion, lui ont fait toutes sortes de misères et ont rempli le pays de libelles diffamatoires contre lui.

Suit un tableau vigoureux du scandale occasionné par la conduite des protestants et de leurs ministres, ceux-ci, dit-il, étant « plus désireux de courir d'assemblée en assemblée pour les choses politiques que de se tenir à leur troupeau… »

Il raconte qu'au mois de juin 1606, il entreprit de lire la Bible ; il la relut et continua cet exercice avec humilité trois mois durant, avec accompagnement de jeûnes et de prières.

Il voulut en conférer avec le ministre réformé à Meysse, puis avec le fameux Daniel Chamier, de Montélimar, et enfin, par lettres, avec Jean Valeton, de Privas, mais il vit que tous étaient de parti pris. Jacques d'Hilaire, avant de commencer le récit des démarches qui suivirent, rappelle de nouveau le zèle dont il avait fait preuve en faveur de la Religion et invoque le témoignage des habitants de Rochemaure et Meysse. « Vous savez combien mon zèle a esté grand entre vous, puisque sans moy, vous n'auriez ny Temple ny ministre, ny mesme aucun exercice libre de Religion ; car aussi n'en aviez-vous point avant ma venue en ce lieu... »

Chamier refusa nettement de discuter avec Jovyac ; il le blâma vivement et lui dit que, « s'il le voyait au bord, prêt à faire le saut, au lieu de le retenir, il le pousserait dans le précipice. »

Jovyac lui répondit naïvement :

« Puisque vous estes si peu amateur de mon salut, et plus prest à me destruire qu'à m'instruire, je m'en vay... »

Il s'en alla avec l'intention d'en parler au prochain Colloque et le fit savoir au ministre de Meysse en présence de ceux du consistoire qui étaient venus le trouver à Jovyac.

Le Colloque, qui devait se tenir au Pouzin, fut transféré à Meysse au mois d'août. Il y vint six ministres, savoir : les sieurs Valeton, la Faye, Reboulet, Lyzay, Carrat, du Vivarais, et Daniel Chamier, de Montélimar.

Jacques d'Hilaire rapporte le discours qu'il prononça, discours exprimant surtout son vif désir de voir l'union de l'Eglise rétablie. Il remit au ministre une copie de sa *Remontrance* au Roi, pour les faire juger de l'esprit qui l'animait.

Tout le monde loua son zèle et ses intentions. — Ensuite Chamier dit qu'avant tout, il fallait savoir de Jovyac s'il était d'accord avec eux, « car en vain travaillerait-on à une œuvre où les ouvriers seraient discordants... » et on le requit de faire sa profession de foi.

Jovyac répondit qu'on ne pouvait pas douter de sa foi en la Religion dont il avait toujours fait profession ouverte et qu'il ne pouvait voir là qu'un moyen des ministres pour rompre la conférence, car s'il se déclarait d'accord avec eux, on lui dirait qu'il n'y avait plus lieu de discuter la question, et, dans le cas contraire, qu'il n'y avait pas lieu d'en traiter avec un adversaire.

Les ministres décidèrent de lui donner lecture de la confession de foi des Eglises de France pour la lui faire approuver ou rejeter.

Jovyac refusa de se laisser entraîner sur ce terrain. Il dit que c'était à eux de l'entendre, dans le temple, devant le peuple réuni, pour lui répondre et l'instruire, et non pas de lui faire de nouvelles questions et demandes pour arrêter les siennes.

Quelques gentilshommes et autres personnages présents pressèrent alors les ministres d'accepter le débat. Les ministres n'osèrent refuser et tout le monde alla au temple.

Là Valeton lut la confession de foi des Eglises réformées, et demanda à Jovyac s'il y croyait.

Celui-ci, tout en protestant contre cette façon de procéder, offrit de leur répondre le lendemain matin. Mais il demanda que les ministres, de leur côté, répondissent sur les propositions qu'il allait faire, faisant observer « que cela ne serait pas honneste que tant de ministres demeurassent là inutiles tandis que je travaillerois ; que, s'ils ne vouloient accepter l'un, je ne devois m'engager en l'autre, ni tenir ceste compagnie sans fruict, et laisser ce pourquoy nous estions venus... »

Les ministres refusèrent, car ils n'avaient, dit Jovyac, d'autre désir que de s'échapper.

Mais les assistants prièrent Jovyac de rester, et le lendemain il alla au temple portant à la main un petit papier où il avait « briefvement mis à la haste quelques points sur les manquements commis par Luther et Calvin en la séparation par eux faicte de l'Eglise romaine, tant en la forme qu'en la doctrine... »

Ces préliminaires donnent un avant-goût de ce que fut la conférence.

Une fois, au temple, Jovyac dit :

« Respondez moy donc pourquoy Luther et Calvin se sont-ils séparés de l'Eglise catholique, contre l'expresse parole de Dieu qui nous le défend ? »

Chamier répondit : « Je le vous nie. »

Jovyac répliqua : « Puisque vous niez que l'Eglise romaine fut l'église de Dieu avant Luther et Calvin, dites-moi où celle-ci étoit alors ?

« Et lors appelant les sieurs du Pont et des Baïs et de St-Légier, gentilshommes d'honneur, et quelques autres des anciens, de l'aage de septente ans, ou plus, je les priay de m'estre tesmoing quelle Eglise il y avoit en France avant la religion de Calvin, si ce n'estoit pas l'Eglise romaine qui les avoit baptisez et enfantez à Jésus-Christ. »

Chamier répondit :

« L'Eglise estoit au désert, en l'Apocalypse.

— Au désert, répondit Jovyac, est-ce cela où vous voulez nous ramener ? Tenez-vous au désert, M. Chamier, car de moy je me veux tenir en la maison de Dieu...

— L'Eglise romaine, répliqua Chamier, a esté l'Eglise, mais depuis que l'Antechrist y a prins place, elle ne l'est plus.

Jovyac saisit la Bible protestante, l'ouvrit et tomba sur une épître de saint Jean qu'il lut avec des commentaires mystiques, mais il paraît que les ministres se moquèrent de lui.

Cette conférence, on le pense bien, n'eut pas de résultats, mais les ministres ayant dit qu'ils n'avaient pas voulu discuter avec Jovyac à cause de son incapacité, celui-ci fit venir deux Jésuites, les

Pères Brossard et Boët, lesquels discutèrent pendant trois jours avec Chamier et ses collègues dans le temple de Meysse.

— Ne pensez-vous pas, dit Barbe, que tous ces braves gens perdaient joliment leur temps et qu'ils auraient mieux fait d'aller semer du blé, chacun chez soi, que de se répandre en paroles vaines et de prétendre empiéter mutuellement sur leurs idées et sentiments respectifs? Ne pensez-vous pas aussi — car nous pouvons bien ici dire la chose crûment — qu'ils étaient tous de fameux imbéciles?

— Je pense simplement, ami Barbe, qu'ils étaient de leur temps, absolument comme le sont nos orateurs modernes des réunions publiques et même des assemblées parlementaires, et je crains bien qu'avant un siècle ou deux, peut-être moins, on ne trouve que nous avons été au moins aussi imbéciles qu'eux.

— Encore une de ces assimilations injustes dont vous avez la bouche pleine. Vous reconnaîtrez bien, dans tous les cas, que si des ministres protestants et des Jésuites se rencontraient aujourd'hui dans un débat public, leurs arguments seraient tout différents, c'est-à-dire d'une nature moins théologique, et qu'ils s'appuieraient beaucoup plus sur l'histoire et le bon sens que sur des textes bibliques.

— C'est possible, ami Barbe. Mais revenons à nos moutons.

Jacques d'Hilaire ayant planté là les ministres, fit venir ses amis du pays et les engagea à méditer sur ce qui s'était passé et à juger entre lui et les ministres.

Bref, le 8 octobre 1606, « suivi de ses trois fils, du premier consul, l'un des anciens de leur Eglise, et d'autres gens de bien et d'honneur, des principaux du lieu, au nombre de vingt, ou environ, grands et petits, allâmes à l'église ouïr la sainte messe, nous communier et joindre à la foy chrétienne et catholique : action qui esmeut bien tellement tous les autres de la religion prétendue que, sans la charlatanerie de leurs ministres qui demeurèrent là six ou sept jours à leur prescher que le pape estoit l'Antechrist, qu'il tiroit tribut des bourdeaux et mille autres niaizeries, pour abuser le peuple, la plupart les alloit quitter... »

L'abjuration de Jacques d'Hilaire lui valut naturellement de vives attaques de ses anciens coreligionnaires. Chamier fit imprimer, de son côté, le compte-rendu de la conférence de Meysse, et Valeton publia : *Le Réveil-Matin des apostats*, qui fit autant de bruit que l'*Heureuse conversion*. On comprend les souffrances morales que cette polémique fit éprouver à Jacques d'Hilaire, et la trace en est visible en bien des endroits de son livre. Sa réponse finale se trouve dans cette belle épigraphe qui sert de conclusion à son travail : *Fay bien et laisse dire*.

Il paraît que Chamier, pour ridiculiser Jovyac, l'appelait *Jean d'Hilaire* (au lieu de Jacques). Jovyac, en se plaignant de ces procédés et en lui rappelant leur ancienne amitié, déclare qu'il lui pardonne volontiers « très asseuré, dit-il, que je suis de n'avoir jamais esté Jean en la manière que plusieurs de ses semblables le peuvent estre... »

En somme, qui était le plus Jean des deux ?

Il est évident que si *Jean* veut dire ici *naïf*, Jovyac l'était beaucoup plus que les ministres, car, dans ses invites à ces derniers, il n'a pas l'air de se douter qu'il y avait dans le mouvement protestant au moins autant de politique que de religion, c'est-à-dire que des ambitions et des influences rivales y tenaient plus de place que les divergences religieuses et que ce n'était pas avec des considérations purement théologiques et des textes bibliques que la question pouvait être résolue. Pour moi, je crois qu'en général on était des deux côtés, de bonne foi, les uns étant plus frappés de certaines choses, et les autres de certaines autres, Jovyac dominé par un sentiment d'union et de paix et influencé, à son insu, par l'exemple d'Henri IV, les autres faisant passer avant tout les droits de la conscience individuelle, sans souci de la tradition ni des besoins d'ordre de la société, et entraînés par le courant qu'ils avaient contribué à former et qui ne leur laissait guère l'exercice de leur libre arbitre. Couvrons-les tous, ami Barbe, d'une indulgence égale, et tâchons d'être plus sages qu'eux.

.

Jacques d'Hilaire avait naturellement envoyé un exemplaire de son livre au roi Henri IV. Voici le texte de la flatteuse réponse qu'il en reçut :

« Monsieur de Jovyac, j'ay reçu tant de joye et de contentement en la nouvelle de vostre conversion à l'Eglise catholique suivie de plusieurs autres personnes, et de ce que vous l'avés accompagnée de tant de belles œuvres que vous avés mis en lumière sur ce même sujet, que je le vous ay bien voulu témoigner par la présente et par même moyen vous remercier du livre que vous m'en avés dedié, jugeant bien qu'il pourra porter beaucoup de fruits tant à ceux qui désireront de vous imiter en cette sainte et louable action que pour les autres qui le voudront goûter. Vous avez en cela fait connaître que vous savés selon les tems, aussi bien mettre la main à la plume qu'à l'épée et moy je vous fairay voir à l'occasion l'affection que j'ay à la reconnaissance de vos mérites et services. Sur ce, je prie Dieu, monsieur, vous avoir en sa sainte et digne garde. — Ecrit à Fontainebleau, le 10º jour d'avril 1608.

« HENRY. »

Deux ans après, le 8 février 1610, Henri IV nomma Jacques d'Hilaire gentilhomme de sa chambre *pour l'approcher davantage de sa personne.* Jovyac prêta serment en cette qualité le 12 février entre les mains du duc d'Aiguillon. Mais il ne jouit pas longtemps de cette prérogative, car le roi fut assassiné le 14 mai suivant.

Le 26 mars de cette même année, la congrégation de l'Inquisition à Rome avait autorisé Jacques d'Hilaire à lire les livres hérétiques et le pape Paul V le remercia, le 3 avril, d'un nouveau livre qu'il venait de lui dédier sous le titre de la *Sainte Jérusalem, unique épouse de l'Agneau.*

Voici les autres publications de notre auteur :

1° *Purgatoire des âmes catholiques* — in-8°, Paris, 1612 (dédié à la reine) ;

2° *La Pénitence proposée à imiter aux seigneurs et dames de la cour* — in-12, Paris, 1613 ;

3° *La Sainte Messe mise en françois pour faire voir la vérité de la religion catholique contre ceux de la R. P. R.* — in-12, Paris, 1613 (cet ouvrage a été réimprimé à Nîmes en 1640 avec des additions faites par un ami de l'auteur) ;

4° *Les Préceptes divins pour la royauté* — in-12, Paris, 1611 (dédié au roi Louis XIII) ;

5° *L'Excellence de la première messe instituée par J. C. avec ses apôtres* — in-12, Paris, 1618 ;

6° *L'Histoire monarchique de l'Eglise militante* — Paris, 1618 (dédiée au roi) ;

7° *Le Qu'en dira-t-on des Huguenots rebelles* — in-12, Lyon, 1622 ;

8° *Les Canons* ou *la Théologie de la vérité de Dieu* in-8°, Paris, 1630 (adressé au clergé de France).

En 1613, le roi Louis XIII accorda à Jacques d'Hilaire une pension de 1,500 livres sur son épargne, *en considération des services rendus par lui au feu roi et depuis à S. M. aux occasions où il avait été employé, et en même temps pour lui donner moyen de les continuer à l'avenir.*

Il paraît qu'en effet ses études théologiques n'avaient pas diminué son zèle et son activité pour le service du roi, car dès le retour des troubles en 1619, il posa la plume et reprit l'épée.

Il mit alors Rochemaure en bon état de défense, et y maintint à ses frais une garnison suffisante.

Il y soutint plusieurs sièges, un entr'autres au mois de juillet 1621 où la place fut vivement attaquée et même *pétardée*, mais en vain, par les rebelles sous les ordres de Blacons.

L'année suivante, il leva deux compagnies de cent hommes de guerre pour ses deux fils, Jacques sieur de Jovyac, et Gabriel, sieur de St-Martin, et les conduisit au siège de Montpellier que dirigeait le roi Louis XIII en personne.

Jacques d'Hilaire avait aussi fortifié son château de Jovyac qu'il munit de fossés, de murailles épaisses, d'une forte tour, de plusieurs ponts-levis et d'autres ouvrages de défense, et tant que les troubles durèrent, il y entretint une garnison qui maintint la liberté de la grande route le long du Rhône et la sûreté des habitants du canton.

Plusieurs ordonnances des ducs de Montmorency et de Ventadour, en 1621, l'autorisèrent à lever des péages sur le Rhône pour les réparations et la défense de Rochemaure.

Des lettres royales du 5 septembre 1622 firent don à Jacques d'Hilaire, en récompense de ses services, et pour le dédommager des pertes qu'il avait subies, de plusieurs biens acquis et confisqués au profit du roi sur des sujets rebelles. Le roi, entr'autres dons, lui fit celui des lods et censes qui lui étaient dus pour la terre d'Allier et Montbrun en Coiron et des lieux d'Esplans et St-Martin en Barrès.

Jacques d'Hilaire mourut à Rochemaure en 1632. Il avait fondé, le 17 février 1616, des prières perpétuelles dans l'église de Notre-Dame des Anges à Rochemaure, à l'occasion de la mort de sa fille Blanche. Il fit aussi bâtir dans la même église une chapelle de Ste-Anne à l'occasion de la mort de son fils, Gabriel d'Hilaire, sieur de St-Martin, mort de fatigues militaires. Il fonda enfin, le 17 novembre 1623, un titre de chapelain ou recteur pour sa chapelle de St-Hilaire au château de Jovyac. Un de ses fils, Maurice, pourvu du prieuré de St-Pierre des Fontaines à Rochemaure, en 1614, entra dans l'ordre des Bénédictins de Cluny en 1616. Il dédia à son père en 1621 une thèse de théologie imprimée.

— Quelle famille de prédicateurs ! dit Barbe.

— Il y a eu, dis-je, encore plus de capitaines que

de prédicateurs. C'est Louis, chevalier de Jovyac, un petit-fils de Jacques d'Hilaire, qui commandait dans notre pays, en l'absence du général Courten, lorsque les Camisards de Jean Cavalier cherchèrent à pénétrer en Vivarais par Vagnas, afin d'y allumer la révolte qui désolait les Cévennes. Le chevalier de Jovyac fut battu par les Camisards parce que ses troupes, formées de trop nouvelles recrues, lâchèrent pied, mais il fit des prodiges de valeur, et, se repliant en bon ordre, il donna le temps d'arriver aux troupes royales qui battirent le lendemain les rebelles et sauvèrent ainsi le Vivarais de malheurs incalculables. Le chevalier de Jovyac paya de sa vie les fatigues de cette campagne, car il mourut quelques jours après à Vallon d'une pleurésie (le 16 juillet 1702.)

Un autre petit-fils de Jacques d'Hilaire, nommé Jacques comme lui, se distingua aussi dans les guerres contre les Huguenots, notamment dans l'affaire du 13 mai 1709, du côté de St-Pierreville, où les Suisses du général de Courten, ayant refusé de tirer contre les rebelles, les troupes royales se trouvèrent dans une situation fort critique. Jacques de Jovyac rallia les fuyards et fit si bonne contenance que les Huguenots n'osèrent pas le poursuivre.

C'est le fils aîné de ce dernier qui fut l'un des principaux correspondants de dom Bourotte en Vivarais. Il s'appelait Jacques comme son père et son illustre bisaïeul. Il naquit le 6 août 1699 et épousa en 1725 Anne-Françoise de Moreton de Chabrillan. Une de ses sœurs, Françoise-Louise, avait épousé Jean de Fages, seigneur de Rochemure, syndic des Etats du Vivarais, et une autre, Suzanne, femme de Claude de Fayon, baron de Montbrun, habitait, au milieu du siècle dernier, le château de Berzème. La correspondance de ce Jovyac avec dom Bourotte, de 1759 à 1781, remplit tout un volume, le 189e de la *Collection du Languedoc*, et contient une foule d'indications et de faits intéressants, non-seulement pour le Teil et les environs, mais pour le Vivarais tout entier. Elle fait revivre toute la haute société de cette époque ; elle nous fait pénétrer dans les coulisses de la politique locale et remplace d'une façon parfois fort piquante les gazettes d'alors qui n'existaient pas — sinon à Paris et à Avignon. Le brave marquis de Jovyac était un correspondant précieux pour dom Bourotte, à une époque où l'on ne savait guère les nouvelles que par les voyageurs ou par les lettres privées. Il est probable que dom Bourotte communiquait à la *Gazette de France* bon nombre des nouvelles du Vivarais et du Languedoc qu'il recevait de Jovyac, et celui-ci, de son côté, apprenait, par le savant bénédictin, les nouvelles de haute politique qui seraient sans cela difficilement ou bien tardivement parvenues à sa connaissance.

La correspondance en question nous montre sous

un jour des plus fâcheux l'état de la sécurité publique dans nos contrées. Il ne se passait pas de foire en montagne qui ne fût signalée par des agressions et des assassinats. Le marquis raconte qu'étant allé voir son neveu de Rochemure à Largentière, il y rencontra M. Dulac, grand prévôt du Vivarais, Velay et Gévaudan, lequel lui dit qu'il y avait en Vivarais plus de six cents individus qui méritaient la mort. Le grand prévôt ajouta qu'il était fâcheux que la plupart des cas échappassent à sa compétence ; que les justices seigneuriales étaient impuissantes ; que les seigneurs, ou plutôt leurs juges, seraient brûlés chez eux s'ils essayaient de poursuivre les coupables et qu'il serait bien à désirer que cela pût s'arranger entre le roi et les seigneurs, lesquels n'osent pas même se montrer. Les Etats du Vivarais prirent à cette époque une délibération pour supplier le vice-chancelier d'obtenir un arrêt du conseil du roi attribuant au prévôt le droit de juger tous les cas, d'accord avec les baillis, afin de purger le pays de *tous ces garnements*.

De temps à autre, la cour présidiale de Nîmes envoyait une commission pour juger les coupables. On faisait quelques exemples, mais c'était bientôt à recommencer. En 1764, les commissaires envoyés en Vivarais proposèrent à l'intendant du Languedoc les mesures suivantes :

1° Etablir quatre prisons royales : à Beauregard, Annonay, Villeneuve et Privas ;

2° Augmenter la maréchaussée de trois brigades ;

3° Mettre des troupes dans tous les endroits où le crime s'est montré le plus effrontément ;

4° Désarmement général ;

5° Suppression des armuriers ;

6° Réduction des cabarets ;

7° Que le roi se charge de faire conduire les accusés jugés par les juges des seigneurs au Parlement qui jugera sans appel.

Des lettres de 1767 parlent de l'arrestation d'un grand criminel, nommé Avon, de Borée. Il y est aussi question des Merle, de Mézilhac. Plusieurs condamnations capitales sont prononcées à Privas par ces messieurs du présidial de Nimes. On interdit et on bannit un notaire nommé Lacrotte. « On prétend que cela fera un grand bien, car les gens d'affaires sont principalement cause, à ce que l'on prétend, de tout ce qui arrive de mal en Vivarais, et surtout dans la montagne. » Jovyac ajoute qu'il va faire de bonnes prisons au Teil, et que tous les seigneurs devraient bien en faire autant ; ce qui s'explique par le fait que les évasions de prisonniers étaient alors très fréquentes. En 1774, quinze ou seize prisonniers qui se trouvaient dans les prisons de Villeneuve se sauvèrent tous. L'année précédente, il s'en était échappé une cinquantaine des prisons de Toulouse, Nimes et Grenoble, et c'est à eux qu'on attribuait un attroupement de bandits signalé du côté de Montpezat.

Au mois d'août de cette année 1767, on se décida enfin à envoyer en Vivarais un renfort de six compagnies de la légion royale pour y protéger la sécurité publique. Jovyac indique leur cantonnement, mais, ajoute-t-il, cela fait beaucoup d'officiers et peu de soldats ; un bataillon de grosse infanterie aurait mieux valu.

En 1769, nouveaux meurtres. Jovyac raconte que dans les foires de la montagne, par exemple à Mézilhac, vers les 11 heures du matin, quand on a un peu bu, on entend tirailler de çà de là des coups de fusil ou de pistolet. En octobre de cette année, un de ces *tirailleurs* fut exécuté à Privas. C'était « le fameux Pierre Merle qui, ayant été rompu, ne pouvait pas mourir. » Il y eut plusieurs autres exécutions à Privas et à Villeneuve, et il paraît que ces exemples finirent par produire l'effet voulu, car depuis lors, les lettres du marquis ne parlent plus aussi souvent de crimes dans le Vivarais.

— C'est pour le coup, dit Barbe, que vous ne nierez pas le progrès ! Comparez la sécurité publique d'aujourd'hui à celle d'alors.

— Le progrès est indéniable, ami Barbe. Remarquez seulement que le mérite en revient encore plus aux ingénieurs qu'aux hommes d'Etat. Dès l'époque des méfaits en question, les Etats du Languedoc et les Etats particuliers du Vivarais faisaient ce qui était le plus propre à y mettre un terme, en ouvrant les grandes routes de Nimes à Lyon, et du Rhône à l'Auvergne.

Les règnes de Louis-Philippe et de Napoléon III, qui ont vu l'ouverture d'un si grand nombre de voies de communication, sont aussi ceux qui ont le plus contribué à asseoir la sécurité publique en France sur de solides bases. Je reconnais volontiers que le régime plus juste et plus égalitaire, établi à la suite de la Révolution, a aussi contribué à ce résultat en facilitant le travail et l'acquisition de la propriété, en répandant l'aisance et abaissant les barrières entre les citoyens. Et je vous prie de croire, ami Barbe, que, loin de vouloir toucher à ce nouveau régime civil et social, j'en désire plus que personne le maintien, ce qui n'exclut pas, bien entendu, son développement raisonnable et progressif, mais ce qui exclut formellement toutes ces revendications radicales par lesquelles nous voyons se signaler les plus chauds d'entre les républicains. En définitive, il est évident qu'aujourd'hui, dans toutes les classes de la société, ceux qui méritent de réussir, c'est-à-dire qui sont travailleurs, persévérants, économes et intelligents réussissent, et il ne faut jamais chercher bien longtemps pour reconnaître que presque tous les malheureux, surtout ceux qui se plaignent le plus, le sont par leur faute. Les hommes qui allèguent sans cesse le bonheur ou la chance sont des aveugles. Balzac est plus qu'eux dans le vrai quand il dit : « Tout bonheur est fait de courage et de travail » (1).

XXI.

ROCHEMAURE ET CRUAS.

Un précurseur vivarois de Papin et Fulton. — Rochemaure sous Charlemagne. — Les seigneurs de Rochemaure depuis les temps les plus reculés. — Les Giraud-Adhémar et les ducs de Lévis-Ventadour. — Le prieuré des Fontaines. — Les chaufourniers. — La sagesse divine dans les bouleversements géologiques. — Cruas et l'histoire de son abbaye. — Les trois époques et les trois architectures de l'église de Cruas. — La crypte. — La mosaïque de la fin du monde. — Un autel donné par un libre-penseur. — Le tombeau du comte Adhémar. — Une statue de la Vierge, de 807. — L'abbé Marquet.

Les archives des Etats du Languedoc, à Toulouse, contiennent une pièce curieuse concernant un nommé François Mallet, qui prétendait avoir trouvé le moyen de faire remonter le Rhône par toutes sortes de bateaux, « sans aide d'hommes, vent ou chevaux. » Il est vraiment fâcheux que les lettres royales qui autorisent ce précurseur vivarois de Papin et Fulton, à établir un *coche d'eau* entre Lyon et Arles, n'indiquent pas en quoi consistait son invention. Nous pensons, dans tous les cas, que cette pièce doit trouver place ici, car c'est au Teil, à Rochemaure et à Ancone (situé en face, de l'autre côté du Rhône) que

(1) BALZAC. *Lettres posthumes.*

l'on trouve les plus anciens Mallet connus de nos contrées.

Voici le document en question (1) :

**

LETTRES PATENTES, permettant à M. François Mallet, du païs de Vivaretz, d'establir une invention pour faire remonter toute sorte de bateaux, sans aide d'hommes, vent ou chevaux, et d'establir deux coches d'eau pour descendre de Lyon à Arles et remonter d'Arles à Lyon ; — de février 1665. (Enregistrées à la chambre des Édits).

Louys, par la grâce de Dieu, roy de France et de Navarre, à tous présents et à venir, salut. Nostre bien aimé François MALLET, du païs de Vivaretz, *secrétaire ordinaire de nostre Chambre*, nous a fait dire qu'il a trouvé plusieurs inventions utiles entre lesquelles il y en a une, non encore veue ni pratiquée, pour faire remonter toutes sortes de bateaux, même les plus grands, sur les rivières de nostre royaume, quelque rapides qu'elles soient, et passer les pontz et passages les plus difficiles, sans ayde d'hommes, vent ny chevaux ; moins de dépense, plus de facilités et de diligence qu'en la manière dont l'on se sert d'ordinaire. En quoy le commerce se rendra plus fréquent et soulagera de beaucoup le public ; auquel soubz nostre bon plaisir, l'exposant ayant désiré donner la dicte invention, nous auroit présenté son placet à ce

(1) Nous devons cette pièce à l'obligeance de notre ami, M. Firmin Boissin, rédacteur en chef du *Messager de Toulouse*.

qu'il nous pleu luy accorder et aux siens, à perpétuité, la faculté de s'en servir à l'exclusion de tous autres : comme aussi lui permettre l'établissement de deux coches par eau pour descendre de la ville de Lyon en celle d'Arles et remonter d'Arles à Lyon, à pareils droitz, privilèges, exemptions et franchises qu'en jouissent les autres coches par eau, establis sur les autres rivières de nostre royaume. Lequel placet par nous renvoyé à nostre conseil qui a esté déduict par deux arrestz, l'un en 23ᵉ novembre dernier, et l'autre en interprétation, du 22ᵉ du présent mois, d'octroyer à l'exposant lesdites permissions.

Scavoir faisons, qu'inclinant en faveur de ceux de qui l'industrie est advantaigeuse au public, avons audit exposant, conformément aux dits arrestz y attachés, soubz le contrescel de nostre chancellerie, donné et octroyé, et par ces présentes signées de nostre main, donnons et octroyons la faculté de pouvoir establir la dite invention de faire monter les bateaux sur toutes les rivières de nostre royaume, et permis d'establir les dits coches par eau, pour descendre de Lyon, par le moyen de la dite invention ; aux droictz, privilèges, franchises et exemptions dessus dites pour d'icelles invention et coches jouir, faire disposer par ledit exposant, ses héritiers, successeurs et ayant cause, pleinement, paisiblement et perpétuellement ; avec défenses à tous autres de quelque qualité et condition qu'ils soient d'user de ladite invention, ni faire semblable establissement, sinon du consentement dudit François Mallet, à peine de dix mille livres d'amende, payables par les contrevenans, et de confiscation de machines et bateaux qui se trouveront leur appartenir ; dont moitié pour l'hospital du lieu où la contravention sera faiste, et l'autre moitié à l'exposant. Sans néantmoings que soubz prétexte et en conséquence de la dite invention, l'exposant puisse assujettir les particuliers de la rive droicte et gauche du Rosne, ni empêcher les mariniers, voituriers et tous autres, de se servir des bateaux et voitures ordinaires, comme il a esté jusqu'à présent, et pourveu que ceste invention n'ayt esté encore treuvée et pratiquée.

Si donnons en mandement à noz amés et féaux conseillers les gens de nostre cour et Parlement de Toulouze, cour des comptes, aydes et finances de Montpellier, etc.

Donné à Paris, au mois de février l'an de grâce 1663 et de nostre règne le 20me. Signé : Louis, et sur le roply ; par le roy : de Guénigaud.

Registrées ès-registres de la cour suivant son arrest du 23 mai 1663.

Nous avons parlé dans un autre opuscule (1) de la famille noble de Malet ou Mallet, à propos de la commune de la Boule, son pays d'origine. Deux faits sembleraient indiquer que les Mallet des bords du

(1) *Le Voyage autour de Valgorge.*

Rhône sont une branche de cette famille. Le premier est la tradition constante des Mallet des bords du Rhône que leurs ancêtres étaient du côté de Largentière et, nobles ruinés, étaient venus chercher dans le commerce des transports sur le Rhône, les moyens de refaire leur fortune. Le second est la présence avérée d'une branche de cette famille à Montélimar en 1590. Elle était représentée à cette époque par Jacques et Charles, fils de Baltazard de Mallet et de Louise de Vesc de Nocase. Dans son testament, celui-ci prend la qualification de « coseigneur de Mallet, paroisse de Vaulgorge en Vivarais. » L'un de ces Mallet épousa Minerve de Caritad, fille du seigneur de Condorcet. Cette famille disparut, du reste, de Montélimar au XVIIᵉ siècle.

La plus ancienne, mais assez problématique mention de Rochemaure se trouve dans le poème latin : *Parœnesis ad Judices*, composé par Théodulphe, évêque d'Orléans, mort en 821. Ce prélat envoyé en 798 comme *missus dominicus*, avec Leitrade, archevêque de Lyon, pour visiter les deux Narbonnaises, raconte ses impressions de voyage, mais avec un laconisme qui devrait servir d'exemple aux bavards modernes. L'auteur ne mentionne aucune localité entre Vienne et Valence, et s'exprime ainsi :

> Inde Valentinis terris urbique jacenti
> *Rupes* nos dedimus hinc *Morenate* tibi,
> Post et Arausinas terras et Avennica rura
> Tangimus etc. (1)

On croit généralement qu'il s'agit ici de Rochemaure, mais quelques-uns pensent que la station des voyageurs pourrait bien être Mornas.

La famille des Giraud-d'Adhémar qui a possédé si longtemps les seigneuries du Teil, Montélimar et Rochemaure, se trouve citée vers la même époque, s'il faut en croire Ovide de Valgorge, dans les chroniques de Jacques de Bergame, imprimées à Venise en 1522. Un Giraud d'Adhémar aurait été créé duc de Gênes par Charlemagne en 814, attendu qu'il était son parent et qu'il avait chassé les Sarrasins de l'île de Corse.

Or, nous voyons par l'*Histoire de Montélimar* du baron de Coston, que cette histoire, empruntée par Pithon-Curt aux chroniques de l'histoire de Gênes, péche par la base, attendu qu'il n'y est nullement question de Giraud-Adhémar, mais simplement d'un Adhémar qui était Franc (*natione Gallus*). Le chroniqueur ajoute que cet Adhémar, envoyé en 806 par Pépin, roi d'Italie, pour combattre les Sarrasins de Corse, y périt victime de son imprudence. Ses des-

---

(1) Cet opuscule, qui se trouve dans l'ouvrage de dom Bouquet a été reproduit dans l'*Itinéraire de Rutilius* publié en 1842, par Colombet.

cendants auraient conservé la souveraineté de Gênes pendant cent ans.

Ovide de Valgorge parle aussi d'un prélat de la famille Adhémar de Monteil (Montélimar), qui, en 1095, aurait rempli, auprès de l'armée des croisés, les fonctions de légat du pape Urbain II.

L'*Album du Vivarais* rapporte enfin, d'après l'abbé Barracan, qu'un Adhémar étant revenu des croisades, enrichi des dépouilles de l'infidèle, aurait acheté les baronnies d'Aps et de Rochemaure à l'évêque de Viviers, dont il se reconnut vassal ; mais l'abbé Barracan n'a pas plus d'autorité historique que M. de Valgorge et nous aimerions à avoir devant nous autre chose que de simples allégations. Le doute est d'autant plus légitime que la version Barracan est convaincue d'erreur en ce qui concerne Aps, car il résulte de documents authentiques que la baronnie d'Aps échut aux Adhémar, non à prix d'argent, mais par suite du mariage de Blonde de Deux-Chiens en 1272 avec le seigneur de Grignan.

Quant aux connaissances historiques de M. de Valgorge, il nous suffira de noter que cet aimable écrivain, confondant sans doute le château du Teil avec celui de Rochemaure, fait détruire ce dernier par Louis XIII. Or, il est certain que le château de Rochemaure n'est tombé en ruines que par l'action du temps, à la suite des dégâts importants qu'il subit lors de l'attaque de M. de Blacons en 1621, attaque vigoureusement repoussée, comme nous l'avons déjà dit, par Jacques d'Hilaire de Jovyac. Une lettre du petit-fils de ce dernier nous apprend que vers 1730, une partie des bâtiments avaient encore leur toiture de tuiles et qu'ils en furent dépouillés à cette époque par le capitaine-châtelain Leblanc, ce qui accéléra naturellement l'écroulement total de l'édifice.

Ces ruines sont un des plus curieux spécimens des fortifications de l'époque féodale et on y jouit, d'ailleurs, d'une vue sur le Dauphiné qui, à elle seule, compense largement les fatigues de l'ascension. La tour la plus élevée du donjon a son entrée à la hauteur d'un premier étage, comme toutes les tours des environs de Largentière. Elle est carrée avec toutes les allures d'une tour sarrasine. Le nom de Rochemaure vient très probablement des Maures ou Sarrasins.

**

Revenons aux anciens seigneurs de Rochemaure et, avec l'aide du baron de Coston, essayons de mettre quelque clarté dans l'histoire des Adhémar.

On n'a rien de certain sur cette famille avant l'année 1163, où l'on voit un Giraud-Adhémar aller en Italie, se présenter près de Pavie à l'empereur Frédéric-Barberousse et en obtenir l'investiture de tout le territoire et de tous les vassaux autrefois possédés par son aïeul et par son père, lesquels désormais, ne doivent reconnaître d'autres souverains que les empereurs. C'est vers la même époque, que les évêques de Viviers et Valence reconnaissaient l'autorité des empereurs et en obtenaient d'importants privilèges. Peu après, Barberousse vint se faire sacrer à Arles roi de Bourgogne et les historiens du temps ont conservé le souvenir de son passage à Montélimar.

En 1184, Adhémar passa une transaction avec l'abbé de St-Chaffre.

En 1198, Giraud et Lambert Adhémar, coseigneurs de Montélimar, affranchirent leurs vassaux par une charte qui, du reste, ne fait que confirmer des chartes plus anciennes accordées en 1084, 1099 et 1160.

On connaît le conflit qui éclata au commencement du XIIIe siècle entre l'Eglise et le comte de Toulouse à propos des Albigeois. Giraud et Lambert Adhémar avaient pris parti pour le comte de Toulouse contre l'évêque de Viviers. Mais le comte de Toulouse n'était pas le plus fort. En 1209, un concile fut tenu contre lui à Montélimar. Giraud et Lambert, effrayés, se hâtèrent de faire leur soumission. C'est ce qui explique le fait cité par le P. Columbi à cette même date de 1209 : l'évêque Burnon reçut alors de Giraud-Adhémar le château de Rochemaure, mais, satisfait de cet hommage, il le lui rendit pour qu'il le tînt en fief de l'église de Viviers.

Plus tard, le comte de Toulouse donna à Giraud-Adhémar le château de Fanjaux, qui dominait Largentière — château qui échut à Simon de Montfort après la guerre des Albigeois.

En 1210, Giraud-Adhémar vendit, au prix de 9,000 sols viennois, à Adhémar de Poitiers, tout ce qu'il possédait sous le nom de droit de gîte (*alberge*) sur les hommes et le monastère du territoire de Cléon d'Andran. Le prix se compensa avec pareille somme que Giraud devait au comte et pour sûreté de laquelle il avait hypothéqué le château de Rochemaure (*castrum de Rocha Maura*), et les censes qu'on lui devait à Cléon.

En 1262, un autre Giraud-Adhémar, seigneur de Montélimar et de Rochemaure, fit un legs aux églises de Rochemaure et de Meysse.

En 1265, il conclut un traité de paix et de commerce avec les consuls de Montpellier.

En 1270, Aymare Adhémar, fille du seigneur de Rochemaure, épousa un Guillaume de Tournon, établi à Montélimar.

En février 1280, Giraud-Adhémar, seigneur de Rochemaure, retira l'interdiction faite par lui et par ses aïeux aux femmes de ses terres d'épouser, sans son consentement, des hommes appartenant à d'autres seigneuries.

En 1292, Giraud de Grignan et Blonde de Deux-Chiens, se reconnurent vassaux de Giraud-Adhémar, seigneur de Montélimar et de Rochemaure, et lui prêtèrent hommage. Celui-ci promit qu'il leur serait bon maître et leur donna en échange, à titre de fief franc et honorable, soixante livres à recevoir chaque année sur le péage de Montélimar.

En 1320, le fils de ce Giraud de Grignan rendit hommage à Giraud, seigneur de Rochemaure et coseigneur de Montélimar, son cousin.

Au XIV° siècle, les seigneurs de Montélimar tirèrent grand profit de leur double péage par terre et par eau. Celui-ci était établi à Ancone et le château de Rochemaure, qui leur appartenait, surveillait le cours du Rhône et empêchait tout bateau de passer sans acquitter les droits.

Il y avait trois branches d'Adhémar, dont deux, celles de la Garde et de Rochemaure, possédaient la seigneurie de Montélimar. D'après Pithon-Curt, il y a eu dans cette dernière branche, de 1140 à 1360, huit Giraud ou Giraudet Adhémar. En outre, depuis la séparation des branches de Rochemaure et de Grignan, qui eut lieu vers 1230, on trouve aussi dans la branche de Grignan, presqu'à chaque génération, un Giraud ou Giraudet.

Le baron de Coston croit pouvoir dire que la branche de Rochemaure, issue de Giraud-Adhémar (1198) a subsisté sans défaillance jusqu'en 1374.

En 1300, le Giraud-Adhémar de cette époque, céda à Guillaume de Donzère, le fief de la Bastide ou Tour-de-Verre, près de Mirmande, et soixante livres à prendre annuellement sur son péage de Rochemaure en paiement de 70,000 sols qu'il lui devait pour le reliquat du prix de la seigneurie du Teil vendue par Guillaume de Donzère.

En 1355, Giraud V mourut, laissant de sa femme, Tassette de Baux, une fille, Sibile, mariée à Louis d'Anduze, seigneur de la Voulte, et un fils, Giraud VII, qui mourut sans être marié. Tassette se mit sous la protection du Dauphin pour échapper aux convoitises du comte de Valentinois. Elle se mit aussi sous la protection du pape.

Louis d'Anduze, le mari de Sibile, ne laissa qu'une fille qui épousa, vers 1395, Philippe de Lévis, fils de Philippe et d'Antoinette de Thomé de Villars, héritière d'une puissante famille de la Bresse.

Louis d'Anduze avait été très irrité de voir, vers 1364, la succession de son beau-père passer au pape et au duc d'Anjou. C'est pour avoir des prétextes contre Louis d'Anduze que le seigneur de Rochemauré et de Grignan implora la protection du pape et du comte de Valentinois. On se battit, sur le dos et les biens des vassaux naturellement. Enfin, Louis d'Anduze fit l'acquisition du fief de Rochemaure.

Rochemaure était autrefois une baronnie des Etats du Vivarais qui fut transférée à la Voulte, lorsque le fief de la Voulte fut érigé en comté, en faveur des Lévis. Ceux-ci obtinrent, en 1578, le titre de duc de Ventadour (Corrèze).

En 1577, Gilbert de Lévis acheta du comte de Grignan pour 72,000 livres, sa portion sur les péages, cens, rentes, leydes etc., perçus à Montélimar.

Anne-Geneviève de Lévis, dernière de sa branche, apporta une fortune immense à Hercule Mériadec, duc de Rohan, qu'elle épousa en 1694. Sur la porte de l'ancienne église de Rochemaure, on voit encore les armes, peintes à la fresque, des Rohan-Soubise. Ils ont été les derniers seigneurs de ce bourg et possédaient quatre-ving-cinq fiefs en Vivarais. (1)

Le marquis de Jovyac écrivait en février 1784 :

« Nous avons été avec M. l'évêque de Viviers au château de Rochemaure, où il y a un fort séparé du château sur un rocher au mieux fortifié par les Adhémar, et il y a aussi la tour du Gua sur un rocher..... Nous avons à Rochemaure M. le baron de Vaumale, de la maison de Fages de Rochemure, qui a fait une belle généalogie. Tous les Etats l'ont signée. Il y est entré plusieurs fois. Je dis à M. l'évêque que mon père avait tenu l'Assiette en 1702 à Rochemaure. Ce fut une Assiette des plus brillantes puisqu'il y avait le marquis de Chabrillan, les anciens amis et parents, et MM. les comtes de Viriville, Grolée, etc. M. de Vaumale qui était présent, dit qu'il la ferait tenir aussi dans Rochemaure. »

Autrefois l'Assiette (ou Etats du Vivarais) était convoquée par le baron de tour ou plutôt par son

(1) Voir Histoire de Montélimar, t. 1, pages 64, 81 à 85, 117 à 118, 150 à 155, 187 à 188, et 317.

bailli dans le lieu que celui-ci désignait. C'était une cause de grosses dépenses pour le baron ou bailli-président, et nous voyons par les lettres du marquis de Jovyac, qu'on faisait des économies dans ce but pendant les douze ans qui séparaient une présidence de l'autre.

Il me semble que le conseil général ferait bien de reprendre cette ancienne coutume et de siéger successivement dans chacun de nos trente chefs-lieux de cantons. Ce serait le meilleur moyen de bien connaître les besoins et les idées du pays et de tirer les cantons déshérités de l'abandon injuste où ils tombent trop souvent, uniquement parce qu'on ne se fait pas une idée exacte de l'étendue de leurs besoins et de l'énormité de leur misère.

**

La montagne qui domine la route de Rochemaure à Meysse s'appelle la *Sierra*. — Cela ne sent-il pas son fruit, c'est-à-dire son origine hispano-mauresque ?

Le joli village des Fontaines est en face de la gare de Rochemaure. Il y a là une très-belle fontaine qui fournit la force motrice à la fabrique Audouard. L'ancien prieuré de St-Pierre des Fontaines a été transformé en maison de paysan. Il était de l'ordre de St-Benoît, dépendant de Cluny. D'Aguesseau (1)

(1) *Estat du spirituel de l'église de Viviers*, cité par les *Chroniques du Languedoc*, 25 décembre 1875.

le cite parmi les prieurés simples les plus considérables du pays. Il avait un revenu de douze cents livres. Le prieur en 1645, était M. de Symian. Les autres prieurés importants cités par d'Aguesseau sont Rompon, Ruoms, Vesseaux, Vernoux, St-Jean-le-Centenier, Meyras, Montpezat, tous de l'ordre de St-Benoît.

**

L'industrie des pierres à fusils avait autrefois une certaine importance à Meysse et à Rochemaure, grâce à l'abondance du silex qui caractérise cette région ; mais le fusil à piston ayant tué le fusil à pierre, les gens de Meysse ont dû se tourner d'un autre côté, et l'extension prise par la fabrication de la chaux hydraulique est venue fort à propos compenser la décadence du silex.

Autrefois, le Teil seul était renommé pour sa chaux qui *prend dans l'eau*. Aujourd'hui, il y a cinq ou six exploitations du même genre entre le Teil et le Pouzin. Les maçons ne se doutent guère que la chaux leur a été donnée par un insecte. — Ce sont des milliards et des milliards de petites bêtes qui ont secrété de leur corps l'enveloppe calcaire dont les débris amoncelés ont formé les bancs que MM. de Lafarge et les autres chaufourniers exploitent aujourd'hui et qu'ils envoient transformés en chaux excellente aux entrepreneurs des pays les plus éloignés.

Le parcours du chemin de fer de Vogué au Teil et du Teil au Pouzin est un des plus curieux qui existent au monde au point de vue du panorama volcanique, et il n'y a rien de plus grandiose que ces pics ou ces contreforts, couronnés de prismes basaltiques, que l'on aperçoit entre chaque ravin ou au fond des collines boisées, dominant au sud les bois d'oliviers et les vignobles, et à l'est les taillis de chênes verts.

A l'est, le Coiron vient se fondre dans les croupes arrondies que forment les dépôts calcaires et que le Rhône a coupées à pic *du côté du royaume*. Les chaufourniers s'attaquent à ces dépôts depuis quelque temps avec une incroyable furie et contribuent ainsi au grand travail de la nature qui tend à abaisser les hauteurs et à détruire les pentes abruptes pour en faire des plans inclinés.

— On est épouvanté, dit Barbe, en pensant aux immenses bouleversements qu'ont occasionnés les volcans et les déluges d'autrefois, et l'on peut se demander, puisque vous supposez à tout une cause intelligente, à quoi bon tout ce remue-ménage.

— Adressez-vous aux maçons, répondis-je. Ils vous diront qu'ils sont fort heureux de trouver pour leurs bâtisses, là-haut du granit et ici de la *pierre froide*, c'est-à-dire du calcaire marmoréen, d'un côté des basaltes durs et de l'autre des pierres volcaniques légères et poreuses qui sont une vraie brique naturelle. — Et sans la chaux, comment bâtiriez-vous les maisons ? Sans les terres alumineuses, comment ferait-on les poteries si essentielles dans la vie domestique ? Sans les montagnes, il n'y aurait point de vallées ou de plaines abritées. Sans les déluges, pas de dépôts de terres pour la végétation. Bref, sans ce grand remue-ménage, on ne voit pas trop comment l'homme aurait pu vivre sur la terre. De là à supposer que son auteur n'avait pas d'autre but, il n'y a qu'un pas et le bon sens l'a bientôt franchi. Avouez que tout ceci n'est pas bête et que ceux qui nient Dieu sont encore plus imbéciles qu'ils ne s'en doutent, car Dieu n'est pas autre chose que le nom dans lequel se résument la sagesse et la puissance infinies qui débordent de l'univers.

**

A trois ou quatre kilomètres de Meysse, le chemin de fer rase le village de Cruas que l'on reconnaît à sa belle église romane à clocher et à coupole et aux ruines de son château fort. L'ancienne abbaye, dont il reste à peine quelques vestiges, était contiguë à l'église, mais les moines possédaient aussi le château fort, et c'est là qu'ils ont soutenu deux sièges restés célèbres dans les annales vivaroises.

Du temps des Romains, Cruas était un bourg d'une certaine importance, à en juger par les monnaies, poteries et tombeaux, remontant aux temps de l'empire, qu'on y a trouvés à diverses époques. C'était la première étape pour les légions romaines allant d'Alba à Valence. M. de St-Andéol mentionne le district de la *Cruda Vallis* comme faisant suite à la *Vescova*. Celle-ci comprenait tout le littoral du Rhône compris entre Mélas et Viviers. Le chef-lieu de la *Cruda Vallis* s'appelait *Crudas* ou *Crudacium*. Ses habitants étaient désignés sous le nom de *Vaucrones*, peut-être à cause des terres ocreuses et rougeâtres des montagnes volcaniques voisines.

On pense que Cruas eut, en 411, le sort d'Alba. Les maladies auraient achevé l'œuvre des barbares et transformé l'ancien bourg romain en une solitude sauvage. Éribert, comte du Vivarais, le fit sortir de ses ruines, en y appelant en 804, une colonie religieuse. En 817, Elpodorius, fils et successeur d'Eribert, se trouvant à l'assemblée d'Aix-la-Chapelle, obtint de Louis-le-Débonnaire une charte de privilèges en faveur de l'œuvre de son père.

Le premier abbé de Cruas, mentionné par la charte de 817, fut Bonald, un des moines bénédictins envoyés par St-Benoit d'Aniane. Une charte de l'empereur Lothaire en 855 confirma celle de 817 et soumit, à la demande de l'abbé, l'abbaye de Cruas à l'archevêché d'Arles. Les moines obtinrent une nouvelle Charte de Louis l'Aveugle en 920. L'archevêque d'Arles, Toterus, vint en 970, vérifier si l'observance était rigoureusement suivie dans le monastère. Une dame du pays, nommée Gotolinde, pria l'archevêque de consacrer, sous l'invocation de St-Michel, l'église qu'elle avait fait bâtir sur la crypte de 804. L'archevêque y consentit.

En 1423, Etienne, abbé de Cruas, fut chargé par le pape Benoît XII, qui résidait à Avignon, de faire une enquête sur les biens et revenus du chapitre de Viviers. Les chanoines se plaignaient de ne pouvoir plus vivre d'une manière convenable et demandaient que certains bénéfices du diocèse fussent partagés entre eux. L'abbé Etienne constata la légitimité de ces plaintes et le pape y fit droit.

En 1585, les moines de Cruas furent assiégés par les protestants, mais ils se défendirent si vaillamment dans leur château-fort, sous les ordres de l'abbé Etienne Déodel, que les assaillants durent se retirer après avoir perdu un certain nombre de morts et de blessés.

Une nouvelle tentative des protestants contre Cruas eut lieu en 1628. Les assaillants étaient commandés cette fois par Chabreilles, lieutenant du duc de Rohan, et les moines avaient avec eux quelques soldats amenés par leur abbé, messire Scipion Lancelin de la Rollière. Les protestants échouèrent comme la première fois, ce qui porta une grave atteinte au prestige de Rohan, mais ils se vengèrent en dévastant l'église et l'abbaye qui se trouvaient sans défense au pied de la colline. Il y eut à ce moment une forte réunion de catholiques à Rochemaure sous les ordres du vicomte de Lestrange. On allait attaquer Rohan, mais celui-ci, déjà découragé par la vigoureuse résistance des moines, leva le siège et retourna à Privas.

L'abbaye ne se releva jamais des dévastations commises par les soldats de Rohan. La peste qui sévit deux fois en quelques années à Cruas, et qui fit périr presque tous les moines, acheva la décadence du monastère. L'abbé ne résida plus, les religieux furent réduits à douze, puis à huit. L'abbaye fut finalement supprimée par une ordonnance de l'évêque de Viviers, du 9 septembre 1741. Quand l'Assemblée Nationale supprima les communautés religieuses en 1790, l'abbaye de Cruas n'était plus occupée que par quelques prêtres séculiers dépendant du séminaire de Viviers.

Tous les papiers de l'abbaye de Cruas, furent brûlés sur la place publique du village, en 1793. Ils étaient contenus dans une caisse en plomb que quelques vieillards du pays se rappellent encore d'avoir vue.

Le 17 prairial an II, on procéda à la vente des biens de la communauté ; ils furent adjugés, pour la somme de 241,200 livres, au citoyen Etienne Suchet, de Largentière.

*
* *

Nous avons dans l'Ardèche trois beaux monuments :

Cruas, expression de l'architecture chrétienne primitive dans le midi ;

Thines, chef-d'œuvre du style roman auvergnat ;

Enfin Champagne, type admirable de byzantin lombard transporté dans nos pays.

Ainsi que l'a fort bien observé M. Reymondon, dans le mémoire sur les monuments de l'Ardèche, lu au congrès archéologique de Valence en 1857, l'architecture de l'église de Cruas présente quatre époques distinctes correspondant à quatre exhaussements successifs du sol.

La crypte est de la fin du VIIIe siècle ou du commencement du IXe.

Le chevet, le transept, les trois absides supérieures, la coupole ou clocher primitif, la nef et les collatéraux jusqu'aux piliers des deux dernières arcades, appartiennent au Xe ou XIe siècles.

Les deux dernières travées et la tour carrée et sans flèche qui se dresse sur la façade de l'église et sert de clocher, sont du XIIIe ou du XIVe siècle. On suppose qu'elles ont remplacé d'autres travées et un clocher détruits par le temps ou par la main des barbares.

Enfin, les dernières constructions, qui paraissent être aussi du XIIe siècle, furent la suite d'une inondation désastreuse qui remplit l'église de gravier.

Les religieux jugèrent prudent d'exhausser le sol de l'église. Ils construisirent la voûte qui supporte le pavé actuel de la nef principale et qui forma une seconde crypte dont ils firent un caveau funéraire. Quant aux collatéraux comblés par le torrent, il jugèrent inutile de les déblayer et les dallèrent au niveau de la voûte. On évalue à plus de trois mètres la hauteur des atterrissements résultant de cette inondation, et l'on peut voir que les atterrissements ultérieurs représentent une hauteur à peu près égale.

Un fait très digne de remarque — comme l'ont constaté M. Reymondon et M. l'abbé Bourg, curé actuel de Cruas, auteur de la notice la plus complète qui ait été publiée sur son église, — c'est que la diversité des époques n'a pas influé sur l'unité de l'œuvre et sur le caractère simple et harmonieux de l'ensemble. On dirait que les constructeurs successifs ont suivi fidèlement les prescriptions d'un plan primitif, dont on s'est écarté seulement dans les derniers travaux, soit que les inondations en fissent une nécessité inévitable, soit que les moines eussent alors perdu le goût du beau qui avait caractérisé leurs prédécesseurs.

Avant cette époque, les trois nefs de l'église étaient presque au niveau du pavé de la première crypte. Il n'y avait qu'une ou deux marches pour descendre des nefs dans la crypte. Les nefs étaient donc en contre-bas de quatre mètres du sanctuaire et des bras du transept. Le sanctuaire était ainsi plus apparent et les cérémonies devaient avoir quelque chose de grandiose. Les derniers travaux eurent pour effet de détruire les belles proportions des piliers, d'enlever aux nefs la légèreté et l'élégance primitives et d'alourdir toute la perspective du monument. Qu'on imagine, en effet, ce que devait être l'église de Cruas avec quatre mètres de plus dans la hauteur des piliers et de la voûte supérieure.

Il n'est pas probable que la crypte de Cruas soit la première église bâtie en 820 par les religieux, et dédiée à St-Michel, car son style est d'une époque postérieure. L'abbé Bourg pense qu'elle a fait partie du plan de l'église qui fut construite au xe siècle par la comtesse Gottolinde. Il explique la différence des styles par l'intervalle qui s'est écoulé entre la construction des deux parties de l'édifice.

Une précieuse mosaïque, qui heureusement a échappé à toutes les dévastations, grâce aux bancs des confréries qui la recouvraient de temps immémorial et en avaient fait même oublier l'existence, décore l'abside principale de l'église. On peut en voir la reproduction dans l'ouvrage de l'abbé Rouchier. Elle représente le jugement dernier et a dû être inspirée par les paroles de l'Ecriture : *Sol et luna obscurabunt et stellæ cœli cadent sicut ficus emittet grossos suos*. Dans le milieu sont deux arbres symboliques : le *figuier* et le *bois*, et dans les deux compartiments latéraux se tiennent debout les prophètes

Elie et Hénoch. Au bas est la date significative de l'an *mille douze* qui précise, au moins approximativement, la date de la construction de cette partie de l'église. Cette mosaïque fut découverte en 1849 par M. Marquet, le curé d'alors, et par M. Reymondon ; elle est fermée, depuis, par une grille en fer.

Une autre belle et riche mosaïque, œuvre d'artistes envoyés de Rome par le pape Urbain II, à la suite de la consécration de l'église par ce pontife en 1095, entourait l'autel et rappelait la cérémonie de la consécration. Elle fut détruite par les Huguenots et les débris disparurent au siècle dernier lors de la pose du maître-autel qu'on y voit encore. Chose piquante, ce maître-autel est le cadeau d'un libre-penseur. Il fut donné à l'abbé d'Argens, commandataire de Cruas, par son frère, le marquis d'Argens, l'auteur des *Lettres juives* et l'ami de Voltaire.

En entrant dans l'église, on remarque un tombeau, tristement mutilé, mais d'un rare mérite artistique, qui appartient à la belle période du style ogival. Ce tombeau, qui était autrefois au milieu de la première travée de la nef centrale, a été relégué comme gênant la circulation, dans un coin de l'église. On lit sur la corniche du sarcophage :

Hac jacent in fossa Adhemaris comitis ossa
Nobilis et potens virilitate sua !

Encore un exemple du néant des choses humaines.

Ce guerrier, si richement sculpté dans sa tombe, est aussi inconnu que le dernier des malheureux portés à la Morgue. Personne, en effet, n'a encore su déterminer quel est ce comte Adhémar.

Un autre monument, d'un plus grand intérêt archéologique et religieux, est la très ancienne statue de la Vierge tenant sur ses genoux le corps inanimé du Christ, qu'on voit sur l'autel de la crypte, avec cette inscription au bas :

DCCCVII X MA OFA

Ce que l'abbé Bourg traduit par

807 *Mater dolorosa,*

et d'autres par

807 *Christi Mater ora (pro nobis.)*

Cette statue, retrouvée par l'architecte Reymondon en 1845, provient de fouilles exécutées dans les ruines de l'ancienne abbaye. Elle est en pierre de Cruas et assez grossièrement sculptée, mais son imperfection artistique est un indice de plus de sa haute ancienneté. La date de 807 est contestée, l'abbé Bourg la croit authentique et en donne de bonnes raisons. A ses yeux, la madone retrouvée est celle de l'oratoire détruit par les protestants en 1585, et comme la date de 807 n'est pas évidemment toute récente, il n'est guère permis de suspecter une date qui était admise par les moines avant 1585. L'aspect de l'inscription nous a paru se rapporter au xe siècle.

Il est probable que des fouilles exécutées dans l'enceinte du cloître amèneraient bien des découvertes curieuses.

Si nous étions à une époque un peu moins politique et un peu plus artistique, nous émettrions ici le vœu qu'on enlevât les atterrissements formés autour de l'église et qu'après avoir exécuté de solides défenses contre les eaux, on fît disparaître les derniers travaux des moines, c'est-à-dire qu'on détruisît la voûte de la deuxième crypte et qu'on déblayât les collatéraux afin de restituer aux piliers romans qui supportent l'édifice et aux voûtes qui s'arrondissent au-dessus d'eux, l'ampleur et la majestueuse sévérité de leurs proportions. L'église de Cruas serait alors un des plus remarquables monuments d'architecture de France.

Ce n'est pas seulement du temps des anciens moines que l'église de Cruas a eu à souffrir des inondations de son méchant petit torrent. En 1840, les eaux envahirent l'église. Le curé, M. Marquet, alla au péril de sa vie, retirer de l'autel le saint-ciboire et l'ostensoir et fut décoré pour le courage dont il avait fait preuve. L'abbé Marquet était, du reste, un ancien militaire.

— L'abbé Marquet, dit Barbe, a eu de la chance de vivre en 1840, car aujourd'hui il ne serait certainement pas décoré pour cette action.

— Ce qui, dis-je, ne fait pas l'éloge de notre temps, car le sentiment qui dicta le dévouement de l'abbé Marquet est juste celui qui anime le lieutenant porte-drapeau dans une bataille. Le drapeau ne tue aucun ennemi, mais il anime l'armée entière, parce qu'il en symbolise la vaillance et l'honneur. Le lieutenant porte-drapeau qui se fait tuer plutôt que de le rendre à l'ennemi, ne meurt pas pour une abstraction, il meurt pour son pays. De même les objets sacrés pour lesquels l'abbé Marquet exposait sa vie, sont la plus haute expression de la foi catholique, et les philosophes eux-mêmes, y voyant, comme dans l'Evangile, le drapeau de la doctrine qui a civilisé le monde, se sont inclinés avec respect devant les actes que cette foi inspire. Personne, d'ailleurs, ne peut douter — et vous ami Barbe, tout le premier, — que l'homme qui s'expose pour sauver le saint-ciboire, ne fût prêt à faire le sacrifice de sa vie pour porter secours à un de ses semblables.

Le compte-rendu du congrès archéologique de Valence contient trois planches représentant, l'une la façade de l'église de Cruas avec le clocher, l'autre l'abside avec la coupole, et la troisième la porte de la chapelle du château avec la tour fortifiée qui l'accompagne. Cette chapelle, en style de transition, est aujourd'hui presque entièrement démolie comme le reste du château.

XXII.

BAIX ET LE POUZIN.

La vallée de Barrès. — Baix-sur-Baix. — Le Pouzin du temps des Romains. — La collection du docteur Lamotte. — La poule et ses poussins. — La chapelle St-Jean. — Les incidents de 1612. — Le siège de 1622. — L'héroïsme de Montchalin. — Le brave Brison gagne 40,000 écus. — Le siège et l'incendie du Pouzin en 1628. — Le capitaine Mezenc obtient l'autorisation de le reconstruire. — Les écroulements séculaires d'une montagne. — L'assassinat de M. d'Arbalestier, en 1789. — Une panique. — Chansons de conscrits. — Retour à Privas.

Derrière la montagne que longe la voie ferrée est la vallée de Barrès, une des belles vallées du département, dont les détritus volcaniques ont fait un terrain des plus fertiles.

Les principales communes du Barrès, sont : Saint-Vincent, St-Martin-le-Supérieur et St-Martin-l'Inférieur. Celle-ci s'appelait autrefois Saint-Martin-*le-Souteiran* ou *Soub-le-Vent* par opposition à l'autre St-Martin qui est sur le rocher et exposé au vent.

La montagne de Bergwise, qui domine le château de Pampelonne, appartenait avant la Révolution aux religieuses de St-Benoît, d'Aubenas, qui en tiraient un très petit revenu.

Le curé de St-Martin-l'Inférieur écrivait en 1762 : « Nous n'avons rien de remarquable dans cette paroisse que mauvais pays, pays pénible, pauvre et misérable. »

Le Coiron finit à Baïx. Le Pouzin et Baïx sont posés comme deux sentinelles à l'entrée de la large trouée que la nature a faite en cet endroit à la grande muraille vivaroise des bords du Rhône, comme pour laisser voir aux curieux que l'intérieur du Vivarais n'est pas moins accidenté que son rebord rhodanien. On aperçoit, en effet, là-haut, à l'infini, des montagnes blanches, noires ou bleues, selon la saison ou le moment du jour, et l'on comprend fort bien que la facilité de l'accès ait fait de cet endroit le passage le plus ancien et le plus fréquenté du Rhône en Vivarais. C'est là, en effet, que la voie romaine allant à Privas se détachait de la voie principale qui longeait le Rhône, et il est bien probable que les Romains n'avaient fait que paver un sentier déjà tracé par les Gaulois.

Baïx s'est appelé autrefois *Batiana*, *Baïcium* et *Bacoeus*. Aujourd'hui, les employés du chemin de fer l'appellent *Bex*. D'après la géographie de 1442, Baïx était un fort important. Il y avait deux châteaux, placés l'un sur l'autre, dominant tous deux le village, ce qui lui a valu son ancien nom de *Baïx-sur-Baïx*.

C'était la résidence habituelle de la *comtesse Major*, l'alliée de ce fameux Raymond de Turenne qui, de 1389 à 1399, fit la guerre au comte de Provence et au pape, résidant à Avignon. Raymond s'empara de Baïx à la fin de la guerre.

Baïx a généralement suivi le sort du Pouzin, allant comme ce dernier du pape à Calvin, du roi aux seigneurs rebelles, selon les vicissitudes de la guerre. Cependant, il sut se défendre, en 1575, contre le duc de Crussol, tandis que les catholiques soumettaient le Pouzin à l'autorité royale.

Le duc de Rohan prit Baïx en 1628, et en démolit les fortifications qui furent rétablies peu à peu par les catholiques après la prise du Pouzin.

La terre de Baïx fut achetée par le marquis d'Aulan en 1767.

Nous reviendrons sur les origines de Baïx, à propos du Pouzin qui lui fait face de l'autre côté de la large vallée qui sépare le Coiron des montagnes du Gras.

Il existe dans un ravin de Baïx une chapelle de Ste-Euphémie où il y a une Vierge noire, objet d'un pèlerinage qui dure huit jours, vers la fin de septembre.

*
* *

L'Ouvèze se jette dans le Rhône au Pouzin et sépare ce bourg en deux parties. Dans la partie méridionale, en suivant une ligne qui, des dernières maisons, tendrait à la gare et de là au sud-est, on traverse successivement les quartiers de la Magdeleine, du Molar et de St-Vincent qui, d'après une vieille tradition, occuperaient l'emplacement d'une ancienne ville. Or, cette tradition est confirmée par les découvertes nombreuses qu'on y a faites et qu'on y fait encore tous les jours.

Ovide de Valgorge évalue à plus de trois mille les médailles romaines en argent trouvées au Molar, médailles reproduisant les types bien conservés de tous les empereurs, depuis Auguste jusqu'à Posthume, mais où dominent cependant les effigies d'Alexandre Sévère, de Gordien, de Gallien, de Claude-le-Gothique et de Posthume. Le savant archéologue lyonnais, Comarmond, avait visité le Pouzin et y avait acquis beaucoup d'objets antiques, entr'autres une belle bague représentant le berger Pâris. Ovide de Valgorge raconte qu'entre le Rhône et le Molar, il existait, de plus, une construction romaine, composée de plusieurs pièces, dont le plancher, au lieu de reposer sur des colonnes, s'appuyait sur de larges et épaisses amphores renversées et alignées les unes à la suite des autres. Cette construction était aussi pourvue d'un calorifère romain dit *hypocostum*.

La collection de notre ami, le docteur Lamotte, est là, du reste, pour convaincre les plus incrédules de l'antique importance du Pouzin. C'est au Molar, dans une partie que n'avait pas explorée Comarmond, que le docteur Lamotte a fait ses plus nombreuses découvertes. *Molar* est un mot celte ou gaulois qui signifie cimetière. Dès les premiers coups de pioche, le docteur Lamotte exhuma des vases gallo-romains ayant servi aux funérailles. Il en a recueilli une centaine offrant soixante types différents. Les vases en verre ont des formes très gracieuses, mais on les retrouve partout, sauf un qui est encore pourvu de la chaînette de bronze au moyen de laquelle on le portait suspendu à une agrafe. Le plus grand nombre ne possèdent que la couleur magique de la patine, mais il y en a de bleus, de jaunes et de violets.

Les vases en terre attestent, du moins quelques-uns, le travail d'un artiste. La couleur des terres varie : rose, rouge, jaune et bleu. Ce sont toutes des poteries tendres. Des guirlandes d'épis de blé, de feuilles de lierre et de fougères, des chasses, le tout en relief, ornent leurs formes élégantes. Un de ces vases a trois anses entre lesquelles se trouvent trois médaillons spinthriens. Quelques-unes de ces poteries portent le nom du potier ou les initiales du propriétaire. Les usages de ces vases étaient très variés ; quelques-uns étaient munis de serrures pour protéger leur contenu. Les plus petits dans lesquels on mettait du lait, du vin, du sang et tout ce qui pouvait apaiser les mânes, se trouvaient renfermés dans de plus grands avec les cendres du mort.

Nous avons encore vu dans la collection du docteur Lamotte, une statuette de Vénus, une de Diane et un chien lévrier, le tout en bronze. Parmi les autres objets en bronze, intacts ou brisés, mentionnons des miroirs, des aiguilles, peut-être des instruments de chirurgie, beaucoup de débris de petites chaînes aussi capricieusement ouvragées que celles qui attachent aujourd'hui nos montres, des agrafes, des bracelets, des anneaux même en or, des fibules, des pierres gravées. Ajoutons un fragment de corne émaillée de verre bleu et un fragment d'argent portant le nom de *Cloulia* qui, après avoir été une monnaie, avait servi de bijou.

Quelques-unes des monnaies recueillies avaient servi d'amulette : elles étaient à l'effigie de Caligula, Claude, Domitien. L'usure du clou de cette dernière montre qu'elle avait été portée longtemps.

Enfin deux grandes raretés : une *dactyliotheca*, écrin à bagues, représentant une poule, et une coupe en onyx. La couleur des veines de la coupe est éclatante et excite l'admiration des connaisseurs. C'est le vase murrhin des anciens. Elle a une anse ou oreille de chaque côté, ce qui a dû coûter beaucoup de travail.

Si à tous ces objets, la pensée ajoute ceux qui, recueillis autrefois, ont été détruits ou dispersés, et si l'on songe aussi aux nombreuses pierres tumulaires trouvées dans ces parages, il est difficile de ne pas conclure à l'existence d'un important centre de population ancienne sur ce point.

Quelle était cette ville ? Le docteur Lamotte a compulsé, pour la découvrir, les itinéraires anciens et n'a trouvé que *Mutatio Vantionis*, d'après Wesseling, et *Batiana*, selon la Table théodosienne (nom que Valckenaer traduit par *Bance* vis-à-vis Baïx), qui puisse y répondre.

Le docteur Lamotte pense que ce mot de *Batiana*, donné par la colonie phocéenne, indique la facilité qu'on avait en ce lieu à traverser le Rhône (*batos* aisé, praticable, *ana* à travers), grâce au grand nombre d'îles, indiquées dans tous les plans, que le fleuve formait en cet endroit.

Batiana possédait donc un bac pour traverser le Rhône et un relai de chevaux (*Mutatio Vantionis*). La ville était assise sur les deux rives du fleuve et peut-être aussi dans les îles. Elle s'étendait obliquement du nord-ouest au sud-est, c'est-à-dire depuis l'embouchure d'Ouvèze jusqu'à Bance, vis-à-vis Baïx, et elle subsista jusqu'à l'invasion des Vandales. Elle fut détruite à la même époque qu'Alba et Cruas, c'est-à-dire en 411. Les monnaies d'Arcadius qui occupa le trône impérial de 395 à 408, sont les dernières monnaies romaines recueillies au Pouzin par le docteur Lamotte au milieu des débris incendiés, et rien ne sert mieux que les monnaies à fixer approximativement les dates.

La population de Batiana, échappée au massacre, revint au bout d'un temps impossible à préciser, et rebâtit la ville par dessus les ruines laissées par les Vandales. Cette nouvelle ville fut détruite vers 735 par les Sarrasins qui ravagèrent à cette époque toute la vallée du Rhône jusqu'à Lyon.

Quelques centimètres de terre recouvrent deux étages de ruines superposées. Blé, millet, ossements divers et très nombreux, débris de toutes sortes, le tout plus ou moins calciné, et par dessus une voie romaine bordée de restes de maisons bien alignées, parement extérieur des murs en moellons, parement intérieur à mortier rose : voilà ce qu'ont démontré toutes les fouilles, et ce qu'il est encore facile de vérifier.

*
* *

Une seconde fois, le Pouzin sortit de ses ruines, mais alors, connaissant le danger des invasions, les habitants jugèrent à propos de se fortifier. A la population phocéenne qui avait fondé la ville était venue se joindre peu à peu une population d'origine latine. Les intérêts s'étaient confondus, mais il n'en était pas de même des races. En abandonnant ses anciens foyers, la race grecque s'établit plus au sud, vis-à-vis Bance, sur la rive droite du Rhône, c'est-à-dire à Baïx. La race latine jeta sur les rochers qui sont au nord de l'Ouvèze les fondations du Pouzin actuel.

Les habitants de Baïx ont conservé avec les habitudes patriarcales, le type grec du visage. Soit que les deux localités aient reçu leur nom de l'étranger, soit qu'elles se le soient donné mutuellement dans un esprit de jalousie ou de dérision, il est à remarquer, d'après le docteur Lamotte, que les deux noms ont, chacun dans la langue des habitants, une signification identique.

Baïx viendrait du grec *baios*, peu considérable, et le Pouzin de *pusillus*, très petit, chétif.

Dans *Baios* nous retrouvons la prononciation rude du pays : il a suffi de la suppression de l'*o*.

Les habitants de Baïx sont surnommés *Leis Kerneteis*. On a cru à tort que c'était parce qu'ils faisaient dessécher beaucoup de fruits. Le docteur Lamotte retrouve là un mot grec qui veut dire *les pauvres* ou *les artisans*.

Pusillus, de son côté, devint *Pousillon* et par inversion *lou Pousi*, ce qui est son nom patois actuel, devenu en français *le Pouzin* ou *le Poussin*.

La langue latine, employée pour les actes publics au moyen-âge, ne sachant comment traduire ce nom, le jugea synonyme de petit poulet, mais n'osant traduire *pullus gallinaceus*, forgea le mot de *Puletum*. C'est ce *Puletum* qui figure dans le diplôme que Charles-le-Chauve accorda en 875 à l'évêque Etherius, et c'est dans le territoire de ce *Puletum* que la charte de fondation du monastère de Rompon en 977 mentionne la donation de quelques terres. Il paraît que ce mot de *Puletum* n'avait jusque-là trouvé d'autre traduction que celle de pouillé. Un fait qui nous paraît donner complètement raison à cette interprétation du docteur Lamotte, c'est le choix fait par les anciens habitants du Pouzin pour leurs armes parlantes ; ces armes se composent, en effet, de trois poulets ou poussins. La comparaison fut poussée plus loin. A l'époque des guerres civiles, le Pouzin, point de réunion de toutes sortes de fuyards protestants, fit construire un fort pour se protéger contre les troupes royales. On lui donna le nom de *Poule*. La poule n'est-elle pas le défenseur naturel de ses petits ? Un bras du Rhône qui passait devant ce fort a gardé le nom de bras de la Poule. Enfin les derniers seigneurs d'une ville toujours en révolte contre le souverain avaient aussi des armes parlantes : c'était un renard — le roi — s'approchant d'un nid rempli d'œufs de poule (armes de Belin de Laréal).

Les premières habitations du nouveau Pouzin s'élevèrent sur un rocher disloqué, situé au bord de l'Ouvèze. Du côté de la rivière, une muraille couronnait l'escarpement naturel qui se dressait sur ses bords et la préservait de toute attaque. Cette muraille aboutissait à la porte d'Ouvèze sur la route de Privas. De là, elle se dirigeait vers le nord, sur la montagne, où elle rencontrait une crevasse large et profonde, défense naturelle qui, n'étant pas encore cependant jugée suffisante, fut surmontée d'une muraille qui s'étendait jusqu'à la porte de Lavoulte.

Sur le sommet de la montagne, un pont-levis mettait la ville en communication avec les champs *du*

Duc dont on avait coupé les bois afin d'éviter toute surprise.

La porte de Lavoulte, formant l'entrée principale, se trouvait aux abords de la place actuelle du bourg. De ce point, les murs se dirigeaient vers l'Ouvèze, où se trouvait une *poterle* par où s'écoulaient les eaux pluviales en ravinant le sol ; c'est aussi par là que passaient les habitants pour conduire leurs bestiaux aux *pastis* communs, le grand et le petit, remplacés aujourd'hui par les hauts-fourneaux. Le long de cette muraille existait un fossé large et profond sur les bords duquel passait la route de Lavoulte à Baïx.

Près de la porte de Lavoulte était un puits, encore existant, où se désaltéraient ceux qui n'avaient pas le droit d'entrer dans la ville et les gens de passage lorsque les portes étaient closes.

A l'intérieur des murs et non loin de la porte d'Ouvèze se trouvait une enceinte de murailles renfermant des maisons et quelques champs arides : c'était le *fort de la Salle*. Au dessus était le *Château* bien fortifié et dominant tout le pays. La rue du Mauxpas les séparait. Au levant du fort se trouvait la rue ou place de la Lauze où était l'auberge de la Mule-Blanche. C'est par les fenêtres de cette auberge que les huguenots pénétrèrent dans le fort et s'en emparèrent en 1574. Aussi lorsque Philiponis qui en était propriétaire, vendit à l'aubergiste Cordier en

1605, il réserva que « si par le moyen de la guerre on prenait passage par ledit chazal pour entrer au fort de la Salle comme en a été par le passé, ledit Cordier ne pourra demander aucune garantie. »

La grande rue conduisait au Temple et à la Maison-de-Ville, près desquels se trouvait la place du Temple où prenaient leurs ébats les compagnons joueurs de paume chargés de son entretien. Au nord était le cimetière.

Presque en même temps que la ville s'était élevée la chapelle St-Jean près de la porte du ravin d'Ouvèze ; mais déjà, dès la fin du XVI° siècle, elle était en ruines pour cause de vétusté. Les habitants catholiques, devenus rares, allaient entendre la messe à la chapelle de la Marie-Magdeleine, bâtie sur les ruines d'un temple de Jupiter et qui plus tard devint l'église paroissiale. L'abbé Rouchier croit que l'église Ste-Marie *de Excobredio* donnée par l'évêque de Viviers en 1112 au prieur de Rompon, n'est autre que celle de la Magdeleine. Dans le langage local, on dit encore *aller à la Magdeleine* pour *se faire enterrer*, parce que le cimetière était autour de l'église.

Lorsque les guerres civiles eurent détruit cette église ainsi que l'église collégiale élevée par les religieux de Rompon au hameau de Payre, le curé du Pouzin obtint (24 décembre 1610) l'autorisation de célébrer les offices dans la maison que M. Imbert de Vaux venait de construire sur les ruines de la chapelle St-Jean et d'y dresser un autel.

Voici ce que dit de cette chapelle dom Fournol, chargé de la desservir :

« En ouvrant la porte, on aperçoit deux lits garnis, une table et plusieurs coffres et meubles servant au ménage. C'est dans cette salle qu'on mangeait et buvait ordinairement, et lorsqu'on voulait célébrer le service divin, on fermait les fenêtres qui regardaient sur la voie publique et dans une embrasure on plaçait la table qui, ce jour-là, servait d'autel. Tout auprès se trouvait un bénitier d'étain. »

La nouvelle église date de 1865. La Vierge trône sur le fronton. Mais la Madeleine est au-dessous, lavant les pieds du Christ. Nous devons à l'insistance du docteur Lamotte ce souvenir de l'ancienne église.

*
* *

Par sa position aux bords du Rhône et à l'entrée de la vallée d'Ouvèze, le Pouzin était naturellement appelé à jouer un rôle pendant l'époque troublée des guerres religieuses.

C'était en quelque sorte la sentinelle avancée des protestants des Boutières.

Le Pouzin fut pris le 17 mars 1622 par Lesdiguières, commandant des troupes royales. Le duc de Rohan avait envoyé des renforts, mais le comte de Montréal les avait battus à leur passage à Villeneuve-de-Berg. Ce n'est pas sans peine, d'ailleurs, que Lesdiguières vint à bout du Pouzin. Il avait expédié d'abord un petit corps d'armée, sous les ordres du comte de Maugiron, qui descendit le Rhône en bateaux, de Valence à Baïx. Malheureusement, Maugiron fut tué dès la première rencontre. Un gentilhomme, Montchalin, de la maison de la Balme, se signala par un acte d'héroïsme qui lui valut d'être complimenté, en présence de toute l'armée, par Lesdiguières. Montchalin qui était enseigne, se trouvant en danger de perdre son drapeau, s'enveloppa dans ses plis et aima mieux se laisser couper la main que de le remettre volontairement. La place, où commandait Mathieu de Chambaud, résista bravement. Mais Rohan, comprenant l'impossibilité de la conserver, envoya Blacons qui détermina Chambaud à se rendre. Ce succès rendit la liberté au commerce du Rhône.

Pierre de Boissat, gentilhomme de Vienne, qui devint dans la suite membre de l'Académie française, et qu'on surnomma *Boissat-l'Esprit*, était volontaire dans l'armée que Lesdiguères conduisit au siége du Pouzin et en a consacré le souvenir dans une narration latine appelée : *Puzinensis Obsidio*.

Les aventures belliqueuses du Pouzin étaient loin d'être terminées. Le 1er janvier 1626 avait été fixé par Rohan pour le soulèvement général du Languedoc. Ce jour-là, les habitants du Pouzin, réveillés par la cloche et par le cri public du sergent ordinaire du lieu, se réunirent dans la maison consulaire et Jacques Rey, l'un des consuls, leur apprit que la nuit dernière, le sieur de Brison s'était saisi de la ville et sommait les habitants de prendre les armes pour l'aider à forcer la garnison qui était dans la forteresse. L'assemblée protesta de ses sentiments de fidélité au Roi, mais c'était là probablement une comédie. Et Brison en jouait une autre à l'insu de ces braves gens, car la surprise du Pouzin, qu'il avait réalisée de concert avec Bavas et Charrier, n'avait d'autre but que d'obtenir de meilleures conditions en cédant cette place au roi. Il y gagna, en effet, quarante mille écus, plus une amnistie complète pour lui et les siens. Lesdiguières fit raser les fortifications du Pouzin, ainsi que celles de Baïx. Le sieur de Percy fut chargé de la démolition des murailles du Pouzin et reçut de la comunauté cinquante pistoles de gratification « pour épargner les environs. »

Des bruits de guerre ayant recommencé à circuler, le 1er août 1627, les habitants du Pouzin s'empressèrent de nouveau de jurer fidélité au Roi en présence de Chambaud, capitaine châtelain, ce qui n'empêcha pas la ville de se rendre sans résistance, au duc de Rohan, en avril 1628.

Les religionnaires ne gardèrent pas longtemps leur facile conquête. Le duc de Montmorency accourut avec des forces considérables. Le siège commença le

25 mai 1628 et des deux côtés on se battit avec une extrême vigueur. Les assiégés, dit le *Soldat du Vivarais*, « allèrent recevoir les assaillants plus de demi-lieue dans le mauvais pays, et de poste en poste allaient disputant jusqu'à un rocher, une muraille ou un ruisseau. » La place fut battue par huit pièces de canon. Chabreilles qui commandait à Privas, voulut secourir les assiégés et s'approcha avec treize ou quatorze cents hommes par la vallée de St-Alban. Mais M. de Montréal l'obligea à rétrograder.

Quelques jours après, Chabreilles parvint, à la faveur de la nuit, à faire pénétrer une centaine d'hommes dans le Pouzin. Finalement, les catholiques ayant tout préparé pour l'assaut, les défenseurs du Pouzin jugèrent prudent de se soumettre et rendirent la place le 4 juin avec huit drapeaux, quatre canons et toutes les munitions de guerre. « Il fut tiré à ce siège six cents volées de canon ; les assiégés eurent environ cent hommes morts ou hors de combat, et il en sortit encore en très bon état six cent cinquante ; *il fut hors de tout moyen d'empêcher les soldats de mettre le feu en ce lieu qui fut en deux jours entièrement brûlé.* » (1)

Le 3 octobre 1629, sur la place publique, par devant noble Mathieu de Chambaud, capitaine-châtelain, les consuls du Pouzin demandèrent qu'il fût dressé un acte de la prise, pillage et brûlement des

(1) *Commentaires du Soldat du Vivarais.*

maisons du Pouzin, afin d'en léguer la mémoire à la postérité

Le 2 août 1632, la population réfugiée dans les huttes et cabanes autour de l'hôpital, implora le Roi pour pouvoir rentrer dans ses foyers. Une grande partie des habitants étaient morts, et la misère avait été telle qu'il avait fallu emprunter pour acheter du blé destiné à nourrir ces malheureux.

Le capitaine Alex. Mezenc, qui faisait la guerre en Italie sous les ordres de Lesdiguières, était venu au Pouzin soigner son vieux père malade et qui, lui aussi, avait été capitaine. Il le transporta à Livron où le vieillard mourut. Le docteur Lamotte, qui possède les papiers de Mezenc, y a trouvé qu'après la mort de son père, ce personnage fut délégué par les habitants du Pouzin pour aller solliciter auprès du Roi l'autorisation de rebâtir le bourg. Le capitaine Mezenc se rendit en Italie auprès de Lesdiguières qui lui fit accorder cette autorisation, mais à la condition que les maisons n'auraient qu'un rez-de-chaussée, ou que du moins un cavalier à cheval aurait vue sur le toit.

Quelques habitants construisirent de petites maisons, et il en existe encore une de cette époque, mais il n'y a pas bien longtemps qu'on pouvait en voir un certain nombre autour de l'hôpital. Ne pouvant s'étendre en haut, on s'étendait en bas, en creusant le sol, ce qui rendait ces habitations humides et malsaines.

∗

Les écroulements du mamelon rocheux sur lequel fut bâti le Pouzin après l'invasion des Sarrasins au VIIIe siècle, sont de date fort ancienne. Le docteur Lamotte suppose que la scissure qui sépare ce mamelon de la montagne fut le résultat des anciennes secousses volcaniques et se rattache peut-être à la poussée volcanique de Rompon *(rumpere ?)* — Il est probable que de temps à autre, quelque rocher désagrégé se détachait. Nous en avons la preuve pour l'année 1614.

« Le 20 mars de cette année, noble Pierre Dalard et Collet informent Guillaume Barrès, sieur du Molard, qu'au dessus de leurs maisons un gros rocher est en danger de tomber et, si cela arrivait, pourrait démolir et ruiner leurs maisons, être un danger pour leurs personnes ; que, pour éviter ces dangers, il serait bon de rompre ces rochers et de vouloir bien y contribuer pour leur part. »

Le 28 avril 1772, Catherine Vernet fut écrasée par un quartier de rocher au chemin qui va du pont d'Ouvèze au bourg.

En 1827, un jour de foire, le tailleur Crumière fut écrasé par une chute de rocher.

A qui le tour ?

∗

Barbe s'était arrêté sur la passerelle de l'Ouvèze, admirant le beau bâtiment que l'on construit pour l'école primaire. Il voulait m'associer à son admiration.

— Avouez, lui dis-je, qu'il vaudrait mieux des enfants bien élevés dans des taudis que mal élevés dans des palais. Voilà où nous conduit le matérialisme plus ou moins latent qui nous envahit comme une lèpre fatale. Belles bâtisses, mais pauvreté morale ! Arsenaux pleins, mais armée et peuple démoralisés ! Institutions ronflantes, mais caractères abaissés !...

Je m'arrêtai, car Barbe venait de faire un faux pas sur la passerelle et peu s'en fallut qu'il ne tombât dans l'Ouvèze.

Il me semble que rien ne fait mieux comprendre l'histoire générale que l'histoire locale. C'est dans celle-ci, en effet, que l'on peut en quelque sorte toucher du doigt les mobiles des hommes et le secret des évènements. A ce titre, personne, pas même mon ami Barbe, je l'espère, ne me blâmera d'emprunter aux papiers du Pouzin le récit de quelques incidents de 1789.

Au mois de juillet de cette année, la population du Pouzin et des environs était très surexcitée par le bruit que des brigands piémontais avaient envahi le Dauphiné et approchaient de Loriol. M. d'Arbalestier, officier de marine, qui habitait le château de Lagardette, près de Loriol, étant venu au Pouzin pour calmer les esprits et démentir ces bruits absurdes, fut indignement assassiné. Voici une pièce qui peint bien le temps et le pays :

« Nous, Louis Marcon, avocat au Parlement, juge du Pouzin, arrivant de Villeneuve-de-Berg audit Pouzin, le 29 juillet 1789, sur les 8 heures du soir, avons trouvé dans un fossé, qui est à la gauche du chemin royal de cette dernière ville à Baïx et à Chomérac, à une portée de fusil de l'hôpital dudit Pouzin, un cadavre étendu dans ledit fossé, de la grandeur de cinq pieds un ou deux pouces, couvert d'un habit gorge de pigeon, et près dudit cadavre, M. Guillaume de Labarge, ancien officier de la légion royale, Charles Gautier, procureur fiscal en notre juridiction, Jean-Louis Blanchon, greffier de la même juridiction, Charles Garnier, maître chirurgien, tous habitants dudit Pouzin, lesquels nous ont assuré qu'ils ne s'étaient rendus dans cet endroit qu'en tremblant, parce que tous ceux qui approchaient dudit cadavre étaient guettés et menacés de perdre la vie par une troupe de gens inconnus qui avaient déjà annoncé qu'ils mettraient le feu au Pouzin si on inhumait ce cadavre. De suite, nous leur avons fait prêter serment. Après quoi, ils nous ont affirmé : 1° qu'ayant visité tous trois ledit cadavre, ils ont reconnu qu'il est sans vie depuis plus de trois heures et qu'il est couvert d'une quantité prodigieuse de blessures qu'ils n'ont pas bien pu vérifier, de crainte d'être assassinés ; 2° qu'ils reconnaissent parfaitement le cadavre pour être celui de M. d'Arbalestier, officier dans la marine de France, résidant dans son château de Lagardette près de Loriol.

« Le lendemain, 30 juillet à 9 heures du matin, vu que les menaces d'incendie durent encore, malgré que nous ayons ramené plusieurs personnes au devoir, avons ordonné, sur les réquisitions du sieur procureur-fiscal : 1° Que le cadavre du sieur d'Arbalestier, déjà puant et infect, sera inhumé de suite en terre sainte sans que l'on sonne les cloches ; 2° qu'il sera de suite, après que le calme sera un peu rétabli, enquis devant nous de l'assassinat commis sur la personne du sieur d'Arbalestier. »

Le crime du malheureux officier était d'être royaliste. L'assassin, ou du moins le chef de la bande des assassins, était parfaitement connu, mais il ne fut jamais poursuivi.

On va voir par d'autres pièces authentiques, tous les bruits ridicules qui circulaient alors au Pouzin, à Privas et aux environs et tout le mouvement qu'ils provoquèrent.

Les procès-verbaux des délibérations de la ville de Privas, du 20 juillet 1789, portent que les habitants de tous les ordres de la ville et communauté de Privas furent assemblés ce jour-là, à 4 heure du matin, et que le maire et premier consul, M. Teissonnier-Ducros, tint le discours suivant :

« Je vous ai assemblés ici pour vous communiquer

la lettre que j'ai reçue hier soir du sieur Nier, premier consul du Pouzin. Il me marque que dix mille hommes piémontais ont fait une invasion en Dauphiné, qu'ils ravagent tout et avancent à grands pas vers la côte du Rhône, ce qui fait craindre de leur part le dessein de débarquer en Vivarais pour y commettre les mêmes ravages. Par la même lettre, le sieur Nier demande des munitions de guerre et de bouche. »

Il fut nommé une commission qui, le même jour, à 3 heures du matin, résolut d'envoyer quatre cents hommes au Pouzin. Des exprès partirent pour toutes les communes voisines qui furent invitées à mander, de leur côté, des hommes et des provisions au Pouzin.

Les deux compagnies privadoises arrivées à Coux reçurent une lettre du curé de Loriol annonçant que les brigands s'étaient retirés. Elles retournèrent à Privas où elles arrivèrent à 11 heures du matin. On expédia de nouveaux exprès aux communes pour les rassurer et contremander les préparatifs.

Mais le même jour, à midi, le conseil permanent reçut successivement plusieurs exprès du Pouzin pour presser l'envoi des secours demandés, attendu que les brigands avaient reparu sur les bords du Rhône. (Peut-être tout cela avait-il pour objet de dissimuler l'assassinat de d'Arbalestier.) Les compagnies privadoises se remirent immédiatement en marche et l'alarme fut donnée de nouveau aux communes.

Le même jour, à 2 heures, M. de Belin, seigneur du Pouzin, demanda des approvisionnements de pain, en annonçant que le Dauphiné était réellement dévasté. La ville de Privas envoya dans la nuit trois charrettes chargées de pain bis.

Le même jour (30 juillet), à 4 heures du soir, les communes voisines firent savoir qu'elles avaient levé au moins huit mille hommes, prêts à se porter au Pouzin, « tous armés comme ils ont pu, de fusils, de pistolets, de sabres, de haches, de fourches, etc., et munis de provisions de guerre et de bouche, et qu'elles n'attendent que le signal. »

A 11 heures du soir, les compagnies étaient de retour à Privas. Elles avaient été renforcées par mille hommes armés des communes de St-Priest, Veyras, Freyssenet, Darbres, Coux, Flaviac, St-Vincent-de-Durfort et Lyas. Ce corps s'étant présenté au Pouzin, le consul avait dit que les craintes venaient d'être dissipées ; un exprès venu de Loriol aurait annoncé que les armements du Vivarais avaient tellement effrayé les Piémontais, qu'ils s'étaient enfuis précipitamment.

Comment tous ces braves gens auraient-ils refusé de croire une chose si flatteuse pour leur amour-propre ? L'imprudent qui aurait cherché à les dissuader, aurait couru grand risque d'avoir le sort du pauvre d'Arbalestier.

**

Le bac du Pouzin était fort important au siècle dernier. Nous voyons par les lettres du marquis de Jovyac que vers 1700, quatre charrettes y passaient à la fois chargées de pierres du Vivarais destinées à la construction du pont sur la Drôme.

Le pont en fil de fer du Pouzin sur le Rhône fut construit en 1846. Le maire, M. Lamotte, avait commencé les démarches dès 1832. Quand il eut réuni des souscriptions suffisantes, Lavoulte s'émut et proposa de coopérer à l'entreprise, à la condition que le pont fût placé à égale distance des deux bourgs. L'offre fut rejetée. La place du pont était naturellement au Pouzin. Mais il a bien perdu de son importance depuis le chemin de fer.

Nous fîmes une assez longue promenade au bord du Rhône, en attendant le train du soir qui devait nous ramener à Privas. Il faisait sombre, et çà et là seulement dans le ciel quelques faibles clartés d'étoiles jaillissaient des profondeurs du firmament.

Par extraordinaire, la soirée était silencieuse, et les clapotements de l'eau du Rhône accompagnaient seuls de leur sourde basse les sifflets aigus que jetait parfois un train filant à toute vitesse sur la grande ligne. Barbe participait de la sombreur du temps et il y avait certainement de la tristesse dans son silence.

Nuit, ténèbres, silence, deuil, tristesse : on dirait que ces idées s'associent dans les idées de tous les peuples. Notre quasi-compatriote, Jean Baudoin, de Pradelles (ancienne cité vivaroise) — l'auteur d'une foule de lourds volumes — et un académicien, s'il vous plaît — nous montre dans son *Iconologie* le silence sous la figure d'une femme vêtue de noir. « Cet habillement, dit-il, est un symbole de constance et de fermeté, d'autant que cette couleur n'en prend jamais d'autre. »

Dans le même ouvrage, le personnage qui représente la Simonie a la tête couverte d'un voile noir, « d'autant que c'est coutume, explique toujours Baudoin, de couvrir de faux prétextes les actions noires, afin de les mieux autoriser. »

« Le noir est le signe du deuil, dit Rabelais, parce que c'est la couleur des ténèbres, et l'opposé du blanc, qui est la couleur de la lumière et de la joie. »

Je ne suis pas tout à fait de l'avis de Baudoin et de Rabelais. La nuit, les ténèbres, le silence ne me paraissent pas fatalement associés à la tristesse et au deuil, pas plus que le blanc à la lumière et à la joie. Pour l'homme réfléchi, la plus grande lumière se fait précisément dans le noir et le silence, c'est-à-dire dans la nuit et la solitude. C'est en fermant les yeux qu'il voit le mieux les réalités de la vie. Et ce sont les joies factices et passagères du monde qui lui en rappellent le mieux le néant.

Barbe me donna à ce moment une preuve des bonnes idées qui naissent dans la nuit et le silence. La confusion des monnaies d'autrefois, dont nous avions parlé assez longuement, chez le docteur Lamotte, à l'occasion des anciens droits du Pouzin, l'avait horriblement agacé. — Il trouvait que les anciens monnayeurs auraient bien dû se préoccuper des embarras qu'ils devaient causer aux archéologues futurs. — Et qui sait, ajouta-t-il, si dans cinq ou six siècles d'ici, on ne se plaindra pas aussi de la vanité et de la confusion de nos monnaies actuelles. J'admets qu'on y trouve le nom de la monnaie, le pays et la date, mais je voudrais bien qu'on y ajoutât le poids en grammes.

Nos enfants sauraient ainsi que cinq francs d'argent pèsent vingt-cinq grammes, et que vingt francs d'or pèsent six grammes quarante-cinq centigrammes. Ils sauraient que le gramme d'argent vaut vingt centimes et le gramme d'or trois francs dix centimes. Ils apprendraient le système décimal sans s'en apercevoir.

— Excellente idée, ami Barbe, à mettre avec celle que j'ai exposée dans un récent opuscule pour apprendre la géologie aux enfants. Vous savez que j'ai conseillé de faire figurer dans la construction du mur public le plus apparent de chaque commune, les diverses pierres, dans l'ordre des couches géologiques, mais ni vous ni moi n'avons grande chance d'être écoutés par le temps qui court. Ah ! si vous proposiez quelque bonne petite ou grosse insanité, par exemple, l'érection d'une Marianne monumentale sur tous les clochers du pays, ou le remplacement du Christ dans les écoles et les tribunaux par la statue de Voltaire, ou bien encore l'obligation aux curés de chanter la *Marseillaise* à la place du *Credo* et aux bedeaux de porter une culotte tricolore, vous pourriez fort bien réussir et y gagner une place de député aux prochaines élections. Ce que je ne vous souhaite pas cependant, car il vaut mieux ne rien être et conserver l'estime des honnêtes gens.

Notre train finit par arriver, et nous nous hâtâmes de le prendre ; cette course de trois jours autour du Coiron nous avait fatigués et nous désirions autant l'un que l'autre, tout en affectant des airs dégagés, retrouver les douceurs et le repos du chez soi.

Dans notre vagon se trouvaient des conscrits dont les voix avinées répétaient des refrains naïfs ou brutaux :

> Quand la campagne sera faite,
> Je reviendrai, je t'épouserai...
>
> Si les femmes sont belles par ici,
> Nous y passerons la nuit.
>   Ceux qui voudront
>   Y resteront.
> Encore un petit verre de vin
>   Pour nous mettre
>   Pour nous mettre
> Encore un petit verre de vin
>   Pour nous mettre en train !

— Il me semble, dit Barbe, en s'adressant aux conscrits, que vous êtes assez en train déjà comme cela !

Les chanteurs se tournèrent tous contre lui.
— Qu'est-ce qu'il veut, ce vieux-là ? De quoi se mêle-t-il ?

Barbe voulut leur prouver que, dans un siècle de progrès comme le nôtre et sous la République, il est indigne d'un citoyen de se griser et de chanter des chansons bêtes et grossières. Il parla si sagement et d'un ton si sérieux, que les conscrits le prirent pour un fou et, cessant de s'en prendre à lui, se contentèrent de le narguer indirectement en recommençant sur un ton formidable les chansons de tout-à-l'heure et en y ajoutant tout ce qu'il y avait de plus grivois dans leur répertoire.

―――

XXIII.

LES EAUX DE CELLES ET LA VOULTE.

La basse vallée de l'Ouvèze. — St-Alban. — Les eaux de Celles au XVIIe siècle. — La géologie de Celles. — Les huit sources de la station. — Le docteur Barrier. — L'homme est une machine électrique. — Absorption des sels métalliques par la peau. — La cuisine des eaux et des roches de Celles. — Les succès de Barrier. — Le château de la Voulte. — Les anciens seigneurs. — L'église. — Défaite des Anglais. — Squelettes d'éléphants. — Le soufflet de l'usine. — Les écoliers et la Marseillaise. — Progrès ou Ecrevisse ? — L'état sanitaire.

Quelques jours après, Barbe me proposa de faire le tour de la vallée de l'Erieux en commençant par la Voulte et en revenant par St-Pierreville et l'Escrinet. C'était bien tentant. Or, Mᵐᵉ de Stael ayant dit que le meilleur moyen de se débarrasser d'une tentation, c'est d'y succomber, nous fîmes appeler immédiatement un loueur de voiture qui, une demi-heure après, nous menait grand train sur la route de Coux. Il était cinq heures du matin. Mᵐᵉ Barbe dormait encore, mais son mari avait eu la précaution de lui laisser une lettre, afin qu'elle fût au moins prévenue à son réveil.

La vallée de l'Ouvèze, au sortir de Privas, est passablement étroite et d'un aspect sauvage, et, si l'on songe au fanatisme des protestants du xviiᵉ siècle et aux facilités d'embuscades auxquelles prêtait l'absence de routes, on comprend les obstacles qu'y rencontrèrent les troupes royales lors du siège de Privas.

Après Coux, la vallée s'élargit. Il y a quelque verdure panachée de peupliers sur les bords de la rivière, mais les coteaux marneux de la rive gauche, dominés par la montagne de Gruas, sont dénudés et ont un air assoifé qui fait peine à voir. On leur ferait volontiers l'aumône de quelques tonneaux d'eau si on les avait dans sa poche.

Nous laissons à gauche, la montagne de Chamet avec ses mines de couperose, nous traversons successivement Flaviac et St-Alban, non sans avoir admiré en passant les belles usines à soie St-Jacques et Blanchon.

La viguerie de St-Alban (*vicaria* ou *ager Albanensis*) avait pour chef-lieu le château bâti sur la colline de ce nom, entre la vallée de l'Ouvèze et celle de Chomérac.

C'était une position des plus fortes et le siège de 1627 que décrit avec détails le *Soldat du Vivarais*, est un des exemples les plus caractéristiques de la ténacité de la résistance et de l'attaque dans les guerres d'autrefois.

La place de St-Alban appartenait au duc de Ventadour, mais les protestants s'en étaient emparés. « Elle est située, dit le chroniqueur, au bout d'un grand rocher, et au dessous une grande plaine. Son assiette la fortifiait de trois côtés où le rocher faisait de grands précipices, ce qui rendait son avenue inaccessible de tous endroits, excepté du côté de la montagne, où la porte était à un des bords du précipice, avec un bon ravelin duquel se tirait une courtine de muraille jusqu'à l'autre bord du précipice où était une tour qui en faisait le coin. Cette muraille était de la hauteur de vingt échelons, et au-dessous dudit côté était une terrasse en forme de donjon, lequel dominait sur la porte et sur tout le reste fortifié de deux guérites. »

Le sieur de Nivolines qui commandait à St-Alban, ayant sommé le sieur de Charrier, qui avait abandonné le parti protestant, d'évacuer sa maison placée au-dessous du fort, celui-ci s'entendit avec son parent, M. de Vinezac, et un beau matin, à l'aube, St-Alban se trouva investi par un corps de quatre cents catholiques. L'entreprise était des plus hasardeuses, vu la force de la place et la proximité de Privas qui ne manqua pas d'envoyer des secours aux assiégés. Les catholiques firent des pertes notables et il y eut un moment où ils furent sur le point de battre en retraite en laissant à la merci de l'ennemi les quelques hommes qui avaient déjà pénétré dans la place. Finalement, elle fut emportée grâce à l'énergie de M. de Vinezac, qui monta un des premiers à l'assaut. Les assiégés, au nombre de quarante soldats et douze ou quinze paysans, furent tous tués ou précipités. Nivolines mourut après avoir vaillamment combattu.

La place fut réparée et remise à Charrier qui, l'année d'après, se voyant impuissant à la défendre contre le duc de Rohan, la rendit à la condition que le fort serait démoli, ce qui eut lieu.

Nous visitâmes le nid d'aigle, qui fut le théâtre de ces luttes homériques. Le château est assez exactement décrit par l'auteur du *Soldat du Vivarais*. On ne saurait rien imaginer de plus pittoresque. Les murs d'enceinte, le donjon, les tours sont en partie debout, quoique bien ruinés. La citerne avait une voûte à calotte comme celle du château de Boulogne.

Près de l'église sise sur le versant sud et dont il reste des pans de murs et une fenêtre, on voit le cimetière pour ainsi dire saturé d'ossements, preuve qu'on y a enterré pendant bien des siècles.

On remarque aussi beaucoup d'ossements sur le versant opposé, celui d'Ouvèze ; on peut supposer qu'ils proviennent des soldats tués pendant le siège et qu'on aura enterrés sur place pour s'éviter la peine de les transporter au cimetière du château. Le rocher calcaire sur lequel perche celui-ci est crevassé un peu partout. La main de l'homme a élargi en maints endroits ces corridors naturels qui aboutissent à une chambre circulaire dont la voûte, s'il faut en croire la légende, a la hauteur de la taille d'un des anciens châtelains, un vrai géant.

Les parois de cette pièce portent les noms de quelques touristes, les uns gravés dans la pierre, et les autres écrits au crayon. On y voit figurer un Rohan-Soubise, le père Joseph du Tremblay, M. de Soissons — mais toutes ces signatures sont-elles bien authentiques ?

Le curé de St-Alban écrit en 1762 :

« Ce qu'il y a de remarquable est le chemin royal qui va de Privas à Valence en Dauphiné. Il n'y a aucun bénéfice simple dans cette cure, car dans le temps des premiers troubles de religion, les calvinistes s'emparèrent de tout, après avoir anéanti les titres ecclésiastiques. »

*
* *

Nous revenons à notre véhicule qui se remet à filer.

La vallée semble fermée et celui qui la parcourt pour la première fois peut croire qu'il va être obligé, pour en sortir, de monter à Rompon pour redescendre ensuite à Celles et à la Voulte. Le beau lac que cela devait faire autrefois et les jolis poissons qu'il devait y avoir !

Une traînée lumineuse de soleil nous montre tout à coup la fissure par où les eaux de l'ancien lac se sont écoulées vers le Rhône, et grâce à laquelle les vers à soie et les mouliniers ont pris la place des coquillages et des requins. On peut supposer qu'un tremblement de terre, coïncidant avec la coulée volcanique de Rompon, a provoqué la fissure, ou du moins y a contribué. — Les eaux ont fait le reste. — Le village des Fonts s'est établi comme un portier à l'entrée de l'étroit couloir où passe l'Ouvèze.

Deux heures et demie environ après notre départ de Privas, nous étions à l'autre bout du couloir, sur les bords du Rhône gai et murmurant au soleil, tandis que la rive gauche semblait rire de son côté dans un océan de brumes claires.

La route court blanche et fort poudreuse entre le Rhône et le chemin de fer. Nous la quittons à l'arche du remblai qui ouvre l'accès du vallon de Monteillet où se trouvent les eaux de Celles. Le sentier qui côtoie le ruisseau, est charmant, mais il le serait davantage s'il était ombragé. Il est presque en plaine et l'on arrive promptement à ce qui fut la station minérale de Celles.

Je ne saurais dire l'impression de tristesse que nous éprouvâmes, Barbe et moi, en voyant la solitude et l'état de délabrement d'une station où l'on venait autrefois de si loin chercher la santé, ou tout au moins une atténuation à ses souffrances. Cet abandon fait encore plus de peine quand on se rappelle ces lignes du docteur Barrier écrites en 1837 :

« Le petit établissement que ma volonté a créé malgré tous les obstables imaginables, aura l'éternelle durée de ce cèdre que ma main a planté pour lui servir d'emblème et le protéger un jour de son ombre tutélaire. »

Les eaux de Celles étaient connues depuis bien longtemps, puisqu'elles font l'objet d'une brochure publiée à Valence en 1656 par un docteur de Perrin, attaché à l'hôpital de la Charité à Paris, sous le titre de : *La Spagyrie naturelle des fontaines minérales de Celles*, mais elles avaient été bien négligées jusqu'au docteur Barrier de Vernoux, qui étant venu s'établir à la Voulte en 1626, acheta peu après les sources connues et en découvrit de nouvelles.

Le docteur de Perrin affirme avoir été guéri lui-même par les eaux de Celles d'un ulcère dans les reins, guérison qui eut lieu dans quinze jours et qu'il considère comme extraordinaire, vu son âge (65 ans). Il dit que les eaux de Celles sont très profitables, non seulement aux gens du pays, mais à leur bétail, qui en est très avide et qui n'est sujet à aucune épizootie. Il déclare que les fontaines de Celles sont « l'abrégé des merveilles de la nature » et indique les maladies qu'elles guérissent particulièrement. Il mentionne trois sources : de *Lévy*, de *Ventadour* et de *Cicéron*.

Le docteur Antoine Fabre, dans son *Traité des eaux minérales du Vivarez*, publié en 1657, mentionne ainsi les eaux de Celles :

« On en va boire à Celles près la Voulte, qui ont aussi beaucoup de rapport et de conformité aux sources de Vals, si on en consulte le goût, mais n'y en ayant pas de si douces, de si bien cuittes que l'eau de la St-Jean, ni de si diurétiques que celle de la fontaine Marie... »

En 1762, le curé de Rompon écrivait : « Il y a à Celles une fontaine d'eau minérale qui est un peu chaude et que feu M. Vincent, médecin de Baïx, appréciait beaucoup... »

Le vallon de Celles est situé entre des montagnes micachisteuses, au nord, et des coteaux marneux au sud. Les derniers schistes qui se confondent avec un gneiss profondément décomposé sont recouverts par diverses couches d'argile blanche ou grise, recouvertes elles-mêmes par un banc d'alumine et de sulfure de fer, au-dessus duquel se trouvent des vases noircies par une matière carburée, auxquelles le docteur Barrier a donné le nom de *schistes à dessiner*. Qu'on ajoute à tout cela le voisinage d'un ancien volcan, et l'on ne s'étonnera pas qu'avec tous ces éléments, il y ait en cet endroit des sources minérales.

« Toutes les sources, dit M. Dalmas, sortent du point de contact entre le calcaire bitumineux de l'étage bajocien et les micaschistes de la montagne de la Serre pénétrés de pyrites. Par la sulfatation incessante des pyrites, l'eau se trouve chargée de sulfate acide de fer qui réagit sur les roches calcaires bitumineuses et produit des dégagements intermittents d'acide carbonique gazeux. Ces réactions chimiques ont dénaturé les micaschistes au point de les transformer en une roche très-légère presque entièrement composée de magnésie. Il existe aussi de la galène de plomb dans quelques fractures de la roche. »

La station de Celles compte huit sources :

Quatre alcalino-gazeuses :

Le puits artésien,
La fontaine *Ventadour*,
La *Bonne fontaine*,
La *Fontaine des Cèdres*,

Quatre ferrugineuses :

La fontaine *Lévy*,
La *Fontaine des yeux* ou de *Cicéron*,
La fontaine *Elizabeth*,
La *Source des Roches bleues*.

Les plus anciennement connues sont, comme on l'a vu par le docteur Perrin, celles de *Lévy, Ventadour* et *Cicéron*. Toutes les autres ont été découvertes par le docteur Barrier.

La source ferrugineuse de *Cicéron* qu'on appelle dans le pays la *Fontaine des yeux*, coule dans les micaschistes à 150 pas en amont de l'établissement. C'est la moins minéralisée de toutes.

La source *Lévy* est sur la rive gauche du ruisseau, en tête de l'établissement. Elle est très-ferrugineuse et tout le monde ne la supporte pas.

Dans l'établissement se trouvent la fontaine de *Ventadour* et le puits artésien.

La première avait, dans le principe, dit-on, une température de 43° centigrades qui se sont réduits à 13°.

Enfin, à trois ou quatre cents mètres en aval, on trouve la *Bonne Fontaine*. Celle-ci est très ancienne, bien que Perrin n'en parle pas. Elle avait disparu sous les éboulements. On l'a retrouvée en 1859. Elle donne quatorze litres à la minute. C'est la seule dont les eaux ne puissent s'exporter.

L'eau des Cèdres et celle de la Bonne Fontaine sont gazeuses et se boivent comme eaux de table.

Les deux autres sources ferrugineuses (*Elizabeth* et les *Roches bleues*) n'ont pas été analysées.

Le puits artésien donne cent mètres cubes d'eau toutes les vingt-quatre heures et quarante mètres cubes d'acide carbonique qui se dégage spontanément de la gerbe d'eau à l'état libre. Sa température est de 25° centigrades. Son eau, prise en boisson, fait uriner et résoud les engorgements. En bains, elle a une action très-énergique. Les usines, dit le docteur Barrier, sont la véritable voie d'élimination de toutes nos eaux alcalino-gazeuses.

Ce qui distingue les eaux de Celles, c'est le carbonate de potasse, qui, au puits artésien, a jusqu'à 106 milligrammes par litre. Les autres éléments minéralisateurs qui entrent dans la composition des principales sources de Celles sont : le carbonate de soude, le sulfate de soude, le chlorure de sodium, les carbonates de chaux et de magnésie; enfin, la silice et l'oxyde de fer.

La source de *Cicéron*, beaucoup moins sodique, ne contient ni carbonate de soude, ni chlorure de sodium, mais seulement du sulfate de soude en abondance.

Le tremblement de terre du 24 juin 1878 qui fut ressenti à Privas et le long du Rhône jusqu'à Lyon, eut une action particulière sur le puits artésien de Celles. Pendant huit jours environ avant le tremblement, le puits, qui est ordinairement intermittent, donna de l'eau avec grand bruit et sans interruption. La fontaine des Cèdres cessa aussi d'être intermittente et coula avec abondance. Après le tremblement, ces deux sources restèrent taries pendant une huitaine de jours.

**

Le docteur Barrier a publié trois mémoires sur les

eaux de Celles : le premier en 1837, le second en 1844, et le troisième en 1856, un an ou deux avant sa mort.

C'est de Barrier qu'on peut le mieux dire : Tant vaut le médecin, tant vaut la médecine ! — Et encore : Tant vaut le médecin, tant valent les eaux !

Un habile médecin obtient plus de résultat, en effet, avec des eaux médiocres, mais qu'il connaît à fond, qu'un ignorant avec les meilleures eaux du monde. Ce n'est pas tout d'avoir un bon instrument, il faut savoir s'en servir. Le docteur Barrier a passé trente ans de sa vie à étudier les eaux de Celles, et nous comprenons fort bien qu'il y ait fait des miracles. Les eaux minérales n'ont pas été créées pour rien ; chacune a ses vertus ; la question est de savoir les reconnaître et les utiliser.

Barrier avait fait ses premiers essais à Maléon, où il tenta de fonder un établissement. Il vint s'établir à la Voulte en 1826.

Là, son esprit essentiellement novateur et frappé de l'impuissance de la médecine vis-à-vis de certaines diathèses, crut trouver, dans les eaux de Celles, des moyens nouveaux, et la base d'une sorte de réforme dans la thérapeutique. Sa thèse de docteur à Montpellier (1820) indiquait déjà la disposition de son esprit à courir des voies nouvelles. Il acheta les sources dont s'était enthousiasmé le docteur Perrin. Il prôna leurs vertus avec autant d'ardeur que de sincérité. Dès 1832, les malades affluaient. En 1834, il construisit une salle d'inhalation d'acide carbonique pour les phthisiques. Doué d'une grande instruction, d'une haute intelligence, d'une ardente imagination, il devait naturellement aller aux tentatives médicales les plus hardies, et c'est ainsi que nous le voyons dès le début se donner pour objectif la guérison de ce qui se guérit si rarement : je veux dire le cancer et les affections tuberculeuses.

Barrier avait tout un système à lui.

Nous allons en indiquer brièvement les données principales, d'après ses trois mémoires et d'après l'opuscule du docteur Frachon.

Barrier considérait le corps humain comme une véritable batterie électrique, ou plutôt comme un composé de piles voltaïques, et l'on conviendra que cette idée d'éclairer constamment ses observations à la lumière électro-magnétique concorde de plus en plus avec les progrès de la science.

« Pour guérir les tubercules, disait-il, il faut chercher à mettre en jeu la grande batterie galvano-organique qui languit à défaut d'un simulant suffisant. Ainsi, dans nos laboratoires, toute pile voltaïque immergée dans de l'eau non salée ne produit que de faibles étincelles électriques, mais tout change si l'on sature le liquide d'hydro-chlorate de soude ; de même, en faisant aspirer à mes malades le gaz acide carbonique que dégagent les fontaines, je me propose de modifier les sucs inertes et muqueux qui engouent les cavités bronchiques et pulmonaires, d'aviver enfin par un fluide mieux approprié le grand moteur de l'organisme, la batterie thyro-pulmonaire. (1) »

Mais les agents métalliques que réclame la médication anti-tuberculeuse, sont le plus souvent des poisons pour l'estomac. Pour obvier à cet inconvénient, Barrier les faisait pénétrer par la voie des millions de pores dont la peau est criblée.

« Je fais absorber, dit-il, par toute la surface cutanée des agents médicamenteux divers ; je modifie ainsi tout le système celluleux sans blesser la susceptibilité de nos viscères. Je puis donc, à l'instar du jardinier, donner à mon labour l'humeur et les qualités salines qu'il importe de lui communiquer dans l'intérêt de la végétation universelle. Car, plongés dans le système celluleux, nos viscères y puisent leurs principes nutritifs et, à l'instar des végétaux dans la terre, leur végétation est luxuriante si le système cellulo-lymphatico-sanguin est dans des conditions convenables. Chaque organe polarise ensuite les principes qui lui conviennent, acquiert ainsi une texture, une manière d'être qui lui est propre. »

Barrier trouvait, non sans raison, qu'on ne comprenait pas assez l'importance de l'enveloppe tégumentaire au point de vue de la double fonction d'inhalation et d'exhalation du système cutané.

(1) Mémoire de 1857, page 152.

« La peau, avec sa texture éminemment nerveuse et impressionnable, est l'intermédiaire subtil entre le milieu ambiant où vit le corps et ce tissu cellulaire où vivent les organes ; tissu si parfaitement arrosé par la multitude infinie des canaux de la grande circulation sanguine, qui y déposent cette chair coulante indispensable à sa force vitale et à sa fertilisation, et où s'opèrent mystérieusement tous ces phénomènes d'actions et de réactions, de composition et de décomposition, d'assimilation, d'échange, sous l'influence des lois électro-magnétiques qui président à la vie organique. Donc, veiller à la régularité des fonctions de la peau et aux conditions que doivent remplir les milieux en contact immédiat avec elle, veiller à la régularité de l'imbibition et de la transsudation, de la circulation et de l'électrisation, ces fonctions basiques de toute végétation organique, dont le jeu régulier amène la santé parfaite du système lymphatico-celluleux, sont des dogmes de médecine pratique auxquels on a trop peu songé de nos jours et qui doivent nous diriger sans cesse dans la curation des maladies. »

C'est sur ces considérations de physiologie chimico-vitale que repose la méthode *iatraleptique* instituée à Celles par le docteur Barrier, pour le traitement des affections tuberculeuses en général, et de la phthisie pulmonaire en particulier.

Non content d'employer les eaux minérales naturelles de Celles, Barrier se mit à en créer d'artificielles. Il fit une sorte de cuisine des eaux et des roches de la station, les dosant et les transformant à sa guise pour les approprier au degré et à la nature des maladies qu'il traitait.

En faisant bouillir et filtrer les eaux du puits artésien et de la fontaine Ventadour, il fabriqua une nouvelle eau qu'il appelait *eau bouillie* et qu'il employait en boissons et en bains, principalement pour les glandes indurées et les tumeurs blanches articulaires.

Son eau *ferro-potassique* était faite par la distillation à sec, dans une cornue à gaz, des fragments concassés des roches d'où sortent les sources.

Il employait l'eau Ventadour bouillie en boissons pour les phthisiques.

Avec le résidu des eaux bouillies, il faisait les *sels artésiens* qu'il employait en frictions sur les parties absorbantes de la peau.

Il prétendait avoir trouvé ainsi de véritables spécifiques contre les maladies jusqu'ici réputées incurables. Il affirmait que le cuivre est au tubercule et au scrofule, l'argent aux indurations squirrheuses, ce que le fer est à la chlorose, le mercure à la syphilis.

« Ainsi, les sels de cuivre, d'argent, dulcifiés ou activés, suivant les circonstances, par les sels de plomb, de bismuth, d'étain, réactionnés par les sels alcalins de la source artésienne, administrés par la voie iatraleptique, dans un lieu plus ou moins éloigné du siège du mal, sont propres à remplir toutes les indications que le praticien peut avoir en vue. »

Les succès pratiques ont-ils répondu à ces théories séduisantes ? Barrier et ses amis l'affirment. Dans son mémoire de 1856, notre savant compatriote prétend guérir radicalement la phthisie, le scrofule et le cancer. Nous n'acceptons pas sans réserve, il s'en faut, les cures citées, mais nous admirons la foi de Barrier à son idée. Tout en reconnaissant, d'ailleurs, que cette foi a pu produire plus d'une cure impossible par nos moyens ordinaires, nous pensons que, d'une manière générale, Barrier s'est souvent fait illusion, selon l'habitude de tous les novateurs, et qu'il a attribué à ses vues spéciales et à ses eaux, plus d'un succès dû simplement à son coup d'œil médical, sans parler du bon air de Celles, de la cure des raisins qu'on y pratiquait concurremment avec les eaux, et d'autres circonstances.

Nous sommes loin, d'ailleurs, de contester les qualités intrinsèques des eaux de Celles, et nous regrettons infiniment qu'il ne se trouve pas un second Barrier, c'est-à-dire un homme de science et de conviction, pour les ressusciter. Après tout, si les expériences sont permises en médecine, c'est bien quand il s'agit de ces maladies terribles que Barrier s'était donné pour mission de guérir — et qu'il a très probablement guéries plus d'une fois, soit par les nouveaux moyens qu'il employait, soit par l'ensemble du régime qu'il imposait au malade, et dont l'effet était doublé ou triplé par les espérances de guérison qu'il savait faire partager au malade.

**

Nous fîmes avec Barbe l'ascension du petit plateau volcanique de Rompon. De là, on jouit d'une vue admirable sur le Dauphiné et l'on est frappé du contraste que présente la riche et vaste plaine de la rive gauche avec les montagnes pelées de la rive droite. De ce côté, les collines ont perdu leurs vignobles et les chênes de la zone supérieure se raréfient tous les jours.

Nous visitâmes les ruines du monastère détruit pendant les guerres de la Ligue, qui appartiennent à la famille Barrier.

Le vieux monastère de Rompon paraît avoir été le plus ancien centre religieux de cette région.

Il y eut beaucoup de dissidences entre les prieurs de Rompon et la communauté du Pouzin. Les religieux furent souvent aussi en désaccord entre eux.

En 1112, l'évêque Léger donnait au prieur de Rompon les églises de Ste-Marie de *Excobredio*, St-Etienne-du-Lac, St-Alban, St-Symphorien de Senec, St-Julien, St-Gervais, St-Cyrille et la chapelle du château de la Voulte.

D'après une tradition locale, le baron des Adrets aurait fait périr les religieux du monastère de Rompon en les enfermant dans des tonneaux hérissés de pointes de clous, qu'on faisait rouler du haut de la montagne. Bien que le baron des Adrets fût capable de tout, nous aimons à croire que cette histoire, déjà mise en circulation pour les moines de Charay, n'a pas d'autre base que l'imagination populaire.

°

En allant du Pouzin à la Voulte nous traversons le hameau de Ribières, en face du confluent de la Drôme, habité autrefois par les ravageurs, d'où son nom *Ripuarii*.

Un modeste bâtiment que nous laissons sur notre droite au village des Cabanes, n'est autre que la première fonderie établie à la Voulte.

La corderie Mariette, qui vient après, fabrique des cordes jusqu'à huit cents mètres de longueur. Ses produits sont très-estimés sur les bords du Rhône.

Nous voici à la Voulte. Il n'y a plus ici de haut baron, mais le bourg, grâce à sa couronne féodale, c'est-à-dire à son château, a conservé le fier aspect d'une de ces petites capitales du moyen-âge où siégeait un noble et puissant seigneur, investi de la haute justice et menant ses vassaux au combat, quand le roi faisait appel à sa vaillance.

La plus ancienne partie du château de la Voulte, celle qui est à la droite du grand escalier, est de 1320. La date de l'aile gauche (1582) se trouve inscrite sur une porte avec la devise de la maison de Levis :

Duris dura frango. On sait que cette maison prétendait descendre de la tribu de Lévy et c'est ainsi qu'elle se disait parente de la Ste-Vierge. Les vieillards de la Voulte se souviennent encore d'avoir vu dans l'église du château un tableau de la Madone tenant l'enfant Jésus dans ses bras : elle apparaissait ainsi, du haut d'un nuage, à un Levis prosterné devant elle : une banderolle partait de sa main et allait rejoindre le chevalier en prière ; on y lisait ces mots : *Venez à moi, mon cousin!* (1)

La plus ancienne mention de la Voulte est celle que nous avons citée plus haut : — la donation de la chapelle du château au prieur de Rompon en 1112.

Quelques années après, en 1151, la seigneurie de la Voulte appartenait à Silvion de Clérieu, auquel l'empereur Conrad accorda, ou plutôt confirma des droits de péage audit lieu.

Le mariage d'une fille de Roger de Clérieu porta cette seigneurie, au commencement du XIIIᵉ siècle, dans la maison de Fay, et c'est aussi par la voie d'un mariage (celui de Philippa de Fay avec Aymard de Poitiers, en 1213) qu'elle échut à la maison de Poitiers-Valentinois.

En 1246, Philippa légua la Voulte à Roger de Bermond d'Anduze, second fils de sa fille Josserande. Les Bermond firent alliance avec le roi de France pour repousser les incursions des Anglais et confiè-

(1) *Album du Vivarais.*

rent même pendant un an (1295) aux troupes royales la garde de leur château.

La maison de Levis-Ventadour devint maîtresse de la Voulte en 1395 par le mariage de Philippe de Levis avec Antoinette de Bermond, fille aînée de Louis de Bermond qui était dame de la Voulte et de plus de trente paroisses en Vivarais.

Un de ses successeurs, Anne de Levis-Ventadour épousa Marguerite, fille d'Henri, duc de Montmorency. C'est celle qui est connue sous le nom de *bonne duchesse*.

La baronnie de la Voulte passa enfin aux Rohan-Soubise en 1694 par le mariage d'Anne Geneviève de Levis avec Hercule Mériadec de Rohan. (1)

D'après une vieille tradition, les seigneurs de la Voulte avaient le droit de vendre leur vin un sol plus cher que le cours du jour, « quand même il piquât un peu. »

Avant la Révolution, le territoire de la Voulte était assimilé pour les tributs royaux aux terres allodiales. Il n'était point soumis à la taille et ne payait d'autre impôt que le vingtième auquel les biens nobles étaient seuls assujettis.

Après la Révolution, la terre de la Voulte, dé-

---

(1) Ceux qui voudraient connaître plus à fond l'histoire des seigneurs de la Voulte trouveront à l'année 1877 de la *Revue du Dauphiné* (un excellent recueil malheureusement disparu) deux notices intéressantes sur ce sujet : l'une de M. Anatole de Gallier, et l'autre de M. Lafayolle.

pouillée de ses droits féodaux, s'est trouvée appartenir, moitié au prince de Condé et moitié aux Rohan, transplantés en Bohême. Le château de la Voulte fut vendu après 1830 à la compagnie des hauts-fourneaux.

Un ancien procès de la ville contre les représentants des seigneurs fut terminé vers la même époque par le duc de Rohan et le duc d'Aumale. L'un et l'autre, pour tenir lieu à la commune de la Voulte d'une rente que les barons, leurs devanciers, lui payaient annuellement, lui ont abandonné les grandes îles du Rhône qui sont au-dessous de la ville. (1)

Le château de la Voulte est aussi remarquable par ses dimensions que par sa position superbe, commandant le Rhône et dominant toute la plaine du Dauphiné.

De la terrasse du château, le spectacle est splendide. Le regard s'étend à perte de vue jusqu'aux Alpes, qu'on aperçoit quand le temps est clair, et je suppose qu'avec de bons yeux, on pourrait aussi apercevoir la mer de Provence. Nous vîmes à sa place des vapeurs légères de toutes couleurs entre lesquelles filait au loin le Rhône comme un fleuve de plomb fondu.

La compagnie des mines n'utilise qu'une partie de ce magnifique édifice, tant pour elle et ses employés que pour loger l'école des Frères.

(1) *Album du Vivarais.*

Le conseil d'administration tient ses réunions dans une grande salle où nous remarquâmes, à défaut d'objets d'art, trois gravures représentant les trois usines de la compagnie : La Voulte, Bessèges et Terre-Noire.

La chapelle du château a longtemps servi d'église paroissiale. Dans les périodes agitées, on y tient les clubs. C'est là, je crois (à moins que ce ne soit à Tournon) qu'un candidat de 1848, Chabert, d'Aubenas, obtint un soir un véritable succès, grâce à sa présence d'esprit. Un électeur lui dit :

— Citoyen Chabert, que pensez-vous de la route royale n° 104 ?

Chabert, qui était ingénieur hydraulique à Arles, avait complètement oublié, s'il l'avait jamais su, ce qu'était la route n° 104. Il se leva avec une assurance toute patriotique et répondit :

— Je pense, citoyen, qu'il faut dire route *nationale*.

La salle faillit crouler sous les applaudissements et le malencontreux questionneur n'osa plus ouvrir la bouche.

On remarque dans cette vieille église une chapelle, dite des princes, qui est ornée de jolies sculptures. Le motif principal est la résurrection du Christ frappant d'effroi les gardes du sépulcre. Des Vandales ont tout mutilé.

La cure de la Voulte était desservie depuis 1863

par des moines Augustins dont le couvent se trouvait dans l'enceinte même du château.

L'église est à côté du château, tous deux également rougis par la poussière des mines. L'église a été consacrée en 1860. Elle est d'un style roman très-pur. Elle a trois nefs séparées par des colonnes élancées. Le chœur semble un peu restreint pour l'ensemble de l'édifice.

On remarque dans la chapelle de St-Joseph un tableau, provenant de l'ancien château et auquel on attribue une certaine valeur. Il représente le duc de Ventadour et la *bonne duchesse*.

L'église a été bâtie sur les ruines d'un vieux temple. Quel dommage qu'on n'ait pu nous montrer le trou, dont parle Albert du Boys, où les prêtres païens rendaient leurs oracles !

Autrefois le Rhône faisait à la Voulte un détour. Il passait derrière l'emplacement actuel de l'usine avant de venir défiler aux pieds du village et du château. C'est de cette *volta* que le bourg aurait pris son nom, à moins qu'il ne l'ait tiré, comme le prétend le curé de la Voulte en 1762, « des grottes *(volte)* que la nature a formées dans le rocher au penchant duquel la ville est bâtie. » Il y a vers l'usine un quartier appelé le *Revol* dont le nom semble mieux concorder avec la première hypothèse.

On lit encore dans la lettre du curé de 1762 :

« Nous croyons qu'il y aurait sur notre territoire

des mines de vernis (?) ; il y a de la couperose et dans un quartier une espèce d'ocre ou craye rouge que les pauvres viennent ramasser pour porter d'un côté et d'autre. La Voulte a cela de commun avec presque tout le Vivarais, d'avoir des eaux minérales. Il y a une source dont nous ne connaissons pas le minéral dont le sédiment est rouge.

« On a trouvé quelquefois quelque médaille en fossoyant la terre. Il y a quelque temps qu'on trouva un petit antique de bronze d'un Mercure avec ses attributs en relief. Comme nous ne croyons pas cette ville ancienne, il est à présumer que ces pièces avaient été tirées du château lorsque les seigneurs de Ventadour l'habitaient. La paroisse paye au Roy dix escus d'albergue par un privilège accordé, à ce qu'on dit, à la communauté et à deux autres paroisses qui sont du même mandement par le roy Jean. »

Les habitants de la Voulte jouissaient de très anciens privilèges qu'ils auraient obtenus en repoussant une attaque des Anglais. Ce fait d'armes remonte probablement à l'époque (1295) où la ville fut remise à Philippe-le-Bel. Il est fâcheux qu'un érudit de la région n'ait pas tiré au clair cet incident glorieux pour elle.

On a trouvé à la Voulte et aux environs quelques squelettes d'éléphants, d'où l'on a conclu au passage de l'armée d'Annibal en cet endroit. Mais, comme on a trouvé de ces mêmes ossements sous les basaltes du

Coiron où certainement les Carthaginois ne sont jamais allés, il semble plus raisonnable de voir dans les uns et dans les autres les traces d'une époque, bien antérieure aux Romains, où l'éléphant vivait dans nos contrées et y fut la victime d'une révolution géologique.

Nous visitâmes l'usine. Le grand jour nuisait à l'effet. Que ce doit être beau la nuit quand les hauts-fourneaux se détachent en volcans dans les ténèbres, et les hommes en ombres cyclopéennes sur les murailles éclairées par les flammes. Par exemple, nous n'aurions peut-être pas si bien vu de nuit que notre grande usine vivaroise fabrique plus d'obus que de charrues, ce qui prouve que les théoriciens humanitaires ont encore fort à faire pour convertir le monde. Mais, si le progrès politique est contestable — Barbe lui-même en fit l'aveu devant un amas d'obus sur lequel il faillit trébucher — on ne niera pas au moins le progrès des soufflets d'usine, en comparant à la Voulte la puissante machine qui envoie avec furie des torrents d'air pour embraser les fourneaux, au frêle chalumeau dont on fait encore usage à la ferme du Tanargue pour attiser le foyer.

On nous raconta que, lors de la fête du 14 juillet, la municipalité de la Voulte avait fait promener les enfants dans les rues en chantant la *Marseillaise*. Je ne crois pas que ce soit le meilleur moyen de façonner les jeunes cervelles à l'obéissance et au travail, qui sont les choses les plus essentielles à cet âge, ni même au patriotisme, à moins qu'on ne l'entende comme une chanson.

Une sorte d'obélisque sur une petite place, attira notre attention. C'est un petit monument en pierre calcaire, élevé à la mémoire de quatre francs-tireurs, enfants de la Voulte, tués pendant la guerre de 1870. La balustrade qui l'entoure est déjà privée de quelques lances, ce qui ne fait pas honneur aux gens de la Voulte. On ne peut qu'applaudir à l'intention qui a inspiré ce monument. Mais pourquoi diable les auteurs l'ont-ils gâté politiquement et artistiquement en surmontant l'obélisque d'un affreux petit buste jaune qui semble faire la grimace aux passants ? Si c'est la République, elle n'est à coup sûr ni belle ni aimable. Dans tous les cas, *non erat hic locus.*

La place sur le Rhône est ombragée de trois magnifiques platanes.

Il est question d'établir sur ce point un pont sur le Rhône. Le gouvernement donnerait 600,000 fr. Je ne demande pas mieux. Mais on demande tant d'argent à ce pauvre gouvernement — sans prendre garde que cet argent c'est le nôtre — qu'on finira, je crains bien, par le ruiner — c'est-à-dire par nous ruiner.

Les anciens de la Voulte se rappellent du temps où le pays était moins peuplé et moins riche, mais plus d'un reconnaît que la moralité générale a payé les frais de la richesse moderne. Les éléments étrangers ont, comme au Pouzin, au Teil et ailleurs, singulièrement altéré les anciennes habitudes patriarcales, et les plus optimistes conviennent que les mœurs sont loin de valoir ce qu'elles valaient autrefois. Ne serait-ce pas le cas, ami Barbe, de dire comme quelqu'un de notre connaissance :

Ah ! progrès moderne — quand on te regarde bien — tu n'es bien souvent qu'une affreuse écrevisse !

Nous fîmes avec Barbe le tour du château. Du côté du bourg, il nous fallut suivre une ruelle étroite et descendre des escaliers à pic. Une pauvre vieille, qui devait bien approcher de la centaine, sortit d'un de ces taudis et nous demanda l'aumône. Barbe lui donna quelque monnaie. Elle nous accabla de plus de bénédictions certainement que le don ne comportait.

Les rues de la Voulte sont une curiosité, j'allais dire une merveille locale. La plupart ne sont que des espèces d'échelles par où l'on grimpe de la plaine à l'église et au château. Je me demande comment s'y prenait l'abbé de Montgouvert pour les traverser avec son joyeux cortège. J'ajoute qu'elles sont d'une malpropreté qui ne fait pas plus l'éloge des administrés que des administrateurs. Aussi l'état sanitaire de la Voulte est-il déplorable. La fièvre typhoïde y est en permanence, et l'on ne peut s'étonner que d'une chose, quand on sort de ces passages infects et des affreux taudis où logent tant de pauvres diables, c'est qu'il n'y ait pas encore plus de victimes. Il me semble que si l'on s'occupait sérieusement de remédier à cet état de choses, on ferait de la meilleure démocratie qu'en coiffant des Mariannes ou en faisant chanter la *Marseillaise* à des moutards !

XXIV.

LA VALLÉE DE L'ÉRIEUX.

St-Laurent-du-Pape. — Pontpierre. — Droits féodaux. — Le général Rampon. — Les hommes d'autrefois et ceux d'aujourd'hui. — Les Ollières. — La baronnie de Chalancon. — Les eaux minérales de Maléon. — St-Sauveur-de-Montagut. — L'ancienne et la nouvelle route de St-Sauveur à St-Pierreville.

La vallée de l'Erieux s'ouvre, un peu au delà de la Voulte, par le beau vignoble de Pravieux sur lequel semble veiller le bourg de Beauchastel, autrefois *Bellicastrum*, parce qu'il y avait un beau château. C'était une ancienne baronnie de la maison de Soubise. Il existe à Beauchastel une source d'eau minérale, mais dont la réputation ne dépasse pas les limites de la commune.

Au loin on aperçoit le joli village de St-Laurent-du-Pape. D'où vient ce nom ? D'après la version la plus répandue, St-Laurent-du-Pape serait ainsi nommé parce que le pape Pascal II y aurait passé en 1107 en revenant de Viviers, où il était allé consacrer l'église cathédrale, mais cette étymologie est contestée par l'abbé Garnodier, qui connaissait fort bien cette région, comme le montrent ses *Recherches sur St-Romain-de-Lerp et ses environs*. Nous y voyons que St-Laurent-du-Pape s'appelait autrefois *St-Laurent-d'Autussac*. Il y avait deux moulins dont l'un fréquenté de préférence par les protestants, prit le nom de *moulin de Calvin* et l'autre celui de *moulin du pape*. De là le nom de *St-Laurent-du-Pape* ou *le Pape* donné à St-Laurent-d'Autussac.

De St-Laurent on aperçoit, par dessus la montagne qui borne la vallée au nord, les ruines gigantesques du château de Pierregourde, qui sont sur la commune de Gilhac-et-Bruzac.

Autrefois, pour peu qu'il y eût de l'eau dans les rivières, les voyageurs qui remontaient la rive droite du Rhône étaient obligés d'aller faire le tour de St-Laurent, où il y a un beau pont sur l'Erieux construit par les Etats du Languedoc vers 1770. Aujourd'hui, grâce au pont suspendu, on va en ligne droite de la Voulte à Beauchastel.

A mi-chemin de St-Laurent à St-Fortunat, les archéologues vont visiter un vénérable débri aussi intéressant pour eux, que le pont de St-Laurent l'est pour les charretiers. C'est une culée avec la naissance de l'arceau du vieux pont romain appelé *Pontpierre* sur lequel passait la voie romaine de Privas aux Ollières. Ce pont a été emporté au XVII° siècle. L'abbé Rouchier suppose qu'une voie romaine sur la rive droite de l'Erieux reliait ce pont à la grande voie du bord du Rhône, voie que l'Erieux aurait détruite en changeant de lit, et cette supposition paraît assez vraisemblable. La carte de l'état-major a transformé *Pontpierre* en *Fontpeyre*.

Nous déjeunâmes à St-Laurent. Barbe fit honneur au perdreau qu'on nous servit. Un perdreau des Boutières ! — Je convins qu'il était excellent, mais j'avoue qu'en songeant à la grâce et au caractère inoffensif de ces pauvres bêtes, j'ai souvent des remords de notre cruauté à leur égard. J'essayai de faire partager ces scrupules à Barbe qui me répondit : Vous avez peut-être raison ; le meilleur est de ne pas y songer !

Nous repartîmes dans la direction de St-Fortunat. Avant d'y arriver, on aperçoit sur la droite le petit manoir de Mondon, où étaient les celliers des seigneurs de la Tourette.

On bâtit actuellement une église à St-Fortunat. L'ancienne avait été élevée sur les ruines d'un couvent de Bénédictins.

Le calvinisme fit, dès son début, de grands progrès à St-Fortunat et dans les environs. Antoine Sabbé, curé de cette paroisse, défendant en justice les droits de ses bénéfices, le 7 juillet 1663, dans un procès où on lui opposait la prescription, s'expliquait en ces termes :

« Il est facile d'être relevé du laps de temps, étant de fait que cette paroisse ayant toujours été captivée sous le poids de ceux de la religion prétendue réformée, depuis le commencement de l'hérésie de Calvin, les prêtres qui desservaient cette église, au nombre de onze, furent tous jetés dans un puits qui est dans l'enclos du domaine de ladite église ; les papiers, titres et fondations furent tous enlevés ou brûlés, laquelle pesée avait duré jusques aux dernières guerres civiles de Privas, qui furent en l'an 1629 auquel temps le curé de St-Fortunat, avec ses paroissiens, auraient ressenti les derniers efforts de ces mouvements, les religionnaires ayant effacé toutes les marques de christianisme, démoli l'église, le presbytère, chassé le curé. »

L'ancienne seigneurie de St-Fortunat faisait partie de la baronnie de Durfort qui comprenait les paroisses de St-Fortunat, St-Vincent-de-Durfort et St-Cierge. Ces deux dernières furent aliénées par les marquis de la Tourette qui gardèrent seulement St-Fortunat.

Les barons de Chalancon avaient à St-Fortunat « droit de lods au 4e denier pour les fiefs et biens nobles, et au 5e pour les biens ruraux, droit de prélations, d'amendes, confiscation, droit de péage anciennement, et toujours fours et moulins bannaux, droit d'épave, de chasse, de pêche, four à chaux, mesurage du vin, etc., et aussi droits de leydes et de langues, mais ceux-ci seulement par indivis avec le prieur de St-Fortunat. » (1)

La paroisse de St-Fortunat était divisée en quatre parcelles : Lens, les Ollières, Gerieu et la Bouisse, chacune ayant son consul.

**

St-Fortunat a été le berceau du général Rampon. Son père y était, dit-on, perruquier et l'on montre encore la maison où il faisait la barbe à ses clients.

Rampon naquit le 16 mars 1759 et c'est en 1775, par conséquent à l'age de seize ans, qu'il s'engagea dans le 70° de ligne. Il passa dans les grenadiers en 1777, fut nommé caporal en 1782, sergent en 1783, fourrier en 1784, sergent-major en 1789 et enfin sous-lieutenant en 1792. Avec les évènements de la Révolution, ses progrès dans la carrière devinrent plus rapides. — Les opérations contre les Espagnols, dans les Pyrénées-Orientales, lui valurent successivement en 1793 les grades de capitaine, de chef de bataillon et de colonel chef de la 129° demi-brigade. Fait prisonnier, il sortit de captivité au bout de deux ans et fit la campagne d'Italie comme colonel de la

---

(1) Voir le mémoire de M. de la Tourette sur la baronnie de Chalancon, qui se trouve dans le tome 25 de la *Collection du Languedoc*.

129ᵉ demi-brigade, laquelle, avec la 21ᵉ et la 118ᵉ, forma plus tard la fameuse 32ᵉ demi-brigade, celle dont Bonaparte disait : « J'étais tranquille, la brave 32ᵉ était là ! » Tout le monde, même dans l'Ardèche, connaît le fait d'armes qui a immortalisé Rampon : cette héroïque défense de la redoute de Montelegino où l'on vit 1200 hommes, électrisés par leur chef, barrer le passage à 12,000 Autrichiens le 21 germinal an IV (1796) et assurer le succès de la bataille de Montenotte.

« Ce fut dans cette redoute, écrivit Bonaparte au Directoire, que le chef de brigade Rampon, par un de ces élans qui caractérisent une âme forte et formée par les grandes actions, fit au milieu du feu prêter à ses soldats le serment de mourir tous plutôt que de se rendre. Honneur au brave qui donna ce grand exemple à ses compagnons d'armes ; le serment de Montelegino leur révéla le secret de leur force et préluda dignement à leurs immortels exploits. »

Le Directoire récompensa Rampon en le nommant général de brigade et décida, en outre, qu'il serait fait un tableau pour transmettre à la postérité le souvenir du serment de Montelegino.

Nous ne suivrons pas le général Rampon dans le reste de sa carrière en Egypte et en Europe, à la tête de la 32ᵉ. Rappelons seulement qu'il fit partie de la Chambre des pairs en 1814, de la Chambre des pairs pendant les Cent-Jours, qu'il y rentra en 1819, et qu'il est mort le 2 mars 1842.

Il faut avouer que les hommes de ce temps-là valaient mieux que ceux d'aujourd'hui. Ils faisaient moins de discours mais agissaient mieux. Ils avaient ce feu patriotique que nos théories insensées de politique cosmopolite, nos rêves de fraternité universelle, ont maintenant éteint. Ils croyaient à Dieu, et ceux qui n'admettaient pas le Roi, savaient au moins se faire tuer pour la patrie. Voilà pourquoi ils ont chassé les Prussiens du territoire et battu l'Europe coalisée, tandis que.... nous avons fait le contraire. A nos yeux, la modeste origine du général Rampon, rehausse encore l'éclat de sa carrière et c'est dans ce but que nous l'avons rappelée ici.

La tombe du général Rampon se trouve au cimetière Montparnasse, à côté du petit monument élevé par la société de Géographie à la mémoire de Dumont d'Urville, mais le corps a été exhumé, il y a quelques années, et transporté dans l'Ardèche.

Les montagnes de St-Cierge et de Rompon, dont le groupe confus est dominé par la montagne de St-Quentin, s'étendent en face, sur la rive droite de l'Erieux. Le déboisement de toute cette région, produit une impression des plus pénibles. On dirait que l'homme est partout acharné à sa perte.

La vallée de l'Erieux, jusqu'ici assez large, se rétrécit après St-Fortunat. En face de St-Vincent-de-

Durfort, la rivière fait un grand coude, formant la presqu'île des Ollières. On a vu plus haut que cette localité, plus importante aujourd'hui que St-Fortunat, n'était autrefois qu'une succursale de cette dernière. Le curé écrit en 1762 :

« Les Ollières contiennent soixante feux. Il y a une grande maison, en forme de petit château, appartenant à M. Desfours. Il n'y a point de terres titrées dans la paroisse de St-Fortunat, mais on y compte environ vingt-quatre seigneurs directs. »

On remarque aujourd'hui aux Ollières, les belles usines de M. Fougeirol.

Un pont suspendu fait passer la route de la rive gauche à la rive droite de l'Erieux.

Sur le coteau de Bellevue, près des Ollières, il y a la *table du diable*.

Le chemin de Chalancon se détache aux Ollières de la grande route de l'Erieux, à laquelle restera lié éternellement le nom du général Dautheville. Aujourd'hui que le brave général est mort et que son éloge ne peut plus gêner aucune candidature, on nous permettra bien de dire qu'il a été, par la part qu'il a prise à cette œuvre, le grand bienfaiteur du bassin de l'Erieux, comme M. Valadier l'a été de la région de Vallon. Au risque de déplaire aux avocats, nous avouons que ce genre de titres nous paraît infiniment plus honorable pour ceux qui les possèdent, comme aussi infiniment plus profitable au pays, que tous les petits ou grands bavardages et les démonstrations anti-religieuses qui composent à peu près exclusivement le bagage de tant d'hommes politiques de nos jours.

Chalancon — où nous aurions voulu aller, mais le temps nous manquait — est un lieu bien déchu de son ancienne splendeur. Les barons de Chalancon sont vieux comme Hérode — selon l'expression de Barbe. L'évêque du Puy qui reçut Charles VII chanoine du Puy le 14 mai 1422, était de cette famille. Charles VII fit alors chevalier, entr'autres personnages, les barons de Chalancon, d'Apchier et de La Roche, pour avoir défendu le Puy contre le duc de Bourgogne. Quand Charles VII revint au Puy en 1424, il y fut encore reçu par l'évêque Guillaume de Chalancon.

Chalancon a joué un rôle assez important dans l'histoire de nos guerres religieuses.

L'armée protestante des princes et de Coligny y passa en mai 1570, en se rendant à Saint-Etienne, après la Saint-Barthélemy. Charles du Peloux fut assiégé à Chalancon par les protestants. — Du Peloux les battit. — La trêve de Lotaire, négociée par Pierregourde, suspendit les hostilités entre les catholiques et les protestants. Chalancon fut assiégé de nouveau l'année suivante par Pierregourde, et dut capituler. La ville fut alors démantelée.

En 1587, Chambaud, après s'être battu à Charmes,

vint s'installer à Chalancon, où il fut attaqué par les catholiques.

« Il se retira à Chalancon, *villette démantelée* où se trouvant attaqué par ses ennemis tandis qu'il la faisait rétablir à pierre sèche, il soutint un combat de dix-huit heures pendant lequel le soldat était souvent obligé pour se défendre, de jeter à l'ennemi la pierre qu'il avait destinée à bâtir. »

En 1623, Chalancon fut remis au roi et l'on y rétablit la messe.

Tout en causant de Chalancon, nous étions arrivés au hameau du Moulinon que domine le château de la Cheisserie. En cet endroit, la vallée de l'Auzenne forme avec la vallée de l'Erieux, un angle aigu sur lequel se dresse le *Mons Acutus* qui a donné son nom à la localité.

Abandonnant alors la route de l'Erieux, notre voiture tourna à gauche pour gravir le chemin, d'ailleurs fort bien entretenu, qu'a fait construire M. Fougeirol, pour les eaux de Maléon. Ce chemin a une longueur de deux kilomètres. La source minérale de Maléon bouillonne dans une fissure du granit, au milieu même du lit de la rivière. Elle est protégée contre les infiltrations par une forte maçonnerie, mais elle disparaît sous les eaux pour peu que la rivière devienne forte. Ici comme à Desaignes, c'est une chèvre qui aurait, la première, fait découvrir la source.

Un petit hôtel reçoit les buveurs.

J'appris qu'Alphonse Karr y était venu l'été précédent avec son gendre, M. Bouyer, un des compagnons d'étude de M. Fougeirol à l'école polytechnique.

Les eaux de Maléon sont alcalino-gazeuses et fort agréables à boire. Voici leur composition chimique, pour un litre d'eau, d'après l'analyse de M. Mazade :

Acide carbonique libre.	2.630
Bicarbonate de soude	1.260
— de potasse	0.480
— de chaux	0.172
— de magnésie	0.030
— de fer	Traces
Chlorure de sodium	0.288
Sulfate de soude	0.027
Phosphate et chaux d'alumine.	0.010
Fluate de chaux	» »
Silice	0.020
Iodure alcalin.	Indices.

L'eau de Maléon a parfois un goût de soufre, mais cela passe en bouteille. La même chose arrive, du reste, à bien d'autres eaux vivaroises les plus justement renommées, comme celles de Vals et du Vernet.

L'eau de Maléon se conserve très-bien en bouteilles, car nous en bûmes une vieille de quatre ans, qui moussait comme du St-Péray. Nous fûmes moins heureux avec une bouteille de vingt-deux ans;

celle-ci avait perdu son gaz, mais je pense que cela serait arrivé à la meilleure eau de Vals ou de Vichy.

Notons ici que les personnes qui conservent des eaux minérales plus d'un an, feront bien de les tenir à l'abri de la gelée, car le froid, outre le danger qu'il fait courir aux bouteilles, exerce sur l'eau une action décomposante.

Un détail assez piquant, c'est que la ville où il se débite le plus d'eau de Maléon est Aix-les-Bains.

Maléon est de la commune de St-Sauveur et n'en est séparé que par l'étroite montagne qui porte les ruines du château de Montagut. Ces ruines consistent en une tour carrée qui domine une grange et les restes d'une vieille chapelle dont on a fait un grenier à foin. C'était autrefois un poste militaire important. Il y avait un détachement de soldats commandés longtemps par les Châteauvieux.

St-Sauveur est au confluent de l'Erieux et de la Glueyre. Ces deux rivières donnent autant d'eau l'une que l'autre, mais, comme il faut, dans ce monde, qu'il y ait toujours un battant et un battu, comme l'égalité est impossible même entre les rivières, c'est la Glueyre qui, je ne sais pourquoi, s'annihile dans l'Erieux.

— Parbleu ! dit Barbe. Je le sais bien, moi. Lisez le Code. La femme doit obéissance à son mari. La Glueyre doit céder à l'Erieux, comme la Saône au Rhône.

— On ne saurait, en effet, répondis-je, trouver un argument plus légal. Mais pourquoi ne l'a-t-on pas suivi à Privas ? Pourquoi Monsieur Mézayon se fond-il dans Madame Ouvèze ?

Barbe n'avait pas songé à cela.

— C'est peut-être, dit-il en riant, qu'à Privas, les femmes sont plus fortes que les hommes... Il faudra soumettre le cas à Mme Barbe.

Il y a deux fontaines minérales à St-Sauveur-de-Montagut, toutes deux dans le lit de la rivière, l'une en aval du village, sur la rive gauche de l'Erieux, à l'endroit appelé *la Blache*, l'autre en amont du village, dans la paroi du rocher qui encaisse Glueyre. Celle-ci est d'un difficile accès, sinon pour les grenouilles, au moins pour les touristes, et se trouve le plus souvent submergée à cause d'une levée construite un peu plus bas qui a notablement élevé le niveau de la rivière, en sorte qu'il est rare de pouvoir boire de l'eau minérale pure.

Il est vraiment incompréhensible que l'autorité locale laisse ainsi détruire pour le bon plaisir d'un seul, une propriété publique. Cette incurie est caractéristique de notre temps. Autrefois, on s'occupait un peu moins de donner la chasse aux frères et aux sœurs, mais on se montrait beaucoup plus soucieux des intérêts communaux. Allons, M. le maire, faites-moi bien vite disparaître cette levée qui vous accuse, et, si vous voulez être pardonné, après avoir sauvé la fontaine de la noyade, rendez-la plus accessible, et protégez-la par une bonne maçonnerie contre les infiltrations.

Quand les eaux de Glueyre sont basses et que l'eau minérale de St-Sauveur sort pure, malgré la levée, on en remplit des dames-jeannes qu'un brave homme de Privas vend à ses compatriotes pendant l'été pour de l'eau de Maléon...

— Et ajouta Barbe, s'il se permet ainsi de les faire aller, il ne faut pas s'en étonner, puisque cette eau a, dit-on, des vertus laxatives.

Après ce joli jeu de mots, mon ami Barbe me quitta pour aller régler une affaire dans un hameau voisin.

Que peut-on faire, un soir d'été, à St-Sauveur, quand on y est de passage et qu'on n'y connaît personne ? Le lièvre de La Fontaine songeait. Moi je fis deux heures de promenade sur le pont, d'où j'entendais à la fois la musique de Glueyre et celle de l'Erieux, et où je pouvais laisser aller ma pensée à perte de vue jusqu'à la lune et aux étoiles, sans avoir à redouter d'autre distraction que le passage d'un rare voyageur ou l'aboiement d'un chien. Quelques nuages immobiles tachaient çà et là le bleu obscur du ciel. Les lumières s'éteignaient successivement aux fenêtres du village.

Il me semblait que les deux rivières se parlaient.

— Tiens, c'est toi ! D'où viens-tu donc ?

— Je viens de Marcols.

— Et moi de St-Martin.

Glueyre raconta à l'Erieux les dissidences de la compagnie des eaux de Marcols avec le propriétaire des sources. La compagnie, qui ne veut pas qu'on mette de l'eau dans son vin, accuse M. Luquet d'avoir, en arrosant ses prairies, altéré l'eau des sources. Mais les experts ont donné, dit-on, gain de cause à M. Luquet et ses prairies pourront continuer de verdir en paix. Glueyre mentionna aussi le bruit que la compagnie de Vichy était en pourparlers pour acheter les eaux de Marcols.

L'Erieux lui répondit par tous les menus cancans de St-Martin et du Cheylard, ce qui parut beaucoup amuser Glueyre. L'Erieux, encouragé, se lança dans la haute politique, parla des juges de paix destitués, des visites de candidats et essaya d'analyser leurs discours, mais sans pouvoir y parvenir.

— C'est comme chez nous, dit l'autre ; la politique, au moins celle des candidats, est l'art de parler pour ne rien dire.

Quand je vis la tournure que prenait leur conversation, je me bouchai les oreilles et j'allai me coucher. Mais il me sembla que les deux rivières se moquaient de moi et me criaient : Est-ce qu'on peut parler d'autre chose aujourd'hui que de politique ? Est-ce qu'elle ne comprend pas tout ? Est-ce qu'elle ne remplace pas le travail, la tempérance, la paix, la richesse, toutes les vertus et tous les biens d'autrefois ?

Et elles avaient bien raison. Cette malheureuse politique, naguère inconnue dans nos campagnes, trône maintenant dans les mairies, dans les cabarets, partout : en sommes-nous plus heureux ?

* * *

Le lendemain nous partîmes dans la direction de St-Pierreville, c'est-à-dire en remontant Glueyre.

Nous laissâmes à notre gauche le ruisseau et la vallée d'Orsane, où passe l'ancienne route, pour suivre la vallée de Glueyre où la nouvelle, dont la pente est beaucoup plus douce, a été construite.

La vallée est passablement tortueuse, mais le chemin est bon. On dirait toujours que la vallée est barrée et qu'il n'y a plus qu'à retourner sur ses pas, mais chaque fois une issue nouvelle s'ouvre au dernier moment. Les eaux de Glueyre, claires, rapides, bruyantes, filent pour ainsi dire sous nos pieds. On aperçoit au bas quelques vignes ; au dessus, quelques échamps de blé ou de pommes de terre, puis des châtaigniers sur toute la partie moyenne et supérieure de la montagne.

Le paysage a quelque chose d'imposant dans sa sauvagerie. C'est un de ceux qui font le mieux comprendre le caractère indépendant et mystique de l'habitant des Boutières. S'il est encore un peu ours, il ne faut pas oublier que toutes ces vallées forment l'ancien royaume des ours, c'est-à-dire la contrée où, d'après les appellations encore existantes (Orsane, St-Julien-d'Ursival, le hameau de Wors, etc.) les ancêtres de l'Ours-Martin se sont le plus longtemps maintenus.

A mi-chemin de Marcols, nous quittâmes Glueyre pour monter à St-Pierreville dont la verte vallée s'ouvrait à notre gauche.

L'ancienne route, par la vallée d'Orsane, où nous avions passé l'année précédente, a une pente plus raide, mais elle a sur la nouvelle l'avantage d'être exposée au midi. C'est encore par là que passeront piétons et voitures toutes les fois qu'il y aura un hiver rigoureux, car la neige ou la gelée rendront alors bien souvent la route de Glueyre impraticable.

L'ancienne route s'élève à une hauteur qui dépasse celle du village de St-Etienne-du-Serre qu'on aperçoit à gauche sur le versant opposé de l'Orsane. Cette vallée est très-boisée et produit presque autant de châtaignes que la vallée de St-Pierreville. Il est à remarquer que les genêts abondent sur le versant exposé au sud, tandis que les buis préfèrent le versant opposé. Plus haut, ce ne sont que genêts et bruyères. Plus haut encore, le genêt reste seul.

Le sommet de la montée est au col de Tauzuc qui est le centre des momiers de la contrée. On appelle momiers dans cette région, les protestants qui n'admettent pas de ministres et écoutent tous ceux qui ont ou croient avoir l'inspiration. Dans la vallée de Mézayon, les protestants sont...protestants. Dans les vallées de l'Auzenne et de Boyon, il y a surtout des momiers. C'est une femme, Mme Manson, de Tauzuc, qui est la grande organisatrice de leurs réunions et le vrai ministre de la contrée.

XXV.

ST-PIERREVILLE.

L'eau de Condillac à St-Pierreville. — Pierre Marcha et le château de Pras. — Quelques notes inédites sur l'auteur des *Commentaires du Soldat du Vivarais*. — Le commerce de St-Pierreville. — Les marrons glacés. — Le château de la Tour et ses anciens seigneurs. — Claude de Vocance. — Le combat du 4 juin 1709. — La haute vallée de St-Pierreville. — Les Quatre-Vios. — A propos d'une *pinée* sur la montagne. — Phonolites et basaltes. — Un congrès démocratique à l'auberge de la Paille. — Les *yssards* du bon Dieu. — Le chemin de fer de la vallée d'Ajoux. — Le curé de Gourdon.

Le bourg de St-Pierreville est posté à mi-côte dans une jolie position, au milieu d'un véritable océan de châtaigniers. Grâce à sa bonne exposition au midi, il ne doit pas y faire trop froid en hiver, et ce doit être un délicieux séjour d'été.

Les voisins jaloux appellent ce bourg *St-Piétreville*. Les paysans disent *Violo*. Quand ils disent *Vaou vêi Violo*, cela veut dire qu'ils vont à St-Pierreville. S'ils veulent parler de la Viole, qui est dans la vallée voisine, ils disent *Violo d'Antraigo*.

L'église est à une seule nef. On ignore la date de sa fondation. L'abside est très-élevée et forme cinq arceaux coupés par des nervures. La chapelle actuelle de la Vierge était autrefois la chapelle de la maison de la Tour et c'est là qu'on enterrait les anciens seigneurs. On nous assure qu'on voyait jadis sur les nervures de la voûte, du côté de la porte d'entrée, des inscriptions en caractères grecs qu'un malheureux crépissage aurait fait disparaître.

Nous déjeunâmes dans une auberge où, ayant eu l'idée de demander de l'eau minérale de Marcols, on nous offrit de l'eau de... Condillac. Cette proposition fit entrer Barbe en fureur, et certes il y avait de quoi. Il voulait quitter immédiatement cette auberge si peu patriote pour aller dîner à l'autre — et j'eus quelque peine à le calmer. Mais j'espère bien que l'algarade qu'eut à essuyer l'aubergiste, le guérira de cette sotte idée d'avoir de l'eau de Condillac, une eau sans sel et sans nerf, un peu gazeuse, voilà tout, quand on a à deux pas de chez soi les sources de Marcols et de Maléon.

Les anciens seigneurs de St-Pierreville étaient les Marcha, dont le manoir existe encore à une demi-heure du bourg, sur le versant de Glueyre au milieu d'un magnifique bois de châtaigniers.

Ce manoir n'est plus aujourd'hui qu'une ferme, mais on y voit encore une tour carrée et les restes de deux tours rondes. Pierre Marcha y avait fait bâtir une chapelle, mais son château fut brûlé avant l'achèvement des travaux.

D'après une tradition en cours parmi les Marcha de St-Pierreville, leur famille serait venue du côté de l'Espagne et le célèbre Pierre Marca, né à Gand, dans le Béarn en 1594, président au Parlement de Pau en 1639 et archevêque de Paris, serait un de ses membres. C'est un Marcha, en garnison dans le Vivarais, qui y aurait fait souche, en épousant une fille noble du pays. Lors de son séjour à Paris en 1789, à l'occasion des Etats-Généraux, M. de St-Pierreville fit quelques démarches auprès du consul d'Espagne en vue de mieux connaître l'origine de sa famille, mais il ne paraît pas être arrivé à un résultat précis. Il est à remarquer seulement que les armes de l'archevêque Pierre Marca sont *de gueule au cheval d'or passant*, c'est-à-dire les mêmes que les armes des Marcha de St-Pierreville avant qu'elles fussent modifiées par les armes des Bourdier.

Les premiers Marcha connus en Vivarais sont, dit-on, les deux frères Pierre Marcha le Vieux, et Pierre Marcha le Jeune, auteur des *Commentaires du Soldat du Vivarais*.

Les plus anciens papiers des Marcha, dont M. de Gigord a bien voulu nous donner connaissance, ne mentionnent pas le frère aîné, dont il est ici question, mais nous y avons trouvé, écrites de la propre main de Pierre Marcha, les notes suivantes sur son mariage et la naissance de ses enfants :

« Ladite demoiselle Suzanne Bourdier, restée seule et unique, fut colloquée en mariage en l'an 1614 le 13 may, avec moy Pierre Marcha, conseiller et maître des requestes de la Reyne, sieur dudit Pras... »

Ils eurent les enfants ci-après :

Isabeau, née le 12 novembre 1615, mariée en 1629 à M. du Chier, de la maison de Sibleyras ;

Suzanne, née à Pras, le 14 juin 1617, présentée au baptême par noble Christophe de Gamon, sieur de Lhomenas, et demoiselle de la Chaisserie, marraine de Suzanne Bourdier, mariée à M. de la Bastide, de Largentière ;

François, né à Pras, le 10 août 1619, marié en 1640 avec Mlle Fleurie de la Chava, de St-Pierreville ;

Marie, née à Paris, en 1621, morte et enterrée à St-Pierreville en 1635 ;

Annet, né le 15 juillet 1626 ;

Pierre, né à Pras, le 12 février 1641, marié, en 1661, à demoiselle Antoinette Faure. Ce dernier eut en juin 1642, une fille qui fut mariée, en 1658, à Joseph Puech, d'Aubenas.

L'auteur des *Commentaires* avait été ministre du St-Evangile et député au synode de la Rochelle en 1620, mais le Jésuite d'Arnoux le convertit. Son abjuration eut lieu à Rouen en 1627 en grande solennité. Elle lui valut naturellement la haine de ses anciens coreligionnaires et il paraît bien l'avoir un peu provoquée lui-même, au moins si l'on en juge par son propre témoignage. Voici, en effet, ce que nous trouvons dans les *Commentaires du Soldat du Vivarais*, à la date de mars 1628 :

« Le peu d'ordre que les députés avaient tenu pour les munitions nécessaires à l'armée, avait obligé de donner un intendant à l'armée, pour laquelle chose fut choisi le sieur de Marcha de Pras, gentilhomme des Boutières, maître des requêtes, lequel avait été huguenot zélé, mais s'était converti. Le Roi lui avait accordé une pension de six cents livres en 1622, qu'il mérita bien par ses services, *n'ayant aucun égard pour les huguenots*, ses anciens frères, lesquels outrés de rage, et ne pouvant lui en faire sentir les effets à lui-même, s'en prirent à ses biens, et notamment à son château de Pras, situé près de St-Pierreville, qu'ils lui saccagèrent, et pillèrent tous ses meubles et papiers, quoique M. de Ventadour y eût commis, pour le garder, vingt hommes entretenus aux dépens du pays, qui n'ayant point de chefs et entourés de rebelles, abandonnèrent la place dans le mois de mars. »

La nomination de Pierre Marcha comme intendant militaire est du 20 février 1628.

Le 27 mars, Marcha fit procéder à une enquête par M. de Serres, juge du Vivarais, sur *les actes d'hostilité commis dans sa maison et sur ses biens, tant aux premières qu'aux présentes guerres civiles*, et il demanda, dans sa requête, le droit de représailles contre ceux qu'il désignait comme les dévastateurs de ses propriétés. — Le dommage fut évalué à trente mille livres.

Il paraît que Marcha exerça ses fonctions d'intendant militaire pendant plusieurs années.

C'est à sa sollicitation que le Roi émit en 1638 des lettres patentes accordant des foires à St-Pierreville.

Il fut nommé plus tard conseiller en la cour et siège présidial de Montpellier et mourut en 1646.

D'après les traditions locales, auxquelles l'ensemble des témoignages semblait donner une certaine force, Marcha aurait été assassiné par les protestants dans la cuisine même de son château de Pras, et l'on nous a même montré la fenêtre par où les assassins postés dehors auraient tiré sur lui deux coups d'arquebuse.

Mais nous avons acquis la preuve que ces traditions sont erronées. Il résulte, en effet, de l'inventaire des biens de Pierre Marcha (en date du 7 novembre 1646) que ce dernier mourut de maladie, le 31 mai 1646, dans la maison de Blaise Ortial, à St-Pierreville. Sa veuve, Suzanne, déclare au juge royal envoyé de Privas pour présider à l'inventaire, que « son mari a été atteint d'une maladie qu'il a gardée l'espace d'une année, pendant lequel elle l'a, sans aucun intervalle, servi de tout son pouvoir, sans y avoir rien épargné, ayant à ces fins fait de grands frais et dépenses jusqu'à ce qu'il est décédé ; qu'il n'a pas fait de testament, mais qu'il l'a chargée, entr'autres choses, de faire ses obsèques et honneurs funèbres et aumônes suivant sa qualité et condition, et pour ce sujet lui a baillé la somme de deux cents livres. Elle l'a fait enterrer le plus honorablement, avec les solennités acoutumées en l'église C. A. R., ayant à ces fins assemblé quatre prêtres et certain nombre de pauvres portant torches et flambeaux, avec les escussons et armoiries de la maison de Pras, et fait orner le grand autel de l'église de satin noir et la bière ou estait le corps couverte d'un drap mortuaire et, après avoir esté inhumé, a fait l'aumône à environ huit cents pauvres, et à chacun donné un pain de son marqué avec un plein culier de sel, et noury pendant deux jours les parents, amis et voyageurs qui assistaient audit enterrement, comme c'est la coutûme du pays, comme aussi de mesme durant la neuvaine les plus proches assistants, et après a fait faire la quarantaine, de sorte qu'elle a employé tout l'argent que lui a délaissé son mari, mesme en a employé davantage..... »

L'inventaire spécifie tous les meubles et objets, laissés par le défunt. Quant aux papiers, Suzanne déclare qu'une partie est dans cette maison de Blaise Ortial, et une autre au château de Pras dans un cabinet dont elle a la clé.

Les enfants et gendres de Pierre Marcha, qui figurent à l'inventaire sont :

François, sieur de Bessas ;

Annet, sieur de Burine ;

Jean de Sibleyras, sieur du Chier, mari d'Isabeau ;

Noble François de Bompar, mari de Suzanne.

Il résulte d'autres papiers que le mariage de Jean de Sibleyras avec Isabeau s'était fait dans des conditions assez anormales. Sibleyras était avec les protestants qui saccagèrent le château de Pras en 1628 ; il s'empara d'Isabeau qui n'avait que quatorze ans, et, si le père consentit plus tard au mariage, nous voyons par une lettre en date de 1629, qu'il faisait encore à ce moment des démarches pour faire poursuivre au criminel le ravisseur de sa fille.

Suzanne du Bourdier vivait encore le 16 février 1660, puisque son testament porte cette date.

Dans son mémoire sur la famille de Marcha, pour obtenir des lettres de maintenue de noblesse, M. de St-Pierreville, qui habitait Aubenas, vers 1756, constate que tous les titres et papiers qui se trouvaient au château de Pras lors de l'envahissement des protestants en 1628, furent brûlés ou enlevés.

Notons ici, d'après les généalogies de M. Deydier, qu'une petite nièce de Pierre Marcha, c'est-à-dire la petite fille de son frère aîné, fut mariée à un Marc Tailhand, d'Aubenas, un des aïeux de l'honorable sénateur de l'Ardèche.

La famille Marcha, de St-Pierreville, ne s'est éteinte qu'au commencement de ce siècle. Elle avait conservé le château de Pras, mais elle habitait depuis longtemps Rocher, près de Largentière. Le dernier membre de cette famille était un libéral de son temps, comme la plupart, du reste, des petits nobles du siècle dernier, qui peuvent se flatter d'avoir contribué à la Révolution encore plus que les bourgeois.

Ce Saint-Pierreville mourut sans postérité. Il avait un frère, capitaine d'artillerie au régiment de Grenoble, qui s'était marié en Lorraine avec une demoiselle d'Hermann de Marquigny. Un seul enfant naquit de ce mariage et mourut jeune. C'est ainsi que tous les biens de la famille échurent à un Gigord (famille noble du Dauphiné), qui était venu s'établir à Joyeuse et avait épousé une sœur de M. de St-Pierreville.

La famille Chazalet acheta le château de Pras, vers 1810, à M. de Gigord.

M. Chazalet nous montra deux vieux chenets à figure sculptée, d'un travail assez curieux. C'est tout ce qui reste de l'ancien mobilier du château.

Les *Commentaires du Soldat du Vivarais* n'ont été publiés qu'en 1811 par M. de la Boissière (et une édition en a été faite en 1872, par M. Roure), mais ils étaient connus depuis assez longtemps de toutes les personnes qui s'occupaient de l'histoire de nos contrées et il en existait des copies dans plusieurs bibliothèques. Or, M. de la Boissière constate que toutes ces copies ont été prises sur le premier manuscrit qui se trouvait dans les archives de M. de St-Pierreville. Ce témoignage est confirmé par le marquis de Jovyac qui, dans une lettre du mois d'avril 1768, parle des *Commentaires du Soldat du Vivarais* dont il a vu l'original. Il s'étonne qu'on le fasse circuler et croit que Marcha de Pras en est l'auteur.

Dans une autre lettre de la même année, il dit que M. de St-Pierreville a remis l'original à M. de Balazuc, parce que le bisaïeul de ce dernier, M. de Montréal, est comme le héros de ces mémoires.

M. de Gigord possède deux vieux manuscrits des *Commentaires du Soldat du Vivarais*, dont un est bien probablement le manuscrit original mentionné par M. de Jovyac. Les deux lacunes du commencement et de la fin, qui ont été remplies par deux notes de l'éditeur, sont de la main de M. de la Boissière, et en comparant l'écriture du reste à l'autographe de Pierre Marcha relatif à son mariage et à la naissance de ses enfants, on ne peut pas douter que le manuscrit ne soit de lui.

*
* *

Le commerce de St-Pierreville consiste surtout en bestiaux, beurre, noix et châtaignes. La *pitance* du pays — c'est ainsi qu'on appelle tout ce qui se rapporte au laitage — est très-renommée, mais dans le canton seulement. Hors de là, tous les produits de St-Pierreville changent de nom : ses fromages deviennent fromages de Mézilhac, son beurre n'est plus que du beurre de montagne, de même que ses châtaignes sont baptisées marrons de Vesseaux ou de St-Fortunat, selon qu'elles passent par l'Escrinet ou par l'Erieux. La châtaigne qui domine dans la vallée est la *combale*, ainsi nommée, dit-on, parce qu'elle vient surtout dans les *combes* (versants exposés au midi); on la vend comme les marrons, presque le double de la châtaigne ordinaire. Elle ne vaut pas cependant la *sardone*, qui est le vrai marron, mais elle s'en rapproche. La *sardone* tend malheureusement à disparaître de nos plantations ardéchoises; on la remplace peu à peu par des espèces plus robustes et plus productives, sacrifiant en cela, comme c'est l'usage aujourd'hui, la qualité à la quantité.

Autrefois, au temps où les communications étaient plus difficiles, on faisait sécher à la fumée la plus grande partie des châtaignes. A cet effet, chaque ferme était munie d'une large cheminée dont toute la chaleur et la fumée allaient dans la *clède*. Les fermes importantes avaient pour cela un appartement fait exprès appelé le *mator*. Aujourd'hui, grâce aux débouchés, il y a plus d'avantage à vendre la châtaigne fraîche et l'on ne met plus guère sécher à la *clède* que le rebut pour servir aux besoins de la maison.

**

A propos de châtaignes et de marrons, je me souviens qu'un jour mon ami Barbe resta fort interloqué devant son petit garçon, un enfant de six ans, qui lui demandait en quel pays *venaient les marrons glacés.*

— Petit sot! répondit-il, ne sais-tu pas que ce sont des *sardones* que nos paysans vendent aux confiseurs de Lyon, de Marseille ou d'ailleurs, et qui nous reviennent ensuite transformées en marrons glacés ?

— Mais pourquoi, dit alors l'enfant, ne le faisons-nous pas nous-mêmes ? Nous pourrions en manger davantage.

Cette réflexion, si juste dans sa simplicité, nous frappa et nous avions souvent pensé, depuis lors, qu'il était pour le moins naïf de notre part d'abandonner à d'autres les profits d'une industrie facile et lucrative, dont la nature nous avait si libéralement fourni la matière première.

Cette duperie a heureusement pris fin et, grâce à l'intelligente initiative de quelques Privadois, et notamment des frères Marchier, déjà connus par la fabrication de poudres pour boissons hygiéniques, et de l'habile confiseur Serardy, le petit Barbe n'aura plus rien à dire.

Depuis l'année dernière, en effet, les marrons glacés *viennent dans l'Ardèche* : — à Privas, sinon à Vesseaux et à St-Pierreville. La société qui *les fait pousser*, s'est, d'ailleurs, donné une tâche plus générale qui est d'utiliser et de faire connaître toutes les bonnes choses que l'on récolte dans l'Ardèche. Ses principaux produits sont, d'abord, ces excellents marrons glacés que recherchent déjà les spécialistes parisiens, puis des pralines au sucre de marron, enfin un nougatin et des bonbons digestifs préparés au sel minéral de Vals. Son succès ne m'étonne pas, et il me semble que le département doit s'en féliciter comme d'un succès qui lui est propre et qui le lave du reproche de bêtise. J'avoue que la désignation de *marrons de Lyon* employée pour un produit essentiellement vivarois, m'a toujours agacé, et la société en question n'arriverait-elle qu'à faire rendre gorge aux Lyonnais, qu'il faudrait encore lui en savoir gré.

**

A St-Pierreville et dans tous les villages des Boutières, le feu de la St-Jean est en grand honneur. Quand le bûcher est près de s'éteindre, les plus agiles le sautent les premiers, puis les autres ; personne n'essaye d'échapper à cet exercice, pas même le maire ni le curé. On prétend que cela préserve du mal aux pieds Le lendemain matin, on fait passer les troupeaux sur les cendres pour les assurer contre le *zavari* : c'est ainsi qu'on appelle la maladie des bêtes à corne caractérisée par des fentes dans le sabot.

Au-dessus de St-Pierreville, la vallée s'élargit. Les prairies et les cultures alternent avec les hêtres et les châtaigniers, et çà et là quelques bouquets de pins — des *pinées*, comme on dit dans le pays — jettent quelque variété dans le paysage.

Du milieu de cette verdure surgissent, en divers points, des entassements de rochers, ce qu'on appelle ailleurs des *graveyras*, qu'on prendrait de loin pour des forteresses ruinées. Une de ces pseudo-ruines, située dans le quartier de Gouleyres, à St-Etienne-du-Serre, a sa légende. On dit qu'elle recouvrait jadis un large souterrain occupé par des faux-monnayeurs. Une *pierre branlante* leur servait de coin pour frapper leur monnaie. Cette pierre, affirme-t-on, existe encore, quoique nous l'ayons inutilement cherchée. On ajoute que, malgré ses énormes dimensions, il suffit de la toucher du doigt pour produire une oscillation visible. La bande fut mise en déroute par les troupes royales. Les derniers survivants cachèrent si bien l'issue du souterrain, qu'on n'a jamais pu le retrouver. Les paysans n'en affirment que mieux l'existence d'un trésor caché sous ces pierres.

D'après une autre tradition, les faux-monnayeurs, poursuivis par la maréchaussée, se seraient eux-mêmes ensevelis vivants dans leur repaire, en bouchant l'entrée avec des rochers poussés de dedans en dehors. Les gens des environs assurent que, si l'on passe à Gouleyres à minuit, on entend des coups sourds et répétés sous terre; ce sont, disent-ils, les faux-monnayeurs qui travaillent pour le diable.

*

Le château de la Tour domine toute la vallée de St-Pierreville et y fait un fort bel effet. On l'aperçoit de partout, jusqu'aux Quatre-Vios. Son architecture n'offre rien de bien remarquable ; sa construction irrégulière laisse voir qu'il a été bâti en plusieurs fois ; la partie la plus ancienne paraît remonter au xiv° siècle. Le rez-de-chaussée est entièrement voûté, et même une partie de l'étage supérieur. Les tours sont pourvues de machicoulis et de meurtrières et les murs sont très-épais.

Le manoir a vu six familles seigneuriales se succéder dans l'espace de six siècles ; ce sont :

1° Les Montagut, à qui l'on attribue les premières constructions du château (1280 à 1385) ;

2° Les Poinsac du Velay, dont l'un épousa Catherine, héritière des Montagut (1385 à 1545) ;

3° Les Pouzols, qui venaient des environs de Ste-Eulalie, où l'on voit encore les ruines de leur château (1545 à 1572) ;

4° Les la Motte-Brion, par le mariage de Rouff de la Motte-Brion (frère du comte de la Motte dont il est question dans l'histoire de St-Jean-François-Régis) avec Bonne Marie de Pouzols (1572 à 1634) ;

5° Les Vocance, originaires de Valence, par le mariage de l'un d'eux avec Madeleine de la Motte-Brion (1634 à 1769) ;

6° Enfin, quelques années avant la Révolution, François de Marquet. petit fils de Scipion de Vocance, succéda à son grand-père dans la seigneurie de la Tour.

Le marquis de Jovyac, qui visita le château de la Tour vers 1765, en parle ainsi :

« M. de Vocance a là un assez grand château assez délabré, un bel escalier, six ou sept domaines avec haute, moyenne et basse justice, avec quelques privilèges qui en dépendent, le tout relevant de M. le prince de Soubise. Il a hérité de M. de Poinsac en Velay. Il a grande envie de se marier, il a cependant 74 ou 75 ans, mais il est vigoureux. — Sa fille, Mme de Marquet, mariée à Valence, l'en empêche tant qu'elle peut. »

Elle y réussit, car le bon vieillard ne se remaria pas. Il mourut peu après, en septembre 1769, à Valence chez sa fille, à la maison des Têtes, qui leur appartenait. Ce Vocance, qui s'appelait Scipion, avait épousé Anne-Françoise de Sibleyras, arrière-petite fille de Pierre Marcha, dont il avait eu un fils mort avant lui sans postérité.

Son père, Claude de Vocance, était un personnage important du pays. Il fut nommé en 1698 colonel d'un corps de milice bourgeoise, en remplacement du marquis de Jovyac (le père du correspondant de dom Bourotte), nommé colonel d'un autre corps.

Claude de Vocance s'était rendu redoutable aux agitateurs protestants qui résolurent de s'en débarrasser. Il fut assassiné le 13 mai 1709, un jour qu'il revenait de la foire de Mézilhac, par la bande d'Abraham Mazel, Billard et Justet, de Vals.

M. du Bay qui, quoique protestant, défendit courageusement son ami Vocance, fut aussi tué par les Camisards. Ce crime causa une grande affliction, non-seulement aux catholiques, mais aussi aux protestants sensés dont bon nombre prirent fait et cause pour les catholiques contre la bande insurrectionnelle, composée entièrement d'étrangers au pays. M. de Vocance était très aimé, très populaire. On en parle encore aujourd'hui avec respect dans ces montagnes et on montre, dans le bois de Mézilhac, où il fut assassiné, une pierre qui porte, dit-on, la trace de son sang que rien n'a pu effacer.

La bande des meurtriers s'étant considérablement augmentée, on envoya contre elle un corps composé de nouvelles levées de miquelets et de Suisses, sous les ordres de M. de Courten, mais les Suisses ayant refusé de tirer, cela mit la panique dans les rangs. Le colonel de Massillan fut tué et le mal eût été bien plus grand sans la ferme attitude du colonel de Jovyac, qui rallia les fuyards et fit reculer les assaillants. Les balles allaient jusqu'au château de la Tour. L'affaire eut lieu le 4 juin.

On sait que la bande fut anéantie le 8 juillet suivant, sur la montagne de Leyris, près de Vernoux. C'est là que Justet, de Vals, mourut avec une bravoure à laquelle ses adversaires eux-mêmes rendirent hommage.

Les armoiries de Vocance étaient *de gueules à trois heaumes d'argent*.

Le château de la Tour appartient aujourd'hui par moitié à M. Comte, héritier de Mme de Tournay née de Marquet, et à M. Blanchenay, notaire. Nous y avons vu de vieilles tapisseries et quelques portraits des anciens seigneurs de la Tour, notamment celui de Claude de Vocance.

Les Marquet étaient de Die ; ils vinrent se fixer à Valence, où l'un d'eux épousa l'héritière de la maison de Dorne.

Mme de Marquet (Suzanne de Vocance) était restée veuve en 1742, après un an de mariage. Elle atteignit un âge très avancé. A l'époque de la Révolution, elle refusa d'émigrer avec le reste de sa famille et pendant ce temps orageux, elle vécut confinée dans le château de la Tour, où elle donna asile à plus d'un proscrit. C'était une femme remarquable par son esprit et son amabilité autant que par sa fermeté de caractère ; elle avait de nombreux amis. Avant 1793, lorsqu'elle habitait la maison des Têtes, à Valence, elle recevait familièrement Napoléon Ier, qui était l'ami et le contemporain de ses petits-fils, avec le comte Pierre de Montalivet, M. de Sucy, etc. Elle montrait beaucoup de sympathie pour le *lieutenant Bonaparte* qui causait de préférence avec elle ou lui faisait la lecture, tandis que les autres jeunes gens s'amusaient. François de Marquet, son fils unique, émigra en 1793 aux Etats-Unis avec sa femme, sa fille et le fils qui lui restait. Le père et le fils y moururent. Sa femme et sa fille trouvèrent, en revenant, leurs biens confisqués ; il fallut donc se réfugier à St-Pierreville et c'est là que mourut, âgée de plus de quatre-vingts ans, M™ de Marquet. Sa fille, M™ de Tournay, est morte à Valence en 1841. (1)

Les autres anciennes demeures seigneuriales de la contrée, toutes plus ou moins tombées au rang de fermes comme le manoir de Pierre Marcha, sont Masréal ou le château Bernard, le Bouchet, la maison de Sibleyras. Les Sibleyras furent à l'origine des notaires. On a vu que Scipion de Vocance avait épousé l'héritière de cette maison. Le château de Sibleyras fut vendu en 1789 par M™ de Marquet à M. Marze, l'arrière-grand'père du propriétaire actuel.

On montre non loin du château de la Tour, un endroit appelé *Malpertuis* (mauvais trou) qui paraît être la bouche d'un ancien volcan. On trouve des pierres ponces dans le lit de Veyruègne (2).

En route, notre conducteur nous raconte qu'un paysan de Marcols, nommé Nury, a fait des fouilles pendant deux ou trois ans dans les ruines du château de Don pour y trouver un trésor. Si du moins ce brave homme avait organisé ses fouilles de façon à faire pousser des raves ou des pommes de terre ! Les

---

(1) Lacroix, *Bulletin d'archéologie de la Drôme*, 1882, p. 520.
(2) Nous devons à l'obligeance de M™ Lascombes, née Comte, une grande partie de nos renseignements sur St-Pierreville, et nous lui en témoignons ici notre gratitude.

vrais trésors sont ceux que La Fontaine a indiqués dans la fable qui commence ainsi :

> Travaillez, prenez de la peine,
> C'est le fonds qui manque le moins !

Est-ce que les instituteurs à Marcols auraient négligé de faire apprendre cette fable à leurs élèves ?

**

Nous laissons à notre gauche la route de St-Julien-du-Gua, qui nous conduirait plus directement au col de la Fayolle, et nous continuons à grimper vers le Champ-de-Mars.

Un troupeau de vaches, qui circule dans un champ dominant la route, vient sur la muraille pour nous regarder. Ah ! c'est que les voyageurs ne sont pas communs dans la contrée. Elles nous contemplent avec de grands yeux. Jamais je n'ai si bien compris l'épithète *boopis* dont Homère est si prodigue. Si l'on pouvait savoir ce que pensent ces braves bêtes !

La vallée de St-Pierreville est peut-être celle de toute l'Ardèche qui produit le plus de châtaignes.

Mais avant d'arriver aux Quatre-Vios, les châtaigniers cessent ; on entre dans la région des genêts et des pâturages.

Nous trouvons sur la route un cantonnier. Cantonnier de St-Pierreville aux Quatre-Vios : avec une pareille position sociale, on va tout droit en paradis.

Vers les Quatre-Vios, des bois taillis bordent la route. Il y a là des chênes, des hêtres, des pins, des aliziers, des genêts, des bruyères, des chalayes (érables) et surtout des *ooulanieiro* (noisetiers) qui, selon la judicieuse réflexion de Barbe, font des *ooulagno*.

Le gibier ne manque pas dans ces bois taillis.

Mon attention est frappée par une *pinée* qui couvre la crête de la montagne à notre droite.

— Vous voyez cela, Barbe ?
— Oui.
— Cela ne vous dit rien ?
— Non.
— Cela me dit à moi que, puisque le pin pousse là-haut, il pourrait aussi bien pousser partout ou à peu près, et par conséquent que si le pays n'est pas plus boisé, c'est la faute aux habitants. Ah ! braves gens du pays, au lieu de demander à vos candidats s'ils sont pour M. Gambetta ou pour M. Grévy, demandez-leur s'ils ont planté des arbres dans leurs terres, car une belle pinée vaut mieux que les plus beaux discours ; elle sert à assainir l'air, à retenir les terres et, par suite, à diminuer le dommage des inondations. Je ne connais pas, ami Barbe, celui qui a planté cette pinée, mais pour sûr c'est un brave homme — et je regrette de ne pas savoir son nom pour le signaler ici à l'admiration et au bon exemple de tous nos concitoyens.

**

On appelle *Quatre-Vios* la rencontre de la route de

St-Pierreville avec celle de Mézilhac à l'Escrinet. Ce nom, dont l'origine latine n'a pas besoin d'être démontrée, signifie *quatre voies*.

— Mais, il n'y en a que trois, dit Barbe.

— Cela prouve, au moins, dis-je, qu'il en existait une quatrième, et, si l'on observe que ce beau plateau de là-haut, qui couronne le mont Rosée, où nous sommes, s'appelle le Champ-de-Mars ; que sur ce même plan, au dessus du bois de la Tour un autre plateau porte le nom de César, et enfin qu'on a trouvé, sur divers points de cette région des monnaies, des médailles et des débris d'armes, on est en droit de conclure que les Romains ont occupé ce point...

— Je ne dis pas non, dit Barbe, mais je demande la *quatrième voie*...

— La quatrième voie continuait la route de St-Pierreville vers le Champ-de-Mars, qui était sinon un camp fortifié, au moins un merveilleux observatoire pour surveiller l'approche de l'ennemi. Elle s'est oblitérée naturellement, depuis que les légions romaines ont cessé d'y passer.

Le plateau du Champ-de-Mars était un bénéfice dépendant de l'infirmier de Charay. Un sentier qui y aboutit du côté de Genestelle, s'appelle la *mountado dos mouort*. D'après une tradition locale, César aurait été battu en cet endroit.

Des Quatre-Vios on peut monter sur le Champ-de-

Mars en un quart d'heure, mais il était un peu tard et Barbe était fatigué. Nous remîmes donc l'excursion à un autre jour.

L'airelle-myrtille tapisse de verdure les interstices des rochers volcaniques que sillonne la route.

Bientôt nous jetons un dernier salut au château de la Tour et à la vallée de St-Pierreville et nous passons dans la vallée de Gréselière.

Nous apercevons là-bas des arbres et des rochers entre lesquels se cache St-Julien-du-Gua.

La voiture file rondement à la descente. Nous voici à l'auberge de la Paille. Ce lieu me rappelle un congrès démocratique ou plutôt un conciliabule nocturne, qui s'y tint vers 1850. Il y avait bien là une vingtaine de délégués de la société secrète d'alors, venus de divers points du département, mais surtout de Privas, Valence, Aubenas, Antraigues, Largentière et Joyeuse. Je me souviens d'un ex-instituteur du canton des Vans, qui y était venu avec une théorie militaire et qui ne fit qu'insister sur les avantages de l'école de peloton et sur la nécessité d'organiser militairement l'insurrection. Ce n'était pas un méchant homme au fond, et j'ai reçu même plus tard de lui des lettres de Londres, où il s'était réfugié en 1851, dans lesquelles il paraissait avoir mieux compris la vie politique de l'Angleterre que celle de la France. Il est vrai que le temps et l'expérience sont de grands maîtres. Je ne me souviens pas bien des opinions émises par les autres délégués, mais je sais bien qu'on ne s'entendit sur rien, et que chacun en partant avait l'air de regretter les fatigues de cette course aventureuse dans les montagnes. On repartit avant l'aube, comme on était arrivé la nuit close. Je ne crois pas que l'autorité d'alors ait jamais eu vent de cette réunion, pas plus que de celle de Cruas qui s'était tenue quelques mois auparavant.

Au-dessous de la Paille, sur le versant de St-Julien-du-Gua, on aperçoit des maisons recouvertes en lames de phonolite gris — d'où le nom de *Grésière*.

Les phonolites finissent ici et les basaltes leur succèdent.

A un kilomètre environ plus bas est l'auberge du col de la Fayolle où aboutit la route de St-Julien. Celle-ci est bâtie contre un dike basaltique qui la protège au nord. Tous les murs sont en basaltes dont le noir ressort vigoureusement sur le blanc de la chaux.

C'est le grand rendez-vous des chasseurs à l'époque des oiseaux de passage. La même bande ailée passe au col de Clochaud ou *Cliachaud*, qui est un peu plus loin vers St-Pierreville, tandis que le col de l'Escrinet et celui du Vernet servent de passage à une autre bande. *Clia* signifiant pierre dans l'idiôme local, *Cliachaud* pourrait bien signifier *Pierre chaude*, ce qui s'expliquerait par le sol volcanique de la région.

Au delà de la Fayolle est le pic de la *Truche*. C'est ici qu'est la source de la rivière d'Oyse qui passe à St-Andéol-de-Bourlenc.

Un autre pic appelé le *Tru* se dresse en face de la roche Gourdon.

On peut voir dans toute cette région le basalte se décomposer et passer à l'état de terre végétale. Le vieux sol vivarois, resté pur granit, n'aurait jamais eu la fertilité que lui ont donnée ces grands *yssards* appelés volcans que Dieu a brûlés pour lui et dont les cendres lui profitent encore après des milliers d'années.

Nous avons vu dans cette région charger des charrettes de terre de bruyère destinée, dit-on, aux jardiniers de Marseille.

Tout le long de la route du col de la Fayolle à Gourdon, ce ne sont que débris de basaltes ou scories volcaniques, tantôt restés à découvert, exposés à l'action décomposante du soleil, de l'eau et de la gelée, et tantôt recouverts de pâturages où paissent les troupeaux.

A Champrevers, entre la Fayolle et le col de Saracé, on voit des basaltes horizontaux.

Deux buttes volcaniques, très-pittoresques, se regardent des deux côtés de la route au col de Saracé : ce sont les rochers de Corbières. Rappelons à ce propos l'ancienne juridiction de Corbières qui existait en 1334 et qui, en 1619, appartenait à Marc de Goy.

On nous signale en passant l'existence d'une source minérale à Cévelas (Issamoulenc), une autre à Avezolles, etc.

Nous voici dans la vallée d'Ajoux. Celle-ci nous frappe par sa profondeur que fait encore ressortir l'élévation de la roche de Gourdon qui la domine. C'est ici qu'on voit le mieux la possibilité de relier directement St-Sauveur-de-Montagut à Privas, la vallée de l'Erieux à la vallée de Mézayon, par un chemin de fer. Nous reviendrons plus loin sur cette question.

Le vieux Gourdon que nous avons laissé à gauche est presque abandonné. Deux ou trois familles sont restées fidèles à leurs baraques. Toutes les autres, avec l'église et l'école, sont descendues à la Planche, dans la vallée de l'Oyse.

Gourdon a dû posséder autrefois un curé, d'une franchise un peu gauloise, car il y a toute une légende sur le curé de Gourdon. C'est lui qui, ayant à se plaindre de ses paroissiens, leur aurait adressé un jour le speech suivant :

« Quand je serai mort, le Seigneur me dira : Curé de Gourdon, qu'as-tu fait de tes ouailles ? — Que pourrai-je répondre ? Rien. Le bon Dieu me répétera la question et je serai encore obligé de garder le silence. Mais quand il me dira pour la troisième fois : Curé de Gourdon, qu'as-tu fait de tes ouailles ? Je lui répondrai : *Mestré Seigné, bestio me los ové bilado, bestio vouï los touorné !* »

XXVI.

LE PASSÉ ET L'AVENIR DE PRIVAS.

Revue chronologique. — Batailles pour le chef-lieu, de 1790 à 1811 — Le futur chef-lieu, si Privas ne sort pas de son impasse.

Il me semble que ce *Voyage autour de Privas* serait incomplet s'il ne contenait pas un aperçu de l'histoire de Privas. — Nous allons l'essayer en procédant, pour plus de clarté, par ordre chronologique.

La première mention de Privas dans l'histoire ne remonte pas, que nous sachions, au delà de l'année 1107.

Le pape Pascal II passa à Privas, venant de Cluny, le 13 juillet de cette année et y signa une bulle réglant diverses affaires relatives à l'évêché de Narbonne.

Dans ces lointaines époques, la vie politique s'irradiait en quelque sorte du Rhône vers les montagnes. — Le fleuve n'était pas une limite, mais un foyer, et c'est ce qui explique comment l'autorité ecclésiastique qui n'avait, d'ailleurs, fait que suivre les traditions des anciennes administrations romaines et peut-être gauloises, s'étendait de la rive gauche sur la rive droite. Bien avant même qu'il soit question de Privas, nous voyons la rive droite du Rhône, de

Cruas à Tournon, relevant de l'évêché de Valence, et de Tournon à Annonay, relevant de l'archevêché de Vienne, tandis que l'évêché de Viviers possédait seulement sur le Rhône, la section du Bourg à Cruas.

Or, comme il résulte de pièces nombreuses que les comtes de Toulouse ont exercé, à partir de 990, une autorité effective sur le Valentinois et le Diois (1), on peut supposer que dès cette époque aussi, le pouvoir spirituel suivant ordinairement le temporel, Privas reconnaissait, comme le reste du diocèse de Valence, situé sur la rive droite du Rhône, la souveraineté du comte de Toulouse.

Vers 1032, quand la haute souveraineté de la province échut aux empereurs d'Allemagne, il se forma en France plusieurs petits Etats sous l'autorité de seigneurs qui devinrent de véritables souverains. Parmi eux se trouvaient les Dauphins et les comtés de Valentinois. Ces seigneurs, d'après l'opinion très-vraisemblable de Fauché-Prunelle (2), étaient en général d'anciens chefs politiques qui, se détachant du gouvernement central, surent se maintenir dans les fonctions qu'ils tenaient de ce gouvernement, en conservant entre eux le rang hiérarchique de leurs fonctions, et devinrent seigneurs féodaux des contrées de leurs commandements.

(1) Baron de Coston, Hist. de Montélimar, t. I, p. 45.
(2) Idem p. 47.

1165. — Privas est nommé avec Boulogne, St-Alban, Baïx et le Pouzin, parmi les terres dont Raymond V, comte de Toulouse, donne l'investiture à un fils naturel de Guillaume de Poitiers marié sous ses auspices à l'héritière d'Adhémar, comte de Valentinois.

1198. — Aymar 1er, fils de Guillaume, acquiert par son mariage avec Philippa de Fay, la baronnie de la Voulte et d'autres terres dans le Velay.

1213. — Démêlés d'Adhémar de Poitiers avec l'évêque Nicolas, à propos de Barrès et de Rochessauve.

1236. — Aymar fait hommage à Raymond VII de nombreux châteaux en Vivarais, parmi lesquels Baïx, St-Alban, Tournon-lez-Privas, Boulogne, le Pouzin, la Gorce, St-Andéol, Brion, St-Agrève et quatorze autres.

1264. - Aymar II transige avec le prieur de St-Marcel de Larose, près Tournon-lez-Privas, sur lequel le comté avait toute juridiction et où il prenait le vingtième du pain et du vin, et dont les habitants étaient tenus envers lui de tous subsides, de toutes corvées et clôtures, excepté celles des châteaux de Tournon et Privas.

1281. — Un document, signalé par l'abbé Rouchier (1) mentionne à cette date les franchises municipales de Privas.

---

(1) *Hist. du Vivarais*, p. 116.

1284. — Raymond Olivier, prieur de Bonnefoy, échange avec Aymar de Poitiers, la rente de quarante sols accordée aux Chartreux de Bonnefoy par ses prédécesseurs à prendre sur la leude de Privas, à charge pour le prieur de traiter honorablement ses religieux et de leur donner un repas le jeudi saint de chaque année. Le prieur reçut en échange la moitié du mas de la Vacheresse.

1319. — Le Roi autorise Aymar IV à donner à son second fils les châteaux de Tournon, Baïx, le Pouzin, Privas et divers autres (d'où il résulte que ces terres relevaient de la couronne.)

1348. — Même autorisation du roi pour une nouvelle cession de Privas.

1390. — Le roi fait saisir sur la comtesse de Valentinois les châteaux de Baïx, Pouzin, Chalencon, Privas, Tournon, Boulogne, Barre et autres lieux du Vivarais. Il les lui rendit en 1392.

1404. — Charles de Poitiers, tige des seigneurs de St-Vallier, hérite de tous les châteaux du Vivarais qui appartenaient au comte de Valentinois.

1419. — Louis II, de Valentinois, institue le Dauphin, fils de Charles VI, son héritier.

1436. — Charles VII confirme à Charles II de Poitiers, la possession de ses terres en Vivarais.

1523. — Jean de Poitiers, seigneur de Privas, est condamné à mort comme complice du connétable de Bourbon. — Sa fille Diane obtient sa grâce qui lui est portée sur l'échafaud.

1547. — Diane de Poitiers devient dame de Privas par la mort de son frère Guillaume.

1562. — La ville de Privas embrasse le parti du prince de Condé qui soutient les protestants.

1566. — A la mort de Diane, Privas échoit avec les terres du Vivarais, à Charles de Lorraine, duc d'Aumale, mari de Louise, seconde fille de Diane.

1567. — Un rassemblement protestant se forme à Privas pour aller faire lever le siège du Cheylard.

1572. — Par suite de la St-Barthélemy, agitation et prise d'armes à Privas et ailleurs. Les protestants élisent St-Romain pour chef.

1573. — Privas envoie des députés à l'assemblée de Millau.

1574. — Le duc de Montpensier, dauphin d'Auvergne, assiège Privas à la tête de l'armée royale. St-Romain l'oblige à lever le siège.

1612. — Le synode national de toutes les églises réformées se tient à Privas. Les principaux orateurs sont Chamier et Dumoulin. On y destitue le ministre Ferrier, coupable de s'être prononcé en faveur du Roi aux conférences de Saumur.

1619. — Premiers troubles de Privas à l'occasion du projet de mariage de Paule de Chambaud avec le vicomte de Lestrange.

1620. — Privas fait sa soumission au duc de Montmorency.

Claude de Hautefort, vicomte de Lestrange, devient

seigneur de Privas par son mariage avec Paule de Chambaud.

1621. — Les troubles recommencent en janvier. — Les protestants minent et font sauter la grande cour du château. St-Palays, qui commandait dans le château avec un détachement de troupes catholiques, capitule le 10 février. Montmorency rétablit à Privas l'autorité royale.

1629. — Nouvelle révolte. Louis XIII et Richelieu arrivent. — La tranchée est ouverte le 19 mai. La ville se rend le 28. Louis XIII repart le 4 juin.

Un intéressant mémoire trouvé dans les archives de la mairie de Privas et reproduit par l'Annuaire de 1854, constate que la grande majorité des habitants de Privas voulait la soumission au Roi, mais qu'elle en fut empêchée par le renfort qu'avait envoyé le duc de Rohan, sous les ordres de St-André Montbrun, et par l'appui que prêta à ce dernier une minorité turbulente.

1630. — Peste à Privas.

1631. — La famille de Lestrange intente un procès contre les gens de Privas, à raison de la démolition par eux du château et leur réclame une indemnité de 780 mille livres. Ils sont condamnés à payer 60,000 livres. Plus tard, devant le Parlement de Toulouse, survient une transaction par laquelle une somme de 35,000 livres est ajoutée à ces 60,000 livres.

1632. — Les habitants de Privas, loin d'aider le vicomte de Lestrange, leur seigneur qui avait participé à la révolte du duc de Montmorency, prennent fait et cause contre lui et aident les troupes royales à le prendre dans son château de Tournon.

1641. — Le roi rend ses biens à Marie, dame de Lestrange, Boulogne et Privas, après son mariage avec Charles de St-Nectaire, marquis de Châteauneuf.

1642. — Mission du P. Ollier, fondateur de St-Sulpice, à Privas. Nombreuses conversions de protestants.

1644. — Le roi établit à Privas une chambre de justice tirée du présidial de Valence.

1652. — La reconstruction des maisons marche si lentement que le ministre Accaurat est obligé d'exercer son culte dans une écurie appartenant à Liotard et Crespin.

1653. — Transaction avec le marquis de Châteauneuf à qui on paye les 60,000 livres.

1664. — Un arrêt du conseil, en date du 22 février 1664, enjoint aux habitants de Privas de sortir de leur ville. Un arrêt postérieur leur interdit même le Petit-Tournon.

1670. — Les habitants de Privas refusent de participer à la révolte de Roure.

Dans un duel à Vienne (Autriche), Henri de St-Nectaire (petit-fils de Paule de Chambaud) tue le comte du Roure (un descendant du brave Brison).

1671. — Henri de St-Nectaire est assassiné le 3 octobre sur la grand'place de Privas. Il reçoit sept balles envoyées par des assassins inconnus qu'avait, dit-on, soudoyés sa propre mère avec qui il était en procès. Son frère, le chevalier de St-Nectaire compromis dans l'affaire, passa vingt-cinq ans en prison. Mme de Sévigné parle de cet incident dans une lettre du 28 octobre. Il existe une gravure et un Mémoire de l'époque mentionnés par St-Simon.

1684. — Les habitants de Privas se plaignent d'être foulés et accablés par de fortes contributions ou par des logements de gens de guerre. Ils ont de plus à faire face à une lourde dette que les créanciers font revenir en capital ou intérêts, à plus de 250,000 livres.

1689. — En janvier et février, révolte de Gabriel Astier.

1713. — Henri marquis de St-Nectaire, lègue le comté de Privas à son petit-fils, le comte Emmanuel de Crussol. La justice de Privas reste cependant à la baronnie de Boulogne léguée aux Fay-Gerlande. Les Crussol sont restés seigneurs de Privas jusqu'à la Révolution.

**

Privas fut déclaré siège de l'administration centrale du département et des tribunaux civil et criminel, c'est-à-dire chef-lieu de l'Ardèche, par des décrets de l'assemblée constituante des 9 septembre

1790 et 11 février 1791, confirmés par un décret de la Convention du 19 vendémiaire an IV (octobre 1796.)

Le 18 mars 1793, le conseil général de la commune de la ville de Privas demandait au ministre de l'intérieur la création à Privas d'un institut national qui serait établi dans le couvent des ci-devant Récollets.

Nous y voyons qu'à cette époque, Privas possédait cinq maisons nationales, savoir :

L'ancien couvent des Récollets (aujourd'hui le collège) ;

La maison d'éducation pour les garçons, occupée par les ci-devant frères des écoles chrétiennes ;

La maison d'instruction des filles, habitée par les ci-devant sœurs de St-Joseph ;

La maison de Justice ;

Enfin, l'hôtel de la Préfecture, construit par le marquis de Gerlande, qu'un décret de l'assemblée nationale avait permis au département d'acquérir.

Ce fut Viviers qui disputa le plus vivement à Privas le titre et les avantages de chef-lieu du département. Le 26 nivose an VI, sur le rapport de Dabray, le conseil des Cinq-Cents prit une résolution portant que le siége de l'administration centrale de l'Ardèche sera transféré de Privas à Viviers. Cette résolution fut prise au début de la séance avant l'arrivée de Rouchon et Garilhe, qui formaient la majorité de la députation de l'Ardèche dans cette assemblée, puisque l'Ardèche n'avait que trois députés aux Cinq-Cents, et aucun au conseil des Anciens. Rouchon et Garilhe protestèrent dans des *Observations adressées au conseil des Anciens* et défendirent vivement Privas.

Le conseil des Anciens se prononça à l'unanimité en faveur de Privas, dans la séance du 19 germinal, à la suite d'un rapport de Roger Ducos démontrant que Privas est plus central que Viviers et que les établissements sont faits à Privas. Le rapporteur constatait, avec les chiffres à l'appui que, sur 273,255 âmes que comptait alors le département de l'Ardèche, 243,721 avaient intérêt, à cause du rapprochement, à ce que le chef-lieu fût à Privas, plutôt qu'à Viviers.

Viviers reprochait à Privas de n'être pas d'un accès facile, de n'avoir pas les bâtiments nécessaires pour installer les services publics, de manquer d'eau, enfin d'être un foyer d'incivisme et de contre-révolution, « tandis que Viviers a été constamment dans les meilleurs principes et toujours l'asyle des patriotes poursuivis par les brigands et les royalistes. » Le rapport de Roger Ducos réfute toutes ces allégations. Il insiste sur la centralité de Privas et constate que la députation de l'Ardèche, consultée par le ministre de la justice le 30 vendémiaire an VI, fut unanime en faveur de Privas, en rappelant que le conseil des

Cinq-Cents avait déjà passé à l'ordre du jour sur cette réclamation.

Viviers n'était pas seul en concurrence avec Privas. — Tournon, Aubenas et Villeneuve-de-Berg étaient aussi sur les rangs, demandant à ce qu'on transférât chez eux au moins une partie de l'administration départementale, soit la préfecture, soit les tribunaux ; mais leurs prétentions se neutralisaient.

La question sommeilla quelques années pendant lesquelles l'autorité départementale s'occupa de la création ou de l'agrandissement des édifices nécessaires à l'administration départementale.

Dès l'année 1805, le préfet de l'Ardèche agissait auprès du ministre de l'intérieur, faisant ressortir la nécessité d'augmenter le local affecté aux prisons de Privas et de les rendre plus saines par la construction d'un préau où l'on pût conduire les prisonniers au bon air, afin de les mettre « à l'abri des maladies contagieuses qui règnent tous les ans dans la prison et font périr à peu près le cinquième des détenus. » Il demandait, en conséquence, l'autorisation d'acquérir le terrain du sieur Hugon, attenant aux prisons. Diverses formalités retardèrent la réalisation de ce projet. La question fut enfin résolue favorablement par une loi de 1808.

Cela n'empêcha pas Tournon de faire des démarches en 1810 pour devenir le siége de la préfecture. Il y eut même, à ce sujet, une délibération du conseil municipal de Tournon autorisant le maire à prendre toutes les mesures nécessaires auprès du gouvernement, pour obtenir la translation à Tournon des établissements fixés à Privas.

Le 1er juillet 1810, le conseil municipal de Privas vota une adresse à l'empereur pour défendre les droits de Privas contre les prétentions de la ville de Tournon.

Le 19 juillet, la municipalité de Privas fit choix de l'ex-conventionnel Gamon, président de chambre à la cour de Nîmes et conseiller général de l'Ardèche, pour aller à Paris défendre les droits de Privas, s'y concerter avec Claude Gleizal et M. de Lagarde, substitut, qui s'y était déjà rendu dans le même but, hâter la prompte construction des prisons, etc.

Une lettre du ministre de l'intérieur au préfet en date du 18 août, mit fin à cette agitation en déclarant la délibération du conseil municipal de Tournon illégale.

Une nouvelle et dernière tentative contre Privas eut lieu l'année suivante.

Nous en trouvons les curieuses péripéties dans une liasse de lettres privées provenant des principaux défenseurs des intérêts de Privas.

Le 29 janvier 1811, M. Barruel de St-Vincent, maire, écrit à Claude Gleizal pour le remercier de ce qu'il a fait en faveur de Privas et lui annonce que le conseil municipal a voté quarante mille francs pour l'agrandissement de la préfecture et la construction d'une salle pour les archives.

En février, le ministre de l'intérieur fait savoir que c'est le département, et non la ville, qui doit faire cette dépense.

Le 31 mars, M. de Lagarde écrit à Claude Gleizal pour lui faire connaître l'hostilité que rencontre Privas au sein du conseil général. « Johannot, le *baron de papier*, est le grand ennemi de Privas; c'est le promoteur de la translation à Tournon. » Lagarde prévoit que le conseil général ne votera ni le tiers pour la dépense des prisons, ni les quarante mille francs pour l'agrandissement de la préfecture que le ministre ne veut pas accepter de Privas. Il ajoute que le préfet, rebuté par les difficultés, passe à l'ennemi.

Un fait important se produit le 17 mai. Un décret impérial approuve les plans pour la construction d'une maison d'arrêt pour l'arrondissement de Privas et d'une maison de justice pour les criminels. La dépense était de cent six mille francs, dont un tiers fourni par l'Etat, un tiers par la ville de Privas et un tiers par le département.

En faisant connaître cette décision au conseil général, le préfet fit ressortir qu'elle avait non-seulement l'avantage d'assurer aux détenus la salubrité nécessaire, mais encore qu'elle confirmait pour toujours les dispositions qui avaient établi le chef-lieu à Privas.

On s'occupa alors de préparer un local pour les archives et les bureaux qui fût lié à l'hôtel de la préfecture par un arceau. On travailla aussi à l'amélioration de la route de Privas au Pouzin par Flaviac.

Le 31 juillet, M. de Lagarde, de retour à Privas, écrit de nouveau à Gleizal. Il se plaint de l'ingénieur en chef nommé Gagneur et du préfet, M. de Chaillou. Il traite fort durement le maire Barruel.

Dans une autre lettre, du 24 août, M. de Lagarde informe Gleizal que personne n'a soumissionné pour les prisons; que les ingénieurs y mettent beaucoup de mauvaise grâce; qu'ils sont enragés de voir cette construction engagée sur d'autres plans que les leurs. Il ne désespère pas de voir Gagneur crever de dépit parce que Privas reste définitivement le siége de la préfecture.

Ce même jour, le conseil général eut à s'occuper de la question des bureaux que le préfet demandait. L'affaire fut très-chaude. Tout le monde était agacé. Johannot dit, en plein conseil, qu'il voterait tout ce qu'on voudrait pour les routes, pourvu qu'elles évitassent Privas. D'autres membres ne voulaient voter aucun centime, tant que la question de chef-lieu n'aurait pas été définitivement arrêtée.

Finalement, sur onze membres présents, deux votèrent pour que les établissements publics fussent conservés à Privas, quatre pour qu'ils fussent transférés à Aubenas, cinq pour qu'ils fussent transférés à Viviers.

Gamon quitta la salle des séances en protestant. Le 27, il écrivit, de concert avec M. Dusolier, de St-Vincent-de-Barrès, son collègue au conseil général, une lettre au ministre de l'intérieur, dans laquelle il combat vivement le vœu de translation à Viviers et supplie le ministre d'imposer silence une fois pour toutes à des prétentions qui entretiennent l'agitation et l'alarme dans le pays.

Écrivant à Gleizal, le 26, Lagarde accuse formellement le préfet d'avoir été l'instigateur de la délibération du conseil général, d'avoir désigné lui-même Viviers, auquel personne ne songeait, d'avoir eu l'air de répondre du succès de l'entreprise. Le préfet aurait même dit qu'il se chargeait de faire suspendre l'adjudication des prisons et tous les travaux, jusqu'après la décision du ministre qu'il prétendait devoir être favorable à ses vues.

Il paraît que le préfet avait été d'abord fort partisan de Privas, mais qu'ayant fait un voyage à Viviers, la vue des magnifiques bâtiments de l'évêché, alors sans évêque, lui avait tourné la tête. Plus tard, la ville d'Aubenas lui ayant donné des fêtes, il devint fou d'Aubenas. « C'est un enfant que la vue d'un beau bâtiment et les adulations dont on l'a chargé ont plongé dans le délire. »

Le 28, Lagarde écrit que le préfet Chaillou a été joué par ces messieurs d'Annonay et de Tournon qui n'ont mis Viviers en avant que pour faire revivre les prétentions de Tournon.

Le même jour, M. Regard, premier adjoint, informe Gleizal que la municipalité envoie M. de Lagarde à Paris pour défendre les droits de Privas et qu'elle prie M. Gleizal de se joindre à lui « pour faire échouer les menées des factieux qui veulent le bouleversement du département. »

M. Regard écrit, le même jour, au ministre de l'intérieur pour protester contre la délibération du conseil général et défendre les intérêts de la ville de Privas.

C'est vers cette époque, que le maire, M. Barruel de St-Vincent, fut suspendu de ses fonctions, ce qui fut regardé par les Privadois comme un premier gage de réconciliation donné par le préfet.

Le ministre de l'intérieur s'émut naturellement de l'incident et voici en quels termes il lava la tête au préfet, à la date du 14 septembre :

« Je regrette que vous n'ayez pas détourné le conseil général de s'occuper de cette question. Les vues de l'Empereur sur la fixité des institutions et la permanence des établissements publics ont été tant de fois manifestées, qu'il n'est plus permis de les méconnaître, et si vous aviez pu ne pas en être informé, le discours que j'ai moi-même prononcé à la session du corps législatif qui vient d'avoir lieu, vous en eût instruit.

« Le chef-lieu de l'Ardèche existe depuis vingt ans à Privas ; mille dispositions publiques ou privées ont été faites en conséquence de cette position et de la probabilité qu'elle était immuable ; il n'est ni utile ni même juste de changer aujourd'hui toutes ces combinaisons dans de simples vues de commodité et de convenance. Il n'était donc pas prudent d'en faire la proposition, puisqu'il a suffi que l'on crût ce changement possible pour dénaturer tous les calculs qui avaient pour base la supposition contraire.

« Vous devez, monsieur, ne point perdre de vue les principes d'ordre et de stabilité qu'a posés l'Empereur. Veuillez vous rappeler que tout ce qui tend à inquiéter les administrés, à agiter les esprits, à changer les rapports qu'ont entre eux les hommes et les lieux, est opposé à l'esprit du gouvernement et contraire aux intentions de S. M. »

Il ne restait plus à vaincre que les difficultés matérielles pour la construction des établissements. Nous voyons par une lettre du 13 septembre 1811, que les entrepreneurs n'avaient pas voulu soumissionner pour les prisons, en disant qu'il y avait vingt mille francs à perdre. L'auteur de la lettre craint que Gagneur n'ait indiqué des prix trop faibles et que M. Guillot, l'architecte à qui l'on s'était adressé, n'ait été induit en erreur « par la malveillance d'un fonctionnaire qui a juré la perte de Privas. Il faudrait refaire le devis général, y ajouter une certaine somme. Peut-être le plan est-il trop beau, trop vaste pour de simples prisons départementales... »

Le 5 février 1842, Regard, Lagarde et plusieurs membres du conseil municipal, écrivent à Claude Gleizal pour la prompte solution de cette affaire. Ils attendent avec impatience la décision ministérielle au sujet de l'adjudication passée à Dupré pour la construction des prisons. Les retards les alarment. Ils prient Gleizal de leur prêter encore ses bons offices et de renouveler ses démarches pour les tirer de cette anxiété. « Les services nombreux que vous avez déjà rendus à la ville de Privas, disent-ils, sont gravés dans le cœur de tous ses habitants... » Il faut aussi presser M. Guillot, » lui faire observer que ces lenteurs interminables sont une source d'inquiétudes pour les citoyens et arrêtent beaucoup d'établissements particuliers... » Ils insistent sur les déplorables conditions hygiéniques des détenus. Ils désirent prouver leur gratitude à M. Guillot. « M. Gagneur ne surveille point les travaux. Cet ingénieur est à la veille de quitter le département. Le préfet est dans l'intention de mettre à la tête de l'entreprise une autre personne plus capable et moins tracassière. M. Guillot n'a donc plus à craindre d'être contrarié dans l'exécution de ses plans. »

Gleizal répond, le 24 février, que le nouveau travail de M. Guillot porte le prix des ouvrages à 150,000 francs et que ce travail est soumis à l'approbation du ministre.

Le 16 juin, M. de Lagarde remercie Claude Gleizal

« qui a beaucoup contribué à la réussite des projets. » Il annonce qu'on a nivelé le terrain et qu'on va creuser pour commencer la maçonnerie.

En décembre de la même année, les murs étaient partout arrivés au niveau du sol.

**

Bien que la qualité de chef-lieu de l'Ardèche ne soit plus contestée aujourd'hui à Privas, il nous semble que cette ville aurait tort de s'endormir dans une sécurité absolue. Sans doute, Viviers et Tournon ne sont plus à craindre, mais les chemins de fer sont en train de créer un nouveau centre qui pourrait devenir un jour pour elle un véritable danger.

Ce centre n'est autre que la Voulte et le Pouzin, destinés, dans un avenir qu'on peut prévoir, à former une seule ville.

C'est là qu'est déjà la clé du réseau ferré de l'Ardèche et c'est là qu'ira bientôt converger la masse du commerce et des intérêts départementaux, si la ville de Privas ne parvient pas à sortir de son impasse.

Or, nos récentes excursions dans les Boutières nous ont donné la conviction que la chose était possible, et nous allons reproduire brièvement ici les observations que nous avons déjà publiées à cet égard (1).

Tout le monde sait qu'il a été décrété un chemin de fer destiné à relier la Voulte-sur-Rhône à la Voulte-sur-Loire.

(1) *Patriote* du 8 novembre 1881.

On fait les études du tracé qui n'est pas encore arrêté et sur lequel, par conséquent, chacun peut encore dire opportunément son avis.

D'après l'opinion la plus générale, la ligne (pour ne m'occuper que de ce qui concerne l'Ardèche) doit passer à Saint-Martin-de-Valamas, au Cheylard, St-Sauveur-de-Montagut et, de là, continuer en suivant la vallée de l'Erieux jusqu'à la Voulte.

Je n'ai rien à dire de la première partie de ce tracé (entre la Haute-Loire et St-Sauveur), mais il me semble que la seconde partie est très-discutable, et je vais en exposer les raisons.

Pourquoi les populations ont-elles demandé et pourquoi le gouvernement a-t-il accordé le chemin de fer en question ?

La réponse n'est pas douteuse. Les populations l'ont demandé en vue du développement commercial de la contrée, et le gouvernement l'a accordé, autant pour satisfaire à ce vœu, que dans un but stratégique.

Qu'une idée meilleure soit mise en avant, c'est-à-dire satisfaisant mieux à la fois le désir des populations et les intérêts stratégiques du pays, et cette idée doit finir par avoir la préférence, à la condition, bien entendu, que les frais d'exécution ne soient pas hors de proportion avec le but à atteindre.

Or, quand on examine, comme nous venons de le faire, la topographie de la région comprise entre St-

Sauveur-de-Montagut et la vallée du Mezayon, on reconnaît bien vite :

1º Que la montagne de Montagut qui sépare St-Sauveur de la vallée de l'Auzenne, est très-étroite ;

2º Que la vallée de l'Auzenne, comme la plupart des vallées de cette région granitique, est très profondément creusée ;

3º Que par elle et par l'Auzonnet, on peut arriver sans trop de frais et sans pentes trop fortes, jusqu'au bas-fond, situé sous la Roche-Gourdon, qui est circonscrit par la montagne du Bouchet d'Ajoux, le col de Saracé et Gleizeveyre ;

4º Que de là, il suffirait d'un tunnel de mille mètres environ pour passer sur le territoire de Pourchères et arriver à Privas, soit par la vallée de Mezayon, soit plutôt, car le développement y serait plus facile, par la vallée de l'Ouvèze ;

5º Que, dans cette combinaison, il serait facile de créer une gare d'embranchement, dans le bas-fond de Gourdon et, en passant sous le col de Saracé, de pénétrer dans la vallée de l'Oyse pour aller rejoindre à Vogué, la ligne d'Alais au Pouzin.

Voilà l'idée — ses avantages ne sont pas discutables. Elle met en rapport direct, d'un côté, le chef-lieu du département Privas, et de l'autre le grand entrepôt du Bas-Vivarais, c'est-à-dire Aubenas, avec tout le Haut-Vivarais et la Haute-Loire. Elle donne la vie commerciale à une foule de communes où les routes carrossables ont trop longtemps fait défaut. Il est vrai que les Ollières, St-Fortunat et St-Laurent-du-Pape peuvent se plaindre, mais en ont-elles le droit, en présence de la magnifique route carrossable qui leur reste et qui ne les laisse qu'à quelques kilomètres, soit de la gare de Montagut, soit de celle de Beauchastel ?

Au point de vue stratégique, les avantages sont encore plus considérables. La nouvelle ligne dessert un bien plus grand nombre de localités que l'autre et facilite, par conséquent, bien mieux la réunion rapide des soldats. De plus, elle est bien plus profondément cachée au cœur de nos montagnes, en sorte que si, ce qu'à Dieu ne plaise, un ennemi puissant pouvait menacer la Voulte et la ligne de la rive droite du Rhône, notre ligne de Gourdon pourrait encore fonctionner librement et transporter hommes et matériel de guerre, soit de l'Auvergne au Rhône, soit du nord au sud.

La question se réduit à ceci :

L'excédant de dépense que ce nouveau tracé peut occasionner, est-il hors de proportion avec les services qu'il rendrait ?

Je crois, après avoir vu le pays, pouvoir répondre négativement. Je suis convaincu que cet excédant serait fort peu de chose, ou même complètement nul, si l'on voulait s'en tenir pour le moment, à la ligne de Privas, en ajournant de quelques années l'embranchement d'Aubenas. Je fais observer, enfin, que cette combinaison n'est nullement en contradiction avec le texte du décret, car elle relie toujours, quoique par une voie un peu plus longue, la Voulte-sur-Loire à la Voulte-sur-Rhône.

De toutes façons, il me semble que le projet mérite d'être étudié. Ce que nous en disons aujourd'hui n'est que pour appeler sur lui l'attention, en démontrer sommairement la possibilité et les avantages. Aux ingénieurs maintenant de se mettre en campagne et de confirmer ou de contester, chiffres en mains, la possibilité du projet.

Ai-je besoin d'ajouter que, s'il y avait hésitation, il serait facile aux populations intéressées de la faire cesser ? Que les municipalités des Boutières se concertent, qu'elles organisent un pétitionnement général, qu'elles pressent leurs représentants naturels et les autorités compétentes, et nous ne doutons pas que la question ne prenne bientôt un caractère sérieux, pour aboutir plus tard à un résultat pratique.

*
* *

Vous ne pouviez, dit Barbe, terminer par de plus justes réflexions et par un meilleur conseil notre *Voyage autour de Privas*, mais...

FIN.

ERRATA

Page 39 — 12ᵉ et 16ᵉ lignes, lire : *consuls* (au lieu de *conseils.)*

— 158 — 19ᵉ ligne, lire : *Accons* (au lieu de *Arcons.)*

— 179 — 9ᵉ ligne, lire : *perte* (au lieu de *perle.)*

— 436 — 13ᵉ ligne, lire : *nonidi* (au lieu de *no-midi.)*

— 448 — 2ᵉ ligne, lire : *aux ministres* (au lieu de *au ministre.)*

— 504 — 19ᵉ ligne, lire : *Lesdiguières* (au lieu de *Lesdiguères.)*

— 514 — 3ᵉ ligne, lire : 1760 (au lieu de 1700.)

— 524 — 20ᵉ ligne, lire : 1826 (au lieu de 1628.)

— 566 — 20ᵉ ligne, lire : en juin 1662, une fille qui fut mariée en 1678.....

— 594 — 4ᵉ ligne, lire : *la grande tour* (au lieu de *la grande cour.)*

Dans le *Voyage autour de Valgorge* :

Page 380, 22ᵉ ligne et page 384, 6ᵉ ligne, lire : *millimètres* (au lieu de *centimètres.)*

TABLE DES MATIÈRES

Pages.

CHAPITRE PREMIER.

MON AMI BARBE. 5

Mon ami Barbe. — Charalon et Ternis. — Le dîner d'une chèvre. — La piscine de Cornevis. — Le carnaval à Privas et en Perse. — Le président Delichère. — Le Petit-Tournon en 1427. — Testament de Jean Gourgas. — La géologie des environs de Privas. — Le viaduc de Charalon.

CHAPITRE II

LA MONTAGNE D'ANDANCE. 24

La percée d'Alissas. — La montagne d'Andance. — Chomérac vu de haut. — Le grand chêne. — L'orage du 21 juillet 1880. — La vallée de Barrès. — La famille de Barrès du Mollard. — Le grand-père d'Henri Rochefort né au Bijou. — St-Vincent-de-Barrès. — L'histoire de Montélimar, du baron de Coston. — Le bois de la Treille. — St-Bauzile. — La différence entre le loup et l'homme. — Le château du Bois. — La famille de Bénéfice.

CHAPITRE III

LA POLITIQUE ET LES AFFAIRES. 46

Une famille de travailleurs. — L'opinion d'un Américain sur les politiciens. — La politique et le bar. — A la santé des ivrognes ! — Opinion de M. de Bismark sur la bière. — L'avenir des eaux minérales. — Les pauvres gens. — Le rémouleur.

CHAPITRE IV

CHOMÉRAC. 64

Chomérac avant l'histoire. — Occupation romaine. — Voies romaines. — Le cercueil de plomb trouvé au *Chalen de Mars*. — Le château. — Prises et reprises de Chomérac pendant les guerres religieuses. — La première fabrique de soie établie en Vivarais — Jean Deydier et Pierre Benay. — Les imitateurs de Deydier. — Les usines de Champ-la-Lioure. — Comment d'ouvrier on devient patron. — L'église de Chomérac. — Le couvent des Carmes. — La chapelle St-Sernin. — Le premier essai de ponts suspendus en France. — Les marbres de Chomérac. — Le noyer.

CHAPITRE V

LE REMOULEUR.. 82

Voyage nocturne. — Chansons de conscrits. — Notes d'un voyageur égaré. — Chanson huguenote. — La philosophie du remouleur. — Un ménage tolérant. — Une éducation singulière. — Le roi des pauvres. — Les vicissitudes d'un pauvre homme. — Les trois systèmes pour être heureux. — Coucher à la belle étoile. — Les riches et les pauvres. — Le réveil.

CHAPITRE VI

FOLIES ANCIENNES ET FOLIES MODERNES.. 103

St-Lager Bressac. — Gabriel Astier et les petits prophètes. — Causes génératrices du mouvement. — Le St-Esprit à St-Vincent-de-Barrès. — Les assemblées de fanatiques dans les Boutières. — Un prophète malgré lui. — L'incrédule Laulagner. — Le premier conflit. — Folleville demande des renforts. — Mgr de Chambonas. — Le combat du Cheylaret. — Tartara ! Tartara ! — Le prophète St-Paul à Pourchères. — Gabriel Astier roué vif à Baix. — La politique du bon sens et la politique de *Tartara*. — Louis XIV et ses imitateurs. — Discussion avec mon ami Barbe. — Plus ça change, plus c'est la même chose.

CHAPITRE VII

CYPRIEN COMBIER. 123

Les récits de voyages. — L'émigration. — Un grand défaut de notre caractère national — Cyprien Combier, d'Alissas. — Les aventures d'un négociant vivarois dans l'Océan Pacifique. — Les grands phénomènes marins. — Terre et ciel. — Ce qui fait la beauté du style. — Chacun est l'artisan de sa propre fortune. — Deux vérités qu'on oublie trop dans l'Ardèche. — Préjugés et fausse éducation. — Le nouveau Pérou. — Ceux qui feraient bien d'y aller. — Alissas.

CHAPITRE VIII

CHARAY 144

Le monastère de Charay. — La montagne de Charay. — L'ancien bois de châtaigniers des Basiliens. — La constitution géologique de Charay. — Les ruines du monastère. — Les Bartavelles du Vivarais. — Les quatre grandes catégories d'ordres religieux au moyen âge. — Fondation du prieuré de Charay en l'an 1000. — Son histoire jusqu'en 1427. — Son personnel à cette époque. — Affermage des biens du prieuré. — Occupation et défense de Charay par noble Guillaume de Greys, de Chalancon. — L'abbé de la Tourette. — Vente des biens de Charay en 1791. — L'âge héroïque et la décadence. — La destruction de Charay et le supplice des moines. — Les démentis donnés par les faits aux optimistes. — L'opinion de M. Guizot sur les moines. — Bienfaits du clergé et des ordres religieux au moyen âge. — L'opinion du Père Enfantin et de M. Ernest Renan. — L'église et le village. — Les cérémonies du culte. — Le retour au clocher natal.

CHAPITRE IX

LA FONTAINE DE BOULÈGUE 179

Le chemin de Freyssenet. — La source rouge. — Végétation de montagne. — La tour de Mirabel. — Le rieu de Masolan. — Contes de bonne femme. — La source de la paix et la source de la guerre. Ce qu'en dit Pierre Marcha. — Lettres des deux abbés Roux. — Les apparitions de la fontaine. — M. de Malbos. —

Boulègue en 1870 et depuis. — Les fontaines intermittentes. — Comme quoi Boulègue n'est qu'un grand siphon naturel et l'intermittente de Vals une bouteille de Champagne. — Explication de la double intermittence de Boulègue. — La perte des eaux du rieu de Masolan. — La fontaine *intercalaire* de Berrias. — Les cours d'eau souterrains du Vivarais. — Le bon Dieu dans les fontaines.

CHAPITRE X

PRAMAILHET 204

Antiquité du pèlerinage de Pramailhet. — Découverte de la statue. — Agrandissement de la chapelle en 1781. — Interdiction du pèlerinage en 1825. — Son rétablissement en 1872. — Les nouveaux et les anciens temples. — La raison d'être des pèlerinages. Un berger. — Les miracles devant Feuerbach, St-Thomas d'Aquin, Montaigne, St-Augustin, Richard Rothe, mon ami Barbe et le docteur Francus. — Rosette, la sainte de Vesseaux. — Comme quoi les croyants vivent davantage et guérissent mieux que les autres. — Un conseil extraordinaire mais très-sérieux.

CHAPITRE XI

LE COIRON ET SES VOLCANS 218

Les *tomes* et les *canastres*. — Freyssenet. — L'abbé Roux. — Les filons volcaniques du Coiron. — La formation des vallées. — Comment un fond de vallée devient un sommet de montagne. — Les éruptions pyroxéniques du Coiron. — La poutre de Monteillet. — Le Coiron devant la linguistique. — L'œuvre de l'Eau et du Feu au Coiron. — L'ancien lac de Privas. — Les dépôts diluviens du Bas-Vivarais. — Les basaltes prismatiques du Coiron. — Les déjections de Chaudcoulant. — Les fontaines du Coiron. — Le déboisement résultant de la division des propriétés. — Le docteur Joyeux. — Un arrêté préfectoral sur les chèvres en 1805. — Un gros ver-luisant. — L'origine des opinions politiques. — Une petite dissertation interrompue par mon ami Barbe.

CHAPITRE XII

UN GÉOLOGUE ITALIEN AU COIRON. 232

La monographie du Coiron par le comte Marzari Pencati, de Vicence. — Faujas de St-Fond. — De Loriol à Aubenas. — Les vertus fécondantes de l'eau de la *Marie*. — Cordier et Dolomieu au Coiron. — Le capitaine Gourdon, de St-Jean-le-Noir. — Le brave Chaussy. — Une soirée et une nuit d'auberge à Mirabel. — Le buis. — Les miels vivarois. — La malpropreté des rues de Privas en 1805. — Excursion à Rochessauve. — Tomates et aubergines.

CHAPITRE XIII

SOUVENIRS DE PRIVAS ET DE SES ENVIRONS . . . 274

La fontaine de Verdus. — Les organes de Privas. — L'égalité suprême. — La vieille et la nouvelle église. — La Récluse. — Fonderie de deux cloches en 1427. — La chapelle du collège. — Le marquis de Fay-Gerlande. — L'ancien collège — Promenades à Coux et ailleurs. — La chasse aux insectes. — Le collège et la destinée. — Enfants gâtés, parents aveugles. — Les Basiliens. — L'abbé Bourdillon. — Le cimetière.

CHAPITRE XIV

PRIVAS ET CREYSSEILLES 305

Privas aux temps géologiques. — Le Lac. — La première agglomération humaine dans la contrée. — Privas, faubourg du Petit-Tournon. — Les voies romaines. — Le champ de bataille et la grotte de Creysseilles. — Les tombes de Veyras et de Creysseilles. — Le Rocher des Pendus. — Dolmens et tombes creusées. — — Importance de la sépulture chez les anciens. — L'ancienne église de Creysseilles. — Privas, station minérale. — La *Fouon Sala*. — Ce qu'en disait un docteur de Montpellier, en 1765. — L'état actuel de la fontaine. — Un âne qui n'est pas bête. — Pranles. — Pierre Durand. — Gruas.

CHAPITRE XV

LES BOUTIÈRES 339

Les monts Cémènes. — Les justices seigneuriales de la région au siècle dernier. — Pourquoi il y a plus de protestants dans les Boutières que dans le reste du Vivarais. — Le chevalier de la Coste. — Ajoux. — St-Julien-du-Gua. — St-Etienne-du-Serre. — Les débuts de la culture des pommes de terre en Vivarais. — Les grottes de la Jauberuie.

CHAPITRE XVI

LES BALMES DE MONTBRUL.. 353

Un *conseiller !* — Notre-Dame-du-Lierre. — Nouvelle excursion au Coiron. — Le château de Cheylus. — Les anciens seigneurs féodaux — Une écrevisse à dix-neuf pattes. — Taverne et Chaudcoulant. — La propriété foncière. — Comment on pourrait modifier le suffrage universel. — Disparition graduelle des propriétaires non cultivants. — L'abbé de Montbrun. — Berzème. — Les Balmes. — Un cénobite moderne. — Deux familles de Troglodytes. — Une chapelle dans les laves. — La religion est la philosophie du peuple. — Faujas de St-Fond aux Balmes.

CHAPITRE XVII

UN DINER A ST-GINEIS LE TONDU.. 382

Le conseiller rôti. — Propos de table. — Comment on guérit les *estourlis*. — Sorciers et sorcières. — La *rastoulo*. — La chanson des padgels. — Les sorciers à Paris et en province. — Le secret des sorciers. — Le curé-médecin.

CHAPITRE XVIII

L'ÉGLISE DE MÉLAS ET LES FRÈRES ALLIGNOL. . 402

Une église cathédrale au V° siècle et son baptistère. — L'ancienne piscine romaine. — L'ermitage de St-Pierre. — Où sont les bons vins d'autrefois ? — Les frères Allignol et leur livre : *De l'état actuel du clergé en France*. — L'inamovibilité des desservants et la mobilité des préfets. — La fonctionnomanie.

CHAPITRE XIX

LE TEIL. 422

La culture du chanvre. — Echange du Teil contre Donzère. — Les droits souverains des seigneurs du Teil. — Le péage du Teil. — Procès entre les Hilaire de Jovyac et les seigneurs de Pracontal en Dauphiné. — Les *orèments* du Rhône. — La chaux et les briques réfractaires du Teil. — Le bouillon de châtaignes. — Le général Breloque. — La municipalité du Teil en 1795. — Le peintre Xavier Mallet.

CHAPITRE XX

LES HILAIRE DE JOYYAC. 439

L'ongle d'un poète et la cruauté d'une dame. — Le capitaine d'Hilaire, gouverneur des Vans. — Jacques d'Hilaire, seigneur de Jovyac. — Il enlève Rochemaure aux Ligueurs. — La conversion de Jacques d'Hilaire et ses démêlés avec les pasteurs protestants. — Une lettre d'Henri IV. — Les ouvrages de Jacques d'Hilaire. — Il défend en 1621 Rochemaure contre Blacons. — Sa mort. — Correspondance de son arrière petit-fils avec dom Bourotte. — La sécurité publique en Vivarais à la fin du siècle dernier.

CHAPITRE XXI

ROCHEMAURE ET CRUAS. 464

Un précurseur vivarois de Papin et Fulton. — Rochemaure sous Charlemagne. — Les seigneurs de Rochemaure depuis les temps les plus reculés. — Les Giraud-Adhémar et les ducs de Lévis-Ventadour. — Le prieuré des Fontaines. — Les chaufourniers. — La sagesse divine dans les bouleversements géologiques. — Cruas et l'histoire de son abbaye. — Les trois époques et les trois architectures de l'église de Cruas. — La crypte. — La mosaïque de la fin du monde. — Un autel donné par un libre-penseur. — Le tombeau du comte Adhémar. — Une statue de la Vierge, de 807. — L'abbé Marquet.

CHAPITRE XXII

BAIX ET LE POUZIN 491

La vallée de Barrès. — Baix-sur-Baix. — Le Pouzin du temps des Romains. — La collection du docteur Lamotte. — La poule et ses poussins. — La chapelle St-Jean. — Les incidents de 1612. — Le siège de 1622. — L'héroïsme de Montchalin. — Le brave Brison gagne 40,000 écus. — Le siège et l'incendie du Pouzin en 1628. — Le capitaine Mezenc obtient l'autorisation de le reconstruire. — Les écroulements séculaires d'une montagne. — L'assassinat de M. d'Arbalestier, en 1789. — Une panique. — Chansons de conscrits. — Retour à Privas.

CHAPITRE XXIII

LES EAUX DE CELLES ET LA VOULTE 518

La basse vallée de l'Ouvèze. — St-Alban. — Les eaux de Celles au xvıı⁰ siècle. — La géologie de Celles. — Les huit sources de la station. — Le docteur Barrier. — L'homme est une machine électrique. — Absorption des sels métalliques par la peau. — La cuisine des eaux et des roches de Celles. — Les succès de Barrier. — Le château de la Voulte. — Les anciens seigneurs. — L'église. — Défaite des Anglais. — Squelettes d'éléphants. — Le soufflet de l'usine. — Les écoliers et la Marseillaise. — Progrès ou Ecrevisse ? — L'état sanitaire.

CHAPITRE XXIV

LA VALLÉE DE L'ÉRIEUX 546

St-Laurent-du-Pape. — Pontpierre. — Droits féodaux. — Le général Rampon. — Les hommes d'autrefois et ceux d'aujourd'hui. — Les Ollières. — La baronnie de Chalancon. — Les eaux minérales de Maléon. — St-Sauveur-de-Montagut. — L'ancienne et la nouvelle route de St-Sauveur à St-Pierreville.

CHAPITRE XXV

ST-PIERREVILLE. 563

L'eau de Condillac à St-Pierreville. — Pierre Marcha et le château de Pras. — Quelques notes inédites sur l'auteur des *Commentaires du Soldat du Vivarais*. — Le commerce de St-Pierreville. — Les marrons glacés. — Le château de la Tour et ses anciens seigneurs. — Claude de Vocance. — Le combat du 4 juin 1709. — La haute vallée de St-Pierreville. — Les Quatre-Vios. — A propos d'une *pinde* sur la montagne. — Phonolites et basaltes. — Un congrès démocratique à l'auberge de la Paillo. — Les *yssards* du bon Dieu. — Le chemin de fer de la vallée d'Ajoux. — Le curé de Gourdon.

CHAPITRE XXVI

LE PASSÉ ET L'AVENIR DE PRIVAS 589

Revue chronologique. — Batailles pour le chef-lieu, de 1790 à 1811
— Le futur chef-lieu, si Privas ne sort pas de son impasse.

Ouvrages du même auteur :

VOYAGE AUX PAYS VOLCANIQUES
DU VIVARAIS

VOYAGE
AUTOUR DE VALGORGE

Il en reste encore quelques exemplaires chez M. ROURE, imprimeur à Privas, au prix de 3 francs.

www.ingramcontent.com/pod-product-compliance
Lightning Source LLC
Chambersburg PA
CBHW060400230426
43663CB00008B/1338